아름다운 영웅
김영옥

아름다운 영웅
김영옥

한우성 저

북스토리

김영옥과 어머니. 영옥이 1945년 유럽전선에서 돌아오는 자신을 맞으러 로스앤젤레스 기차역으로 나온 어머니를 껴안고 바라보며 미소 짓고 있다. 이 사진은 당시 『LA타임스』 가 찍은 것으로 지금도 미국 정부기록보존소에 보관돼 있다.

아버지 김순권의 경신고보 졸업 사진. 조선이 일본의 천하로 바뀌자, 순권은 세 번의 밀항 시도 끝에 미국으로 망명했다.

어머니 노라 고. 이화여자전문학교(이화여대의 전신) 신학과를 졸업하고 학생들을 가르치다가 조선에서 신학 교수가 되겠다는 꿈을 안고 미국 유학길에 올랐다.

김영옥은 4남 2녀의 장남으로 태어났다. 서 있는 소년이 김영옥, 바로 옆에 앉아 있는 소녀가 누나 윌라 김으로 윌라는 훗날 토니상을 두 차례나 받는 세계적인 의상 디자이너가 됐다.

아버지 김순권이 이민 생활 초기 캘리포니아 주 오렌지카운티에서 찍은 사진. 독립운동가였던 아버지는 대한인동지회 회원으로서 이승만 박사의 독립 노선을 지지했다.

제2차 세계대전 참전 직전의 김영옥과 부인 아이다. 한인으로서는 사우스캘리포니아 최초로 4년제 간호대학을 졸업한 간호사였던 아이다는 남편이 이탈리아에서 부상당했다는 전보를 받고 간호장교가 돼 유럽으로 날아갔다. 이로써 이들 부부는 제2차 세계대전 당시 연합군 장교로 나치와 싸운 유일한 한국인 부부가 됐다.

벨몬트 고등학교 졸업 사진.

제2차 세계대전 때 김영옥 중위가 마크 클라크 미군 5군사령관으로부터 은성무공훈장을 받는 모습. 1944년, 이탈리아.

마크 클라크 장군(왼쪽에서 두 번째 앉은 사람)이 한국전쟁 때 제3대 유엔군 사령관으로서 1953년 7월 27일 정전협정에 서명하고 있다.

김영옥 대위가 1944년 전선 시찰을 위해 이탈리아 리보르노를 방문한 로버트 패터슨 미국 전쟁성(현재 육군성) 부장관의 의장대 사열을 인도하고 있다. 김영옥은 100대대/442연대 장병 중에서 가장 훈장을 많이 받아 의장대장으로 선발됐다. 김영옥 뒤에 있는 3성 장군은 이탈리아 주둔 미군 사령관인 마크 클라크 5군사령관으로 훗날 한국전쟁 때 제3대 유엔군 사령관으로서 정전협정에 서명한 인물이다.

1944년 여름 이탈리아 북부에서 벨베데레, 사세타 전투를 치른 후 예비대대가 돼 휴식을 취하기 위해 바다(Vada)로 행군해 들어가고 있다. 대대참모 대열 오른쪽에서 두 번째가 정보참모 김영옥 대위.

> 86
> A gauche du portail de l'église, sera blessé un des Héros du 100° bn. le Capitaine Young O. Kim, le 23/10/44. Capturé, il réussira à s'échapper avec M. CHINEN.

김영옥이 전투를 치른 프랑스 동북부 비퐁텐 마을의 성당. 성당 입구 동판에 '100대대 영웅 중 한 명인 김영옥 대위가 성당 오른쪽에서 부상당해 포로가 됐다가 치넨(Chinen, 당시 의무병) 씨와 함께 탈출했다'고 기록돼 있다

제2차 세계대전에서 돌아온 후의 김영옥 대위.
1945년, 미국 캘리포니아 주.

제2차 세계대전에서 돌아온 김영옥(왼쪽)과 동생 헨리. 김영옥은 미 육군 대위, 동생은 미 육군 사병이었다.

1951년 겨울 한국전쟁 당시 김영옥 소령이 자기를 만나기 위해 미 육군 31연대 1대대를 찾아온 일본계 미군 스투보타 소령과 포즈를 취했다. 둘은 제2차 세계대전에서 함께 싸웠으며 한국전쟁 때 스투보타 소령은 미군 방첩대(CIC) 소속이었다.

한국전쟁 때인 1951년 겨울, 31연대 1대대장 김영옥 소령이 부대대장을 맞고 있다.

한국전쟁 당시 김영옥 휘하 미군들이 공격에 앞서 포판을 등에 메고 있는 모습. 고지쟁탈전에 대공포를 활용하면서 멀리서도 최일선 병사들의 위치를 정확히 알고 지원 사격을 해주기 위한 것으로 김영옥 부대의 독특한 공격 방식이었다.

미 육군 31연대 1대대장 김영옥 소령이 1952년 2월 2일 동부전선 문등계곡 일원 장군봉 꼭대기에 설치한 OP에서 탱크병 로버트 위그먼 상병에게 탱크 포탄을 건네주며 격려하고 있다. 이곳은 현재 비무장지대 안에 있는 한국군 GP로 바뀌어 태극기와 유엔기가 휘날리고 있다.

1952년 여름, 1대대가 철의 삼각지대 김화 일원에 배치돼 있을 때 대대장 김영옥 소령(서 있는 사람)이 전선 시찰을 마치고 떠나는 31연대장 로이드 모세스 대령을 배웅하고 있다. 김영옥은 모세스 대령이 목적도 없는 전투를 고집하자 결국 한국을 떠났고, 모세스 대령의 고집은 '쇼우다운 작전'으로 이어졌다.

한국전쟁 당시 김영옥이 돌보던 전쟁 고아들, 1952년 여름. 김영옥의 미군 31연대 1대대는 1951년 겨울부터 서울 삼각지에 있는 고아원 경천애인사를 지정해 재정지원을 시작했고, 이 지원은 김영옥이 한국을 떠난 후에도 수년간 계속됐다. 이곳에는 많을 때는 약 5백 명의 전쟁 고아들이 있었으며, 이들은 훗날 목사, 예술가, 사업가, 교수 등으로 자라났다.

경천애인사의 아이들.

대대장 김영옥 소령(뒷줄 오른쪽에서 두 번째)과 31연대 주요 지휘관 및 참모들.

1952년
한국전쟁 당시 김영옥 소령.

경천애인사 지원의 또 다른
주역인 군목 샘 닐 대위.

1965년 서울, 한국군 군사고문 시절 김영옥 중령이 군사고문단장 앤시 소장으로부터 감사패를 받고 있다. 김영옥은 군사고문으로 있으면서 한국군 전시동원계획을 대대적으로 개편하면서 국군 최초의 미사일부대를 창설하기도 했다.

박정희 대통령 시절 청와대 경호 병력과 수도경비사령부 출범을 놓고 한미 간에 마찰이 일자, 한국군 군사고문이던 김영옥 중령(오른쪽 첫 번째)이 미국 측 막후협상 대표로, 채명신 소장(왼쪽 첫 번째)이 한국 측 막후협상 대표로 나서 문제를 해결했다. 둘은 한국전쟁에서 깊은 전우애를 맺은 사이였다.

1965년 중령 시절의 김영옥.

김영옥 대령이 1972년 하와이 미군부대에서 가진 전역식에서 '리전 오브 메릿(Legion of Merit)' 훈장을 받고 있다. 목에 두르고 있는 꽃목걸이는 하와이 명물인 레이(Lei).

1994년 브뤼에르 해방 60주년을 맞아 프랑스를 다시 찾은 김영옥이 에피날 소재 연합군 전몰장병 묘역을 찾아 상념에 잠겨 있다.

김영옥이 2003년 3월 박권상 KBS 사장으로부터 KBS 해외동포상(사회봉사 부문)을 받고 있다.

한국 출신 입양아들을 위해 2003년 미국 콜로라도 주에서 열린 '한국 전통 캠프 2003'에 기조연설자로 참가해 희망을 북돋아 준 김영옥(뒤에서 셋째 줄, 왼쪽에서 두 번째).

2003년 한국인 미국 이민 100주년을 맞아 이민 영웅으로 선정된 김영옥이 또 다른 이민 영웅인 새미 리 박사와 함께 로즈퍼레이드에서 꽃차에 탑승해 있다. 이비인후과 의사인 새미 리 박사는 한민족 최초의 올림픽 금메달(다이빙) 2연패의 주인공이다.

30년 넘게 계속된 사회봉사활동으로 2003년 1월 한국 정부로부터 국민훈장 모란장을 받은 김영옥.

2005년 프랑스 최고무공훈장인 레지옹 도뇌르 훈장 수여식 때의 김영옥. 수여식을 주재한 필립 라리외 주 LA 프랑스 총영사는 "프랑스는 김영옥 대령을 영원히 잊지 않을 것"이라고 강조했다. 레지옹 도뇌르 훈장은 국민훈장으로도 주어지는 것으로, 김영옥은 무공훈장으로 이 훈장을 받은 최초의 한국인이 됐다.

김영옥 대령은 2003년 청와대로 노무현 대통령을 예방했다. 김영옥 대령과 노 대통령 부처가 기념촬영을 하고 있다.

2010년 미국 캘리포니아주립대학(Univ. of California, Riverside)에 설립된 '김영옥재미동포연구소(Young Oak Kim Center for Korean American Studies)' 개소식 장면. 미국 역사상 최초로 한국인의 이름을 딴 대학기구이다. 한국이 1948년 정부 수립 이래 국제 무대에 세운 최초의 해외동포연구소이기도 하다. 〈사진 제공=김영옥재미동포연구소〉

2009년 미국 로스앤젤레스에서 개교한 '김영옥 중학교(Young Oak Kim Academy)'.
미국 역사상 최초로 한국인의 이름을 딴 중학교이다.

한국 초등학교 5학년 1학기 국어 교과서는 2011년부터 불세출의 전쟁 영웅이자 위대한 인도주의자인 김영옥 대령의 삶을 수록, 모든 아동들에게 가르치고 있다.

Memorial Day Famous War Heroes

세계 최대 포털 사이트인 미국 msn.com은 2011년 미국 현충일을 맞아 미국 역사상 최고의 전쟁 영웅 16인을 선정했다. 유색인으로는 김영옥 대령이 유일하게 포함됐다.

한국 육군 리더십센터는 2012년부터 매년 신임 육군 소위 전원에게 불패신화의 주인공인 김영옥의 리더십을 가르치기 시작했다. 육군 리더십센터에 입소한 신임 육군 장교들이 김영옥의 리더십을 주제로 분임토의를 하는 모습. 〈사진 제공=한국 육군〉

재미일본인 사회가 1999년 미국 로스앤젤레스 다운타운에 설립한 일본계 미군 장병 제2차 세계대전 참전기념비. 일본계는 별도의 부속 건물에 '건립위원장 김영옥 대령'이라고 새긴 동판을 붙여 그의 업적과 함께 그가 자신들의 지도자임을 영원히 기리고 있다.

| 차례 |

■ 서문·취재기 _ 35

제1부 한국의 아들
로마 해방전 _ 55
독립운동가의 아들 _ 75

제2부 유럽 전선을 물들인 김영옥 신화
타고난 장교 _ 113
인종차별과 편견을 뛰어넘어 _ 134
악몽의 몬테 카시노 전투 _ 158
신화의 시작, 벨베데레 전투 _ 182
피사 해방전 _ 212

제3부 사선을 넘나들며
브뤼에르 탱크 작전 _ 227
비운의 비풍텐 _ 240
영웅의 귀환 _ 265

제4부 아버지의 나라로
다시 입은 군복 _ 297
아버지의 나라로 _ 308
한국의 유격대 _ 331
소양강 철수 작전 _ 350
"우리는 들풀이오" _ 372

제5부 부활하는 김영옥 신화
38선에 부활하는 신화 _ 387
전환점 _ 413
휴전선 60킬로미터 북상의 주역 _ 435
오사카 병원 _ 479
다시 한국으로 _ 488

제6부 영원한 인도주의자
전장에 꽃피는 사랑 _ 519
철의 삼각지대 _ 530
한국군 군사고문이 되어 _ 550

제7부 꺼지지 않는 촛불
사회적 약자의 수호자 _ 573

- 후기 _ 590
- 아름다운 영웅 김영옥의 생애 _ 598

| 서문·취재기 |

 몇 년 전 로스앤젤레스를 방문한 한국의 출판인 한 분이 내가 김영옥에 대한 책을 쓰고 있다는 것을 알고 물었다.
 "그는 어떤 사람입니까?"
 나는 어떻게 답해야 할지 잠시 망설이다 말했다.
 "제게 아들이 하나 있습니다. 저는 제 아들이 그분처럼 살았으면 좋겠습니다."

 나의 아들이, 나의 딸이, 나아가 한국의 젊은이들이 그처럼 살았으면 좋겠다고 생각하는 이유는 단지 그가 여러 나라에서 최고 훈장을 받은 전설적 영웅이기 때문이 아니다. 내가 그 같은 소망을 갖는 이유는 그가 불멸의 업적을 남겼으면서도 그것을 내세우지 않은 채 언제나 약자의 편에 서서 스스로를 태워 어둠을 밝히는 촛불이 됐고, 아직도 그 불은 한국·미국·유럽 곳곳에서 빛을 발하지만, 많은 사람들은 그 빛이 어디서 오는지조차 모르기 때문이다.
 빛의 출처를 아는 사람도 더러 있기는 하다. 김영옥의 전적지 취재를 위해 몇 년 전 보쥬 산맥의 작은 마을 브뤼에르를 찾았을 때 만났던 촌로들이 그런 이들이다.

보쥬 산맥은 프랑스 동북부에 있는 산악으로 동쪽으로 평원이 있고 일단 평원으로 내려서면 스트라스부르를 지나 곧바로 독일이다. 1944년 8월 파리를 탈환한 연합군은 여세를 몰아 독일로 진입하려고 공세를 조였다. 보쥬 산맥은 연합군의 독일 진입을 막는 마지막 방어선이었기에 독일군도 사력을 다해 싸워 쌍방간에 치열한 접전이 벌어졌던 곳이다.

동양인 기자가 프랑스 산골에서 2차대전 취재를 한다는 것을 알게 된 프랑스 산림청의 한 관리가 저녁을 함께 하자며 자기 집으로 나를 초대했다. 덕분에 나는 평생 처음 프랑스인의 집에서 와인과 촛불이 곁들여진 정통 프랑스 가정요리를 맛볼 수 있었는데, 식사에는 현지 노인들도 너덧 명 함께 초대됐다.

식사를 시작하면서 참석자들에게 간단히 자기소개를 해달라는 주인의 요청에 나는 "미국에서 활동하는 한국인 기자인데 2차대전 때 이곳에서 싸웠던 '꼴로넬 김(김 대령)'이라는 한국계 미군을 취재하기 위해 왔다"고 했다. 미국에서는 그가 '커널 김(김 대령)'으로 불리기 때문이었다.

그곳에서는 도무지 영어가 통하지 않아 정말이지 쓰기 싫은 불어로 떠듬거리며 설명을 한다고 했으나 좌중은 잠잠했다. 혹시 그를 기억하는 사람이 있을까 했던 나는 이내 실망하면서 '어쩌면 내 불어를 못 알아듣는 것은 아닐까? 그래도 명색이 불문학을 전공했는데 학교 다닐 때 공부를 좀 더 해둘걸……' 하다가 문득 생각했다. '그 당시 계급은 대위 아니었나. 그렇다면 혹시……?' 그래서 설명을 바꿨다.

"2차대전 때 이곳에서 싸웠던 '까삐뗀 김(김 대위)'이라는 동양계 미군을 취재하러 왔습니다."

내 입에서 '까삐뗀 김'이라는 말이 튀어나오자 왼쪽에 앉아 정감 어린 눈길로 잠자코 설명을 듣던 할머니 한 분이 갑자기 나지막이 탄성을 질렀다.

"아, 까삐뗀 김!"

"그를 아십니까?"

놀란 내가 흥분을 감추지 못하고 되묻는데 미처 할머니가 대답할 틈도 없이 이번에는 오른쪽에 앉아 있던 노인이 받았다.

"나도 어릴 때부터 그 이름을 듣고 자랐지."

이탈리아 취재에서는 그의 부대조차 기억하는 사람을 만날 수 없어 이제는 시간이 너무 흘렀으려니 하면서 프랑스 취재에 나섰던 내게 그들의 기억은 벅찬 감동으로 다가왔다. 그러나 그들은 자신들에게 자유를 찾아준 사람으로 기억하는 전쟁영웅 '까삐뗀 김'을 일본계로 알고 있었다.

브뤼에르에서 불과 수 킬로미터 떨어진 비퐁텐이라는 좀 더 작은 마을은 당시 나치 치하에서 자신들을 구하기 위해 피를 흘렸던 연합군 장병 전체에 대한 감사의 상징으로 마을 성당의 현관 옆에 그의 이름을 넣은 작은 동판을 새겨 두고 있었다.

'100대대의 영웅 중 한 명인 까삐뗀 김영옥이 이 현관 왼쪽에서 독일군의 포로가 됐다가 치넨 씨와 함께 탈출했다.'

치넨은 당시 김영옥과 함께 탈출했던 위생병이다.

동판은 많은 생각을 떠올리게 했다. 그가 이탈리아와 프랑스의 전장에서 사선을 넘나들며 전설로 남게 되는 1943~1944년은 한국이 아직도 일제 치하에서 신음할 때다. 그 시절 독립운동가의 아들로 미국에서 태어난 한국인 2세가 연합군 청년 장교가 돼 일본인 2세들을 이끌고 유럽을 무대로 기상을 떨치고 있었던 것이다. 그의 나이 스물너덧 때였다.

나름대로 꽤 오랜 시간을 들여 그의 족적을 더듬으면서 매번 신선한 충격으로 다가오는 감동을 느낀 것은 프랑스나 이탈리아에서만이 아니었다. 그의 삶을 취재하면서 만난 사람들 가운데는 눈물을 흘리는 이들도 여럿 있었다. 2차대전 때 그의 소대원으로 함께 싸웠던 일본계 2세 노사카 일병도, 한국전쟁에서 그의 부하였던 아더 월슨 대위나 존 코백 대령도 그런 이들이다.

노사카 일병은 "함께 싸운 전우로서, 김영옥이 미국 최고무공훈장을 받지 못한 사실을 어떻게 생각하십니까?"라는 질문을 받자, 이내 눈물을 글썽이더니 "미국 정부는 제정신이 아니다. 같이 싸웠던 우리한테 물어봤어야지" 하며 흐느꼈다. 그는 동생이 브뤼에르 전투에서 중상을 입었고 조카는 한국전쟁에 참전한 인물이다.

월슨 대위는 한국전쟁에 참전한 백인으로 내가 "김영옥의 삶을 책으로 쓰기 위해 인터뷰를 하는 것입니다"고 하자 두 손을 모아 내 손을 잡더니 하염없이 눈물만 흘렸다. 한동안 그러고 있던 월슨 대위는 흐르는 눈물을 닦지도 않고 말했다.

"제발…… 그의 얘기를 훌륭히 써주오."

존 코백 대령은 헝가리계 이민 2세로 소위로 임관하자마자 인천상륙작전에 투입돼 나중에 김영옥 아래서 중대장을 지내고 훗날 베트남전에도 다녀온 인물이다. 내가 김영옥을 취재하기 위해 워싱턴에 간다고 하자, 그는 공항까지 마중 나와 자기 집으로 데려가더니 부인이 손수 장만한 음식을 대접하고는 다음부터 어떤 일로든 워싱턴에 올 때는 자기 집에 머물라고 했다. 그 후 보충 취재를 위해 그의 집에 다시 가자 시집간 딸이 친정을 찾을 때 쓰려고 깨끗이 정돈해둔 방을 내 침실로 내주었다.

함께 싸웠던 전우나 프랑스 산골의 노인들 말고도 나를 놀라게 했던 사람들은 또 있다. 김영옥은 2003년 한국 정부로부터 국민훈장 모란장을 받으면서 "한국전쟁 때 돌봤던 고아들을 보고 싶다"고 했는데 이 말이 보도됐을 때였다.

첫 전화는 한국에서 걸려 왔는데 "그분이 이제는 한국말을 거의 잊어버려 제가 대신 전화를 받습니다."라고 설명하자 수화기 저쪽의 여인은 흐느낌과 함께 사연을 털어놓으며 "꼭 감사하다고 전해 주세요."를 반복했다. 이 전화를 시작으로 그야말로 미국 도처에서, 또 한국에서 전화가 걸려 왔다.

그를 아는 사람을 만날 때의 놀라움보다 그를 모르는 사람을 만날 때의 놀라움이 더 큰 적도 있었다.

로스앤젤레스에 있는 한인건강정보센터는 연간 500만 달러가 넘는 예산을 집행하는 대형 저소득층 노인 보건기구로 발전했고 미국 연방정부도 높이 인정하는 곳인데, 이곳을 설립하고 발전의 토대를 닦은 이가 바로 김영옥이다.

그러나 이 사실을 정확히 아는 이는 극소수다. 말할 것도 없이 그의 침묵과 겸손 때문인데, 캘리포니아에는 이처럼 그의 리더십 아래 태어나거나 성장한 비영리 사회봉사단체가 여럿 있다.

도대체 김영옥의 무엇이 50~60년이 지난 후에도 이들의 눈물을 흘리게 하는가. 무엇이 그 오랜 세월이 흐른 후에도 김영옥을 취재하는 사람에 불과한 나에게까지 그들의 마음을 열게 하는가.

김영옥. 내가 그를 처음 만난 것은 1997년 2월이다. 그를 만나기 위해 로스앤젤레스에서 자동차로 50분쯤 달려 토렌스에 있는 그의 남루한 사무실로 찾아갔을 때였다.

인사를 드린 후 나는 곧바로 본론으로 들어가 그의 삶을 책으로 쓸 수 있도록 허락해 달라고 청했다. 그러나 그는 자기가 책으로 쓰여질만한 인생을 살지 않았다며 한사코 거부했다. 첫 인사를 드리고 청을 한 지 한 시간이 흘러가는 것을 보고 나는 포기해야 하는 것 아닌가 생각하고 일어서면서 말했다. 그의 건너편에서 책상에 두 손을 짚고 그를 향해 상체를 반쯤 구부린 상태였으니 상당히 엉거주춤한 자세였을 것이다.

"사람은 누구나 세상을 떠납니다. 김 대령님도 마찬가지입니다. 지금까지도 다른 사람들을 위해, 특히 한국인들을 위해 많은 일을 하셨는데, 떠나시기 전에 마지막으로 한 번 더 그들을 위해 큰일을 해주십시오."

그러자 책상 건너편에 앉아 있던 그가 내 눈을 똑바로 쳐다보며 잠시 말이 없더니 물었다.

"그 일이 무엇이오?"

"간단합니다. 지금까지 살아오신 이야기를 보다 많은 사람들이 알 수 있도록 해주십시오."

그러자 그는 순간적으로 아주 짧은 침묵에 잠기는가 싶더니 거침없이 말했다.

"무엇이든 원하는 대로 하시오."

처음 만난 78세의 노인 앞에서 자신의 죽음을 얘기하는 무례함을 그는 탓하지 않았다. 김영옥의 삶을 좇는 나의 여행은 이렇게 시작됐다.

나중에 알게 됐지만 나에 앞서 여러 전업 작가들이 그의 자서전 집필을 제안했거나 관심을 갖고 있었고, 그들 가운데는 일본에서 문학상을 받은 작가를 비롯해 유명 작가들도 있었다. 다큐멘터리나 극영화 제의만 해도 50여 차례 있었다.

그러나 그는 이 모든 것을 거부하다가 처음 만난 내게 모든 것을 허락했다. 그로부터 몇 년 후 나는 기자로서 과분한 행운을 누렸지만, 그때만 해도 미국에서 한국어로 발행되는 소수계 언론사의 존재도 없는 기자였다. 비상한 두뇌와 예리한 통찰력의 소유자인 그는 지금도 한없이 송구스럽게 생각하는 당시 나의 무례함을 뚫고 진실을 읽었던 것 같다.

내가 그를 찾아간 것은 결코 우연이 아니었다. 부모형제가 다 이민을 떠나는데 혼자 한국에 살겠다며 한국에서 군대 생활도 두 번이나 했던 나는 결국 이민길에 올라 로스앤젤레스에서 발행되는 한국일보의 기자가 됐다.

그로부터 4년째 되는 1992년 로스앤젤레스에서 흑인 폭동이 일어나 재미동포사회가 참담한 제물이 됐다. 미국 주류 사회 언론은 한국계 이민자들을 1달러도 안 되는 오렌지주스 한 병을 훔친 흑인 소녀를 총으로 쏴죽이는 무자비한 사람들로 그려대면서 국가나 사회에 대한 봉사에는 무관심하고 제 뱃속 채우기에만 급급한 이민자로 부각시키는 악의에 찬 기사들을 남발했다. 흑백 갈등의 분출구를 찾기 위해 힘없는 한국계 이민자들을 속죄양으로 삼은 것이었다. 영어가 공용어인 사회에서 한글로 쓰는 기사의 한계가 더욱 크게 느껴졌고 미국 언론이 그려대는 한국계의 이미지가 전체적 진실이 아니라는 것을 보여주고 싶었다.

이민을 해보니 본국과 재외동포의 거리도 문제였다. 인구밀도가 높은 한국은 이민을 장려했지만 막상 재외동포에 대해서는 이중적 잣대를 갖고 있었다. 이 같은 이중적 잣대의 부정적 시각이 드러난 가장 극단적인 예가 "이민자는 난파선에서 가장 먼저 뛰어내리는 쥐새끼 같은 존재"라는 발언이다. 이 발언은 한국의 대표적 작가가, 그것도 유수 일간지를 통해 한 것이었다. 문화부 기자 시절 꽤 유명한 한국의 한 TV 방송작가를 인터뷰하면서 "왜 그렇게 한국 TV는 재미동포를 나쁘게 그리느냐?"고 물었더니 그는 겸연쩍게 웃으며 "사실 나도 그게 문제라는 것은 알지만 그렇게 해야 시청률이 오른다."는 것 아닌가. 본국과 재외동포의 거리가 멀수록 한국은 민족적 에너지를 낭비하게 되니 이 같은 현실의 수정도 필요한 일이었다.

지금은 더 그런 것 같지만 한미관계는 이미 그때부터 흔들리고 있었다. 한국의 독립과 건국에서 한국전쟁을 거쳐 오늘에 이르기까지 한국에 대한 미국의 영향에는 분명히 공과가 있다. 그러나 이에 대한 해석이나 어느 일방의 입장과는 상관없이 두 나라는 앞으로도 오랫동안 어떤 식으로든 깊은 관계를 맺을 수밖에 없다. 우리의 의사가 어떻든 세계는 한반도만 독존하도록 내버려두지 않는다.

그렇다면 두 나라의 관계는 상호 존중에 뿌리를 둔 전향적인 것이 되어야 좋은데, 그렇게 되려면 깊은 상호 이해가 선행돼야 한다. 이를 위해서는 한국도 미국을 정확히 알고 미국도 한국을 정확히 알아야 한다.

한일관계 역시 마찬가지다. 이 문제는 어찌 보면 한미관계보다 더 복잡하고 해결책이 요원할지 모른다. 나는 어찌 살다 보니 일제강점기에 자행된 과거사 문제에 깊이 관여하게 됐다. 간단히 밝히자면 과거사 문제와 관련해 미국에서 국제변호인단을 조직해 일본 정부와 일본 기업을 상대로 소송을 제기했고, 우리의 법정 투쟁은 7년을 끌었다. 다름아닌 징용 피해자 문제와 성노예 피해자(소위 '일본군 위안부') 문제다.

나는 과거사 문제가 행동이 뒷받침되는 우리의 실천적 의지 위에 일본의 사과와 배상이 어우러져 깨끗이 청산돼야 한다고 믿는다. 그렇다고 한일관계가 언제나 과거에 맴돌고 있어서도 안 되며, 이 문제 역시 상호 이해에 바탕을 둔 상호 존중으로 나아가야 한다고 믿는다.

그렇지만 아무 영향력도 없는 기자가, 그것도 미국에서 한글로 발행되는 신문에 기사를 아무리 쓴들 현실적으로 그것들이 미국이나 또는 태평양 건너 있는 한국에, 또 일본에 무슨 그리 의미 있는 메시지를 주겠는가.

그래서 위와 같은 네 가지 문제에 부분적이나마 답을 줄 수 있는 삶을 산 실존 인물을 찾아 그의 삶을 제시하는 편이 차라리 좋을 것 같았다.

이에 따라 나는 실존 또는 이미 유명을 달리한 재미동포들로 명단을 만들고 위의 네 가지 문제에 답을 들고 있는가를 기준으로 한 사람씩 이름을 지우기 시작했다. 그러므로 이름을 지우지 않으려면 네 가지를 전부 충족시켜야 했다.

첫째, 미국에 뚜렷이 공헌했을 것.
둘째, 한국에 뚜렷이 공헌했을 것.
셋째, 그럼으로써 한미관계 개선에 도움이 될 것.
넷째, 나아가 한일관계 개선에도 도움이 될 것.

나는 교육도 한국에서 받고 군대 생활도 한국에서 했기에 당연히 한국 문화에 젖어 있었다. 그런데 미국에서 살다 보니 한국과는 다른 것이 여럿 있었다. 어떤 것은 한국이 낫고, 어떤 것은 미국이 나았으며, 어떤 것은 낫고 못하고 할 것 없이 그저 서로 많이 달랐다.

영웅에 대한 개념과 대우도 다른데 이 점은 우리가 본받아 하는 것일지 모른다. 미국은 타인의 업적을 흔쾌히 인정하고 대접하는 사회로 영웅에 대해서도 나름대로 잘 정의된 개념을 갖고 있다.

미국에는 영웅이 많다. 영웅적인 미국인이 많아서라기보다는 미국인들이 영웅을 많이 만들고 쉽게 받아들이기 때문이다. 그렇지만 미국인들은 누가 돈을 많이 벌어 거부가 됐다거나, 나아가 사회에 많은 기부금을 내놓는다고 해서 좀처럼 영웅이라 부르지 않는다.

반면에 강도를 쫓다가 목숨을 잃은 경찰관, 9·11 테러 같은 때 순직한 소방대원, 전장에서 숨져간 일등병, 순직한 CIA나 FBI 요원 같은 이들에게는 쉽게 영웅이라는 칭호를 붙여 동상을 세우기도 하고 길이나 건물에 이들의 이름을 붙이기도 한다. 한마디로 국가나 지역사회가 위기에 처했을 때 피를 흘린 사람들인데 그들이 굳이 대통령이나 장군이어야 하는 것은 아니다.

이 때문에 미국에 뚜렷이 기여한 인물을 찾을 때에도 미국이 위기에 처했을 때 피를 흘린 인물이 우선적 고려 대상이었다. 이 같은 기준에 입각해 이름을 지우다 보니 나의 명단에 남은 인물은 딱 한 명이었다. 김영옥이었다.

기자는 짧은 인터뷰를 통해 수십 년에 걸친 타인의 삶을 압축적으로 이해하는 훈련을 반복하는 사람들이다. 말하자면 단기간에 많은 정보를 처리하는 훈련이다. 나도 마찬가지였다. 김영옥 이야기를 쓰기로 한 나는 효율적 접근을 한답시고 '잔머리'를 썼다. 그가 전쟁 영웅이라는 것을 알고 있었기에 나는 물었다.

"지금까지 무공훈장을 몇 개나 받으셨습니까?"

"모르겠군. 집에 가서 세어 보고 알려 주지."

나의 질문은 각각의 훈장 뒤에 뭔가 재미있는 무용담이 있으려니 했기 때문이었는데 그의 대답은 예상 밖이었다. '군인이 자기가 받은 무공훈장의 개수도 모른다고……?' 나는 직업적으로 반신반의하면서도 그렇게 믿지 않을 다른 이유가 없어 일단 그의 얘기를 받아들였다. 몇 차례 다시 만난 다음에 다시 물었다.

"훈장은 세어 보셨습니까?"

"잊어버리고 세어 보지 못했군."

그때 나는 그가 자기 훈장을 세어 보고 내게 가르쳐 줄 것이라는 기대를 버렸다. 이미 그때쯤은 그가 어떤 인품의 소유자인지 많이 알아 가고 있을 무렵이기도 했다.

그러던 어느 날, 라스베이거스 교외에 있던 그의 집으로 찾아갔다. 그의 집으로 들어간 나는 잊지 않고 훈장이나 상장 같은 것을 보려고 여기저기를 둘러봤으나 훈장도 상장도 아무것도 전시돼 있지 않았다. 훈장은 고사하고 그가 군인이었음을 짐작하게 하는 것이라고는 도무지 없었다. 할 수 없이 나는 다시 물었다.

"훈장은 어디 두셨나요?"

그러자 그는 나를 데리고 차고로 가더니 구석에서 라면 상자같이 좀 두꺼운 누런 종이 상자를 끄집어냈다. 그는 상자를 덮은 뽀얀 먼지를 손으로 대충 털더니 상자를 열었다. 상자는 작은 케이스들로 가득 차 있었는데 그 작은 케이스들 역시 빛이 바랜 채 먼지로 덮여 있었다. 그는 제일 위에 있는 케이스를 끄집어내 먼지를 털더니 열어 보여 주면서 대수롭지 않게 말했다.

"이것은 은성무공훈장이고……."

그때 나는 아차 싶었다. 그리고 그 순간 알았다. 그에 대한 취재는 그때까지 내가 생각했듯 '효율적으로' 해서는 안 된다는 것을. 또 취재에 참으로 많은 시간과 노력이 들어가야 한다는 것을.

처음 취재를 시작했을 때만 해도 그가 2차대전의 전쟁 영웅이라는 것은 알고 있었지만 그 정도인 줄은 몰랐다. 이탈리아에서는 로마 해방의 주역이었고 피사 해방의 장본인이었다. 로마 해방전에서 보여준 담대함과 용기는 UPI통신을 타고 전세계로 타전됐다. 피사 해방전에서는 제갈공명을 무색케 하는 기상천외한 작전으로 피 한 방울 흘리지 않고 피사를 해방시킨 후 연합군 최초로 피사의 사탑 꼭대기까지 올라간 장본인이었다. 프랑스에서 브뤼에르 전투를 치를 때는 적군의 생명까지 아껴 자신의 생명을 담보로 내놓기도 했다.

취재를 시작할 때는 그가 한국전쟁에 참전했다는 사실은 알려져 있지도 않았다. 이 때문에 한국 현대사의 중요한 길목마다 그가 있었다는 사실이나 한국을 위한 그의 모든 공헌을 확인하는 것 역시 놀라움의 연속이었다.

그는 한국의 휴전선이 오늘날의 모습으로 생기게 하는 데도 결정적으로 공헌한 인물이다. 1951년 5~6월 중부전선에서 있던 일로 38선 이남에 형성돼 있던 당시 전선이 60km나 북상한 것은 그가 이룬 불패 신화에 힘입은 바 크다. 이러한 사실은 이제 우리 국방부도 인정하는 공식 역사로 남게 됐다. 물론 이 같은 업적은 홀로 이룬 것이 아니다. 당시 전선에서 함께 피를 흘렸던 모든 국군 및 유엔군 장병들, 이름 한 자도 남기지 못하고 숨져간 전몰 장병들, 대다수 한국인이 아직도 그 존재조차 모르는 한국인 노무부대 노동자들이 함께 이룬 것이다.

한국전쟁 당시 최전방 대대장으로 있으면서 수백 명의 전쟁고아를 돌봤던 사실도 묻혀진 역사의 조각이었다.

한국군 군사고문 시절에는 제2의 한국전쟁에 대비해 한국방어계획을 대대적으로 현대화하면서 이 과정에서 국군 최초의 미사일 부대를 창설했고, 오늘날 청와대 경호부대나 수도방어사령부의 태동에도 아버지의 나라에 대한 그의 애착이 묻어 있다.

그러나 내가 이 모든 것을 정확히 취재하기 위해 심혈을 기울였던 이유는 사실 제대 후 그의 사회봉사활동이 그에 못지않게 중요하기 때문이었다. 그러므로 진정 내가 하고 싶은 이야기의 절반은 그곳에 있으나, 다만 독자들의 권태를 피하기 위해 간략히 썼을 뿐이다.

사실 이 책은 벌써 오래전에 나왔어야 했다. 그러나 이 책을 쓰기 위해 취재를 시작한 지 얼마 안 된 1999년 여름, 캘리포니아 주가 일제강점기 징용 및 성노예 피해자들이 일본 정부나 회사를 상대로 미국 법정에서 소송을 제기할 수 있도록 하는 특별법을 제정했다.

기자로서 이 문제를 취재하다가 이런저런 실상을 알게 된 후 도저히 그냥 보고만 있을 수 없어 직접 개입하기로 마음을 먹은 나는 우선 김영옥을 찾아갔다. 그에게 이 문제를 상의하면서 "변호인단을 조직해 일본 정부와 일본 회사를 상대로 소송을 제기하려는데 그렇게 되면 집필이 연기될 수 있습니다."고 하자, 그는 즉석에서 "내 책보다 그 일이 훨씬 중요하니 집필을 중단하고 그 일에 매진하라."고 했다.

이렇게 해서 징용 피해자 정재원 씨가 대표원고로 나서 1999년 10월 일본 다이혜요 시멘트 회사(오노다 시멘트의 후신)를 상대로 하는 징용 소송을 제기했고, 한국·중국·대만·필리핀 국적의 '일본군 위안부' 피해자들이 대표원고로 나서 2000년 9월 일본 정부를 상대로 하는 성노예 소송을 제기했다.

미국 법정에서 각각 제기한 이 대일소송에는 엄청난 시간과 에너지가 들어갔고, 그러다 보니 이 책은 예상보다 몇 년이나 늦어져 나오게 됐다.

침묵과 겸손은 김영옥의 인품에 향기를 더하지만 취재하는 나에게는 참으로 커다란 장애물이었다. 그는 결코 자기 이야기를 자랑하지 않았고 같은 주제를 놓고도 여러 차례 인터뷰를 하면서 질문을 퍼부어야 우연히 생각나듯 털어놓는 경우가 많았는데 극적인 얘기일수록 더 그랬다. 진정한 전쟁 영웅일수록 적나라한 전장의 모습을 되새기지 않으려 한다는 것을 내가 안 것은 꽤나 시간이 흐른 다음이었다.

한 가지 편한 점도 있었다. 그에 대한 전기를 쓴다고 하자 그를 아는 모든 사람들이 흔쾌히 인터뷰에 응해 줬다는 점이다. 한국전쟁 얘기라면 다시 하고 싶지 않다는 미군 31연대 2대대장 한 명만 빼고는 그랬다.

그의 사회봉사활동이야 보다 최근에 이뤄진 것이고 그가 관여한 모든 일이 성공적으로 진행돼 남가주 곳곳에 뚜렷한 발자국이 남아 있어 이 취재는 쉬웠지만, 이미 60년이 넘은 2차대전이나 50년이 넘은 한국전쟁 당시 무슨 일이 벌어졌는지 정확히 취재한다는 것은 참으로 쉬운 일이 아니었다.

전쟁이란 극도의 혼돈이 지배하는 세상이고 같은 전투에 참가한 사람들이라도 전혀 기억이 없거나 기억이 있더라도 천차만별이었다. 미군은 혼란의 와중에도 철저한 전투 기록을 남기려 노력했기에 많은 도움이 되긴 했으나 기록에 있다고 모두 사실인 것도 아니었다. 이 때문에 어떤 때는 기록의 허구성을 밝히는 것이 난제 중의 난제였다.

전쟁 부문에 관해서는 김영옥의 증언, 참전용사들의 증언·메모·회

고록, 미군의 전투일지라고 할 수 있는 각급 부대의 전투상보, 전장에서 발간됐던 해당 부대의 신문 같은 것이 일차적 자료였고, 해당 전황을 다룬 신문·잡지·서적·논문과 전문가 증언 같은 것들이 부차적 자료였다.

최대한 현지답사 취재를 원칙으로 삼았으며 프랑스 보쥬 산맥 전투나 한국 소양강 전투 같은 경우는 취재 후 미국으로 돌아와 글을 쓰다가 도저히 석연치 않아 할 수 없이 현장을 다시 찾기도 했다.

나는 전업 작가도 아니고 그럴 능력도 없기에 사실 취재에 입각한 엄정한 다큐멘터리를 쓰려고 노력했다. 이 책은 철저한 논픽션으로 등장인물이나 장소의 이름, 시간, 기상 조건 모두 실존 인물 또는 사실이며, 대화 하나도 나의 상상의 산물이 아니다.

이 때문에 어떤 부분은 매끄럽게 연결되지 않는다는 것도 알고 있으며, 그런 것이 유난히 아쉬운 부분에서는 상상력을 동원하고 싶은 유혹도 있었고, 그렇게 하라는 제안도 있었지만 그렇게 하지 않았다. 부드럽지 않은 부분에 대해 좀 더 취재해 부드럽게 연결하는 것이 나로서는 역부족이었다는 것을 인정하면서, 모든 것을 2005년 12월 당시까지 취재된 상태에서 있는 그대로 내놨다. 세 차례나 암수술을 받고 투병중인 그가 곧 우리를 떠날 것이 분명했기 때문이었다.

이 같은 상황에서 이 책은 2005년 12월 출판사 '북스토리'가 초판이 발행된 이래 감사하게도 독자들의 사랑을 받아 5쇄가 발행됐다. 그렇지만 초판 책값 18,000원은 특히 저소득층 청소년들에게는 여전히 부담스러운 가격이었다. 나는 내용을 줄이지 않으면서 정가를 대폭 낮추기를 원했고, 출판사 '나무와 숲'을 통해 정가 12,000원에 개정판을 내 감사하게도 6쇄까지 발행됐다. 그러나 그 사이 종이값 상승과 인플레이션 등 경제적 여건의 변동을 포함한 몇 가지 환경의 변화를 일방적으로 무시할 수 없어, 원래 초판을 출판했던 북스토리를 통해 이번에 다시 개정판을 내놓게 됐다. 초판 당시 책이라고는 처음 써봤던 나의 졸고가 책의 모습으로 세상에 태어날 수 있도록 해줬으며 이번에도 다시 개정판을 내 우리 젊은이들 곁에 김영옥 대령이 계속 살아있을 수 있도록 해준 북스토리의 주정관 사장과 직원들께 감사한다.

신문사를 떠난 후 집필을 마치겠다며 월급 갖다 주는 것도 오랫동안 잊은 채 여기저기 떠돌아다니던 남편을 탓하지 않고 코스모스처럼 옆을 지켜 준 아내를 비롯한 가족과 한결 같은 지원과 지지를 보여준 벗들이 없었다면 쉽지만은 않았던 이 여정이 지금까지 계속될 수 없었을 것이다.

김영옥의 이야기는 단순히 크리스마스 트리처럼 훈장을 달고 있는 어느 전쟁 영웅에 대한 이야기가 아니다. 군복을 벗은 후 어찌 살다 보니 그렇게 된 어느 사회봉사자에 대한 이야기는 더욱 아니다.

그의 이야기는 한국에 대해서는 재외동포는 과연 난파선에서 먼저 뛰어내리는 쥐새끼 같은 존재인가에 대한 답변이며, 미국에 대해서는 한국인은 국가의 위기나 발전 또는 지역사회 봉사에는 무관심한 파렴치한인가에 대한 답변이다.

그의 이야기는 우리가 한미관계나 한일관계를 어떻게 가져가야 하는가에 대한 답변이며, 영웅이 없다는 우리의 아쉬움에 대한 답변이기도 하다.

그의 이야기는 머지않아 여러 외국어로도 출판될 것이며, 영어판의 경우는 벌써 캘리포니아 주립대학에서 교재로 채택하기로 예정돼 있다. 이미 한국의 교육계 일각에서도 그를 자랑스런 한국인으로서 교과서에 포함시켜 청소년과 아동의 역할모델로 가르쳐야 한다는 얘기가 나오고 있다. 인천시는 현재 설립 중인 한국 최초의 이민박물관에 그의 전시관을 만들어 그의 업적을 영원히 기리면서 박물관을 찾을 내·외국인들에게 널리 알리기로 했다.

독자들은 이 책을 통해 소설에서나 있을 것 같은 용감하고 비상하며 인간미 넘치는 한 한국인을 만나게 될 것이다. 그는 암울한 시대에 태어나 세계를 무대로 기상을 떨치고 사회적 약자를 위해 평생을 바친 자랑스런 우리 선배이자 우리 가운데 하나인 실존 인물이다.

"한국의 젊은이들이 내 이야기를 통해 희망과 용기를 가질 수 있다면 그것으로 족하다."

그의 소박한 희망을 여기 되새기며 이 시대를 사는 또 그 뒤를 이어 다가올 모든 한국의 젊은이들에게 그의 이야기를 드린다.

2012년 8월
로스앤젤레스에서
한우성

제1부

한국의 아들

Beautiful Hero Kim Young Oak

로마 해방전

1943년 9월 이탈리아에 상륙한 연합군은 결국 '구스타프 라인'을 돌파하지 못한 채 새해를 맞았다. 구스타프 라인은 독일군이 북진하는 연합군을 저지하기 위해 이탈리아 반도 중남부 지역에 마치 허리띠를 친 것처럼 지중해에서 아드리아 해로 이어지는 독일군의 가장 중요한 방어선이었다.

연합군은 구스타프 라인을 북쪽에서 협공하고 로마 공략을 위한 전진기지도 얻기 위해 안지오 상륙작전을 감행했다. 안지오는 로마가 서울이라면 인천쯤에 해당하는 로마의 외항으로, 유서 깊은 항구 도시이자 요새였다. 불과 2개 사단으로 감행된 안지오 상륙작전은 한국전쟁에서의 인천상륙작전처럼 대성공이었다. 뿐만 아니라 독일군은 안지오 상륙작전을 전혀 예측하지 못하여 로마에 극소수의 통신대와 순찰 병력만 남겨두고 있어 연합군은 불과 한 시간이면 로마를 무혈점령할 수도 있었다.

그러나 전격적인 안지오 상륙작전에 성공한 미군 사령관 루카스 소장이 지나치게 신중을 기하며 시간을 끌자, 독일군은 즉시 북이탈리아에서 대군을 불러들여 안지오를 포위함으로써 양측은 장기적인 대치 상태에 돌입해 있었다.

5월로 접어들자, 이탈리아 전선의 미군 총사령관 마크 클라크 중장은 노르망디 상륙작전이 개시되기 전에 로마를 점령하기 위해 총공격을 단행하기로 결심했다. 클라크 장군은 후일 한국전쟁 때 리지웨이 대장에 이어 주한유엔군 사령관을 지냈던 인물로 전형적 군인이라기보다는 정치적으로 대단히 민감한 사람이었다. 그는 일단 노르망디 상륙작전이 시작되면 이탈리아 전선에서의 승리가 빛을 잃을 것이라는 생각에 신경을 곤두세웠다.

연합군은 테베르 강을 따라가며 펼쳐지는 로마 서남쪽의 낮은 산악과 평원 대신, 로마 남쪽에서 로마를 병풍처럼 감싸며 둘러쳐진 보다 험준한 산악지대를 넘어 로마를 공격하기로 계획을 세웠다. 로마 서남쪽의 평원을 제외하면 연합군이 장악하고 있던 유일한 평원인 안지오 남쪽의 평원은 무솔리니 해협과 수천 개의 작은 늪으로 둘러싸여 있어 탱크를 앞세우고 공격할 수 있는 곳은 오로지 이곳뿐이었다. 게다가 이 방향은 로마제국 시절 남이탈리아에 건설된 연안도로로 현대 이탈리아에 들어와서는 7번 고속도로로 개조된 '비아 아피아(Via Appia)'가 이어지는 곳이어서 일단 성공하면 로마로 연결되는 도로망도 손에 넣을 수 있었다.

발등에 떨어진 불, 포로 생포

문제는 독일군이 북이탈리아에서 불러들인 정예 탱크사단을 어디에 배치해 두고 있느냐였다. 연합군은 처음에는 독일군 탱크사단의 위치를 알고 있었지만 몇 개월 전부터 탱크사단을 놓치고 말았다. 독일군이 연합군의 주공을 정확히 예측하고 시스테르나에서 시작되는 연합군의 공격로에 정예 탱크사단을 매복시켰다면 만사는 물거품으로 돌아갈 게 뻔했다. 당시 미군 탱크는 독일군 탱크보다 성능이 훨씬 떨어졌고, 연합군이 제공권을 갖고 있긴 했지만 벨레트리부터는 지형상 공군은 도움이 되지 않았기 때문에 이 길로 공격하는 것은 집단자살 행위나 다름없었다. 공격이 실패하면 안지오의 연합군은 지중해로 내몰려 이탈리아 전선의 판도가 뒤집어질 수도 있었다.

적에 대한 정보가 너무 빈약했다. 적정을 파악할 수 있는 가장 정확한 수단은 포로 생포였는데, 지금까지 이 지역에서는 포로가 잡힌 적이 없었다. 5군 전체에 독일군 포로를 잡기 위한 비상이 걸렸으나 독일군은 결코 만만한 상대가 아니었다. 포로를 잡으려고 애쓰기는 독일군도 마찬가지였다. 독일군은 기계화 낙하산부대를 연합군 후방에 침투시켜 후방 교란과 포로 생포를 함께 시도했다.

5군 사령부로부터 빨리 포로를 잡아오라는 독촉이 6군단 본부로, 다시 34사단 본부로 빗발치듯 쏟아졌다. 보병으로 잔뼈가 굵어 여간해서는 무리한 명령을 잘 내리지 않던 34사단장 라이디 장군도 인내의 한계점에 다다른 듯 예하 부대를 심하게 독촉했다. 포로를 잡기 위해 여러 차례 수색대가 파견됐으나 번번이 실패했다. 어떤 때는 분대·소대가 투입되었고 두 차례는 1개 중대 전체가 여러 대의 탱크까지 동원해 포로 사냥에 나섰으나 결과는 마찬가지였다.

영옥이 속한 100대대에서도 포로 생포가 발등의 불이었다. 게다가 영옥은 대대 정보참모였기 때문에 포로 생포는 근본적으로 자신이 해결해야 하는 임무라고 생각했다. 영옥은 대대장 고든 싱글스 중령을 찾아갔다.

"저를 보내 주시면 포로를 잡아오겠습니다."

"미친 소리!"

"반드시 살아오겠습니다."

싱글스 중령은 펄쩍 뛰었으나 영옥은 물러서지 않았다.

사실 영옥은 대대장을 찾아가기 전에 이미 어느 정도 계획을 세워 두었다. 100대대가 소속된 미 육군 34사단은 당시 미군들이 '주인 없는 땅'이라고 부르던 지역을 사이에 두고 독일군과 대치하고 있었다. 영옥은 앞서 포로 생포에 나섰던 수색대들이 실패한 이유가 피아의 경계가 높아지는 야간에 대병력을 움직였기 때문이라고 생각했다.

'쌍안경이나 관측경을 통해 적의 동태를 살필 때 우리는 각자 일정한 구획을 정해 놓은 상태에서 우선 적진에 신경을 곤두세우고 그 다음은 양 진영을 갈라놓고 있는 주인 없는 땅의 움직임을 쫓는다. 개미 새끼 한 마리도 움직일 수 없다. 반면 아군 진영에는 무관심하다. 적도 마찬가지일 것이다. 우리는 밤이 되면 경계를 높이다가 동이 트면 경계를 푼다. 이 점 역시 적도 마찬가지일 것이다. 수색대의 수도 문제다. 지금까지 분대나 소대, 심지어 중대까지 동원됐는데 그 자체가 틀렸던 것이다. 병력이 많으면 눈에 띄기 쉽고 소음도 많고 기동력도 떨어질 뿐 아니라 실패했을 때 피해도 커진다. 결론은 간단하다. 극소수로 백주에 침투하는 것이다. 밤에 주인 없는 땅을 지나 적당한 장소에 매복해 있다가 낮에 적진에서 움직인다면 승산이 있다.'

대대장은 영옥의 계획을 승인하지 않는다는 단서를 붙여 연대본부로 보냈고, 연대장 역시 승인할 수 없다는 단서를 붙여 사단본부로 보냈다. 사단본부도 '불가(不可)'라는 단서를 붙여 군단본부로 보냈다. 영옥의 계획은 같은 방식으로 5군 사령부까지 올라갔다. 군사령부 역시 마찬가지였다. 그렇다고 무슨 뾰족한 다른 방법이 있는 것도 아니었다.

군사령부는 "자살 행위라는 것을 알면서도 반드시 결행하겠다면 굳이 말리지는 않겠다"고 회신해 왔다. 대대장은 영옥에게 모든 것을 일임했다. 영옥이 처음 싱글스 중령에게 수색을 자원한 지 열흘 만이었다.

영옥은 즉시 구체적인 작전을 짜기 시작했다. 영옥은 대대장에게 그의 결심을 말하기 전부터 사단본부에 지역 항공 사진을 요청했었다. 100대대가 이미 이탈리아에서 7개월 넘게 전투를 치르면서 쌓은 명성 때문이었는지 특정 지역을 정찰 지역으로 정하고 사단본부에 자세한 항공 사진을 요청하자, 사단은 매일 정찰기를 띄워 사진을 찍어 보내왔다. 요청한 지역의 사진이 넘겨져 오는 데는 이틀쯤 걸렸는데 열흘 정도 지나자 여러 각도와 높이에서 일대의 지형을 찍은 입체 사진이 수백 장을 넘었다. 영옥은 사진이 어느 정도 쌓이자, 대대가 지휘본부로 사용하던 농가로 들어갔다.

영옥은 농가 창문에 걸어둔 담요 뒤로 몸을 감추고 쌍안경으로 지역을 관찰하며 사진과 지도를 대조해 나갔다. 사람이 누구나 자기만의 독특한 재능을 한두 가지씩 타고나는 법이라면 영옥에게는 지도를 읽는 능력이 그 가운데 하나였다. 영옥이 육군장교후보생학교에서 독도법을 배울 때 알게 된 사실이었는데, 그는 지도를 보면 지형을 그대로 머릿속에 그릴 수 있었다. 이 능력은 산야에서 전투를 이끌어야 하는 보병 장교에게는 천혜의 선물이었다. 게다가 영옥은 어떤 사물을 보면 그 모습이 마치 카메라로 찍은 것처럼 머릿속에 남곤 했다. 농가의 담요 뒤에서 영옥은 지도를 보며 상상한 지형과 실제 지형을 비교하면서 지형의 높낮이부터 어디에 무엇이 있는지 사소한 것 하나도 빼놓지 않고 모든 것을 머릿속에 담기 시작했다.

기적 같은 포로 생포

연합군은 안지오를 중심으로 평원에서 해변을 등지고 배수진을 치고 있었고 독일군은 로마 남쪽 산악지대에 진을 치고 있었기 때문에 쌍방의 움직임을 관측하는 데 있어서도 독일군이 훨씬 유리한 입장에 있었다.

미군과 독일군은 가운데에 위치한 평원 중간쯤에 서로 철조망을 치고 대치하고 있었다. 양측의 철조망 사이는 2미터쯤 됐는데 '주인 없는 땅'이란 철조망 사이에 있는 이 지역을 부르는 땅이었다. 이곳은 다시 반으로 나뉘어 미군 쪽 반에는 미군이, 독일군 쪽 반에는 독일군이 각각 지뢰를 매설했는데 미군은 들개 한 마리도 무사히 통과할 수 없을 정도로 지뢰를 깔아놓았다. 당연히 독일군도 그렇게 했을 것이다. 양측은 다시 철조망 바로 뒤 1미터쯤 떨어진 곳에 철조망을 따라 가며 긴 참호를 파고 그 참호 뒤로 다시 개인 참호를 군데군데 파놓았고, 철조망에서 30미터쯤 떨어진 지점에서 일정한 간격을 유지해 가며 1개 소대 병력이 들어갈 만한 지하 벙커를 만들어 두고 있었다.

양측 모두 밤이면 철조망 바로 뒤 긴 참호에 병사들이 나가 있다가 동트기 직전에 철수했다. 개인 참호에는 밤낮없이 병사들이 나가 있었다. 양측 모두 움직이는 것이라면 가리지 않고 사격을 해댔기 때문에 철조망에서 좀 떨어진 개인 참호조차도 밤이 되거나 동이 트기 전에 교대해야만 했다. 병사들은 참호에 나갈 때는 몇 끼분 식량을 가지고 갔고 용변도 참호 속에서 해결해야만 했다. 부상자가 생겨도 밤이 되어서야 후송할 수 있었다.

따라서 영옥의 계획대로라면 야음을 틈타 아군 지하벙커와 개인 참호를 지나 밤이 새기 전에 아군의 긴 참호, 아군 철조망, 아군 지뢰밭을 통과하고 적군 지뢰밭, 적군 철조망, 적군의 긴 참호를 통과하여 동이 튼 다음 적진에서 움직여야만 했다.

눈 주위에 쌍안경 자국이 남을 정도로 침투 지점을 물색하고 있는데 적군 철조망 너머로 나무 한 그루 없는 평평한 밀밭이 눈에 들어왔다. 독일군은 미군이 감히 그곳으로, 그것도 환한 대낮에 침투해 올 것이라고는 상상도 하지 않을 것이라는 생각이 들었다. 쌍안경은 독일군이 밤새 깨어 있다가 동이 트면 아침을 먹고 잠든다는 사실도 가르쳐 줬다. 더 시간을 끌 이유가 없었다.

영옥은 병사 한 명만 데리고 가기로 마음을 먹었다. 대낮에 적군 눈에 가장 잘 띌 수 있는 곳으로 침투해 포로를 잡아온다는 계획은 누가 봐도 미친 짓이었기에 같이 갈 사람은 지원자가 적을 것이라고 생각했다.

참모회의를 마치고 정보과로 돌아온 영옥이 말을 던졌다.

"독일군 포로를 잡아와야겠다. 함께 갈 사람 없나?"

마치 다음 날 피크닉을 같이 갈 사람이 없느냐고 묻는 말투였다. 영옥은 언제나 그런 식이었다. 아무리 상황이 급박해도 목소리를 높이거나 부산을 떠는 일이 없었다. 영옥의 그 같은 태도는 시간이 흐를수록 병사들에게 깊은 신뢰를 심어 주었다.

영옥이 이야기를 하자 데리고 있던 병사 네 명 모두 자원했다. 요시오 미나미 하사, 어빙 아카호시 일병, 제임스 구보카와 일병과 또 다른 병사였다. 그동안 치른 전투로 사상자가 많이 발생해 정보과에는 병사가 다섯 명밖에 없었다.

이들 가운데 미나미 하사, 아카호시 일병과 구보카와 일병은 모두 호놀룰루 출신으로 원래는 탱크공격조 소속이었다. 셋이 똘똘 뭉쳐 다니며 스스로 '삼총사'라고 부르던 이들은 영옥이 소대장으로 있던 2소대가 서전을 치르고 보충병을 필요로 한다는 소식을 듣자 세 명 모두 전속을 요청해 영옥의 소대로 옮겨왔다. 셋은 항상 함께 움직이곤 했는데 소대장으로 있던 영옥이 600고지 전투에서 부상을 당하는 바람에 소대장이 바뀌자 더는 2소대에 있고 싶지 않다며 대대정보과로 지원해 옮겨와 있었고, 그 사이 퇴원한 영옥은 정보참모가 돼 다시 함께 근무하고 있었다. 영옥은 하루 저녁 생각해 보겠다며 모두 돌려보냈다.

다음 날 아침, 데려갈 사람이 정해졌다. 우선 둘 다 잡히거나 죽었을 때 잠시라도 정보과를 책임져야 할 사람이 있어야 했으므로 정보과 차선임자인 미나미 하사가 제외됐다. 외아들이었던 구보카와 일병은 마음을 바꿔 자원을 철회했다. 영옥은 기혼자였던 다른 한 명을 제외시키고 아카호시 일병을 데려가기로 결정했다. 영옥이 아카호시 일병만 데리고 가겠다고 하자 평소 과묵하고 명령에 절대 복종하던 미나미 하사조차 원망스런 표정을 지었다.

아카호시 일병은 일본 구마모토에서 태어나 찢어지게 가난한 농부로 살다가 미국으로 이민한 일본인 부부의 4남4녀 가운데 막내였다. 부모는 하와이행 이민선을 타긴 했지만 캘리포니아로 가서 살고 싶어 했는데 호놀룰루 부두에서 그들을 마중 나왔던 아카호시의 이모와 포옹하는 사이에 일본에서 가지고 왔던 전 재산인 가방을 도둑맞아 노자를 마련하기 위해 잠시 기착하기로 한 호놀룰루가 제2의 고향이 된 사람들이었다. 아카호시는 일본이 진주만을 기습하기 한 달 전 징집됐다. 그의 바로 위 형도 진주만 기습 후 자원입대해 미 육군정보부대 소속으로 태평양 전선에서 일본과 싸우고 있었다.

아카호시 일병은 극소수로 적진에 침투한다는 영옥의 계획이 마음에 들어 자원했고, 영옥은 그가 평소에는 아주 내성적이지만 일단 마음을 정하면 여간해서 흔들리지 않는 성격이어서 포로 생포 임무에는 적임자라고 생각했다. 결정을 내린 영옥은 즉각 계획을 실행에 옮겼다. 5월 16일이었다.

영옥이 침투로로 택한 지역은 B중대 담당으로 중대장은 사카에 다카하시 대위였다. 영옥은 다카하시 대위에게 반드시 밤 10시 이후 미군 쪽 철조망을 한 사람이 간신히 통과할 수 있을 만큼 절단해 두고 지뢰도 제거한 다음, 중대 최고의 브라우닝 기관총 사수 3명을 데리고 밤 10시 30분에 B중대가 지휘본부로 사용하는 농가에서 기다려 달라고 말했다. 브라우닝 기관총조는 적진에서 탈출할 때를 대비한 엄호 병력으로 보통은 사수와 부사수가 한 조를 이루지만 숫자가 많으면 적에게 들킬 가능성이 높아 사수 3명만으로 제한했다.

영옥은 아카호시 일병을 데리고 정각 10시 30분에 약속 장소로 갔다. 계절은 이미 여름의 문턱으로 다가서고 있었지만 이탈리아의 밤은 여전히 추워 영옥과 아카호시 일병은 두터운 속옷을 입었다. 무장은 각자 권총 1정, 미군들이 '타미건'이라 부르던 톰슨 기관단총 1정, 수류탄 2발이 전부였다. 영옥은 움직이기 편하도록 철모 대신 털모를 썼다.

영옥과 아카호시 일병, 그리고 3개 기관총조를 포함한 다카하시 대위의 엄호 병력은 곧바로 농가를 떠나 네 시간 만에 미군 쪽 철조망 바로 뒤에 있는 참호에 도착했다. 여기서부터는 영옥과 아카호시 일병만이 움직이기로 돼 있었다. 잠시 영옥을 바라보다 손을 내밀고 건투를 빈다며 악수하던 손에 잔뜩 힘을 주던 다카하시 대위가 갑자기 영옥을 끌어당겨 안으며 울먹였다.

"영, 너는 미친 놈이다. 죽을 게 불을 보듯 뻔한데 이렇게 무모한 짓을 하다니. 우리의 만남도 오늘로……."

영옥도 무언가 말해 주고 싶었지만 아무 말도 나오지 않았다. 머릿속은 사실 영옥이 그때만 철모를 쓰지 않은 것은 아니다. 전장에서 영옥은 습관적으로 철모를 쓰지 않았다. 당시 미군은 장병을 보호하기 위해 철모를 쓰지 않는 사람에게는 계급의 고하를 막론하고 벌금을 물렸는데 1회 위반에 50달러였다. 그때 미 육군 소위 월급이 한 달에 약 40달러였으니 결코 적은 액수가 아니었다. 그래도 영옥은 철모를 쓰지 않았다.

처음에는 적군이 철모를 보면 사격을 해온다는 사실을 알고 차라리 철모를 쓰지 않는 게 낫겠다고 생각해 철모 대신 군용 털모자를 쓰기 시작했는데, 시간이 가면서 털모자에 익숙해지자 철모를 쓰면 생각이 제대로 되지 않았다. 게다가 무전기로 명령을 내리는 일이 많았는데 무전기를 사용할 때 철모는 성가신 존재였다. 그래서 영옥의 부대에서는 전투 중에도 영옥을 찾으려면 철모를 쓰지 않은 사람을 찾았다. 시간이 지나자 상관들도 철모를 안 쓰고 싸우는 영옥의 모습을 부대의 마스코트처럼 인정해 영옥에게는 철모를 쓰지 않아도 벌금을 내지 않는 특권을 인정했다. 한 번은 연대장 찰스 펜스 대령이 연대가 올린 전과에 만족해서 작전을 세웠던 영옥을 치하한다며 일부러 철모를 벗고 영옥을 만나러 온 적도 있었다.

철모를 쓰지 않는 것 말고도 영옥에게는 기벽이 두 가지 더 있었다. 하나는 참호를 사용하지 않는 것이었다. 영옥도 처음 두세 번은 참호에서 잤지만 어차피 죽을 목숨이라면 어떤 식으로든 죽을 것이라는 생각도 있었다. 미군들은 전장에서의 죽음을 두고 "적탄에 자기 군번이 적혀 있으면 어차피 죽는다"고 말하곤 했다. 잠을 잘 때면 참호 대신 맨땅이나 적당한 장소에 판초를 깔고 잠깐씩 눈을 붙였다. 부소대장 다케바를 비롯한 소대원들이 영옥을 걱정해 대신 참호를 파주었지만 쓰지 않았다.

다른 한 가지는 전장에서 끼니를 거르는 횟수가 아주 많았다는 것이다. 병사들의 목숨이 달린 전장에서 책임감 있는 장교가 되는 것은 결코 쉬운 일이 아니었다. 이것저것 할 일은 너무 많은데 시간은 없으니 식사를 제때 챙긴다는 것은 사실상 불가능했다. 이 때문에 병사들은 항상 영옥의 음식을 따로 챙겨 두곤 했지만 결과는 대부분 마찬가지였다.

당장 지나야 할 독일군 지뢰밭 생각으로 가득 차 있었다. 영옥은 옆에 서 있던 아카호시 일병을 바라보며 고갯짓으로 출발하자는 신호를 보냈다.

영옥과 아카호시 일병은 미군 철조망과 지뢰밭을 통과한 다음, 땅에 엎드린 채 한 뼘 한 뼘 손으로 더듬으며 지뢰밭을 헤쳐 나가기 시작했다. 다카하시 일행이 돌아가는 소리가 어둠을 타고 들려왔다. 기관총조는 미군 철조망 바로 뒤에 있는 참호에서 영옥 일행이 돌아오는 것을 기다리기로 했는데 그 자체도 위험한 도박이었다. 기관총조에는 이들이 돌아올 때까지 잡음을 내지 않기 위해 음식도 절대 먹지 말라는 엄명이 내려진 상태였다.

손목에서 다섯 개 손가락 마디 끝까지 퍼져 있는 모든 신경을 동원해 바닥을 더듬고 지면에서 조금 떨어진 허공까지 확인하면서 두 사람은 조금씩 앞으로 나아갔다. 당시 독일군은 두 가지 지뢰를 사용했는데, 한 가지는 직접 밟으면 터지는 것이었고 다른 한 가지는 지뢰에 연결된 전선을 발로 차거나 건드리면 터지는 것이었다. 독일군은 아주 절묘하게 지뢰를 매설해 자칫 건드렸다가는 몸이 가루가 될 판이었다.

칠흑 같은 어둠 속에서 폭이 1미터밖에 안 되는 독일군 지뢰밭을 통과하는 데 40분이 걸렸다. 둘은 독일군 철조망에 바짝 다가가 숨을 죽이고 잠시 동정을 살피다가 조마조마한 마음으로 철조망 절단기를 들이댔다. 다행히 바람이 세게 불어 철조망이 끊어지는 소리는 곧바로 바람 속에 묻혔다. 둘은 조심스럽게 철조망을 통과했다.

이제부터는 적진이었다. 철조망과 참호 사이의 거리가 불과 1미터밖에 되지 않는 데다 적군들이 있어 더 이상 움직일 수 없었다. 둘은 바짝 땅에 엎드렸다. 손만 뻗으면 적군의 철모를 만질 수 있을 것 같았다. 땅의 냉기가 온몸을 엄습해 왔지만 기침 소리도 낼 수 없었다. 그대로 꼼짝없이 엎드린 채 4시간쯤 지나자 멀리서 어둠이 걷히기 시작하는가 싶더니 갑자기 참호 속이 소란해지면서 참호에서 나온 독일군들이 대열을 지어 돌아가기 시작했다. 철조망 바로 뒤의 참호는 낮에는 지키지 않았기 때문에 교대 병력은 없었다. 야간에 참호를 지키던 보초들은 1개 소대 병력인 것 같았다. 영옥과 아카호시 일병은 10~15미터 간격을 두고 반쯤 포복한 상태로 독일군을 뒤따라가기 시작했다. 중무장한 소대 병력의 적군들은 밤을 무사히 넘기고 자기 진영에서 진지로 돌아가고 있기 때문이었는지 둘에 대해서는 전혀 신경을 쓰지 않았다.

    독일군은 훈련 방식이 미군과 다르기 때문인지 개인 참호에 있는 것 같은 초병들이 가끔씩 미군 방향으로 무작정 총을 갈겨대곤 했다. 잠입하는 미군이 있을 것이라고 생각했기 때문인지 불특정한 표적을 향해 사격하고 있다는 것을 알 수 있었다. 특히 밤에는 위치 노출을 꺼려 사격을 통제하는 미군의 야간 사격 방식과는 정반대였다.

    이 같은 독일군의 사격 방식은 두 사람에게 행운이었다. 드르륵 총소리가 날 때마다 총구에서 불꽃이 일어 초병의 위치를 가늠할 수 있었기 때문이다. 사격 덕분에 이들을 따라가면서 초병의 위치는 물론 참호 두 곳을 통과했다는 것도 알 수 있었다. 둘은 독일군들이 지하 벙커로 들어가는 것을 보고 영옥이 항공 사진에서 매복 지점으로 보아

두었던 작은 도랑으로 들어갔다. 말이 도랑이지 한동안 비가 내리지 않아 도랑은 말라 있었다. 둘은 그곳에 엎드려 날이 완전히 새기를 기다렸다.

목표는 낮은 구릉 지대의 토치카였다. 이 토치카는 영옥이 '쌍둥이 나무'라고 이름 붙였던 두 그루의 나무 사이에 있었는데, 기관총 2대가 나란히 배치돼 있었다. 철조망에서 230미터쯤 떨어진 토치카의 기관총 배치 상태로 볼 때 이 근처 어딘가에 상급 부대 본부가 있는 것 같았다. 자세한 정보를 얻으려면 본부에 근무하는 포로를 잡아와야 했다. 영옥은 분대 병력쯤이 지키고 있을 것 같은 이 토치카를 후방에서 기습해 대부분 사살하고 나머지 한두 명만 잡아올 생각이었다. 지하 벙커로 들어간 독일군은 소대 병력에 중무장을 하고 있어 두 명이 상대할 수는 없었다.

동이 트면서 새벽을 인도하는 바람에 독일어와 금속성 마찰음이 함께 실려 왔다. 적군 병사들이 잡담하며 총기를 닦는 소리였다. 영옥은 아카호시 일병과 지금까지 모든 일이 순조롭게 진행된 것에 안도하는 눈빛을 교환하며 숨을 죽이고 기다렸다. 어느 정도 시간이 흐르자 갑자기 주위가 잠잠해지면서 이번에는 코고는 소리가 들려왔다. 영옥은 조심스럽게 왼쪽 팔을 끌어당겼다. 9시가 막 지나고 있었다. 농가의 담요 뒤에서 쌍안경으로 적진을 관찰하면서 외곽 참호의 독일군 보초들이 가장 방심하는 순간임을 알아챈 시각이었다. 이 시간은 아군 적군 가릴 것 없이 모두 뜬눈으로 밤을 새고 나서 아침을 먹고 잠드는 시간이기 때문에 독일군 보초들도 긴장을 풀었던 것이다.

구릉 지대에 설치된 관측소의 독일군이 감시를 하겠지만 감히 자기 진영에서, 그것도 낮에 미군 한두 명이 들어와 있을 것이라고는 생각지 않을 것이라는 계산이 맞아떨어지기만을 기대하면서 영옥은 아카호시 일병에게 눈빛으로 신호를 보냈다. 둘은 상처가 날 정도로 볼을 땅에 바짝 붙이고 기면서 등이 높아질까 봐 숨도 크게 쉬지 않고 도랑에서 나와 밀밭으로 들어갔다. 그리고 지하 벙커에서 보이지 않도록 커다란 반원을 그리며 토치카 뒤로 돌아가기 위해 낮게 기기 시작했다. 완전히 포복한 상태로 조금 기다가는 멈춰서 상황을 파악하고 다시 기다가는 또 멈춰서 상황을 파악하기를 되풀이했다.

아카호시 일병은 뒤에서 기어가면서 포복으로 체중이 지면에 분산돼 실리기 때문에 만에 하나 지뢰를 건드려도 터질 가능성이 낮을 것이라고 계산하면서도, 앞서 가는 영옥의 몸이 지뢰가 터지면서 공중으로 솟구치는 장면을 계속 떠올렸다. 아카호시 일병은 영옥의 몸이 큰 대(大) 자로 공중에 떠오르는 순간 자기는 어떻게 할 것인가를 줄곧 생각했다. 산적처럼 등 뒤로 멘 기관단총을 벗어 들고 고함을 지르면서 총을 갈겨 대다가 적탄에 맞는 모습과 벌떡 일어나 뒤돌아 뛰어가는 모습이 반복적으로 교차됐다. 갈팡질팡하는 생각 속에서 기어가던 아카호시 일병은 한편으로 우스꽝스럽다고도 생각했다.

그러나 이들의 움직임을 지켜보고 있던 미군 진영의 수많은 눈동자는 누구도 우스꽝스럽다고 생각하지 않았다. 영옥이 침투에 앞서 적진을 관찰했던 농가 2층 바로 그 자리에 이번에는 대대장 싱글스 중령이 숨을 죽인 채 서서 쌍안경으로 두 사람을 좇고 있었다. B중대장 다카하시 대위의 숨결도 영옥과 아카호시 일병을 따라 움직였다.

지면에 찰싹 달라붙은 상태에서 기다가 멈추기를 반복하면서 가느라 커다란 반원을 그리듯 550미터를 가는 데도 많은 시간이 걸렸다. 밀밭은 무릎 높이 이상으로 자라 있어 포복한 둘을 감싸 주는 데다 다행히 바람이 세차게 불어 둘의 체중이 밀밭에 남긴 흔적도 금방 사라졌다.

아카호시 일병 앞에서 기어가던 영옥이 갑자기 동작을 멈췄다. 토치카 부근의 예기치 않은 지점에서 인기척이 느껴졌기 때문이다. 토치카 옆의 작은 개인 참호에서 독일군 병사 두 명이 아직도 잠을 자고 있었다. 아마도 원래 목표했던 토치카에는 적어도 1개 분대가 있었을 것이다. 만일 두 명이 1개 분대와 맞닥뜨렸다면 포로를 잡기는커녕 살아남기도 어려웠을지 모른다. 행운치고는 너무도 절묘한 행운이었다. 아카호시 일병에게 곧장 정면으로 다가서게 하면서 영옥은 다시 작은 반원을 그리며 참호로 다가갔다. 독일 병사 둘은 아무것도 모른 채 깊이 잠들어 있었다. 참호는 바닥에 앉아서 등을 기대면 다리를 뻗을 수도 없을 정도로 좁았는데, 두 적병은 양쪽 무릎을 접어 세운 다리 사이로 서로 상대방의 다리를 낀 자세로 머리를 약간 뒤로 참호 벽에 기댄 채 입까지 벌리고 잠에 빠져 있었다. 영옥과 아카호시 일병은 조용하고 신속하게 등에 메고 있던 톰슨 기관단총을 벗겨 들고 두 독일군의 벌려진 입 속으로 총구를 들이밀었다. 차가운 금속이 입 안으로 들어오자 갑자기 잠을 깬 독일군 병사들의 얼굴에 공포가 번졌다.

영옥은 아무 말 없이 방아쇠에 오른손 집게손가락을 건 채 기관단총을 받쳐 들고 왼손 집게손가락을 입술로 가져가 곤추세우며 소리내지 말라는 시늉을 했다. 함께 무기를 내려놓고 두 손을 올리라는 제스처를 하자 독일군 병사들은 조용히 고개를 끄덕였다. 아카호시 일병이 그들이 내려놓은 소총을 발로 밀어 치우자 독일군 병사들은 두려움에 떨면서 허리에 차고 있던 자동권총까지 빼서 내려놓고는 참호에서 나왔다.

그 순간 잠깐 생각에 잠긴 아카호시 일병이 기관단총을 다시 등에 메더니 가슴에 차고 있던 수류탄 두 발을 떼어내서는 양손에 들고 영옥을 쳐다봤다. 영옥이 짧게 고개를 끄덕이자, 아카호시 일병은 안전핀을 빼지 않은 채 수류탄을 참호 바닥에 내려놓고 밖으로 나왔다. 다른 독일군이 참호에 왔을 때 미제 수류탄을 보고 초병들이 포로로 잡혀갔다는 것을 알려주기 위한 것이었다. 불가항력인 상황에서 포로가 되는 것이야 어쩔 수 없지만 적이라도 탈영병으로 취급받는 게 불공평하다고 생각해서였는데, 사실 이것은 상당히 위험한 짓이었다. 영옥이 고개를 끄덕여 허락했던 것은 서로 말은 하지 않았지만 영옥도 아카호시 일병의 의도를 알아차렸기 때문이었다.

참호에서 나온 독일군들은 영옥이 시키는 대로 앞서 기기 시작했다. 맨 앞은 독일군, 다음은 아카호시 일병, 다음은 또 다른 독일군, 마지막이 영옥의 순서였다.

일단 포로를 붙잡은 다음에는 직선 코스를 택했다. 일행이 넷으로 불어났기 때문에 머뭇거릴수록 발각될 가능성이 컸다. 다행히 돌아올 때에도 독일군은 자기 진영에 대해서는 신경을 쓰지 않았다. 그들은 미군 철조망을 지날 때까지 그대로 포복을 계속했다. 돌아올 때는 대낮이었기 때문에 지뢰밭을 통과하는 것이 훨씬 쉬웠다. 둘은 브라우닝 기관총조가 대기하고 있던 참호에 다다르자 포로들을 먼저 밀어넣고 참호 속으로 몸을 굴렸다. 영옥은 곧바로 무전기로 싱글스 중령에게 임무를 완수했다고 보고했다. 남은 일은 그대로 밤을 기다리는 것이었다.

오후 7시가 되자 다시 어둠이 깔렸고, 양측 참호에 다시 초병들이 도착했다. 포로들을 데리고 B중대 본부로 귀환했을 때는 이미 사단본부에서 나온 지프 한 대가 대기하고 있었다.

두 독일군은 하사와 일병이었는데 많은 정보를 털어놓지는 않았지만 미군은 심문을 시작하기도 전에 그들이 그렇게도 얻고 싶었던 정보를 이미 얻었다는 것을 알았다. 그들의 복장과 부대 마크는 그들이 탱크사단 소속이 아니라는 것을 말해 주고 있었다.

전 세계로 타전된 포로 생포 소식

연합군은 마치 영화 같은 포로 생포 소식에 광분했다. 영옥은 대대로 귀환해 보고를 마치자마자 연대본부, 사단사령부, 군단사령부, 군사령부까지 연속해 불려 다니며 보고해야 했다. 영옥이 군사령부에까지 보고를 마치고 대대로 돌아오자, 그때까지 흥분을 삭이지 못하고 있던 대대장이 들뜬 목소리로 말했다.

"축하한다, 영. 특별무공훈장을 받게 됐다."

"그럴 리가요. 특별무공훈장은 서류 심사만 해도 몇 달은 걸릴 텐데요."

"정말이다. 방금 클라크 사령관이 직접 전화를 걸어 왔다. 3분만 일찍 왔어도 전화를 받았을 텐데. 클라크 장군이 특별무공훈장을 주기로 했다고 알려주면서 직접 축하하고 싶다고 전화까지 한 거야."

영옥의 포로 생포 소식은 UPI통신 종군기자를 통해 즉각 전 세계로 타전됐다.

한 달 후 거행된 훈장 수여식은 클라크 사령관이 직접 주재했는데 영옥의 가슴에 훈장을 달아 주던 클라크 사령관은 깜짝 놀랐다. 영옥이 불과 몇 달 전 자신이 직접 은성무공훈장을 달아 줬던 장본인이라는 것을 기억해 낸 것이다.

"귀관은 얼마 전 내가 은성무공훈장을 달아 줬던 그 중위 아닌가?"

"맞습니다."

"자네가 왜 아직 중위인가?"

"사령부에서 진급을 안 시켜 줬기 때문입니다."

얼마 전 있었던 정기 진급 심사에서 탈락한 것을 두고 한 말이었다. 그러자 클라크 중장은 옆으로 돌아서더니 몇 걸음 떨어져 있던 백인 부관에게 명령했다.

"가까이 오라."

부관이 다가오자 클라크 장군은 그의 대위 계급장을 떼서 영옥에게 꽂아 주며 부관에게 지시했다.

"차질없이 문서 명령을 내도록."

클라크 사령관은 다시 영옥을 향해 돌아서서 사과했다.

"이 훈장은 잘못됐다. 귀관은 명예무공훈장을 받았어야 했다. 다시는 오늘 같은 실수가 되풀이되지 않도록 하겠다. 용서하라."

영옥이 포로를 잡아온 다음 날, 사단장 라이더 장군이 영옥을 만나기 위해 일부러 대대본부를 방문했다. 라이더 장군은 영옥을 불러 공훈을 치하하고 영옥이 잡아온 포로에게서 얻은 정보를 바탕으로 연합군이 곧 총공격을 개시할 것이라고 귀띔했다. 라이더 장군이 말한 총공격이란 '버팔로 작전'이었다. 5월 23일 여명과 함께 시작된 버팔로 작전으로 연합군은 로마를 지키는 독일군의 마지막 저항을 분쇄하고 6월 4일 드디어 로마에 입성했다. 노르망디 상륙작전이 개시되기 바로 이틀 전이었다.

이로써 독일은 제3제국의 정통성의 상징을 연합군에 넘겼다. 나치 독일이 스스로를 제3제국이라고 불렀던 이유는 로마제국의 정통성을 신성로마제국이 잇고 신성로마제국의 정통성을 자기들이 잇는다고 믿고 선전했기 때문이다. 이 같은 나치의 입장에서 로마를 연합군에 내준다는 것은 참으로 뼈아픈 것이었다. 연합군은 로마 해방 이틀 후 노르망디 상륙작전을 결행했고, 유럽에서 2차 세계대전 승패의 명암을 확실하게 갈랐다.

이탈리아 정부는 로마 해방 직후 영옥에게 동성무공훈장을 수여했다가 전쟁이 끝나고 행정력을 회복하면서 공훈 등급을 재분류해 이탈리아 최고무공훈장인 십자무공훈장을 수여했다. 이로써 영옥은 이탈리아 최고무공훈장을 받은 유일한 한국인이 됐다.

독립운동가의 아들

영옥의 부모는 한국이 일본의 식민지로 신음하기 시작하던 1910년대에 미국으로 왔다. 인천 출신으로 경신학교(경신중·고교의 전신)를 나온 아버지 김순권은 한일합방이 되던 무렵 한국이 일본의 천하로 바뀌자, 미국으로 가기로 결심하고 세 번의 밀항 시도 끝에 미국행에 성공했다. 순권이 미국을 택한 것은 그에게 신문물의 눈을 뜨게 했던 경신학교의 설립자나 초기 교장들이 전부 미국 선교사들이어서 미국 얘기를 수없이 들었기 때문일지 모른다.

가난한 한국 이민자

하와이에 도착한 일행은 사탕수수밭에서 열심히 일해 미국 본토까지 가는 뱃삯을 모아 시애틀까지 갔다. 당시만 해도 태평양을 건너 미국 본토로 가는 사람들은 누구나 시애틀을 거쳐야 했다. 일행은 다시 현지 농장에서 일자리를 구해 어느 정도 노자가 모이면 남으로 움직이고, 다시 일해 노자가 모이면 또 남으로 움직였다. 캘리포니아가 목적지였던 일행은 결국 로스앤젤레스에 가서 안착했다.

수원에서 태어난 어머니 노라 고도 미국 선교사가 세운 이화여전(이화여대의 전신)에서 서양식 교육을 받은 신여성이었다. 노라는 이화여전에서 신학을 공부하고 모교에서 잠시 강단에 섰다가 미국에서 신학 공부를 더 하고 한국으로 돌아가 교수가 되려는 꿈을 지니고 후원자였던 선교사와 함께 1916년 미국으로 왔다.

그런데 노라가 시애틀에 도착하자 출입국 관리 직원이 노라가 기혼자이므로 남편에게 도착 사실을 알려야 한다며 본인의 반대를 무릅쓰고 순권에게 전보를 쳤고, 전보를 받은 순권이 즉시 로스앤젤레스로 오라고 답신을 보내 유학의 꿈을 접게 됐다. 순권과 노라는 법적으로 혼인한 상태였기 때문이었다. 로스앤젤레스에서 노라를 기다리고 있던 것은 신천지의 학문이 아니라 호두껍질을 벗기는 막노동이었다.

망명·유학·이민 등 어떤 목적으로 한국을 떠났든 상관없이 일단 미국에 도착한 한국인들은 다른 가난한 이민자들과 마찬가지로 피땀 어린 막노동으로 하루하루를 연명했다. 많은 한국인들은 그 와중에도 한 푼 두 푼 돈을 모으고 신용도 쌓아 편의점, 야채가게, 과일가게, 세탁소 같은 작은 장사를 시작해 새로운 삶의 터전을 성공적으로 일궈갔다. 말이 가게지 사실상 좌판 장사도 많았고, 몇몇이 식당을 시도하기도 했지만 한국인 수가 워낙 적어 한식집은 아예 없었다.

순권 부부도 처음에는 농장에서 막노동을 하다가 로스앤젤레스 다운타운에 있는 편의점을 인수했다. 이 편의점은 다른 한국인 부부가 백인에게 샀던 것인데, 그들은 아주 부지런해 돈을 모아 가게를 사는데까지는 성공했지만 영어를 전혀 몰라 고객이나 세일즈맨과 대화를 할 수도 없었고 공과금 고지서조차 읽지 못했다. 그러니 장사를 제대로 할 수 없어 영어를 할 줄 아는 순권 부부에게 어쩔 수 없이 가게를 팔았다. 그들로서는 밑천을 몽땅 날리기보다는 가게가 꾸려지면서 다달이 얼마씩이라도 받는 편이 나았던 것이다.

이 같은 거래 방식은 요즘도 많이 사용되는 것으로 '오너 캐리(owner carry)'라 부른다. 이것은 업체나 부동산의 소유주인 셀러가 바이어의 신용이 믿을 만하다고 판단하면 매매 대금의 일부만 선금으로 받거나 또는 돈을 전혀 받지 않고 거래한 후 대금은 장기에 걸쳐 원리합계를 매달 분할해 받는 것이다. 요즘도 빈손으로 미국에 온 한국인들이 성실히 일해 신용을 쌓은 다음, 이 방식으로 크고 작은 업체를 입수해 성공적인 이민 생활의 터전을 닦곤 한다.

순권 부부는 4남2녀를 뒀는데 영옥은 위로 누나 한 명이 있는 장남으로 1919년 로스앤젤레스에서 태어났다. 순권은 첫 아들이 태어나자 아들 이름은 한국식으로 지어야 한다며 돌림자까지 지켜 영옥이라 지었다.

영옥은 부모의 야채가게나 편의점에서 일을 도우며 자라났다. 편의점은 로스앤젤레스 다운타운에 있었는데, 이 지역은 오늘날로 치면 할리우드의 영화배우들이 많이 사는 비버리힐스 같은 부자 동네로 그곳엔 백인 부자들만 살았다.

주민들이 편의점에 전화로 물건을 주문하면 영옥이 배달을 하곤 했다. 당시만 해도 로스앤젤레스에는 전화가 몇 대 없었는데 편의점에 전화가 있었다는 것은 그만큼 장사가 잘 됐다는 말이기도 했다. 가게가 잘 된 데는 아버지의 유창한 영어도 더러 도움이 됐지만 무엇보다 어머니가 매우 근면했고 근처에 다른 가게가 없었기 때문이었다.

그래도 영옥의 가족은 항상 돈에 쪼들렸다. 어릴 때 영옥의 형제들은 이를 아버지 때문이라고 생각하고 아버지를 싫어했다.

대한인 동지회 회원이었던 아버지

아버지는 술과 친구를 좋아해 주말만 되면 어김없이 수십 명이 떼를 지어 가게로 몰려왔다. 이들이 대부분 미혼이라 외롭기 때문인지 주말이 되면 어머니는 불평 한 마디 없이 술과 음식을 준비했는데 음식은 항상 한식이었다. 이들은 아버지와 함께 먹고 마시며 밤을 새웠다.

어릴 때 영옥은 피곤한 어머니에게 일거리만 안겨 주며 토요일 모임을 계속하는 아버지를 도저히 이해할 수 없었다. 어린 영옥의 눈에 아버지는 돈을 벌어 가족을 부양한다는 의미에서는 남편으로서나 아버지로서나 모두 실패자였고 비즈니스맨으로서도 마찬가지였다.

그러나 그때 영옥의 형제들은 어려서 몰랐지만 아버지는 독립운동을 하고 있었다. 가족이 항상 돈에 쪼들렸던 이유도 아버지가 수입보다 많은 돈을 동지회에 내겠다고 약속했기 때문이었다. 그 약속을 지키는 것은 영옥의 가족에게는 또 하나의 전쟁이었다. 아버지와 함께 가게에서 매주 토요일 밤을 조선에 대한 얘기로 지샜던 수십 명의 한국인들은 모두 동지회 회원이었다.

동지회란 이승만 대통령이 미국에서 독립운동을 하던 시절 하와이에서 출범시킨 대한인동지회를 말한다. 대한인동지회는 이승만의 독립운동을 보다 효율적으로 지원하기 위해 미국 본토에 본부를 두기로 하고 영옥이 열 살이 되던 1929년 로스앤젤레스에 대한인동지회 북미 총회를 개설했는데, 임병직 전 한국 외교장관이나 알프레드 송 전 캘리포니아 주 상원의원 같은 인물이 모두 동지회 출신이다. 동지회원들은 동지회에 내는 지원금을 애국금이라 불렀는데, 애국금을 내기 위해 결혼도 미루다가 혼기를 놓쳐 평생 독신으로 산 사람도 많았다.

아버지는 야학에 다니며 영어를 배웠는데 더듬거리며 의사표현이나 간신히 하는 정도가 아니라 정확히 읽고 쓰고 말할 수 있었다. 게다가 영자 신문도 두 개나 구독했다. 오늘날 재미동포가 200만 명 이상 된다지만 영자 신문을 두 개씩 구독하는 사람이 몇 안 될 것임을 감안하면 당시 아버지의 생활은 지적 사치라 해도 과언이 아니었다. 이 때문인지 아버지는 미국 정치나 세계 정세에 대해 해박한 지식을 갖고 있었고, 선거권이 없어도 선거 때가 되면 출마자들의 공약이나 약력을 훤히 꿰곤 했다. 가족의 저녁 식탁에서도 정치가 가장 중요한 화제였기 때문에 영옥의 형제들은 짙은 정치색 속에 자라났다.

"아무래도 생전에 조선이 해방될 것 같지 않다. 그러니 너희도 조선으로 돌아가기 어려울 것이고 결국 미국 시민으로 살아야 할 것이다. 그러므로 미국인들처럼 먹고 말하고 생각하는 법을 배워야 한다."

아버지는 틈날 때마다 강조했는데, 이를 위해 집에서도 하루에 한 번은 꼭 양식을 먹도록 했다.

독실하고 근면한 어머니

아버지가 그랬으니 가게 운영은 자연히 어머니의 몫이었다. 지금도 그렇지만 당시에도 편의점은 영업시간이 길고 노는 날도 없었다. 손님들이 출근길에도 들렀기 때문에 아침 6시면 어김없이 가게문을 열고 밤 10시가 지나야 닫았다. 어머니는 아주 독실한 기독교 신자였지만 일요일에도 가게를 열어야 했기에 자신은 가게에 남고 남편에게 자식들을 데리고 교회에 가도록 했다. 아버지는 어머니만큼 독실한 신자는 아니었지만 교회에 가면 동포들과 만나 정치 얘기를 할 수 있었기 때문에 매주 일요일 아침 자식들을 데리고 교회로 갔다.

천 명 안팎에 불과하던 당시 남가주 재미동포들의 이민 생활은 크게 세 가지가 핵심이었다. 돈 버는 일, 독립운동, 교회 가는 일로 독립운동과 교회는 서로 뗄 수 없는 관계였는데 노선을 놓고 분열하기는 여기서도 마찬가지였다. 다니는 교회만 봐도 어떤 노선인지 알 수 있었다. 대한인기독교회에 다니면 이승만을 지지하는 동지회 회원이고, 로벗슨한인연합감리교회에 다니면 안창호를 지지하는 국민회 회원이나 흥사단 단원이고 하는 식이었다.

독립운동 노선이 달랐던 이승만과 안창호도 심한 갈등을 빚었다. 안창호가 세상을 떠나자 이승만은 안창호의 유족에게 직접 조전을 보내는 대신 영옥 아버지에게 전보를 쳐서 자기 대신 문상을 가달라고 부탁해 아버지가 이승만의 조객으로 찾아갔을 정도였다. 영옥의 가족과 안창호의 가족은 몇 집 건너 이웃이었다. 영옥의 아버지는 이승만을 적극적으로 지지해 이승만이 로스앤젤레스를 방문할 때면 영옥의 집에 머물기도 했고, 자식이 없던 이승만 부부가 영옥의 여동생을 수양딸로 삼으려 한다는 얘기도 있었다.

가족들이 교회에 가면 아버지가 예배 후에도 친구들과 모여 시간 가는 줄 모르고 정치 얘기를 했기 때문에 모두 해가 떨어져야 돌아왔다. 가족 중 가장 경건한 신자인 어머니만 교회에 가지 못하는 꼴이었다. 그렇지만 어머니는 새벽에 눈을 뜨거나 밤에 잠자리에 들기 전에는 어김없이 30분씩 기도를 했다. 무슨 일이 있어도 하루에 서너 번은 반드시 경건하게 기도를 했다. 어머니를 생각하면 일하는 모습과 기도하는 모습부터 떠오를 정도로 어머니는 근면하고 독실했다.

유학의 꿈을 접자 억척스런 비즈니스 우먼이자 헌신적인 아내로 변신한 어머니는 감을 몹시 좋아해 땡감이라도 시중에 나오면 반드시 너덧 개씩 사가지고 와 볕이 잘 드는 창틀에 가지런히 놔두고 익혔다. 가족이 한 개씩이라도 먹으려면 여덟 개는 사와야 했지만 돈을 아끼느라 그렇게 하지는 못했다. 당시만 해도 남가주에서는 감이 잘 자라지 않아 감은 항상 중부 캘리포니아에서 왔다.

감이 아주 맛있는 과일이라는 소리를 듣고 처음에 영옥은 창틀에 놓여 있는 아직 익지도 않은 감을 어머니 몰래 먹다가 야단을 맞기도 했다. 아직 초록빛을 머금은 감이 햇볕에 익어 주황색으로 바뀌는 것을 기다리는 것은 어린 영옥에게 참기 어려운 즐거움이었다. 주황색으로 바뀐 감을 가운데 두고 둘러앉아 떠들고 웃으며 나눠 먹던 순간은 영옥의 가족에게 참으로 행복한 순간이었다. 감이 있는 날이면 학교에서 돌아오는 영옥의 발걸음도 빨라졌다.

고집 센 소년

그런 영옥이 열두 살 소년으로 자라났을 무렵이었다. 하루는 어머니가 영옥이 하지 않은 일을 틀림없이 영옥의 소행이라 생각하고는 안 했다고 부인하는 영옥을 단단히 가르치기로 마음먹었다. 밖으로 나가 굵은 회초리 세 개를 꺾어 온 어머니는 영옥에게 종아리를 걷고 목침 위에 올라서라고 한 후 종아리를 때리기 시작했다. 한 대, 두 대, 세 대……. 후려치던 회초리가 부러졌다.

"어째서 잘못했다고, 다신 하지 않겠다고 않는 게냐!"

"전 하지 않았어요."

영옥은 목침 위로 올라설 때부터 자신이 하지 않은 일을 거짓으로 인정하고 잘못을 빌지도 않고 울지도 않겠다고 처음부터 마음을 먹었다. 두 번째 회초리가 부르튼 종아리를 계속해서 내리쳤다. 처음에는 위압적이던 어머니의 어투가 차츰 애원하듯 바뀌어 갔다.

"그냥 잘못했다고 해라. 다신 안 하겠다고."

"아뇨, 전 하지 않았어요."

영옥이 거짓말을 한다고 생각한 어머니는 계속해서 매를 내리쳤다. 영옥의 종아리에선 피가 나기 시작했다. 결국 회초리 세 개가 모두 부러지자, 어머니는 피가 흐르는 영옥의 종아리를 감싸안고 울기 시작했다.

"너는 참으로 고집이 세구나. 다른 아이들 같으면 회초리를 들기만 해도 벌써 잘못했다고 울며 비는데……. 너는 종아리에 피가 흐르는데도 그냥 맞고 서 있구나. 팔이 아파 더 이상 회초리를 들 수가 없다.

어찌해야 할지 모르겠구나. 내가 졌다. 네게 회초리를 드는 것은 이게 마지막이다. 앞으로 다시는 때리지 않겠다. 너는 앞으로 크면 큰 죄를 짓고 감옥에 가든가 아니면 아주 위대한 인물이 될 거다."

 이 날 집에는 어머니와 영옥 단 둘뿐이었고, 이 일에 대해선 일절 말하지 않았으므로 어머니와 영옥 둘만이 아는 일이었다. 아버지에게도 동생들에게도 일절 말하지 않았는데, 나중에 어머니에게 전해들은 누나만 이 일을 알게 됐다.

누나 윌라

영옥이 자라나면서 부모 다음으로 가장 많은 영향을 받은 사람은 누나 윌라였다. 아버지는 첫딸을 얻자 이름을 윌라라고 지었다. '나성의 달'이란 의미인 월나(月羅)의 발음과 가장 가까운 서양식 이름이었다. 나성(羅城)은 로스앤젤레스를 일컫는 한자 이름이다.

 미국의 정치나 사회 문제에 대해서는 꿰뚫고 있던 아버지도 미국적 사고방식이나 매너까지는 잘 몰랐다. 누나는 영옥에게 말하고 옷 입는 법에서 매너에 이르기까지 모든 것을 가르치려 했다.

 어렸을 때부터 아주 총명했던 누나는 나중에 세계 최고의 무대의상 디자이너가 됐는데, 토니상을 받은 유일한 한인이었다. 영화에서 아카데미상이나 언론에서 퓰리처상이 누리는 권위를 뮤지컬 분야에서 누리는 토니상은 사실 뮤지컬 관계자라면 후보 지명만 되어도 이력서에 쓰는 상으로, 누나는 다섯 번이나 후보로 지명됐고 두 번이나 수상자가 됐다. 아직도 두 번 이상 토니상을 받은 사람은 세계적으로도 손꼽을 정도다.

대공황이 휩쓸고 지나간 직후인 1930년대에는 미국에서도 사회주의에 매력을 느끼던 사람들이 많았는데 윌라도 20세를 전후해 사회주의에 깊이 빠졌다. 누나는 끔찍이 아끼는 동생 영옥에게 사회주의의 장점을 이야기하며 영옥을 설득하려 했다.

그렇지만 영옥은 어린 나이에도 자기가 옳다고 믿지 않으면 섣불리 결론을 내리지 않는 성격이었다. 영옥은 누나나 누나의 친구들이 논리정연하게 펼치는 사회주의 찬양론을 들으면서 마르크스와 엥겔스의 저서를 비롯해 사회주의 책들을 폭넓게 읽었다. 그러다 보니 이 문제에 대해서는 나이에 비해 상당히 체계도 잡히고 깊이도 있는 견해를 갖게 됐는데 영옥이 내린 결론은 누나와는 달랐다.

영옥은 누나가 사회주의에 빠져 있던 것 때문에 작은 곤욕을 치르기도 했다. 누나는 고등학교를 졸업한 이듬해인 1938년 로스앤젤레스 도심에 있는 슈라인 오디토리엄에서 중국을 지원하는 '차이나 릴리프(China Relief)'라는 단체에 줄 기부금을 모으는 바자회에 관계했다. 이 바자회가 열린 것은 한 해 전 12월 중국에서 일본군이 저지른 남경 대학살 사건 때문이었다. 누나의 부탁으로 영옥은 누나와 함께 기금 모금용 물건을 팔기 위해 바자회에 갔다가 경찰에 체포됐다.

로스앤젤레스 시 조례를 위반했다는 혐의였는데 1심에서 25달러의 벌금형을 선고받았으나 2심에서 문제의 시 조례가 연방헌법 위반이라는 이유로 무죄 판결을 받았다. 이 사건은 후에 영옥이 군대 생활을 할 때도 인사기록 카드에 적혀 늘 따라다녔다.

뿌리 깊은 인종차별

영옥이 센트럴 중학교에 다닐 때만 해도 학생들이 백인, 중국계, 일본계, 멕시코계, 유대계 등으로 다양했고 나이도 어려 자신이 유색인이라거나 소수계라는 느낌 같은 것은 없었다.

그렇지만 고등학교로 진학하자 사정이 달라졌다. 벨몬트 고등학교는 학생 대부분이 백인이었고 인종차별도 공개적이었다. 학교가 소수계 학생들에게 허용하는 것은 일반 학과와 체육 활동뿐이었고 그 밖의 과외 활동은 일체 금지됐다.

"어디 출신이냐?"

학교에서 다른 학생들이 자주 물었다.

"한국이야."

"한국이 어디냐? 중국이냐 일본이냐? 지도에 없는 나라도 있냐?"

"한국은 한국이야!"

영옥은 부모님으로부터 한국인이라는 사실을 언제나 자랑스럽게 생각하라고 배웠고, 이로 인해 한국인이라는 강한 정체감을 키웠다. 그렇지만 교사나 다른 학생들로부터 이 같은 질문을 받으면 맥이 빠졌다. 한국이 중국이냐는 말도 그렇지만, 특히 한국이 일본이냐는 말을 들으면 정말 기분이 나빴다. 아버지나 어머니에게 일본계 아이들과는 놀지도 말라고 귀가 따갑게 들었기 때문이었다. 일본계와는 놀지도 못하게 했을 뿐 아니라 일본 음식도 먹지 못하게 했다. 외식을 자주 할 형편도 아니었지만 어쩌다 가족들이 함께 외식을 해도 중국 식당이나 멕시코 식당은 가도 일식집만은 절대 가지 않았다. 백인 식당에 들어갈 수는 있었지만 주인들이 대놓고 푸대접을 하거나 손님들이 눈총을 줬다. 주인이 내색은 하지 않아도 음식에 잔뜩 소금을 뿌려 나온다거나 하는 식이었기에 사실상 갈 수가 없었다. 이탈리아 식당은 좀 나은 편이었으나 그곳 역시 아시아계가 들락거리면 백인 손님이 떨어진다고 주인이 반기지 않았으므로 고급 이탈리아 식당에는 갈 수 없었다.

이 무렵 영옥은 어린 나이지만 나름대로 중요한 교훈 하나를 터득했다. 출신국 따위를 건수 삼아 시비를 걸어 오는 학생들은 하나같이 영옥보다 덩치도 크고 힘도 센 타인종 출신이었다. 영옥이 다니는 학교에서는 이탈리아계와 멕시코계가 많아 늘 이들이 수도 적고 덩치도 작은 아시아계나 유대계 학생들을 골라 시비를 걸어 왔다. 그러면 아시아계나 유대계 학생들은 싸움을 피했는데 그럴수록 상대 학생들은 이를 즐기며 더욱더 행패를 부렸다.

그러나 영옥은 비록 시비를 걸어 오는 아이들의 덩치가 커도 애써 싸움을 피하지 않았고 일단 주먹다짐이 벌어지면 더 많이 얻어맞고 깨지는 한이 있어도 끝까지 맹렬히 싸웠다. 그러면 상대가 다시는 건들지 않았고, 나아가 존중해 주고 결국 친구가 됐다.

미국은 이민의 나라였지만 그때만 해도 유색인을 철저히 차별했다. 유색인이라 해서 모두 같은 대접을 받는 것도 아니었다. 흑인에 대한 대우가 다르고 히스패닉에 대한 대우가 다르고 아시아계에 대한 대우가 또 달랐다. 차별도 획일적인 것이 아니라 어떤 것은 아시아계가 좀 낫고 어떤 것은 히스패닉이 좀 나았다. 말이 낫다는 것이지 사실은 어떤 것이 더 나쁜가 하는 문제였다. 같은 아시아계라도 출신국에 따라 대우가 또 달라 아마도 중국인에 대한 대우가 최악이었을 것이다. 중국계는 19세기 중엽 서부 개척에 지대한 공헌을 했음에도 중국계가 팽창하는 것을 두려워한 나머지 1870년대로 접어들면서 이민이 일체 금지됐고 나중에는 법정에 증인으로 설 수도 없었다. 중국계가 법정에서 증인이 될 수 없다는 것은 백인이 중국계를 살해해도 목격자가 중국계밖에 없으면 증인이 없어 무죄가 된다는 것으로 실제로 그런 일이 벌어졌다.

이에 비해 일본계는 훨씬 나았다. 청일전쟁·러일전쟁에서 일본이 이기면서 열강으로 부상한 덕이었다. 이 때문에 중국인이 이민을 올 수 없을 때도 일본인들은 1907년 미국과 일본 사이에 맺어진 소위 신사협정 때문에 계속 이민을 올 수 있었다.

한국인은 그 사이에서 분명한 정의가 내려지지 않았던 집단이었다. 한국인의 미국 이민은 중국인 이민이 금지된 후 시작됐으나 소위 을사보호조약으로 한국의 외교권을 강탈한 일본이 신사협정 이후 일본인의 미국 이민을 보호하기 위해 한국인의 미국 이민을 금지시켰다. 이로 인해 이민의 맥이 끊어졌는데 이것이 재미동포 사회가 우선 양적으로 성장하지 못했던 가장 중요한 이유였다. 양적 성장의 불능은 자연히 질적 성장의 불능으로 이어질 수밖에 없었다.

하지만 아시아계는 전체적으로 심한 차별을 받았으며 동시에 견제의 대상이 됐다. 무엇보다 아시아계는 부동산 소유가 법적으로 금지됐다. 자본주의 사회에서 부동산을 소유할 수 없다는 것은 대자본을 축적할 수 없다는 의미였기 때문에 아시아계가 근본적으로 경제력을 키우려면 오랜 시간을 기다려야 했다.

손기정에 이어 한민족이 두 번째로 탄생시킨 올림픽 금메달리스트이며 한민족 최초로 올림픽 금메달 2연패라는 위업을 달성한 새미 리를 보면 당시 아시아계에 대한 인종차별이 어느 정도였는지 쉽게 알 수 있다. 새미는 영옥의 아버지와 함께 동지회에서 독립운동을 했던 이순기의 아들이다. 이순기 역시 미국 선교사가 세운 배재학당(배재 중·고교의 전신)에서 서양 문물에 눈을 떠 기계공학을 배우려고 1905년 하와이 사탕수수농장으로 오는 이민선을 타고 미국으로 왔다.

로스앤젤레스에서 야채가게를 하던 이순기는 1932년 로스앤젤레스 올림픽이 열리기 며칠 전, 새벽 시장에서 산 야채를 가득 실은 트럭을 몰고 가게로 가다가 로스앤젤레스 콜러시엄을 뒤덮은 만국기를 보고 옆에 있던 어린 아들 새미에게 말했다.

"한국은 일본 식민지가 돼 없어졌기 때문에 저 많은 깃발에도 태극기는 없는 것이다."

"올림픽 챔피언이 돼 한국을 빛내겠어요."

새미는 16년 후 런던올림픽에서 10미터 하이다이빙으로 금메달을 땄고 뒤이은 헬싱키올림픽에서도 금메달을 따 2연패의 위업을 달성했다. 새미는 미국 시민권자여서 두 번 다 가슴에 성조기를 달고 출전했지만 그의 금메달은 어릴 때 아버지에게 했던 약속을 지키는 선물이었다.

그런 새미도 다이빙 연습을 하면서 공개적으로 수영장을 출입하지 못했다. 유색인의 수영장 출입을 금했기 때문인데, 다이빙 선수로서 새미의 자질을 알아본 코치가 밤중에 몰래 새미를 풀장으로 데리고 가서 연습을 시켰다. 영옥과 새미는 아버지들이 독립운동을 같이했을 뿐 아니라 집도 가까워 죽마고우가 됐다.

벨몬트 고등학교는 대학 진학을 전제로 공부하는 인문계였는데, 영옥이 벨몬트 고교에 간 것은 자식들을 꼭 대학에 보내야 한다고 했던 어머니 때문이었다. 이에 따라 영옥도 고등학교를 졸업하고 로스앤젤레스 시립대학으로 진학했지만 앞날은 우울하기만 했다. 주위에 이미 대학을 졸업한 선배도 있었고 이들 가운데는 학교에서 수재 소리를 듣던 사람도 있었으나 그들이 대학 졸업장을 가지고 돌아오는 곳은 야채가게나 세탁소나 정육점이 고작이었다. 철저한 인종차별 때문에 전공에 맞는 직업을 가질 수 없을뿐더러 아예 처음부터 취업 기회조차 주어지지 않았다.

어머니는 장남인 영옥이 대학을 졸업하길 원했지만 영옥은 대학을 나와 봤자 쓸데가 없다고 생각해 결국 1년 만에 학업을 포기했다. 영옥은 집을 나가 인력거도 끌어 보고 농장 막일도 해보고 세일즈맨도 돼봤지만 그저 그랬고, 기술학교에서 자동차 정비를 배워 봤지만 역시 마찬가지였다.

"눈 모양이 틀렸어!"

방황을 계속하던 영옥은 독일의 폴란드 침략으로 2차대전이 시작되면서 전쟁 뉴스가 연일 신문을 장식하자, 어느 날 육군 모병소를 찾아갔다. 그러나 군은 "아시아계는 받지 않는다"며 거부했다. 동서고금을 막론하고 고급 전사나 장교가 되는 것은 귀족의 특권인 경우가 많았다. 아시아계는 미국에서 태어난 시민권자라도 사병이 되는 것조차 허용되지 않았다.

그러던 어느 날, 편지 한 장이 날아들었다. 입대 영장이었다. 미국에도 전운이 짙어지자 미국 연방의회가 아시아계도 징집 대상으로 포함시키는 법을 제정함에 따라 영장이 발부되었던 것이다.

영옥은 이렇게 시작된 아시아계 징병의 첫 물결에 휩싸여 1941년 1월 미 육군 사병으로 입대했다. 그렇게도 조선의 독립을 보고 싶어하던 아버지가 끝내 소원을 이루지 못한 채 간암으로 세상을 떠나기 석 달 전이었다.

영옥이 육군 7사단 17연대에서 기본 군사훈련을 마치자, 교관은 영옥을 취사병이나 행정병이나 정비병으로 보내겠다고 말했다. 영옥은 이해할 수 없었다. 군인이 될 바에야 전투병이 돼야지 취사병이나 행정병이라니…….

"왜 전투병이 될 수 없습니까?"

"무슨 헛소리야? 정신 차려. 넌 말이야, 우선 눈 모양이 틀렸어. 피부색도 마찬가지야. 뭐 하나 제대로 된 게 없단 말이야. 넌 군인이 못 돼. 너 같은 부류는 진정한 군인이 될 수 없다구."

눈 모양이 틀렸다는 말은 영옥이 동양인이라 눈이 찢어져 있다는 얘기였다. 요즘도 제대로 교육받지 못한 미국인들은 눈 모양을 빗댄 인종차별적 용어로 동양인을 '찢어진 눈(slant eye)'이라 부르고 백인을 '둥근 눈(round eye)'이라 부르는데 교관의 눈 모양 발언은 바로 이 뜻이었다. 피부색 발언은 더 말할 것도 없었다. 교관은 입대 전에 한 번도 총을 잡아 본 적이 없던 영옥이 첫 사격훈련 때 10발을 모두 명중시키자 깜짝 놀랐던 사실 따위는 잊은 듯했다.

"……."

"근데 말이야, 생각해 보라구. 우린 취사병도 너무 많고 행정병도 너무 많단 말이야. 뭐가 될지 알겠지?"

정비병이 될 거라는 말이었다.

"기계를 잘 모릅니다."

"걱정 마. 우리가 정비학교까지 보내 줄 거니까."

영옥을 정비학교로 보낸 것은 아마도 입대 전 자동차정비학교에 다녔다는 점이 반영된 결과일 것이다. 이것저것 잡다하게 배우고 정비병으로 근무하기 시작한 지 얼마 되지 않아 잠시 후 7사단이 기계화되기 시작했다. 지프·트럭·버스 등 각종 장비가 쏟아져 들어왔고, 영옥은 주어지는 대로 열심히 일하다 보니 웬만한 장비는 눈 감고도 고칠 수 있는 실력이 됐다.

그 해 12월 일본이 진주만을 기습하면서 결국 미국도 2차 세계대전에 개입하게 됐다. 이듬해 여름 사막 훈련에 나가 있는 영옥에게 중대장이 갑자기 서류 뭉치를 내밀었다.

"서명해."

"서명이라니, 어디에 말입니까?"

갑자기 벌어진 일이라 영옥은 당황했다.

"어디긴 어디야? 그 서류지. 장교후보생학교(OCS) 지원서라구."

"장교후보생이라뇨?"

"넌 보병이야. 포트 베닝에 있는 보병학교로 가는 거야."

전쟁이 치열해지면서 장교가 모자란 때문이었다.

"그렇지만 기본훈련 마치고 지금까지 총 한 번 못 잡아 봤는데요."

"그래? 뭐, 괜찮아. 걱정 마. 전쟁이 그리 오래 가진 않을 거니까. 너 장교 하면 아주 잘 하겠어. 머리도 좋고 교육도 많이 받아 여기서 썩기는 좀 아까워."

아마도 중대장은 영옥이 전장에 가기 싫어 딴전을 피우는 것으로 생각한 듯했다.

이때쯤 영옥은 자신이 극심한 인종차별 사회에 살고 있다는 사실을 뼈저리게 느끼고 있었다. 또한 미국 사회가 장교를 엘리트로 인정한다는 사실도 잘 알고 있었다. 그래서 미국이 아시아계에 장교가 될 기회를 줄 것으로는 기대조차 하지 않았다. 이 때문에 중대장이 장교후보생학교로 가라고 강력히 추천했을 때조차 입교가 허락될 것이라고 생각지 않았고 교육과정을 무사히 마칠 수 있다는 자신도 없었다.

그런데 일단 입교 통지서를 받자 마음이 달라졌다. 영옥은 굳게 결심했다.

'반드시 성공적으로 교육과정을 마치리라. 만에 하나 졸업을 못해도 내가 최선을 다하지 않아 그렇게 되는 일만은 결코 없을 것이다.'

장교후보생학교를 졸업한 유일한 유색인

조지아 주 포트 베닝에 있는 육군장교후보생학교로 갈 수 있었던 것은 영옥에게는 실로 행운이었다. 장교후보생학교는 갖가지 교육과 시험을 봤는데, 시험 결과는 영옥이 탁월한 성적으로 백인 후보생들을 압도하고 있음을 반복적으로 확인해 주었다. 입대 전 미국 사회가 영옥에게 강요했던 백인의 우월성이란 허상이 한 조각 한 조각 깨질 때마다 그 자리에는 자신감이 들어섰다.

장교 교육은 영옥이 군인으로서 천부적 자질을 갖고 있다는 사실도 확인시켰다. 독도법이나 방향감각도 그런 것이었다. 이유는 모르지만 영옥은 지도를 보면 머릿속에 실제 지형이 그대로 그려졌다. 처음 가보는 곳이라도 일단 지도를 보면 상상한 그대로 실제 지형이 펼쳐졌다. 유능한 장교가 되려면 지도를 능숙하게 읽어야 하는데 책상에서 이론으로 아는 것과 실제 상황에서 지도를 정확히 읽어내는 것은 전혀 다른 얘기다. 방향감각도 아주 중요한 문제로, 전장터에서 장교가 정확한 방향감각이 없으면 자신은 물론 부하들까지 사지로 몰아넣는다. 영옥은 동물적이라 할 만큼 뛰어난 방향감각을 갖고 있었다.

3개월간의 장교후보생 교육은 결코 만만치 않았다. 후보생들은 4명이 한 조가 돼 교육을 받았는데 동기생 중에서 처음 짠 조 그대로 졸업한 조는 영옥의 조뿐이었다. 학교가 가차없이 후보생들을 퇴교시키거나 교육과정이 너무 힘들어 자퇴하는 후보생들이 많아 절반은 탈락했다.

1942년 11월 영옥이 장교후보생학교에 들어갔을 때 동기생 가운데 흑인 아시안이고를 떠나 유색인은 영옥 혼자였다. 동기뿐 아니라 포트 베닝에서 훈련받을 동안 봤던 선후배 기수 가운데서도 자신을 제외하면 아시아계는 한 명도 없었다.

이듬해 1월 말, 동기생들은 임관식에서 졸업장과 계급장과 보직 명령을 동시에 받았지만 영옥만은 한 가지, 보직 명령을 받지 못했다. 임관식이 끝나고 동기생들은 떠났지만 영옥은 그대로 포트 베닝에 남아 며칠을 보냈는데 하는 일도 없이 차일피일 소일하는 게 싫어 학교측에 항의하자 답변이 돌아왔다.

"귀관은 제100보병대대로 가는데 지금 부대가 캠프 셸비로 이동 중이니 좀 더 기다려라."

부대 이름이 이상했다. 미 육군은 보통 1개 연대 아래 3개 대대를 두고 대대 명칭을 1대대, 2대대, 3대대 하는 식으로 붙인다. 그런데 100대대라니……. 게다가 대대 앞에 붙게 마련인 몇 사단 몇 연대 같은 것도 없고…….

그러나 영옥은 이것저것 묻지 않았다. 어디건 명령대로 가서 충실히 근무하면 그뿐이었다. 학교는 대대가 캠프 셸비에 도착한 다음, 전출명령서를 발부할 계획이었다. 대대의 이동 상황을 확인한 영옥은 열흘쯤 더 기다려야 한다는 것을 알고 다시 물었다.

"어차피 그렇다면 지금 여기를 떠나 대대가 캠프 셸비에 도착할 때 그곳으로 가도 되겠습니까?"

열흘쯤 자기 시간을 써도 좋겠냐는 뜻이었다. 학교는 흔쾌히 영옥의 제안을 수용했다. 어차피 그들로서도 영옥이 이곳에서 빈둥대는 모습을 보고 싶지 않았을 것이다.

일본계 이민자 강제수용소

영옥은 전출명령서를 받아들고 열흘간의 말미를 이용해 아칸소 주로 갔다. 아칸소 주는 나중에 클린턴 대통령 때문에 유명해졌지만 당시에는 그다지 알려진 곳이 아니었다. 영옥이 아칸소를 찾았던 것은 제롬에 있는 일본계 이민자 강제수용소로 가기 위해서였다. 어머니는 일본계와는 같이 놀지도 못하게 했지만 학교에서 만난 일본계와는 자연히 친구가 됐었다.

일본이 진주만을 기습하자 미국은 일본계 이민자들이 일본 편을 들지 모른다고 의심해 FBI까지 동원해서 일본계 이민자들을 따로 분류해 미국 본토 여기저기 급조한 강제수용소에 격리시켰다. 이렇게 강제 수용된 일본계 이민자들이 12만 명이었다.

영옥이 제롬에 있는 일본계 강제수용소를 찾아갔을 때만 해도 수용소 시설이 완전히 지어지지 않은 상태였다. 수용소는 주위에 철조망이 둘러쳐지고 서치라이트와 기관총까지 설치된 높은 망루에 무장한 경비병들이 보초를 서고 있었는데, 기관총은 수용소 밖이 아니라 수용소 안을 겨냥하고 있었다.

육군 장교 정복을 입은 영옥이 수용소에 도착해 안으로 들어가겠다고 하자 초병들이 당황했다. 아마도 영옥이 일본계라고 생각한 데다 자기들이 가둬 두고 지키는 일본계가 장교 계급장을 달고 나타난 것에 당황했으려니 짐작하는데 초병들이 공손히 말했다.

"리틀락으로 돌아가시는 게 좋겠습니다."

"방금 내가 내린 버스가 막차고 리틀락에는 호텔방도 없다."

영옥이 거부하자 초병들은 안절부절 못하며 여기저기로 전화를 걸었다. 검문소 밖에서 한 시간 이상을 기다리니 초병 한 명이 다시 나왔다.

"들어가셔도 좋습니다."

수용소 내부는 엉망이었다. 일본계 이민자들을 몇 가족씩 한 건물에 몰아넣고 가족과 가족 사이를 구분하는 벽조차 없이 양쪽 벽에 못을 박은 다음 철사로 연결하고는 담요 몇 장을 옷핀으로 연결해 걸어 세대를 구분하고 있었다. 목욕도 공동목욕탕을 썼고 식사도 공동식당에서 함께 하고 있었다. 미국은 독일이나 이탈리아와도 싸우고 있었으나 같은 백인인 독일계나 이탈리아계는 다른 백인들과 차별하지 않았던 반면, 유독 일본계에 대해서만은 대통령령을 발동해 법적 근거까지 만들어 가며 철저히 차별했다.

영옥은 그곳에서 1주일쯤 일본계 친구의 가족과 함께 지냈다. 영옥은 일본계 수용자들, 특히 아이들의 우상이 됐다. 고압적 자세로 자기들을 감시하는 무장한 백인 병사들이 장교복을 입은 영옥에게는 공손히 대했으니 그럴 만도 했다.

그 사이 알아보니 100대대는 지휘부는 백인이고 일반 장교들은 백인과 미국에서 태어난 일본계가 섞여 있지만 사병들은 대부분 일본계 2세로 구성된 부대였다. 군대에서도 철저한 인종차별 정책을 시행해 온 미국은 전쟁이 터져 백인만으로 병력이 모자라다 싶으면 유색인만으로 부대를 만들곤 해서 1차대전 때에도 일본계만으로 중대를 편성한 일이 있었다. 이 같은 미군의 인종별 부대 편성은 2차대전 때까지 유지되다가 그 후 사라지기 시작했지만 한국전쟁 때까지도 완전히 없어지지 않은 관행이었다.

일본계 2세들로 구성된 100대대에 배치되다

100대대는 하와이에서 징집돼 일본의 진주만 기습 전에는 하와이 방위군으로 있다가 진주만 기습 후 일본 해군이 미드웨이로 항진해 오자, 일본계의 충성심을 의심한 미군 지휘부가 일본계 1400여 명을 골라내 만든 부대로 비밀리에 미국 본토로 이동해 오랫동안 훈련을 받고 있었다. 부대의 존재나 기원, 특히 초급 장교 다수가 일본계 2세라는 사실은 철저히 비밀에 부친 채 1942년 10월부터는 10일간 사전 통보만으로 언제라도 전투에 투입될 수 있도록 한다는 지침 아래 훈련을 받고 있었다.

독립운동가의 아들로 태어나 일본 아이들과는 놀지도 말고 일본 음식은 먹지도 말라고 교육을 받으며 자랐던 영옥이 이 부대에 배치된 것은 아이러니가 아닐 수 없었다.

영옥이 이 부대로 배치된 것은 미군 당국이 영옥을 일본계로 오인했기 때문인 듯하다. 영옥의 어머니가 처음 미국에 입국한 때는 한일합방이 되고 6년이 지난 뒤라 조선인들은 일본 여권을 갖고 다녀야 했다. 이로 인해 어머니도 일본 여권을 갖고 있었기 때문인 듯 미군이 처음 영옥을 징집하면서 신상서류에 모국어가 일본어라고 기재했고, 이 때문에 장교후보생학교도 영옥의 신상카드를 보고 그가 일본계라고 여겼을 가능성이 높다. 미국은 신생아의 인종을 분류할 때 어머니의 인종을 따라가는 나라다.

영옥이 제롬의 수용소에 있던 친구와 그의 가족에게 작별인사를 하고 미시시피 주에 있는 캠프 셸비에 도착했을 때 100대대는 이미 며칠 전 기지에 도착해 야영훈련 중이어서 기지에 남아 있는 사람들은 몇 명 없었다. 미시시피 주는 겨울이면 비가 많이 오는 곳인데 일요일인 이날도 하염없이 비가 내렸다.

첫날 그곳에서 영옥은 두 사람을 만났는데 한 사람은 군의관 고메타니 대위였다. 고메타니 대위에게 전입 인사를 마친 영옥은 그와 함께 너덧 시간 이야기를 나눴다. 덕분에 영옥은 고메타니 대위에 대해 많은 것을 알게 됐다. 그는 치과의사였는데 당시 대대급 부대에는 치과의사가 별도로 배정되지도 않았을 뿐 아니라 그는 군사훈련도 전혀 받지 않았기 때문에 대대에 고메타니 대위 같은 인물이 있는 것이 이상했다.

100대대가 처음 편성됐을 때 하와이의 일본계 부모들이 자식들 걱정에 고메타니가 자식들 가까이 있기를 원했고, 미군 당국도 그런 인물이 있는 것이 좋겠다고 생각해 고메타니를 100대대 특별참모로 임명한 것이었다. 병사들은 문제가 생기면 고메타니에게 뛰어갔고, 고메타니는 병사들의 애로사항을 대대장에게 직접 전하면서 병사들에게는 아버지와 같은 존재가 됐다. 고메타니는 언제나 인자하게 병사들을 보살폈고 계급 고하를 막론하고 누구에게나 공평했다. 100대대는 독특한 시스템을 가진 셈이었는데 전쟁터에서 이 시스템은 아주 효과적으로 가동했다.

영옥이 캠프 셀비에 도착하던 날 만났던 또 다른 한 사람은 마이크 미야키 하사였다. 영옥이 도착하기 앞서 영옥이 B중대로 갈 것임을 알고 있던 고메타니 대위의 소개로 인사를 나누게 됐는데, 미야키 하사는 중대 보급계였다.

다음 날 영옥은 대대장 패런트 터너 중령이 본대보다 먼저 기지로 돌아왔다는 소식을 듣고 그에게 전입 신고를 하러 갔다. 터너 중령은 영옥이 도착했다는 보고를 받고는 영옥을 만나기 위해 본대보다 먼저 돌아온 것이었다. 정복을 챙겨 입고 아침 8시에 대대장실로 들어간 영옥은 대대장에게 경례하면서 말했다.

"소위 김영옥 전입 신고합니다."

"곧바로 귀관에 대한 전출 절차를 밟겠다."

신고를 받은 터너 중령이 기다렸다는 듯 말했다.

"저는 방금 도착했습니다."

"알고 있다. 그러나 김 소위는 한국계 아닌가. 귀관은 잘 모르겠지만 우리 부대는 일본계로 이뤄져 있다."

"알고 있습니다."

"그래? 그렇다면 귀관도 알다시피 역사적으로 한국계와 일본계는 앙숙 아닌가? 나는 하와이에서부터 그 같은 사실을 알고 있었다. 귀관도 여기 남고 싶진 않겠지?"

"아닙니다. 저는 개의치 않습니다. 이 부대에 남고 싶습니다."

"……?"

"그들도 저도 같은 미국 시민이며 같은 목적을 위해 싸우고 있습니다. 제가 이곳에 남을 수 없는 이유를 모르겠습니다."

"지금까지 이 부대에 배치됐다가 잔류를 희망하는 아시아계 장교는 한 명도 없었다. 다른 사람들은 하나같이 전출을 희망했다. 때문에 우리 부대로 보내진 아시아계 장교들에 대해서는 전출 절차가 마련돼 있다. 시간도 이틀밖에 안 걸린다."

"아닙니다. 진심입니다. 그대로 남고 싶습니다."

"……"

"……"

"그런가? 그렇다면 남아도 좋다. 그러나 조건부다. 일본계 장병들과 무리 없이 지낼 수 있다는 조건이다."

처음 영옥이 남겠다고 하자 놀라는 표정을 감추지 못했던 터너 중령이 입가에 미소를 띠며 말했다. 사실 터너 중령이 직접 사용했던 말은 한국계나 일본계란 말이 아니라 한국인과 일본인이라는 말이었다. 요즘은 미국에서 뿌리를 존중하면서 이민자나 그 후손들을 부르는 용어로 '코리안 아메리칸(Korean American)'이나 '재퍼니즈 아메리칸(Japanese American)' 같은 말이 널리 쓰이지만 그때만 해도 이런 용어 자체가 없었고, 이민자는 시민권을 받아도 법적으로 여러 제약이 가해지던 시절이었다.

'나는 남는다. 그러나 오로지 남기 위해 다른 장교나 사병들에게 비굴하진 않겠다.'

영옥은 터너 중령이 잔류를 허가할 때 속으로 다짐했다. 24세의 청년장교로서 영옥은 자신이 임관하면서 보호하겠다고 충성의 서약을 했던 미국의 헌법 이념을 순수하게 믿었고 미국이 추구하는 것들, 더 정확히 말하자면 미국이 추구해야 한다고 생각하는 것들을 믿었다. 영옥이 대대장에게 "우리 모두 미국 시민이며 같은 목적을 위해 싸운다"고 했던 말도 마음속에서 우러나온 말이었다. 세월이 흐르면서 이런저런 것들에 대한 생각이 많이 바뀌기는 했지만 그때는 그랬다.

잔류가 결정된 영옥은 예정대로 B중대에 배치됐고, 영옥이 B중대장 클레런스 존슨 대위에게 신고를 하자 존슨 대위는 영옥을 2소대장에 임명했다.

오합지졸 소대원들

한국이 일본의 식민지이던 시절에 한국계가 일본계 부대에서 장교 노릇을 한다는 것은 결코 쉬운 일이 아니었다. 삶과 죽음이 종이 한 장 차이에 지나지 않는 전장에서 무엇보다 중요한 것은 서로에 대한 맹목적 신뢰였다. 영옥이 병사들로부터 그 같은 신뢰를 얻는 데는 오랜 시간이 걸렸다.

영옥이 2소대장으로 임명됐을 때 2소대는 훈련을 받으러 나가 기지에 없었기 때문에 다음 날에야 소대원들과 첫 대면할 수 있었다. 소대를 처음 본 영옥은 기가 찼다. 지난 2년 동안 17연대에서 사병 생활을 하면서 군에 익숙해 있었고 불과 2주 전 장교후보생학교를 졸업한 영옥의 눈에 병사들 모습은 참으로 가관이었다. 선임 하사 다카시 기타오카의 명령에 따라 집합한 소대원들은 도저히 군인이라 불러 줄 수가 없었다. 머리가 치렁치렁하고 제멋대로 수염을 길렀는가 하면, 윗옷을 바지 속으로 집어넣지 않거나 바지를 군화 속으로 집어넣지 않았다. 군화 대신 단화를 신었거나 아예 맨발인 자도 있었고, 신발을 신었지만 끈을 제대로 매지 않은 자들이 태반이었다. 다림질 자국이 선명한 군복이나 반짝이는 군화 따위는 상상할 수 없었다.

선임 하사로부터 다른 부사관들을 소개받으면서 영옥은 너무나 황당해서 할 말을 잃은 채 간단히 형식적 인사만 주고받고 소대를 해산시켰다. 소대는 바로 식사를 하고 훈련에 들어갔는데 영옥은 밥을 먹을 때도 훈련을 할 때도 선임 하사에게 모든 것을 맡기고는 묵묵히 이들의 대화를 듣고 지켜보기만 했다.

이렇게 이틀을 보낸 영옥이 선임 하사 기타오카를 불렀다. 기타오카는 텍사스 법대를 나와 변호사로 활동하다가 징집된 인물로 영옥보다 나이도 일곱 살 많은 아주 지적인 인물이었다. 그는 영옥이 2소대를 맡은 후 첫날부터 잘 지냈던 유일한 소대원이었다.

"도대체 2소대는 뭐 하는 거요?"

"솔직히 말해 저희도 잘 모르겠습니다."

"글쎄, 그런 것 같아 하는 말이오."

"저희는 기본 군사훈련을 하고 있는데 이것이 벌써 세 번째입니다. 병사들은 일본이 진주만을 기습하기 전에 징집된 하와이 방위군 출신인데 처음 방위군에 들어갔을 때 기본 군사훈련을 받았고 100대대가 편성된 후 캠프 맥코이에서 다시 기본 군사훈련을 했는데 이번에 캠프 셸비로 와서 세 번째 반복하고 있습니다."

부대는 장교 사병 가릴 것 없이 반복되는 기본 교육에 염증을 내고 있었다. 아침이 되면 행군을 나가서 안락한 장소를 골라 오전 야외 강좌를 듣고 잠을 자다가 점심을 먹고 귀대하는 것이 일과의 전부였다. 도무지 새로운 것이라고는 없었다. 부대 훈련이 잘못됐다는 것을 아는 데는 오랜 시간이 필요하지 않았다.

장교들의 사고방식도 문제였다. 100대대 장교들은 대부분 ROTC 출신이거나 하와이 방위군에서 차출된 사람들이라 제식이나 행군 등 기본훈련에는 익숙했지만 그게 전부였다. 집중적으로 전투훈련을 받은 적이 없었다. 자연히 병사들에 대한 훈련도 실전 중심이 아니라 기본 군사교육을 중심으로 이뤄지고 있었다. 그런데도 대대의 백인이나 일본계 장교들은 자부심이 너무 강해 자기들이 전투훈련에 대해 잘 모른다는 것을 인정하고 싶어하지 않았다.

영옥은 기타오카와 대화를 끝낸 후 존슨 중대장을 찾아갔다. 중대장은 ROTC 출신으로 역시 하와이 주 방위군에서 복무하다 100대대에 합류한 인물로 매우 합리적인 사람이었다. 영옥은 보고 느낀 것을 솔직하게 얘기하고 훈련 방식을 바꾸는 것이 좋겠다고 제안했다.

"그거 아주 괜찮은 생각인데. 그런데 솔직히 나는 보병을 잘 몰라. 나이도 이미 50이 넘어 너무 늙었고……. 그렇지만 이들이 진짜 전쟁터로 나가야 한다니 걱정이 태산이다. 바꾸긴 바꿔야 하겠는데 어떻게 바꾸지? 고참 장교들은 아무도 자네 생각을 탐탁지 않아 할 거고……."

"제게 복안이 있습니다."

영옥은 개인 단위의 훈련은 그만 하고 분대·소대·중대·대대 단위의 부대 훈련으로 바꿔야 한다면서 주머니에서 다음 1주 동안의 훈련계획서를 꺼내 보였다.

"잘은 모르겠지만 좋아 보이는군. 훈련 방식을 바꾼다면 중대 전체가 바뀌어야지 2소대만 바꿔 봤자 의미가 없지. 그런데 김 소위는 우리 중대에서 제일 신참 소위 아냐? 김 소위가 말해 봤자 듣지 않을 거고, 우선 내가 다른 소위 두 명과 캔디 중위에게 잘 설명하면 알아들을 거야. 나머지는 대위 진급을 앞두고 있는 고참 중위들인데 아마 안 통할 거야. 캔디 중위가 동참한다면 그렇게 하기로 하지. 다른 중위들은 내가 특별임무를 줘서 마을로 보내 놀다 오게 하지 뭐. 대신 1주 훈련계획서를 4개월 훈련계획서로 바꿔서 다시 보고해. 내가 먼저 보고 괜찮으면 그대로 하자구."

"그렇게 하겠습니다."

캔디 중위란 어니스트 다나카 중위의 별명이었다. 그의 부모가 하와이에서 캔디 가게를 한다고 해서 그런 별명이 붙여졌다는 얘기도 있었고 워낙 캔디를 좋아해 붙여졌다는 얘기도 있었다.

캔디 중위는 영옥의 계획에 반대했지만 다른 소위들은 모두 찬성했다. 영옥이 바로 훈련계획을 확정해 중대장에게 제출하자 중대장은 흔쾌히 받아들였다. 처음에 반대했던 캔디 중위도 훈련이 시작되자 적극적인 지지자로 돌아섰다.

매일 아침 정각 8시가 되면 시작해 저녁 5시까지 하루 종일 훈련이 진행됐다. 훈련 내용 또한 변화를 줬다. 훈련은 최대한 실전 위주로 했다. 모든 사병이 돌아가면서 분대장 역할을 맡게 했고 분대장들은 부소대장이나 소대장 역할, 소대장은 중대장 역할을 맡도록 했다. 고지와 토치카 점령 훈련도 했고, 기관총탄이 쏟아지는 상황에서 돌격훈련을 할 때는 대대의 기관총에 공포탄 발사 장치가 없어 사단에서 빌려오기도 했다. 모든 훈련을 신물이 날 정도로 반복시킴으로써 병사들이 조건반사처럼 움직이도록 했다. 각 분대가 일일이 소대장의 이동 지시를 기다리지 않고 1분대가 사격하는 동안 2·3분대가 이동하고 다시 2분대가 사격하는 동안 1·3분대가 움직이는 분대별 이동 사격 방식도 창안해 훈련시켰는데, 이 훈련 방법은 훗날 한국전쟁 후 미군 당국에 의해 정식으로 채택됐다.

대대 전체에서 B중대만 이런 식으로 훈련하다 보니 B중대가 동물원의 원숭이 꼴이 됐다. 다른 중대는 갑자기 혹독한 훈련을 받기 시작한 B중대를 바라보며 낄낄거렸지만 영옥은 모진 훈련만이 실전에서 병사들의 생명을 구한다는 신념으로 혹독하게 밀어붙였다.

B중대의 훈련 방식을 혁신한 영옥은 매일 아침 자신의 소대만을 따로 집합시켜 복장 상태도 바꾸려고 무던히 노력했다. 전투는 시작도 안 됐는데 영옥의 눈에 이들은 영락없는 패잔병 모습이었다. 영옥이 머릿속으로 그리던 소대원은 머리와 수염을 언제나 단정하게 깎고, 군복의 주름은 칼날처럼 잡혀 있으며, 허리띠 버클이나 군화도 언제나 반짝반짝 윤이 나는 군인들이었다. 장교후보생학교를 갓 졸업한 신임 소위 영옥이 정예 군인에 대해 가지고 있는 상이었다.

그러나 불평하면서도 훈련을 잘 따라오던 병사들도 이 같은 영옥의 설교에는 끝까지 냉담했다. 신발을 신으면 도무지 불편해하는 하와이 농장 출신 병사들에게 군화를 닦으라거나 군화 끈을 단단히 매라는 얘기는 공염불이었다. 끈을 매면 정말로 발이 아프다고도 했다. 하와이의 무더위에 셔츠를 허리 밖으로 내놓는 것이 몸에 밴 병사들은 윗옷을 바지 속으로 집어넣는 것을 끔찍이도 싫어했다. 게다가 캠프 셸비가 있던 미시시피 강 일대는 더운 데다 습하기까지 했다. 머리나 수염을 깎으라는 말도 우이독경이었다. 3주가 지나가면서부터 영옥은 병사들의 복장이나 두발 상태에 대해 말하는 것을 포기했다.

덕분에 영옥은 부임하자마자 몇 가지 별명을 한꺼번에 얻었다. 그중 하나는 '여보'였다. 여보란 부부가 상대를 부르는 한국어에서 따온 것으로 한국인이라는 뜻이었다. 일본의 식민통치로 일본인에 대한 한국인의 감정이 극도로 나쁘다는 것을 잘 알고 있던 일본계 병사들이 영옥이 계급을 앞세워 불이익을 주지 않을까 염려해 붙인 것이었다. 대대장의 우려가 쓸데없는 것이 아니었던 셈이다.

두 번째는 '나인티 데이 원더(90-day wonder)'였다. 90일 만의 기적이라는 뜻인 이 별명은 육사나 ROTC 출신이 4년 만에 장교가 되는 데 비해 장교후보생 출신은 3개월 만에 장교가 된다는 점을 빗댄 말이었다.

세 번째는 '고통크(kotonk)'였다. 이 말은 속이 빈 코코넛이 땅에 떨어질 때 나는 소리를 빗댄 하와이 원주민의 음성어로, 하와이 출신들이 미국 본토 출신은 머리가 비었다며 이들을 놀리는 말이었다. 영옥이 캘리포니아에서 태어났기 때문에 붙인 별명이었다. 같은 일본계라도 하와이 출신과 본토 출신은 알게 모르게 서로 으르렁거렸다.

마지막 별명은 '지 아이 김(GI Kim)'이었다. 한국말로는 '땅개 김 소위' 쯤 되는 말이었는데 영옥이 워낙 훈련을 혹독하게 시키자 붙인 것이었다.

 병사들은 자기들끼리 주고받는 척하면서 영옥이 들을 수 있는 정도로 이 같은 별명을 부르며 불평을 늘어놓았다. 영옥은 이런 얘기가 들려올 때면 못 들은 척했다. 영어로 늘어놓는 불평을 영옥이 모르는 척하자 이번에는 더 직접적인 방법을 사용했는데 여기에는 일본계 장교들도 가세했다. 이들이 사용한 방법은 영옥과 얘기할 때 '피진 영어(Pidgin English)'를 사용하는 것이었다.

 피진 영어는 하와이 주민들이 영어와 원주민어를 섞어 만든 잡탕이었는데 도무지 알아들을 수 없었다. 처음 그들의 말이 피진 영어라는 것을 알지 못했을 때 영옥은 사병들은 그렇다 하더라도 도대체 하와이대학은 어떤 곳이기에 표준영어 한 마디 못하는 사람들에게 졸업장을 주고 장교로 임관시키나 속으로 생각하기도 했다.

 예를 들면 100대대 장병들이 자기 부대를 부르는 이름인 '원 푸카 푸카(One Puka Puka)'도 피진 영어였다. '원'은 영어였고 '푸카'는 하와이 원주민어로 구멍이라는 뜻인데, 전화번호 같은 것을 유머러스하게 말할 때 '0'이라는 의미로도 쓰였다. 이들의 피진 영어는 처음에는 영옥을 아주 곤혹스럽게 했지만 장병들 사이의 일체감을 높여 줬을 뿐 아니라 유럽 전선에서는 아주 요긴하게 쓰였다. 이들이 피진 영어에 가끔 일본어까지 한두 마디 섞어 무전 교신을 하면 독일군은 도무지 알아챌 재간이 없었다.

절대 질 수 없는 세 개의 전쟁

그렇다고 영옥과 일본계 장병들의 관계가 갈등만으로 점철됐던 것은 아니었다. 어쩌면 그 정도 갈등이란 사람 사는 곳 어디에나 있는지 모른다. 그들의 부모가 일본인이고 영옥의 부모가 한국인이어서 그들이 자라면서 한국인에 대해 보고 들은 것이 영옥과 다르고 영옥이 자라면서 일본인에 대해 보고 들은 것이 그들과 달랐지만, 둘은 훨씬 더 절박한 것을 함께 지니고 있었다.

우선 이들은 언제라도 명령이 떨어지면 함께 전쟁터로 가야 하는 공동운명체였다. 전장으로 떠날 때는 자유를 수호한다거나 민주주의를 지킨다거나 하는 거창한 구호 아래 떠나지만 일단 전장에 투입되면 살아남기 위해 싸운다. 그리고 많은 사람들이 다시 돌아오지 못한다. 영옥도 병사들도 그것을 알고 있었다.

이밖에도 영옥과 일본계 병사들이 함께 나눴던 절박한 공통분모가 또 있었다. 이들 모두가 아시아계 이민 2세로서 철저한 인종차별의 피해자라는 것이었다. 이미 전쟁 전부터 심했던 아시아계에 대한 인종차별은 일본의 진주만 기습으로 더 극심해졌다. 일본계 장병들은 부모형제들이 강제수용소에 갇혀 있는 상태에서 피를 흘려 미국에 대한 충성심을 입증하라고 강요받고 있었다.

미국은 나치 독일과도 싸우고 있었지만 독일계 이민자들을 격리수용시키지 않았다. 영옥도 인종차별이라는 거대한 벽에 막혀 다니던 대학도 그만두고 오랜 시간 방황해야 했다. 외모만으로는 어느 나라 출신인지 알기 어려운 백인들은 한국계 이민자들에게도 '잽(Jap)'이라 부르며 토마토를 던지곤 했다. 영어로 '잽'은 한국어로 '왜놈'이나 '쪽바리' 정도 되는 말로 일본인을 비하해 부르는 말이었다.

장교·사병 가릴 것 없이 모두 무엇을 위해 싸워야 하는지 잘 알고 있었다. 이를 두고 토론이 끝없이 이어졌다. 어떤 때는 장교와 사병들이 같이 모이기도 했지만 보통은 장교는 장교끼리 사병은 사병끼리 모였다. 장교들의 토론에는 특별한 사정이 없는 한 영옥을 비롯해 소위와 중위들은 한 사람도 빠짐없이 참가했다. 토론은 매주 토요일 오후면 어김없이 시작되어 다음 날까지 계속됐다. 막간을 이용해 포커 게임도 하고 우쿨렐레 반주에 맞춰 노래도 불렀지만, 모임의 핵심은 왜 싸워야 하느냐에 대한 토론이었다. 누가 시켜서 하는 것이 아닌 이 토론은 장병들 모두에게 천금 같은 정신교육이 됐다.

본질적으로 이들은 미군과 달리 두 개의 전쟁을 치러야 했다. 보통 미군들은 한 가지 전쟁만 치르면 됐다. 태평양에서는 일본을 상대로, 유럽에서는 독일을 상대로 싸우는 전쟁이었다. 그러나 이들은 전장의 적과 싸우는 것 외에도 자기들이 목숨 바쳐 싸우는 국가가 자기들에 대해 갖고 있는 의심과 편견을 상대로 또 하나의 전쟁을 치러야 했던 것이다.

그러나 영옥은 여기에 한 가지 전쟁을 더 치러야 했다. 영옥의 세 번째 전쟁은 일본계조차 멸시받는 상황에서 일본의 식민지 지배를 받는 한국인에게 쏟아지는 편견과의 전쟁이었다. 세 전쟁 모두 절대 질 수 없는 것이었다.

끊임없이 계속되는 훈련과 토론 속에서도 시간은 계속 흘러 여름이 막바지로 치닫던 어느 날, 상부로부터 이동 명령이 내려왔다. 목적지는 북아프리카 오란이었다. 드디어 전장으로 배치되는 것이었다. 지금까지 훈련장에서 같이 땀을 흘렸던 영옥과 일본계 병사들은 앞으로는 전쟁터에서 같이 피를 흘려야 했다.

  8월 21일, 영옥은 소대원들과 함께 제임스 파커 호에 몸을 실었다. 한때는 유람선이었다가 수송선으로 징발된 제임스 파커는 서서히 파도를 가르며 뉴욕 항을 빠져나가기 시작했다. 맨해튼의 스카이라인이 조금씩 멀어지더니 잠시 후 자유의 여신상도 수평선 아래로 사라졌다.

제2부

유럽 전선을 물들인 김영옥 신화

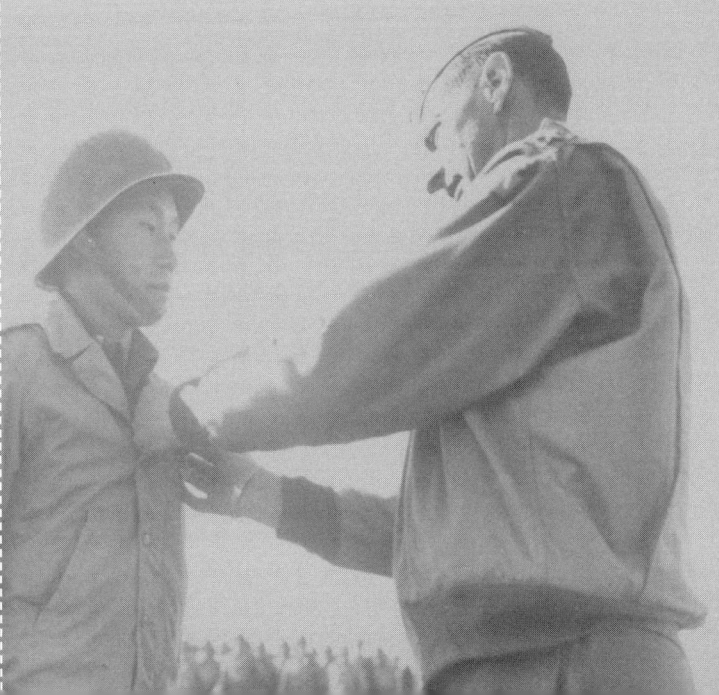

타고난 장교

뱃멀미가 너무 심해 배 타는 것을 끔찍이 싫어했던 영옥에게 제임스 파커의 대서양 횡단은 실로 악몽이었다. 날씨도 좋고 항해도 순조로웠지만 영옥은 흔들의자에만 앉아 있어도 멀미가 나는 체질이었다. 뱃멀미가 너무 심하지 않도록 대서양을 건너는 동안 대부분의 시간을 누워서 보낸 영옥은 배가 빨리 도착하기만을 기다렸다. 그 와중에도 한 가지 생각만은 계속 머리를 떠나지 않았다. 실제 전쟁터에 선 자신의 모습이었다.

'첫 전투가 벌어질 때 나는 과연 어떨까? 나중에 평생을 두고 수치스럽게 생각할 비겁한 행동을 하지는 않을까? 평소 나 자신이 스스로 믿었던 대로 행동할 수 있을까? 비겁해져 나 자신은 물론 우리 가족에게까지 불명예를 안겨 주지는 않을까?'

최전선을 택한 100대대

배는 뉴욕을 출발한 지 2주 만에 북아프리카에 닻을 내렸다. 100대대는 독립적으로 작전할 수 있도록 편성되어 다른 연대나 사단에 속하지 않았기 때문에 부대가 오란에 도착했어도 현지에서 부대를 챙겨주는 사람도 배정된 임무도 없었다. 미국은 100대대를 아프리카로 보내긴 했지만 아직 이 부대를 어떻게 사용할지 확실한 방침이 없었던 것이다.

대대장이 임무를 받기 위해 현지 미군 사령부를 여러 차례 방문하자 카사블랑카에서 튀니지아까지 가는 수송열차 호위가 어떠냐는 제안이 들어왔다. 유색인 부대에 전투 임무를 맡기지 않으려는 인종차별적 발상에서 나온 것이었다. 흑인들만으로 구성된 터스키기 비행대가 처음 아프리카에 배치됐을 때 백인들로 이뤄진 현지의 미군 지휘부는 흑인들은 유능한 전투조종사가 될 수 없다며 폭격기 호위 같은 전투 임무를 배정하지 않은 것과 같은 맥락이었다.

터너 대대장은 즉석에서 이 임무를 거부하고 최전선으로 가려는 장병들의 의지를 전했다. 100대대는 그런 우여곡절 끝에 마침내 133연대로 배치됐다. 133연대는 곧 이탈리아에 상륙하기로 예정된 34사단 소속이었다.

연합군의 이탈리아 상륙은 미국과 영국의 어정쩡한 합의에 따른 것이었다. 빨리 전쟁을 끝내려는 미국은 군사적 관점을 중시해 서북유럽으로 진격하려 했으나, 영국의 처칠 수상은 남유럽으로 진격해 미군과 영국군이 주축이 된 연합군이 발칸반도에 먼저 들어가야만 전쟁이 끝난 후 발칸반도에 대한 소련의 야심에 제동을 걸기 쉬울 것이라고 주장했다. 처칠은 소련을 믿지 않았던 것이다. 결국 두 나라는 서북유럽에 상륙하되 적당할 때 남유럽으로도 상륙하기로 합의했다.

이 때문에 연합군의 이탈리아 침공은 충분한 준비 없이 이뤄졌다.

역사상 이탈리아에 대한 침입은 로마 시대에 카르타고의 한니발 장군이 코끼리부대를 이끌고 알프스를 넘은 것을 비롯해 대부분 북쪽으로부터 왔다. 6세기 비잔틴제국의 벨리사리우스가 아프리카에서 지중해를 건너 시칠리아 섬을 통과해 이탈리아로 쳐들어가 로마를 점령한 것이 유일한 예외였다. 연합군의 이탈리아 침공은 이 공격로를 모방한 것이었다. 그러나 영옥이 아직 캠프 셸비에 머물러 있던 7월에 시작된 연합군의 시칠리아 섬 상륙은 연합군의 작전상 결함과 미군과 영국군의 전공 다툼으로 혼란스러웠다. 그 사이 독일군은 시칠리아 섬을 방어하던 정예 독일군 3개 사단을 포함한 병력 10만 명과 장비를 고스란히 이탈리아 본토로 철수시켜 이탈리아 방어망을 더욱 강화시켰다.

100대대가 이탈리아 상륙군에 포함됐을 때 연합군은 이탈리아 본토 침공을 눈앞에 두고 있었다. 상륙군 주축은 미군으로, 상륙 지점은 나폴리 남쪽의 작은 해안도시 살레르노였다. 목표는 이탈리아 서남부 최대의 항구 도시로 비행장·항만·철도까지 갖춘 요충인 나폴리였으나 나폴리에서는 지형상 대규모 상륙작전을 전개할 수 없었다.

연합군은 9월 9일 살레르노에 상륙했다. 이탈리아 왕 빅토르 엠마누엘 3세가 무솔리니를 해임하고 항복한 바로 다음 날이었다. 골수 파시스트를 제외한 이탈리아군은 무기를 내려놓고 고향으로 돌아갔으나 이탈리아 반도를 장악한 독일군은 이탈리아를 넘겨줄 생각이 없었다. 연합군의 살레르노 상륙을 정확히 예측하고 5개 사단을 증원시켰던 독일군이 상륙군을 상대로 강력히 공세를 펴면서 전황이 급박하게 돌아갔다. 이에 따라 영옥의 부대도 예정보다 빨리 이탈리아로 떠나게 됐다.

연합군이 동지중해의 제공권과 제해권을 장악하고 있으므로 독일 공군이나 해군의 공격을 받을 가능성이 낮아 항해는 그다지 위험하지 않을 것이라고 했다.

영옥은 사흘째 되는 날 전투기들이 함정을 엄호하기 시작하는 것을 보고 상륙이 가까워졌다는 것을 짐작했다. 지중해를 건넌 상륙 선단은 22일 아침 살레르노 연안에 도착해 후속 함정들이 도착할 때까지 바다 위에서 커다란 원을 그리며 두 시간 동안 선회했다. 그때 다른 두 척의 선박이 독일군 잠수함의 공격을 받아 한 척이 격침됐다. 연합군이 제해권을 장악하고 있기는 했지만 완전한 것은 아니었다. 후속 함정들이 도착하자 장병들은 상륙정으로 옮겨 타기 시작했다. 살레르노 해안은 이미 연합군이 장악하고 있어 더 이상 독일군의 공세는 없었지만 유달리 뱃멀미가 심했던 영옥은 기다시피 하며 상륙정에서 내렸다.

이탈리아 반도 남쪽에서 로마로 가는 주요 도로는 두 개뿐이다. 하나는 고대 로마에서 '비아 아피아'라고 부르던 길로 서해안을 끼고 반도를 남북으로 종단하는 도로다. 다른 하나는 고대 로마에서 '비아 카실리나(Via Casilina)'라고 부르던 길로 몬테 카시노 하부를 돌아 릴리 계곡을 관통해 직접 로마로 들어가는 도로다. 현대 이탈리아에서 비아 아피아는 7번 고속도로가 돼 한국의 서해안 고속도로쯤 되고, 비아 카실리나는 6번 고속도로가 돼 경부고속도로쯤 된다. 두 길 중 어느 쪽을 따라 전투가 벌어져도 인근 산야는 피로 물들 수밖에 없었다. 연합군이 처음 주 공격로로 택한 길은 후자였다.

상륙을 마친 100대대는 부대를 정비한 다음 트럭을 타고 북으로 이동하기 시작했다. 독일군은 볼투르노 강을 끼고 강력한 방어선을 구축하고 있다고 들었지만 부대가 몬테 마라노에 도착할 때까지 적은 아무런 움직임이 없었다.

"나를 따르라!"

100대대는 다음 날 새벽 치우사노를 향해 출발했다. 밤새도록 폭우가 내리고 천둥번개가 쳐 누구 한 사람 제대로 잠을 잘 수 없었다. 다리란 다리는 모두 폭파돼 있었고 도로 곳곳에 지뢰가 묻혀 있었지만 행군이 불가능할 정도는 아니었다.

도보 행군으로 100대대는 조금씩 북으로 올라갔다. 어디선가 기다리고 있을 적군과 부딪힐 때까지 하염없이 북으로 가는 식이었다. 폭우가 심해 앞이 보이지 않을 때도 있었지만 장병들은 빗줄기가 철모에 부딪혀 귓가로 흘러내리는 소리를 들으며 계속 앞으로 나아갔다. 쏟아지는 비로 땅은 온통 진흙탕으로 변해 있었다.

행군의 선두는 영옥이 속한 B중대였다. 폴 프로닝 소위의 3소대가 맨 앞에 서고, 영옥의 2소대는 중대 후미에서 따라갔다. 행군을 시작한 지 너덧 시간 지나자 여기저기 낮은 언덕들이 모여 있는 구릉 지대가 나타났다. 영옥이 첫 구릉에 오르니 길은 언덕을 따라 내려가며 왼쪽으로 뻗다가 날카롭게 커브를 돌아 오른쪽으로 뻗어 있었다. 이미 구릉 꼭대기를 넘은 앞선 소대들은 길을 따라 언덕을 내려가 선두가 막 오른쪽으로 커브를 돌고 있었다.

그때 갑자기 기관총 소리가 요란하게 들려왔다. 병사들은 기관총 소리가 훈련소에서 듣던 미제 기관총과 다르다는 것을 본능적으로 알아차렸다. 길 오른쪽 끝에 숨어서 기다리던 독일군의 기습이었다.

중대는 눈 깜짝할 사이에 아수라장이 되고 말았다. 병사들은 일제히 땅에 엎드리거나 길 옆으로 몸을 피했다. 몸을 조금이라도 지면에 더 밀착시키려고 윗주머니에 있던 담뱃갑까지 빼 던지거나 맨손으로 땅을 파는 사람도 있었다. 계급이나 체면 따위는 사치였다. 장교고 사병이고 가릴 것이 없었다.

총성이 들려오는 곳을 보니 독일군이 기관총을 쏘고 있었다. 처음으로 본 적군의 모습이었다. 전체 지형은 구릉 지대로 여기저기 굴곡이 있었고, 독일군 기관총과 영옥의 2소대 사이에는 계곡이 있었다.

영옥은 2소대가 계곡을 가로질러 공격한다면 대대 전체에서 2소대의 현재 위치가 독일군과 가장 가깝다는 것을 순간적으로 깨달았다. 독일군은 아직 언덕으로 오르지 못한 2소대를 보지 못했기 때문에 소대가 계곡을 가로지르는 것을 보기도 어려울 터였다.

원래 미군 전투 수칙에 따르면 소대장은 중대장의 지시를 받아 움직여야 했으나, 영옥은 중대장 타로 스즈키 대위가 처음으로 적의 실제 공격을 받고 당황하는 것을 보고 즉시 명령을 내렸다.

"나를 따르라!"

영옥은 그대로 계곡을 향해 뛰었다. 계곡을 지나 독일군 기관총을 향해 소대를 이끌면서 중대장 타로 스즈키 대위를 무전으로 불렀지만 교신이 되지 않았다.

영옥이 기관총 진지로 가까이 접근해 나무 덤불 위로 머리를 내미는 순간 기관총 진지를 지키던 독일군이 영옥을 발견하고 슈마이저 기관단총을 쏘기 시작했다. 즉시 땅에 엎드린 영옥이 배후에서 공격하기 위해 부하들을 이끌고 기관총 진지 뒤로 돌아가자, 그 사이 위험을 느낀 독일군이 기관총을 거둬 철수했다. 독일군은 주방어선 보강을 위한 지연작전을 펴고 있었기 때문에 적극적으로 전투를 벌여 오지 않았다.

독일군이 철수하여 B중대는 공격에서 벗어났지만 첫 전사자가 발생했다. 전사자는 조 다카다였다. 다카다는 2차대전에서 보병 전투로 사망한 첫 일본계 미군이 됐다.

독일군 기관총을 철수시켜 중대를 위기에서 구한 2소대는 영옥의 지시에 따라 독일군 기관총이 있던 곳에 그대로 몸을 숨긴 채 혼돈에서 벗어난 중대가 전진해 오기를 기다렸다. 잠시 후 2소대가 기다리고 있는 곳으로 온 중대장 스즈키 대위가 영옥에게 명령했다.

"길 위로 소대를 올려 보내고 길을 따라 소대를 전진시켜라."

"안 됩니다."

"뭐? 안 돼? 길 위로 전진시키라니까!"

중대장은 버럭 소리를 질렀다.

"안 됩니다. 부하들을 개죽음시킬 수는 없습니다. 적군이 바로 저기 있습니다. 이쪽 계곡을 건너 공격하는 것이 옳습니다."

영옥이 있는 곳에서는 적군 수백 명이 탱크 세 대를 거느리고 진을 치고 있는 모습이 보였다. 눈에 보이는 탱크만 세 대였을 뿐 더 있을 수도 있었다.

"길 위로 행군하라는 것은 네가 적군을 만나기도 전에 내린 명령이야!"

"그럴 수 없습니다. 지금은 적의 위치를 알았으므로 적을 없애야 합니다."

영옥이 명령을 거부하자 화가 치민 중대장은 씩씩거리며 뒤쪽으로 뛰어갔다. 중대장의 명령을 거부하고 길 옆으로 내려선 영옥은 소대원들을 데리고 그대로 앉아 있었다.

잠시 후 대대장 터너 중령이 대대참모들을 대동하고 나타났다. 대대장은 굳은 표정으로 명령했다.

"김 소위, 중대장 명령에 복종하라!"

"안 됩니다. 이쪽 계곡을 건너 독일군을 공격하는 것이 옳습니다."

"김 소위, 이것은 명령이네."

대대장과 함께 온 러벨 소령도 타이르듯 거들었다. 그러나 영옥은 고집을 꺾지 않았다.

"그런 방식은 잘못입니다. 병사들만 희생됩니다."

그렇게 10여 분 밀고 당기기를 계속했는데도 영옥이 계속 버티자, 터너 중령은 단호하게 말했다.

"명령에 불복종하면 군법회의에 회부하겠다!"

"군법회의든 뭐든 상관없습니다. 지금 길 위로 병사들을 전진시키면 쓸데없이 병사들이 죽거나 다치게 됩니다. 이쪽 계곡을 지나 적을 공격하면 사상자가 생길 수는 있지만, 적어도 적과 싸울 수는 있습니다."

화가 난 대대장이 일행과 함께 사라진 후 이번에는 군의관 고메타니 대위가 달려왔다. 고메타니 대위는 거칠게 숨을 몰아쉬며 타일렀다.

"영, 오늘은 우리 대대의 첫 전투다. 군법회의 같은 불명예가 있어서는 절대로 안 돼. 제발 내 얼굴을 봐서라도 참아 다오."

영옥은 다른 사람의 명령은 거부해도 고메타니 대위의 말까지 무시할 수는 없었다.

"군의관님, 생각해 보십시오. 저기 독일군 탱크가 세 대나 보이지 않습니까? 우리가 길 위로 전진하면 보나마나 저들이 공격해 올 것입니다."

"네가 맞을지 모른다. 그러나 차라리 몇 사람 다치는 것이 전투 첫날 군법회의 같은 일이 벌어지는 것보다는 낫다."

미군 지휘부나 미국 사회가 과연 일본계 2세들이 어떻게 싸울지 초미의 관심을 갖고 있는 상황을 염두에 둔 말이었다.

"군의관님 말씀이 옳을지도 모르지요. 그렇지만 길 위로 올라가면 병사들이 죽는다는 걸 뻔히 알면서 그렇게 명령하기는 참으로 싫습니다. 그래도 그렇게 하지요. 그렇지만 이 점만은 분명히 알아두십시오. 대대장, 중대장, 군의관 세 분은 오늘 2소대에 사상자가 발생하는 것에 대해 책임을 나눠 지실 준비를 하셔야 합니다. 분명히 누군가를 잃을 것입니다."

영옥은 돌아서서 걱정스런 표정으로 지켜보고 있던 부소대장 다케바와 눈빛을 교환했다. 영옥이 다시 도로 위로 올라온 병사들을 인솔해 앞으로 나아가다 또 다른 커브에 다다랐을 때였다. 갑자기 포탄 한 발이 근처에서 터졌다. '슈욱~' 포탄 날아오는 소리가 들리더니 이어 '쾅!' 소리가 났다. 독일군 탱크가 발포한 것이었다.

탱크 포탄은 워낙 속도가 빨라 실제 전장에서 탱크가 포를 쏘면 상대편에서 느끼는 순서는 먼저 '쾅' 하는 발포 소리가 들리고 이어서 포탄 날아오는 소리가 들린 다음 포탄이 터지는 것이 아니라 사실은 정확히 그 반대였다.

포성이 들려오는 방향으로 고개를 돌린 영옥의 눈에 밤나무 숲이 들어왔다. 밤나무 숲의 위치로 봐 탱크가 포신을 낮추어 다시 공격하기 어려운 위치에 있다는 것과 탱크가 2탄을 발사하려면 시간이 걸린다는 것을 계산한 영옥은 고개도 돌리지 않은 채 제스처를 쓰면서 앞으로 내달았다. 오른손을 어깨 위로 치켜들어 머리 위에서 커다란 원을 두 번 그린 다음, 다시 하늘을 향해 주먹을 불끈 쥐고는 공중에서 무언가를 잡아당기듯 팔을 올렸다 내렸다 두어 번 반복한 것이었다.

이 제스처는 미군의 전통적인 수화로 머리 위에서 원을 두 번 그린 것은 '이쪽으로' 라는 뜻이었고, 주먹 쥔 손을 어깨 위에서 올렸다 내렸다 하는 것은 '빨리' 또는 '뛰어서' 라는 뜻이었다. 그러니까 영옥의 제스처는 '빨리 뛰어서 나한테 오라' 는 메시지였는데 뒤에 있던 병사들은 영옥이 수화로 지시하면서 탱크를 향해 뛰기 시작하자 '나를 따라 탱크가 있는 방향으로 뛰라'는 명령이라는 것을 즉시 알아차렸다. 탱크포가 작렬하는 마당에 육성 명령은 잘 들리지 않을 것이었다.

절체절명의 순간에 소대장의 명령이 떨어지자 병사들은 사력을 다해 영옥을 따라 뛰기 시작했다. 밤나무 숲에 이른 이들이 슬라이딩하듯 땅에 엎드리며 거친 숨을 몰아쉬는 순간 독일군 탱크는 2탄 발사를 마치면서 불꽃을 뿜었다.

영옥 일행이 바로 전까지 자신들이 있던 곳을 돌아보니 여러 명의 병사들이 탱크포의 제물이 되고 있었다. 영옥의 뒤를 따르지 않았던 마지막 분대원들이었다. 이들은 적 탱크를 향해 뛰는 것이 무서웠던지 분대장의 지시를 따라 길 옆 낮은 도랑으로 피했던 것이다. 분대원 7명이 부상당했고 1명은 그 자리에서 절명했다.

영옥을 따라 뛰었던 2개 분대는 밤나무 숲으로 피한 채 바닥에 떨어진 밤을 주워 먹으며 밖을 살폈다. 30분쯤 지나자 도랑으로 뛰어들었던 분대의 분대장이 영옥에게 다가와 말했다.

"소대장님 명령을 따랐다면 분대원을 잃지 않았을 것입니다. 도랑으로 피신하는 것이 더 안전할 것으로 생각했는데 제 생각이 틀렸습니다."

그는 팔에 붙어 있는 상병 계급장을 뜯어내면서 계속 말했다.

"저는 이 계급장을 달 자격이 없습니다. 다시는 이렇게 무거운 책임이 있는 자리에 있고 싶지 않습니다."

영옥은 아무 말 없이 짧게 고개를 끄덕였다. 곧이어 대대 작전참모인 잭 존슨이 뛰어왔다.

"김 소위, 정식으로 사과하겠다. 아까 대대장님이 네게 군법회의 운운하실 때 나도 같이 있었다. 네가 옳았다. 우리가 잘못 생각한 거야."

"그 말씀을 하러 위험을 무릅쓰고 여기까지 오실 필요는 없었습니다."

"아니다. 그렇지 않아. 아무 말 없이 대대본부에 그냥 있을 수는 없었다."

"그건 그렇고 우리는 언제까지 여기 있게 되는 겁니까?"

"밤까지는 기다려야 된다. 이대로 계속 길을 따라 갈 수는 없다."

그날 밤 사단장 찰스 라이더 소장이 100대대가 있는 곳으로 왔다. 라이더 소장은 상황을 파악하더니 계곡을 가로질러 공격하라고 명령을 내렸다. 처음 영옥이 공격하자고 제안했던 그대로였다.

이날 서전(緒戰)에서 영옥은 아주 신비스런 경험을 했다. 탱크 포탄이 터지고 포성이 들려오는 방향에서 독일군 탱크를 본 그 혼돈의 순간에 모든 주변 상황이 한눈에 들어와 차분히 정리됐다. 이와 함께 마치 전생에서 지금과 똑같은 경험을 한 적이 있고 해법도 알고 있는 것 같은 느낌이 들었다. 그 때문인지 어떤 공포도 없었고 극도로 냉철해졌다.

첫 전투를 치르며 영옥은 대서양을 건너던 배 안에서 끊임없이 자신을 괴롭히던 걱정이 기우였다는 것을 확인했다. 최소한 자신이 자기 자신이나 가족을 불명예스럽게 만드는 비겁자가 아니라는 사실을 확인한 것이었다. 이후 영옥은 다시는 그런 걱정을 하지 않았다.

이날의 서전으로 영옥과 일본계 병사들의 관계는 근본적으로 바뀌었다. 영옥이 군법회의조차 개의치 않고 부하의 생명을 지키려 한다는 사실과 그렇게도 지긋지긋했던 영옥의 혹독한 군사훈련 덕택에 절체절명의 순간에 목숨을 건졌다는 사실을 확인한 병사들은 영옥을 깊이 신뢰하게 된 것이다.

이날 서전으로 영옥의 소대가 여러 명을 잃는 바람에 보충병을 필요로 한다는 사실이 알려지자, 어빙 아카호시 일병을 비롯한 여러 명이 영옥의 소대로 옮겨 달라고 자원했다. 소대가 적 탱크의 공격을 받자 영옥이 즉석에서 탱크를 향해 뛰라고 명령했다는 얘기를 듣고 영옥이 믿음직한 장교라고 생각해 곧바로 자원한 아카호시 일병이 먼저 왔다. 아카호시 일병과 친하게 지내던 미나미 하사와 구보카와 일병도 며칠 후 옮겨왔다.

타고난 장교

이탈리아는 해안을 끼고 형성된 좁은 평원을 제외하면 대부분 산악지대인 데다 수많은 강이 흐르고 날씨는 춥고 비가 많이 내려, 그렇지 않아도 상태가 좋지 못한 도로가 진흙탕으로 변해 기계화 부대의 기동도, 대규모 보급도 어려웠다. 구름도 많아 연합군의 제공권도 효과적으로 사용할 수 없었다. 처칠 수상이 연합군의 남유럽 침공을 주장하며 '유럽의 부드러운 아랫배'라는 말을 즐겨 썼지만 실제로 이탈리아에서 싸우는 병사들은 처칠 수상이 어디서 그런 말을 가져왔는지 이해할 수 없었다.

이 같은 이탈리아의 자연조건은 연합군의 우세한 병력과 물자가 가진 장점을 퇴색시킨 반면, 수비하는 독일군에게는 천부적 혜택으로 작용했다. 독일군은 이 모든 것을 절묘하게 활용했다. 독소불가침조약을 깨고 소련을 침공했던 독일군은 몇 달 전 스탈린그라드에서 항복한 데 이어 아프리카에서도 항복해 수세에 몰리고 있었지만 유럽 대륙의 독일군은 여전히 건재했다.

서전 이후 계속 전투를 치르며 조금씩 북으로 올라가던 영옥의 소대는 11월로 접어들자 볼투르노 강을 눈앞에 두게 됐다. 볼투르노 강은 이탈리아 반도를 횡단하는 독일군의 주방어선인 '구스타프 라인'에서 남쪽으로 약 25킬로미터 지점에 있는 강이었다.

독일군은 여기에서 최대한 연합군을 물고늘어져 구스타프 라인을 더 강화하기 위한 시간을 벌고자 했고, 연합군은 가능하면 신속히 볼투르노강 저지선을 돌파하려 했다. 이에 따라 볼투르노 강 도강작전은 처절한 전투가 될 수밖에 없었다. 어느 정도 전투를 하다 철수하고 또 어느 정도 전투를 하다가는 다시 철수하던 독일군은 볼투르노 강에서는 지금까지와는 전혀 다른 모습을 보였다.

3일 밤 시작된 도하작전에 따라 6군단 전체가 강을 따라 일제히 공격에 나섰다. 도하가 시작되기 전 스즈키 대위는 영옥과 함께 대대본부로 가 작전지도와 공격로를 확인했다. 이 지도는 100대대가 가진 유일한 것이었다. 대대에 작전지도가 한 장밖에 없다는 것은 연합군이 그만큼 치밀한 준비 없이 이탈리아로 들어갔다는 증거였다. 스즈키 중대장이 영옥을 데리고 간 것은 B중대 장교들 중에서 영옥이 지도를 가장 정확하게 읽는다는 것을 알고 있었기 때문이었다.

"지도를 정확히 봐둬라. 우리 중대는 볼투르노 강을 건너 7킬로미터쯤 북쪽으로 가야 한다."

스즈키 대위의 지시에 따라 영옥은 10분이 넘도록 지도 앞에 서서 일대 지형을 머릿속에 입력했다.

100대대는 강을 건너기 시작했다. 예정대로 영옥의 2소대를 앞세운 B중대가 선두에 섰다. 볼투르노 강은 깊은 곳은 가슴까지 찼고 강폭은 넓지 않았지만 물이 얼음장같이 차갑고 물살도 빨랐다. 칠흑 같은 어둠 속에서 한 치 앞도 내다볼 수 없는 병사들은 지역에 따라 강을 가로질러 쳐진 밧줄을 잡고 건너기도 했으나 맨몸인 경우가 많았다.

그때 갑자기 포탄의 섬광이 작렬하며 칠흑 같은 어둠을 밝혔다. 탄착 지점을 잘못 계산한 아군의 오인 포격이었다. 포탄이 터질 때마다 강물은 물기둥이 돼 하늘로 치솟았다가 파편과 함께 다시 비처럼 쏟아졌다. 공포로 얼룩진 병사들의 모습이 터지는 포탄 사이로 보였다 사라지고 다시 보였다 사라졌다.

잠시 후 강 건너편에서도 포탄이 날아오기 시작했다. 이번에는 적군의 포탄이었다. 독일군은 볼투르노 강 유역을 뒤덮은 올리브 숲에 탱크와 자주포를 여기저기 감추고 철벽 같은 방어선을 구축해 두고 있었다. 어둠 속에서 볼투르노 강이 붉게 물들기 시작했다. 사상자가 급속히 늘어나고 있었다. 천신만고 끝에 강을 건넌 병사들을 기다리고 있는 것은 지뢰밭이었다. 올리브나무와 포도나무 사이사이로 촘촘히 깔아둔 지뢰는 악마의 선물이었다. 지뢰밭을 통과하면서 100대대에 발생한 사상자만 30여 명이었다.

일단 강을 건너자, 영옥은 진흙탕으로 바뀐 작은 도로를 따라 목표 지점으로 가기 위해 소대를 이동시켰다. 100미터쯤 움직였을 때 중대본부에서 정지 명령이 떨어졌다. 잠시 후 중대장 스즈키 대위가 영옥에게 뛰어오더니 다그치듯 물었다.

"길을 잘못 든 것 아닌가?"

"이 길이 맞습니다."

"지도에는 이 길이 아니다. 도강 지점에서 5도 정도 오른쪽으로 왔어야 했다."

"지도에 이 길로 나와 있습니다."

"이 길이 아니야!"

스즈키 중대장은 서전이 있던 날 영옥이 자기 명령을 거부했던 것을 떠올리며 단호하게 말했다.

"그렇지 않습니다. 이 길로 가야 목표 지점으로 갈 수 있습니다. 제가 지도를 읽을 줄 안다고 해서 대대본부로 저를 데리고 가시지 않았습니까? 이제 와서 다른 곳으로 가라고 하시는 겁니까?"

"내가 책임을 지겠다. 다른 방향으로 간다."

스즈키 대위의 명령에 따라 중대는 방향을 바꾸어 움직이기 시작했다. 영옥도 2소대의 행군 방향을 돌려 지금까지 왔던 길과는 다른 방향으로 중대를 따라가기 시작했다. 그러다 보니 자연히 2소대가 중대의 후미가 됐다.

갑자기 앞에서 폭발음이 들려왔다. 앞서가던 소대가 지뢰를 밟은 것이었다. 이 지뢰로 7명의 사상자가 더 생겼다는 보고가 전달됐다. 스즈키 대위는 모든 장교들에게 자기가 있는 곳으로 모이라고 지시했다. 명령을 받은 장교들은 지뢰탐지기를 이용해 조심스레 스즈키 대위가 있는 곳으로 모였다. 한 발짝만 잘못 디뎌도 모두 가루가 될 판이었다. 중대 후미에 있던 영옥이 중대장이 있는 곳에 도착했을 때는 다른 장교들이 모두 모여 있었다. 스즈키 대위는 한쪽 무릎을 땅에 댄 채 고개를 들고 물었다.

"여기를 빠져나갈 길을 아는 사람이 있는가?"

지도를 본 장교는 스즈키 대위와 영옥밖에 없었다. 영옥은 아무 말도 하지 않았다.

"저희는 지도를 보지 못했기 때문에 지형을 모릅니다."

잠시 침묵이 흐른 후 스즈키 대위가 영옥에게 물었다.

"어디로 가야 하나?"

"중대장님, 저는 모릅니다. 이쪽 길로 와야 된다고 말씀하신 분은 중대장님입니다."

"아니다. 길을 인도해 줄 수 있겠나?"

"하지 않겠습니다. 중대장님이 하십시오. 지도를 보시지 않았습니까?"

"다시 선두에 서라. 군소리 안 하겠다."

"그러면 제가 다시 선두에 서지요. 여러분이 증인입니다."

영옥은 다른 장교들을 돌아보며 확인시킨 후 2소대로 돌아가 명령을 내렸다.

"모두 자기 앞사람 발자국만 따라서 아까 갔던 길로 다시 가라."

다시 2소대가 선두가 된 중대는 처음 영옥이 가던 길로 되돌아가기 시작했다. 일대는 계단식 밭으로, 중대는 밭을 가로질러 낮은 곳에서 높은 곳으로 올라가고 있었다. 한동안 올라가니 사람 키에 조금 못 미치는 울타리가 나타났다. 울타리는 가축이 밭에 들어오는 것을 막기 위해 밭의 경계선에 농부들이 키가 작고 튼튼한 사철나무 따위를 촘촘히 줄지어 심은 것이었다. 울타리 두께는 어깨 넓이 정도였는데 다시 정지 명령이 내려왔다. 중대장이었다.

"이제 어딘지 알겠다. 이 길로 400~500미터만 더 가면 목표 지점이다."

"아닙니다. 이 길이 아니라 다음 길을 따라 가야 합니다."

"아니다. 여기가 맞다."

영옥은 스즈키 대위가 약속을 어기고 다시 길을 놓고 왈가왈부하자 화가 났다.

"다시는 길을 놓고 간섭하지 않겠다고 조금 전에 약속하시지 않았습니까? 이리 와 보십시오. 보여 드리겠습니다."

영옥은 울타리를 넘어 한 단 위에 있는 계단식 밭으로 올라서서 저기가 목표 지점이라며 손가락으로 가리켰다. 그 순간 기관총 소리가 나면서 총탄이 영옥의 팔 밑을 스치듯 지나갔다. 깜깜한 밤이라 기관총탄에 들어 있는 예광탄 덕택에 탄도가 선명히 눈에 들어왔다. 총탄은 영옥이 올라 있는 밭의 한쪽 끝에 설치된 독일군 기관총에서 날아들고 있었다. 영옥은 본능적으로 뒤로 점프해서는 아래쪽 밭으로 몸을 날려 울타리를 따라 난 얕은 관개용 도랑에 엎드렸다.

"사격 개시!"

그때 스즈키 대위가 사격 명령을 내렸다. 병사들은 어둠 속에서 앞을 향해 총을 쏘기 시작했다. 하지만 병사들과 독일군 기관총 진지의 위치로 봐서 병사들이 쏘는 총탄이 그나마 맞힐 가능성이 있는 목표물이라고는 영옥밖에 없었다. 도랑에 엎드린 영옥은 조금이라도 몸을 더 낮추기 위해 안간힘을 쓰느라 가슴이 터질 지경이었다.

"착검! 돌격 앞으로!"

이번에는 대검을 총에 꽂고 돌격하라는 명령까지 들려왔다. 이어서 우르르 여럿이 몰려오는 군화 소리가 들렸다. 그대로 앞으로 돌격한 병사들은 어둠 속에서 어렴풋이 드러나는 형상을 대검으로 찔렀다. 하지만 병사들이 찌른 것은 딱딱한 울타리였을 뿐, 병사들은 서로 부딪히거나 울타리에 긁혀 찰과상을 입으며 나뒹굴었다.

그 순간 독일군 기관총 진지에서 폭발음이 일었다. 영옥이 던진 수류탄이었다. 영옥은 병사들이 대검을 총에 꽂기 위해 사격을 멈췄을 때 가슴에 달고 있던 수류탄 두 발을 떼어내서는 병사들이 돌격하는 동안 안전핀을 뽑고 독일군 기관총을 향해 던진 것이었다.

기관총 소리가 멈추자 영옥이 기관총이 있던 곳으로 다가서는데 바닥에서 구두 밑창 두 개가 눈에 들어왔다. 영옥이 구두 밑창을 힘껏 걷어차자 독일군 병사 한 명이 갑자기 일어나더니 두 손을 번쩍 들었다. 곧이어 근처에 있던 다른 독일군 병사 한 명도 똑같은 자세로 항복해 왔다.

"괜찮으십니까?"

그때 부소대장 마사하루 다케바가 전령 케네스 가네코 일병과 함께 나타나며 걱정스러운 듯 영옥에게 물었다. 병사들은 영옥이 독일군 기관총탄에 맞아 죽거나 심하게 다쳤을 것으로 생각하고 있었다.

"괜찮다."

그 사이 2소대원들이 도착해 영옥이 생포한 독일군 포로들을 보더니 주위를 수색해 한 명을 더 생포했다. 원래 독일군 기관총 진지에는 다섯 명 있었는데 두 명은 도망가고 세 명이 잡힌 것이었다. 이때 생포한 독일군 3명은 100대대가 유럽에서 처음으로 잡은 포로였다.

영옥은 소대를 이끌고 올리브 숲을 헤치고 앞으로 나가 마침내 목표 지점에 도착했다. 그곳에서 후속 부대가 도착하기를 기다렸으나 아무도 오지 않았다. 1개 소대 병력만으로는 목표 지점을 확실히 지키기 어려워 나머지 병력이 빨리 합류해야 하는데, 자기 생각이 옳다고 우기던 스즈키 대위가 나머지 병력을 이끌고 다른 방향으로 가버린 것이었다. 멀리서 서서히 동이 트고 있었다.

"케니, 가서 중대장님을 찾아 돌아올 수 있겠나?"

영옥은 가네코 일병에게 물었다. 케니는 케네스의 예명으로 영옥은 가네코 일병을 항상 그렇게 불렀다.

"그럴 수 있습니다."

"좋다. 그럼 가라."

영옥은 가네코의 자신 있는 답변을 반신반의했으나 다른 방법이 없었다. 가네코는 왔던 길을 향해 다시 어둠 속으로 사라졌다. 지형상 어둠 속에서 왔던 길을 제대로 찾아가는 것도 쉬운 일이 아니었으나 가네코는 중대장을 포함한 나머지 병력을 무사히 인도해 돌아왔다. 가네코는 명민한 병사였다.

하와이대학 ROTC 출신으로 장교가 된 스즈키 대위와 장교후보생 출신으로 장교가 된 영옥은 다른 사람들이 보기에는 서로 으르렁거리는 것 같았지만, 사실 둘은 서로를 존중하며 잘 어울렸다. 근본적으로 두 사람 모두 강한 개성의 소유자였다.

이날의 돌격은 일본계 병사들이 유럽 전선에서 보여준 첫 '반자이 돌격'이라며 미국 언론에 대서특필되기도 했으나 사실 착검한 병사들이 돌격해 찌른 것은 나무 울타리였다. 모든 것이 아직 전투 경험이 없던 시기에 벌어진 한 편의 코미디였다.

전투가 계속되면서 영옥도 일본계 장병들도 한 가지 사실을 분명하게 확인할 수 있었다. 지옥이 갑자기 지상에 모습을 드러낸 것 같은 아비규환의 전쟁터에서 피부나 머리카락 색깔에 따른 인간의 우열은 없다는 것이다. 이들 못지않게 이 같은 사실을 똑똑히 보고 있는 사람들은 100대대 지휘부를 구성했던 백인 장교들이었다.

인종차별과 편견을 뛰어넘어

이틀 후 영옥이 이끄는 2소대는 산타 마리아 올리베토에 있는 600고지를 오르고 있었다. 볼투르노 강 도강작전에서 대대의 선봉에 섰던 영옥의 소대는 이날은 대대 후미에서 일렬종대로 천천히 정상을 향해 올라갔다. 영옥은 육군 전투 교본에 나오는 대로 1개 분대를 앞세우고 2개 분대를 뒤따르게 하면서 B중대 후미에서 중대를 따라갔다. 대대가 일렬종대로 600고지를 오른 이유는 독일군이 문자 그대로 수천 개의 각종 지뢰를 깔아뒀기 때문이었다. 앞서가는 장병들은 지뢰나 지뢰용 전선을 발견하는 대로 흰 화장지로 덮어 표시했고, 뒤따르는 장병들은 화장지를 피해 조심스레 길을 찾아갔다.

불가능한 임무

영옥의 소대가 정상 가까이 올랐을 때는 이미 짙은 어둠이 깔리고 있었는데 갑자기 대대장 전령이 나타났다.

"김 소위님, 대대장님이 찾으십니다."

대대장은 캠프 맥코이에서부터 100대대와 함께 있다가 1주일 전

대대장이 된 제임스 길레스피 소령이었다. 영옥은 대대장이 갑자기 찾는 영문을 몰라 앞서가던 1개 분대는 놔두고 뒤따르는 2개 분대만 정지시킨 뒤 전령을 따라갔다.

산꼭대기에서 30미터쯤 떨어진 곳에서 영옥을 기다리던 길레스피 소령은 영옥이 도착하는 것을 보고 손을 들어 동쪽으로 인접해 있는 산을 가리켰다. 그곳에서는 기관총 여러 대가 일제히 불을 뿜고 있었는데, 사격 방향은 자기들이 서 있는 600고지가 아니라 남쪽이었다. 총소리와 속도로 봐서 독일군 기관총이 분명했고, 한눈에 봐도 4~6대는 되는 것 같았다. 그 산은 영옥이 소속된 133연대 오른쪽에서 싸우던 미군 135연대가 이미 점령하고 있어야 하는 곳이었다.

"큰일났다. 어찌 된 건 모르지만 저 산은 지금 독일군 수중에 있다. 지금 부대를 이동할 수도 없고, 내일 동이 트면 우리는 저 기관총에 그대로 노출된다. 당장 소대를 데리고 가서 저 기관총들을 부술 수 있는 대로 부셔라."

대대장의 명령을 들은 영옥은 깜짝 놀랐다. 당시 100대대에는 5개 소총 중대와 1개 중화기 중대가 있었다. 그런데 중화기도 없이 소총 소대 하나만으로 기관총 여러 대를 부수라니······. 그렇지만 영옥은 즉시 명령대로 하겠다면서 되물었다.

"중대를 따라간 선두 분대를 세워두지 않고 왔기 때문에 2개 분대만 저를 기다리고 있습니다. 중대장님께 보고도 할 겸 앞서간 1분대를 데려가도 좋습니까?"

"아니다. 이미 어두워지고 있다. 시간을 더 지체하면 어둠 때문에 방향을 잃을 것이니 2개 분대만이라도 데리고 당장 떠나라."

"그러면 저는 대대장님의 지휘를 직접 받는 것입니까?"

"그렇다."

길레스피 소령의 이 말은 영옥의 직속 상관인 신임 중대장 로키 마자노 중위는 아무것도 모르는 상태에서 영옥이 중대장의 지휘를 벗어나는 것을 의미했다. 마자노 중위는 원래 B중대장이었던 타로 스즈키 대위가 이날 오후 부상당하자, 몇 시간 전 후임 중대장이 됐다.

영옥은 뒤따르던 2개 분대를 대기시켜 놓은 지점으로 돌아갔다. 살레르노 상륙 이래 계속된 격전으로 2소대 역시 25퍼센트 가량 병력이 줄어 2개 분대라야 18명 정도에 불과했다. 영옥은 대원들에게 임무를 간단히 설명하고 덧붙였다.

"우리는 지도도 없다. 지형에 대해 아는 것도 없고 눈에 보이는 것이 전부다. 지금 눈앞에 보이는 물이 마른 이 작은 도랑이 동북쪽으로 뻗다가 동쪽으로 방향이 바뀌면서 독일군 진지로 연결되는 것 같으니, 우선 이 도랑을 따라 가면서 지형부터 익힌다."

영옥은 지형도 모르는 데다 2개 분대밖에 없어 통상적인 소대장의 위치 대신 자신이 최선두에 서고 부소대장인 다케바가 그 다음 위치에 서게 하고 행군을 시작했다. 유도 유단자였을 뿐 아니라 고교 시절 미식축구팀이나 야구팀에서도 스타 플레이어로 인기를 누렸던 만능 스포츠맨인 다케바는 머리도 비상한 군인이었다. 다케바는 영옥의 왼쪽 바로 뒤에 서기도 하고 오른쪽 바로 뒤에 서기도 하며 그림자처럼 영옥을 따라붙었다.

영옥이 부하들을 데리고 도랑이 동북쪽에서 동쪽으로 방향을 트는 지점을 지나 동쪽으로 가고 있는데 어둠 속 맞은편에서 독일군이 오는 소리가 들렸다. 소리로 미뤄 볼 때 10~15명 정도로 짐작한 영옥의 입에서 조용하고 신속하게 명령이 떨어졌다.

"즉시 부대를 둘로 나눈다. 너희는 도랑 오른쪽, 나머지는 도랑 왼쪽에 매복한다. 모두 수류탄을 준비하고 있다가 적군이 어느 정도 우리를 지나간 다음 내 신호에 따라 일제히 수류탄을 던진다. 각자 최소 한 개는 던진다."

바로 앞에서 수류탄을 던져 아군끼리 부상당하지 않도록 적군이 적당한 거리까지 지나가기를 기다린 영옥의 신호에 따라 20여 발의 수류탄이 동시에 날아가자, 엄청난 폭발음과 함께 고함 소리와 신음 소리가 이어지더니 갑자기 조용해졌다. 영옥은 이들이 기관총조 1~2개쯤 될 것이라 생각했다.

영옥은 곧바로 대원들을 추슬러서는 도랑을 벗어나 산등성이를 따라 걷기 시작했다. 산등성이는 다시 동북쪽으로 뻗어 있었다. 아마도 적진으로 400~500미터는 들어온 것 같다고 생각한 순간 이상한 소리가 들려왔다. 달이 뜨긴 했지만 짙은 구름이 산을 덮을 정도로 아주 낮게 깔려 어두운데다 거센 바람까지 불어 대는 기괴한 밤이었다. 빠른 바람을 타고 구름이 움직이면서 구름 사이로 달이 나올 때만 어렴풋이 달빛이 비치다가 다시 구름이 움직이면 어둠이 반복되는 귀신영화 같은 음산한 분위기였다.

갑자기 들려오는 소음이 자연의 소리가 아님을 직감하고 신경을 곤두세운 영옥의 눈에 움직이는 수풀 더미가 보였다. 수풀 더미가 움직이는 속도가 부는 바람으로 인한 것보다 분명 빠른 것 같았다. 영옥이 그 자리에 서서 어깨만큼 왼손을 들어올리며 동작을 멈추자, 이를 본 다케바도 즉시 동작을 멈췄다. 그때 갑자기 독일군 병사 한 명이 나타났다. 독일군 병사는 장총을 등에 메고 양손에 탄약 상자로 보이는 철제 상자를 들고 있었다. 영옥의 임무는 포로를 잡는 것이 아니었지만 빼들고 있던 권총을 앞으로 내밀며 말했다.

"제자리 서!"

느닷없이 권총을 들이대며 다가서는 영옥을 본 독일군 병사는 들고 있던 상자를 떨어뜨리고는 등에 멘 장총을 끌어당겼다. 영옥은 장총이 오른쪽에서 왼쪽으로 커다란 반원을 그리며 내려오는 것을 보면서 내밀고 있던 45구경 권총의 방아쇠를 당겼다. 그 권총은 중대장 스즈키 대위가 하와이대학 재학 시절 하와이 ROTC 사격선수권대회 챔피언이 됐을 때 사용했던 것으로 행운의 상징이라며 항상 가지고 다니다 이날 오후 부상으로 후송되면서 기념으로 영옥에게 준 것이었다.

그런데 총탄이 발사되지 않았다. 방아쇠가 완전히 당겨지지 않는다는 것을 감지한 영옥이 반사적으로 몸을 오른쪽으로 틀며 날리는 순간 "탕!" 소리를 내면서 독일 병사의 장총이 불을 뿜었고 누가 먼저랄 것도 없이 "타, 타, 탕!" 소리가 연이어 들렸다. 영옥 바로 왼쪽 뒤에 있던 다케바의 총소리였다. 독일군 병사가 다케바의 총에 맞았는지 어쩐지는 알 수 없었다. 이들이 아는 것은 독일군 병사가 한 발, 다케바가 세 발을 발사했다는 것과 자신들은 무사하다는 것이었다. 영옥도 다케바도 굳이 그를 찾지 않았다. 임무는 최대한 기관총을 많이 없애는 것이었다.

영옥 일행이 계속 산등성이를 타고 올라가자 잠시 후 정상에 이르렀다. 고원이라고 부르기는 너무 작았지만 산 정상은 평평했다. 영옥은 간간이 비치는 달빛 때문에 선 채로 건너다가는 눈에 띌 가능성이 있어 전원 포복으로 건너라고 지시하고 먼저 포복으로 건넜다. 영옥에 이어 다케바가 포복으로 건넜고, 이어 병사들도 모두 포복으로 건넜다.

그런데 마지막 순서였던 상병 한 명이 무슨 생각을 했는지 걸어서 건너기 시작했다. 그가 중간쯤 이르렀을 때 한동안 구름에 가려져 있던 달이 다시 모습을 드러냈다. 그 순간 독일군 기관총 소리가 들리면서 서 있던 병사가 쓰러졌다. 총탄에 맞은 병사는 기어서 나머지 반을 건넜다. 합류한 병사의 부상이 종아리 관통상으로 비교적 경상임을 확인한 영옥이 다그쳤다.

"명령에 불복종한 이유가 뭐냐?"

"바닥에 돌이 많아 포복으로 건너자니 아플 것 같았고 모두 안전하게 건너 괜찮을 것 같았습니다."

"바보 같은…… 혼자 귀대할 수 있겠나?"

"네."

"지금은 한 명도 아쉬운 처지라 아무도 붙여 줄 수 없다. 한번 기어 보라."

병사가 기는 모습을 지켜본 영옥은 혼자 귀대할 수 있겠다고 판단해 혼자 돌아가도록 한 후 나머지 부하들을 점검해 방향을 틀어 산길을 더듬으며 내려갔다. 내려가면서 지형을 살펴보니 저 멀리 둔덕이 있고 그 둔덕 넘어 독일군 기관총 여러 대가 동시에 불을 뿜는 것이 보였다. 그것은 길레스피 대대장이 걱정했던 산으로 이어졌다. 영옥이 갑자기 부대를 정지시키면서 말했다.

"모두들 저 둔덕 보이지? 이 산과 저 산 사이에 있는 저 둔덕 말이야. 저기 분명히 독일군 기관총이 있다."

"……"

"……"

"어둡고 거리도 멀어 우리 눈에는 둔덕도 잘 안 보이는데 소대장님 눈에는 독일군 기관총까지 보입니까?"

칠흑 같은 어둠 속에서 적어도 50미터는 떨어져 있는 둔덕을 가리키며 말하는 영옥의 말을 병사들은 도저히 믿을 수 없다는 듯 농담조로 받았다.

"눈에 보여야만 아나? 내가 적군이라면 분명히 저기에 기관총을 배치했을 것이다. 독일군은 아주 이론적이고 원칙에 충실하다. 분명 저기 있다. 저것을 어쩌지 않고는 목적지로 갈 수 없으니 저기부터 손을 보자."

영옥은 1개 분대는 자기를 따라 정면에서 공격하고 다른 1개 분대는 우회해 뒤에서 협공하라고 지시한 후, 몸을 굽히고 일단 앞에 보이는 덤불을 목표로 소리내지 않고 신속히 움직였다. 덤불로 몸도 감추고 덤불 사이로 앞을 더 잘 보기 위해서였다.

덤불에 도착한 영옥이 가쁜 숨을 가다듬으며 덤불에 얼굴을 바짝 갖다 대는 순간 갑자기 덤불이 양쪽으로 갈라지며 또 다른 얼굴 하나가 반대편에서 쑤욱 튀어나왔다. 독일군이었다. 영옥은 심장이 멎는 것 같았다. 당황한 독일군 병사도 뭐라고 두 마디 독일어를 내뱉었다. 얼떨결에 병사가 내뱉은 말이 아마도 그날 밤 암호일 것이라는 생각이 번개처럼 머리를 스치는 순간 영옥의 손가락은 이미 방아쇠를 당기고 있었다. 스즈키 대위가 주고 간 권총은 이번에도 방아쇠가 잘 당겨지지 않았다. 권총이 불발이라는 것을 직감한 영옥이 이번에는 왼쪽으로 몸을 날려 구르는 순간, 등 뒤에서 총성이 일었다. 이번에도 다케바였다. 다케바가 총을 쏘자 독일군이 기관총을 쏴대기 시작했다. 영옥이 짐작했던 바로 그 위치였다. 덤불에서는 불과 10미터밖에 떨어지지 않은 곳으로 기관총에서 쏟아져 나오는 예광탄들이 머리카락을 스치듯 영옥 위로 날아갔다.

전장의 병사들은 가끔씩 코미디언이 되곤 한다. 철모를 짓누르며 땅으로 기어들면서도 병사들은 농담을 주고받았다.

"야, 정말 기관총 아냐?"

"우리 소대장은 마술사라니까······."

독일군 기관총은 100발 정도를 쏘더니 갑자기 잠잠해졌다. 뒤로 돌아간 1개 분대가 등 뒤에서 총을 들이댄 것이었다. 여기서 영옥 일행은 기관총 한 대를 노획하고 독일군 7명을 포로로 잡았다. 영옥은 부하 2명을 시켜 포로들을 대대본부로 데려가게 한 후 골짜기를 타고 원래 목표했던 산으로 올라갔다. 산꼭대기에 이르렀다고 느낄 때쯤 위로부터 꽤 많은 무리가 땅을 밟는 군화 소리가 들려왔다.

"조용히 골짜기를 벗어나 매복한다."

영옥은 부하들을 진정시키며 골짜기를 끼고 옆으로 난 오솔길 뒤로 부하들을 데리고 몸을 숨겼다.

"쏠까요?"

부하들이 물었다.

"아니다. 그대로 기다린다."

영옥의 머리는 컴퓨터처럼 재빨리 돌아갔다. 19명이 출발하여 1명은 부상으로 돌려보내고 2명은 포로들을 데리고 갔으니 나머지는 16명인데, 독일군은 우선 숫자가 훨씬 많은 것 같았다. 적군이 앞을 지나기는 하지만 매복한 영옥 일행이 선두를 공격하면 후미가 반격해 올 것이고 후미를 공격하면 사실상 대부분 놓칠 수밖에 없다. 매복 대형도 일렬횡대로 자칫하면 부하들 반쯤은 희생될 수 있다. 그것도 적진 속이다. 한마디로 지형도 익숙하지 않고 포진도 나쁘고 중과부적이란 얘기다. 게다가 내려오는 무리는 아무래도 길레스피 대대장이 걱정하던 기관총을 쏘던 바로 그들 같았다. 쓸데없이 부하들을 희생시키며 전투를 벌일 이유가 없다는 결론이었다.

영옥 일행의 매복을 모르는 독일군은 무어라 큰 소리로 말을 주고받으며 골짜기를 따라 산 아래로 내려갔다. 50명은 더 될 것 같은 독일군 무리를 보고 영옥은 아마도 기관총조가 5~7개는 될 것이라고 계산하면서 와자지껄 말을 주고받는 것은 상황 파악을 제대로 못 하고 있다는 증거라고 짐작했다. 독일군이 완전히 빠져나가기를 기다렸다가 영옥은 부하들을 데리고 철수하기 시작했다. 임무는 완수했기 때문이다.

산을 내려와 독일군 7명을 포로로 잡고 기관총 한 개를 제거했던 둔덕을 다시 지나, 포복 명령을 어긴 병사가 부상을 당했던 지점에 이르자 독일군 한 명이 서성대고 있었다. 잡고 보니 덤불을 헤치고 얼굴을 들이밀면서 암호 같은 것을 외쳤던 독일군이었다. 영옥은 부하들을 정지시키고 말했다.

"우리는 임무를 완수했지만 적은 내일 다시 온다. 너희는 여기 있어라. 나는 대대본부에 보고하고 다시 오겠다."

영옥은 포로로 잡은 독일군 한 명을 앞세우고 대대본부가 있는 600고지로 돌아갔다.

임무는 아직 끝나지 않았다

길레스피 대대장은 오랫동안 위궤양으로 고생했는데 대대장이 된 후 병세가 더 악화됐다. 영옥이 길레스피 소령에게 갔을 때 그는 막 심한 통증에서 벗어나 간신히 정신을 차리고 있었다. 대대장은 얼굴을 찡그린 채 배를 움켜쥐고 엉거주춤 선 자세로 신음 소리를 내며 영옥의 보고를 받았다.

"수고했다. 막상 보내긴 했지만 참으로 어려운 임무였는데……. 네가 떠난 얼마 후 갑자기 독일군 기관총이 잠잠해진 것을 보고 무슨 일이 벌어졌다는 것을 알긴 했지만 이렇게 완벽하게 임무를 완수했다니 믿을 수가 없다. 그래, 부하들은 어디 있나?"

"아직 그곳에 있습니다."

"……?"

"대대장님, 아직 상황이 완전히 끝나지 않았다고 생각합니다. 독일군은 내일 아침 저 산을 다시 빼앗기 위해 분명 돌아올 것이고, 그렇게 되면 우리는 전에 걱정하시던 똑같은 위험에 다시 빠지게 됩니다. 우리 뒤에 적군 기관총이 깔려 있는 상황이 됩니다."

"음……."

"……."

"그래서?"

"제가 남았으면 합니다."

"좋다. 그렇게 하라."

영옥은 부하들이 기다리는 곳으로 돌아갔다. 이 산 저 산을 오르내리면서 지형에 익숙해진 다음에 보니, 부하들과 함께 머물게 된 산은 대대가 진을 치고 있던 600고지나 독일군이 기관총을 설치했다 철수한 동쪽 산보다 낮았고 독일군 본진이 있는 북쪽 산보다도 낮았다. 우선 동이 튼 다음 북쪽 산 위에 있는 적군의 눈에 띄지 않도록 몸을 숨기는 것이 급선무였다.

주위를 둘러보니 나무는 한 그루도 없었지만 군데군데 커다란 돌더미가 있었다. 이탈리아 농부들이 농토를 최대한 확보하기 위해 산꼭대기까지 농사를 지으려고 평지가 끝나고 경사가 급격해지는 모서리를 따라 쌓아둔 돌더미였다. 다케바가 돌더미 가운데를 비우고 그 안에 한 명씩 들어가 있자고 제안했다. 영옥은 그 아이디어가 그럴싸하다고 생각했다. 산 위의 적군이 영옥 일행이 그곳에 있다는 것을 알고 찾으려 애쓴다면 발견할 수 있을지 모르지만 그렇지 않다면 쉽게 볼 수 없을 터였다. 세어 보니 돌더미는 열 개였다. 가운데 돌들을 들어내고 한 명씩 모두 열 명을 들여보낸 후, 영옥은 나머지 병사들을 데리고 적군과 반대 방향인 남쪽 산 언저리에서 적당히 은신처를 찾았다. 밤 공기가 차가워 땅에는 서리가 깔리기 시작했다.

다음 날 동이 트자, 영옥은 어젯밤 독일군이 떠난 산으로 올라가 남쪽으로 내려갔다. 길레스피 대대장이 걱정하며 독일군 기관총을 가리켰을 때 기관총들이 일제히 남쪽 방향으로 사격했던 것을 떠올리며 그곳 어딘가에 미군이 있을 것이라고 추측했다. 산을 내려가 맞은편 산에 도착하자, 한 병사가 영어로 멈추라고 명령했다.

"미군 군복을 입고 있지 않습니까? 미군 맞죠?"

동양인이 미군 군복에 소위 계급장을 달고 있는 것을 본 백인 병사가 고개를 갸우뚱하며 물었다.

"맞다. 133연대 100대대 소속 김영옥 소위다."

"우리 중대장님께 모셔 드리겠습니다."

병사는 영옥을 자기 중대장에게 인도했고 그는 다시 영옥을 자기 대대장에게 인도했다. 135연대 1대대장이었다.

"귀관은 도대체 여기서 뭐 하는 건가?"

"저 산에서 내려오는 길입니다. 저는 저 산 서쪽으로 저 산보다 낮은 산에 있습니다."

"무슨 헛소리냐? 네가 내려왔다는 저 산은 지금 독일군 손에 있다. 어제 오후 우리가 잠시 빼앗았다가 다시 뺏겼단 말이야. 우리가 여기 있는 것도 그 때문이다."

"저 산은 지금 무주공산입니다. 어제 저녁 독일군이 있었지만 저희 소대가 모두 청소했습니다. 지금 부대를 보내 산을 접수하면 모두 안전해집니다."

그러나 그는 어제 대대 병력으로도 지키지 못했던 고지를 1개 소대가 빼앗았다는 사실을 좀처럼 믿으려 하지 않았다. 영옥은 계속해서 대대장을 설득하려 했다.

"대대장님 부하가 방금 저 산에서 제가 내려오는 것을 직접 봤습니다. 물어 보십시오. 독일군이 있다면 제가 어떻게 태연하게 내려올 수 있었겠습니까?"

"내가 어떻게 아나? 나는 귀관이 누군지도 모르고 그 병사가 마지막 10미터나 제대로 봤는지도 확실치 않다. 내 부하들은 여기서 몸을 숨기고 있기 때문에 귀관이 저 산을 타고 내려오는 모습을 계속 볼 수 없는 위치에 있다."

결국 영옥을 처음 정지시킨 사병이 소환됐지만 그 역시 10미터 앞에서 영옥을 봤다고 진술했다. 영옥은 그곳에서 30여 분을 더 머물렀지만 아무래도 성과가 없을 것 같아 부하들에게 돌아가기로 마음먹었다.

"대대장님이 제가 저 산으로 오르는 모습을 직접 지켜보십시오. 눈에 잘 띄는 곳으로 천천히 걸어서 올라가겠습니다. 제가 무사하면 제 말을 믿으시고 저 산을 점령하십시오."

"그것도 독일군의 계략인지 모른다만, 어쨌든 지켜보기는 하겠다."

영옥은 왔던 길을 되돌아 천천히 산으로 올라갔다. 영옥을 보낸 미군들은 영옥이 무사히 산을 오르는 모습을 지켜보면서도 움직이지 않았다. 영옥은 쉽게 치를 수 있는 전투를 어렵게 치러야 한다는 사실에 화가 치밀었지만 어쩔 수 없었다.

적군에게도 사랑하는 가족이 있다

영옥의 예상대로 잠시 후 독일군이 공격해 오기 시작했다. 독일군은 100대대가 있는 600고지 인근에 연막탄을 뿌려 시계를 완전히 차단시켰다. 100대대 장병들은 총을 겨누고 연막 속에서 독일군이 나타나기를 기다렸다. 가끔씩 방아쇠에 걸어둔 집게손가락 끝을 타고 추위가 전해져 왔지만 병사들의 신경은 온통 연막탄에서 갑자기 나타날 적군의 모습에 쏠려 있었다. 독일군은 이미 100대대와 영옥이 아침 일찍 다녀왔던 1대대 사이의 틈을 비집고 들어와 있었는데, 한 시간쯤 지나자 연막탄을 헤치고 모습을 드러냈다.

100대대 제일 앞에 포진한 F중대의 사카에 다카하시 중위의 마음속에 의문이 꼬리를 물었다. 90~100명쯤 돼보이는 독일군이 바로 영옥이 있는 산 아래쪽에서 모습을 드러내고 있었던 것이다.

'도대체 영옥은 어디 있을까? 왜 공격하지 않는 걸까? 어제 뺏은 적진으로 너무 밤늦게 돌아가더니 아직도 잠에 떨어져 있는 걸까? 아니면 저들의 공격을 받고 잘못된 것일까?'

세상이 정지한 듯한 적막이 흐르면서 무성영화처럼 적군의 움직임만이 눈에 들어왔다. 다카하시의 초조한 심정과는 관계없이 시간은 계속 흘러갔다. 길레스피 대대장 역시 영옥의 행방이 궁금했으나 아무엇도 할 수 없었다. 당시 미군 대대장은 대대본부 무전기로 연대본부나 중대장과 교신할 수는 있었지만 소대장과 직접 교신할 수는 없었기 때문이다. 길레스피 대대장은 영옥 일행이 잠에 빠져 독일군의 공격을 모르고 있다고 생각했다.

그러나 영옥은 독일군이 공격을 시작하기 전부터 모든 것을 지켜보고 있었다. 연막탄을 헤치고 나타난 독일군이 자기들을 공격하는 것으로 생각한 영옥이 부하들에게 명령했다.

"신호가 있을 때까지 사격하지 말라."

일행이 16명밖에 되지 않았기 때문에 영옥은 독일군이 완전히 산 아래로 올 때까지 기다렸다. 그런데 독일군은 영옥이 있던 산 아래에 도착하자 방향을 틀어 전날 밤 자신들이 철수했던 고지를 향해 공격 대형으로 늘어섰다. 독일군이 영옥 일행을 향해 등을 돌린 채 아무도 없는 산을 공격하려는 것을 보고, 영옥은 즉시 산 뒤쪽에 있던 병사들까지 불러 화력을 집중시켰다. 독일군이 공격을 개시하는 순간 영옥의 입에서도 저음의 짧은 명령이 떨어졌다.

"사격 개시!"

영옥의 소대원들은 훈련도 잘 되고 실전 경험도 많은 데다 독일군과는 직선거리로 35~40미터밖에 되지 않아 사격 훈련이나 다름없었다. 독일군은 갑자기 등 뒤에서 총탄이 날아오자 추풍낙엽처럼 쓰러졌다. 총탄이 어디서 날아오는지 몰라 우왕좌왕하는 바람에 응사도 제대로 하지 못한 채 다수가 죽거나 부상당하고 반쯤은 도망가기 시작했다. 영옥이 동남쪽밖에 탈출로가 없도록 사격을 유도한 탓에 독일군은 모두 동남쪽으로 도망갔는데, 그쪽은 영옥이 아침 일찍 다녀왔던 135연대 1대대가 있는 곳이었다. 이로 인해 도망간 독일군 50여 명은 모두 135연대의 포로가 됐다. 이로써 전투는 15분 만에 싱겁게 끝났다. 영옥은 포로들을 접수하고 전장을 정리하기 위해 부하 서너 명을 데리고 언덕을 내려왔다.

그 순간 독일군 병사 한 명이 앞서 도망간 다른 독일군들처럼 동남쪽으로 뛰어 달아나기 시작했다. 영옥의 부하들이 사격을 가했다. 그런데 달아나던 독일군이 총탄을 맞고 뒤로 넘어지면서 그가 들고 있던 슈마이저 경기관총이 영옥 쪽으로 발사되었다. 죽으면서 손가락이 수축돼 들고 있던 경기관총의 방아쇠가 당겨졌기 때문이었다. 순간 영옥은 엄청난 통증을 느끼며 땅바닥에 풀썩 주저앉았다. 누군가 있는 힘을 다해 휘두른 야구방망이에 맞은 느낌이었다. 갑자기 오른발이 완전히 무감각해졌다. 총탄이 오른쪽 허벅지를 맞힌 것이었다. 정신을 차린 영옥이 주저앉은 채로 상처를 보니 다행히 뼈에는 이상이 없었다. 영옥은 곧바로 일어나 언덕을 내려와서 아무 일도 없었던 듯 부하들에게 계속 명령을 내리면서 포로들을 접수하고 전장을 정리했다.

영옥은 독일군 부상병들을 평지로 데려와 땅에 눕혀 두도록 했는데 유독 한 병사가 쉴새없이 흐느꼈다. 다케바를 비롯한 몇몇 병사들이 흐느끼는 병사 주위로 모여들었다. 그는 가슴과 배에 총탄을 맞고 끊임없이 피를 쏟아내고 있었다. 다케바 일행이 그의 이마를 덮고 있던 금발을 쓸어 올려 뒤로 넘겨줬다. 불과 몇 분 전 자기들이 쏜 총을 맞고 쓰러졌지만 지금은 고통을 덜어 주려고 안간힘을 썼다. 병사들이 그의 몸에 야전담요를 덮어 주기 무섭게 담요가 온통 피로 물들었다. 몸집은 컸지만 얼굴은 앳된 소년이었다. 그는 무언가를 요구하듯 위를 쳐다보며 들릴 듯 말 듯 무어라 말하면서 손가락으로 힘없이 자기 가슴을 가리켰다. 영옥이 윗주머니를 뒤지니 가죽지갑이 나왔다. 안에는 부모의 웃는 모습의 사진이 들어 있었다. 영옥이 사진을 그의 푸른 눈동자 앞에 보여 주었으나 그의 눈은 이미 아무것도 볼 수 없었다. 영옥 일행은 갑자기 발이 땅에 빨려든 장승처럼 한동안 움직일 수 없었다. 화약 냄새와 침묵만이 살아 이 순간을 머릿속 깊은 곳에 각인시켰다.

전쟁터에서 적군의 얼굴을 보는 것은 흔치 않은 일이다. 보통은 멀리서 움직이는 물체만 보거나 아예 아무것도 보지 못한다. 그렇지만 적은 어딘가 있고 보이지 않는 곳에서 사격을 가해 온다. 전장의 병사들은 적군이 자기와 마찬가지로 피와 살이 있고, 두 개의 눈이 있는 얼굴이 있으며, 눈물을 흘리고, 사랑하는 가족이 있는 인간이라는 사실을 부정하고 싶어한다. 이탈리아 전선에서 싸우던 영옥 일행도 마찬가지였다. 적군 역시 갖가지 비인간적 상황을 고통 속에서 참고 견딘다는 것이나, 적군도 자기처럼 인내의 한계까지 내몰려 있다는 사실을 모르는 것이 더 낫다. 영옥이 죽어 가는 적군의 얼굴을 본 것은 이때가 처음이었다.

그때 캔디 중위가 도착했다.

"우리는 너희 모두 잠든 줄 알았다. 빨리 응급치료소로 가라."

캔디는 그 자리에 영옥이 서 있는 것을 보고 놀라며 말했다.

"아닙니다. 이곳이 정리되는 것을 보고 떠나겠습니다."

영옥은 캔디의 제안을 거절했다. 잠시 후 중화기 중대장 잭 미주하 대위가 도착했다. 미주하 대위는 병사들에게 수비 대형을 갖추고 기관총을 어디에 배치하라는 등 이것저것 간단히 지시한 다음 영옥에게 말했다.

"대대장님 명령이다. 응급치료소로 가라."

"들것을 가져오라!"

영옥의 허벅지에서 흘러내리는 피가 군화 속에 고여 밖으로 흘러나오는 것을 본 캔디 중위가 옆에 있던 병사들에게 지시했다. 그러나 영옥은 들것 신세를 지기 싫다면서 등을 돌렸다. 부소대장 다케바와 영옥의 전령 가네코 일병은 멀리 사라지는 영옥의 뒷모습을 굳게 입을 다문 채 지켜봤다. 영옥은 절뚝거리며 걷기도 하고 기기도 하면서 혼자 응급치료소로 갔다.

첫 번째 퍼플 하트

다음 날 아침 영옥이 한기를 느끼며 눈을 떠보니 텐트 속이었다. 텐트 안에는 부상자들이 많았는데, 난로에는 불이 꺼져 있었다. 영옥은 난롯불을 다시 피운 후 절룩거리는 다리를 끌다시피 하며 텐트 밖으로 나갔다. 그곳은 응급치료소보다 좀 더 후방으로 여러 개의 텐트가 설치된 임시 병원으로 간단한 수술 시설도 갖춰져 있었다. 어젯밤 응급치료소에 있다가 앰뷸런스에 실려 온 기억이 떠올랐다.

다시 자기 텐트로 돌아온 영옥이 부상자들을 돌봐주고 있을 때 간호장교가 들어오더니 소스라치듯 놀랐다. 간호장교는 영옥을 안다시피 침대로 끌고 가 눕히며 말했다.

"절대로 침대에서 일어나지 마세요."

간호장교가 나간 후 난롯불이 또 꺼지자 영옥이 다시 일어나 불을 지피고 있는데 그 간호장교가 다시 들어왔다. 간호장교는 까무러칠 듯 놀라며 왜 또 일어났느냐고 고함을 질렀다. 고함 소리가 채 끝나기도 전에 위생병들이 들것을 들고 뛰어들었다. 위생병들은 영옥을 들것에 눕히더니 밖에 대기 중인 앰뷸런스로 옮겼다. 앰뷸런스는 뒷문이 닫히는 소리가 나기 무섭게 야전병원을 향해 내달렸다. 영옥은 그곳에서 총탄 제거 수술을 받았는데 뼈를 다치지 않아 수술은 비교적 가볍게 끝났다.

나폴리 언덕 위에 세워진 야전병원에서 내려다보이는 지중해는 참으로 아름다운 한 폭의 그림이었지만 보급은 엉망이었다. 장교는 전투 중 입은 부상으로 입원해도 칫솔·치약에서 군복에 이르기까지 모든 것을 자기 돈으로 사야 했다. 사병들의 경우는 적십자가 나서서 돌봐줬지만 장교들은 제외됐던 것이다. 영옥은 오른쪽 허벅지에 총탄을 맞아 군의관들이 수술을 하면서 바지를 찢은 데다, 총상으로 흘러내린 피가 군화까지 적셔 군화도 가위로 절단해 벗기는 바람에 성한 피복이라고는 윗옷밖에 없었다. 이 때문에 병원에서 제공한 파자마 한 벌과 슬리퍼 한 켤레를 뺀 칫솔·치약·비누에서 군화에 이르기까지 모두 구입해야 했다.

갑자기 전장에서 후송돼 돈도 지갑도 없던 영옥이 적십자에 사정을 말해도 장교는 돌봐줄 수 없다는 답변뿐이었다. 이틀 동안 양치질도 하지 못하고 지낸 영옥의 사정을 알게 된 간호장교의 귀띔으로 구세군에 가서 칫솔·치약 같은 세면도구는 급한 대로 장만했지만 PX에는 행정반의 연락을 받고 나서야 갈 수 있었다.

장교들은 병원 행정반에 가서 관등성명을 대면 확인 절차를 거쳐 매달 월급의 반까지 받아 쓸 수 있었다. 그러나 사병들은 적십자나 구세군에 의존할 뿐 월급을 한 푼도 받을 수 없어 장교들의 적선을 바라거나 심한 경우에는 물건을 훔치기도 해 참으로 문제였다. 적십자나 구세군의 물품만으로는 여러 가지가 부족했던 것이다.

사병들의 실정을 알게 된 영옥은 병원에서 만나는 100대대 병사들에게 자기 월급에서 1~2달러씩 나눠주곤 했다. 연합군은 불과 두 달 전 이탈리아에 상륙해 혈전을 치르고 있었기 때문에 야전병원에서도 상황이 어렵기는 장교나 사병이나 마찬가지였다.

여기에서 영옥은 첫 번째 '퍼플 하트(Purple Heart)'를 받으면서 훈장행진을 시작했다. 퍼플 하트는 전투 중 조금이라도 피를 흘린 군인에서부터 목숨이 위태로운 중상을 입은 군인에 이르기까지 무조건 한 개씩 병원장의 직권으로 주는 훈장이다. 이 때문에 미군들끼리 무공훈장을 따질 때는 넣기도 하고 안 넣기도 하는 훈장이다.

사선을 넘나들며 이어지는 훈장 행진

영옥은 군의관들의 예상보다 회복이 빨랐다. 영옥이 입원 1주일 만에 자꾸 침대에서 일어나 돌아다니자 영옥을 담당했던 간호장교 앤은 붕대를 한아름 안고 들어와 영옥에게 붕대를 정리하도록 했다. 영옥을 침대에 붙들어 두려는 것이었다. 영옥이 빨리 일을 마치고 또 돌아다니자 앤은 다른 장교들의 붕대 정리도 책임지게 했다. 영옥이 이 일까지 빨리 끝내고 다시 돌아다니자, 앤도 결국 포기했다.

진득이 병원에 붙어 있지 못했던 영옥은 군의관에게 빨리 원대복귀시켜 달라고 졸랐고, 영옥의 성화에 못 이긴 군의관은 예상보다 회복이 훨씬 빠르다는 것을 인정하고는 불과 4주 만에 원대복귀를 허가했다. 영옥은 군의관의 허가가 떨어지자 그 길로 퇴원 수속을 마치고 원대복귀하는 장병들이 모이는 임시대기소로 갔다.

병사들은 영옥을 반가이 맞았다. 이들은 병원에서는 장교 신세도 얼마나 처량한지 잘 안다면서 모자에서 신발까지 일일이 사이즈를 묻더니 어디론가 사라졌다. 잠시 후 이들은 한꺼번에 다시 나타나 각자 메고 온 더플백을 영옥의 발 앞에 내려놓았다. 더플백은 모두 여섯 개였는데 속에는 모자, 군복, 군화, 내의, 양말에 야전 점퍼까지 가득 담겨 있어 몇 년을 써도 남을 정도였다.

영옥은 여기서 대대 작전참모 잭 존슨도 만났는데 며칠이 지났지만 영옥에게도 존슨에게도 원대복귀 지시가 오지 않았다. 알고 보니 임시대기소에서 원대복귀를 기다리며 대기하는 시간이 길면 2개월이 되기도 한다는 것이었다. 빈둥빈둥 세월만 죽이는 것을 참지 못하는 영옥이 존슨에게 적당히 여기를 빠져나가자고 제의했다. 영옥은 이미 임시대기소가 어떻게 장병들을 복귀시키는지 유심히 봐둔 터였다. 임시대기소에서는 매일 아침을 먹고 나면 수송 트럭 몇 대를 줄지어 세워

놓고 대기 중인 장병들을 모두 집합시킨 후, 그날 복귀하는 장병들의 명단을 들고 계급과 이름을 불렀는데 당사자가 "네" 하고 짧게 대답하고 나서면 각자의 부대 방향으로 배정된 트럭을 타고 전선으로 돌아갔다.

그런데 어쩐 일인지 이름을 부를 때 자리에 없는 사람도 많았다. 대기소측은 처음에는 응답자의 계급과 명찰을 명단과 일일이 대조했지만 막바지에 이르면 트럭들도 시동을 걸기 시작했고 응답자와 명단을 대조하지도 않았다. 영옥과 존슨은 작정한 대로 다음 날 아침 호명 순서가 마지막에 이르렀을 때 첫 호명에 대답이 없어 다시 이름을 부를 때 "네" 하고 대답하며 트럭에 뛰어올랐다.

영옥이 병원에 있는 동안 부대는 예비대대로 빠져 있었다. 영옥이 부대에 도착하자 능선에 걸터앉아 휴식을 취하던 2소대원들이 일제히 박수를 치며 반겼다.

영옥이 부대로 돌아오자 대대참모를 비롯한 여러 장교와 사병들은 영옥이 은성무공훈장을 받을 것이라면서 은성무공훈장밖에 받지 못하는 것은 마자노 중위 때문이라고 분통을 터뜨렸다.

상급 부대에서 서훈추천서 제출 명령이 내려왔을 때 영옥에게 직접 명령을 내렸던 대대장 길레스피 소령은 위궤양이 너무 심해 이미 해임되고 없었다. 대대장이 영옥에게 직접 명령을 내렸다는 사실을 몰랐던 중대장 마자노 중위는 자기한테 보고도 하지 않고 출동한 영옥을 못마땅하게 여겨 서훈추천서를 무성의하게 작성하고 은성무공훈장을 추천했다.

서훈추천서를 검토한 연대본부가 한 급 높은 특별무공훈장으로 추천서를 고쳐 작성하도록 권했으나 마자노 중위는 이를 거부했다. 연대본부는 어쩔 수 없었다. 서훈추천서는 직속 상관이 써야 했기 때문이다. 그런데 추천서를 접수한 사단본부가 다시 특별무공훈장으로 수정할 것을 권했다. 그러나 마자노 중위가 끝까지 고집을 피워 사단본부도 어쩔 수 없이 은성무공훈장을 줄 수밖에 없을 것이라는 설명이었다.

무능하면서도 권위만 앞세우는 사람으로 낙인찍혔던 마자노 중위는 계속되는 전투로 병력 손실이 많은 100대대의 편제가 영옥이 입원해 있는 동안 개편될 때 아예 다른 부대로 전출되고 없었다.

영옥은 이듬해 2월 실제로 은성무공훈장을 받았다. 이탈리아 주둔 미군 최고사령관인 마크 클라크 5군 사령관의 희망에 따라 훈장 수여식은 클라크 장군이 직접 주재했다. 은성무공훈장은 미국에서는 세 번째 높은 무공훈장으로, 미국에서는 은성무공훈장을 한 개만 받아도 그의 군인 정신과 국가에 대한 봉사를 인정한다. 이렇게 사선을 넘나들며 이어지는 영옥의 훈장 행진은 훗날 한국전쟁까지 계속된다.

영옥은 상황판단이 매우 빨랐고 결코 자신의 영광을 위해 부하를 희생시키지 않았다. 항상 부하의 안전을 먼저 챙겼고 그 때문에 종종 상관의 명령에 불복종하기도 했다. 최일선에서 목숨을 내놓고 싸우는 병사들은 본능적으로 이를 느낄 수 있었다. 전장이라는 극한상황에 처하면 가면은 저절로 벗겨지게 마련이었다. 극한상황에서 나오는 영옥의 진면목은 병사들의 가슴속 깊은 곳에 존경과 신뢰를 심어 주었다. 극단적인 공포의 와중에서 아무도 결정을 못 내리고 우왕좌왕할 때 영옥은 언제나 침착하고 조용히 병사들을 이끌었다. 명령을 내릴 때도 목소리를 높이는 일이 없었다.

100대대 장교 모두가 영옥 같지는 않았다. 어떤 백인 장교들은 일본계 병사들을 위해 기꺼이 생명을 내놓으려 하지 않았다. 훈련 때는 누구보다 용감했지만 실제 전장에서는 적에게 노출된 장소에는 절대로 있지 않으려 했다.

하와이 출신의 일본계 병사들은 무례할 정도로 솔직하고 직선적이었다. 자신의 목숨을 먼저 챙기는 백인 장교들이 돌격 명령을 내리면 본토 미국인들은 전혀 알아듣지 못하는 피진 영어로 "네가 가면 나도 간다"로 응수하기 일쑤였다. 그렇지만 일단 어떤 장교를 믿기 시작하면 광신도처럼 복종했다.

영옥도 바뀌어 갔다. 전장이란 모두 비바람과 흙탕물과 땀에 전 누더기 같은 전투복을 입고 빨래는 엄두도 못 내는 곳이었다. 주름 잡힌 바지와 번쩍이는 군화가 군기와는 아무 상관 없는 허식임을 영옥은 알게 됐다. 그런 것은 모두 무의미한 겉치레였다.

부대가 전선에 배치되자 장교나 사병이나 모두 하루 24시간 같이 먹고 같이 잤다. 같은 전투식량으로 배를 채웠고 같은 진흙더미를 뒤집어쓰고 잤다. 이런 상황에서 어떤 장교들은 계급의 특권을 이용해 자신을 보호하려 했지만 영옥은 그렇지 않았다. 서전이 있은 이래 바뀌기 시작한 영옥과 병사들의 관계는 전투가 계속될수록 굳어지면서 영옥은 100대대에서 가장 존경받는 장교로 떠올랐다. 영옥 자신은 오랫동안 몰랐지만 일본계 병사들은 이런 영옥을 두고 '사무라이 김'이라는 별명으로 부르기 시작했다.

악몽의 분데 카시노 전투

영옥이 병원에 있는 동안 부대에는 많은 변화가 있었다. 100대대는 편제를 개편해 A·B·C·D·E·F 6개 중대 가운데 E·F 중대를 없애고 중대원들을 나머지 중대로 흡수시켜 보통 대대처럼 4개 중대만 남았다. 이탈리아에 상륙한 지 2개월밖에 안 됐지만 계속되는 전투로 사상자가 너무 많았던 것이다.

그동안 E·F 중대는 대체로 예비 중대로 남아 있었기 때문에 병력 손실이 적었다. 먼저 일선에 투입된 A·B·C·D 중대 가운데 D중대는 중화기 중대여서 상대적으로 병력 손실이 적었으나 소총 중대였던 A·B·C중대에는 많은 사상자가 발생했다.

편제 개편에 따른 인사 이동도 있었다. E중대장 미츠 후쿠다가 A중대장이 됐고 F중대장 사카에 다카하시 중위가 B중대장이 됐다. 이 때문에 E중대원들은 A중대에 지원했고 F중대원들은 B중대에 지원해 희망대로 처리되고 그렇지 못한 병사들은 C중대로 배치됐다.

원래 소속됐던 B중대로 돌아온 영옥은 잠시 후 부중대장이 됐는데, 이때 인연을 맺은 신임 중대장 다카하시 중위와는 각별한 전우애를 바탕으로 평생을 두고 최고의 벗으로 지내게 된다.

부대 개편과 함께 대대장도 두 번이나 바뀌었다. 위궤양으로 고생하던 길레스피 소령이 결국 병원 신세를 지게 되자, 윌리엄 블라이트 소령이 대대장이 됐다가 크리스마스를 맞아 다른 부대로 전출되고 캐스퍼 클로 소령이 새로 왔다.

뉴욕 태생인 클로 소령은 2차대전이 발발하던 1939년, 그러니까 불과 4년 전에 웨스트포인트를 졸업했다. 그는 북아프리카 전선에서 1사단 소속 대대장으로 있으면서 중령 진급을 코앞에 두고 있어 군인으로서 미래가 보장된 사람이었다. 그런데 불행하게도 그때 1사단의 다른 연대 소속 부대가 튀니지아의 한 마을로 들어가 민간인들을 무더기로 살해한 양민학살 사건이 발생하자 격노한 미군 지휘부가 사단장, 사단참모 전원, 연대장과 부연대장 전원, 대대장 전원을 직위해제하는 바람에 대대도 잃고 진급도 보류된 불운한 인물이었다. 이런 상황에서 크리스마스에 맞춰 100대대를 맡으라는 명령은 클로 소령에게는 산타클로스의 선물이었다.

클로 소령은 아주 뛰어난 장교였다. 그러나 처음으로 야전 지휘관다운 지휘관을 대대장으로 맞은 100대대를 기다리고 있는 것은, 북진하는 연합군과 이를 저지하는 독일군이 본격적으로 격돌하면서 이탈리아 전선에서 가장 참혹한 전투로 남게 되는 몬테 카시노 전투였다.

또 하나의 적, 이탈리아의 겨울 산악

해가 바뀌어 1944년이 됐을 때, 100대대가 속한 133연대는 미 육군

36사단 소속인 특수부대와 교대하는 임무를 띠고 몬테 카시노 전투에 투입될 예정이었다. 이 특수부대는 미군 50퍼센트, 캐나다군 50퍼센트로 구성됐는데 몬테 카시노에 투입되자마자 전멸하다시피 해 이름만 남았기 때문이다.

몬테 카시노로의 이동을 하루 앞두고 중대장 다카하시가 영옥을 불렀다.

"지금 즉시 나폴리 야전병원으로 가서 입원중인 중대원들에게 월급을 나눠주고 오라."

나폴리까지 다녀오려면 전 속력으로 달려도 이틀은 걸리는데 부대가 북으로 갈수록 거리가 더 멀어지고, 더구나 지금 투입될 예정인 몬테 카시노 전투에서는 연합군이 고전을 면치 못하고 있어 입원한 부상병들을 돌보기가 더 어려워질 게 분명하여 내린 다카하시의 배려였다.

영옥이 다카하시에게 신고를 하고 지프에 타는 순간 가까운 대대본부에 있던 클로 대대장이 손을 휘저으며 뭐라고 소리치더니 이번에는 무전기에 대고 고함을 질러 댔다. 다카하시를 호출하는 소리였다. 그러자 다카하시는 한 손으로 무전기를 집으며 다른 한 손으로 영옥을 향해 빨리 떠나라는 제스처를 쓰면서 소리쳤다.

"가! 빨리! 무전기에 대답하기 전에 빨리 떠나!"

바로 다음 날 부대를 이동시켜야 하는 대대장이 지프에 영옥이 타는 것을 보고 떠나지 못하게 하려는 것이었다. 다카하시의 재촉에 뒤도 돌아보지 않고 차를 출발시킨 영옥은 가는 길에 C중대에 들러 중대장 케네스 이튼을 만났다.

"나폴리 병원으로 가는 길인데 입원해 있는 C중대원들에게 돈을 전해 주기 원하십니까?"

"그러고 싶지만 돈을 준비 못했다. 게다가 방금 대대장님이 무전기로 너를 붙잡으라고 명령하더군. 우리는 만나지 않은 거야."

영옥 일행은 나폴리에 도착해 병사들에게 돈을 나눠주고 술을 취하도록 마셨다. 이틀 후 밤중에 부대로 돌아와 보니 부대는 이미 전날 저녁에 몬테 카시노를 향해 떠나고 없었다. 영옥이 바로 떠나려 하자 남아 있던 정비 장교 폴 코빈이 곳곳에 적이 득실거리는 데다 너무 어두워 아무것도 보이지 않아 위험하다며 극구 말렸다.

다음 날 새벽부터 부대를 찾아 쉬지 않고 산을 오른 끝에 영옥은 오후 5시쯤 드디어 부대를 만날 수 있었다. 병사들은 막 참호를 파기 시작하고 있었다.

그날 밤은 이탈리아 전선에 투입된 후 처음으로 눈이 내린 데다 바람까지 불어 매우 추웠다. 다음 날 아침 바람이 멎어 좀 살 것 같다 싶은데 갑자기 총탄이 날아오기 시작했다. 독일군이었다. 치열한 총격전이 벌어졌다. 아직은 거리가 있었지만 문제는 적이 산 위에 있다는 것이었다.

"어떻게 해야지?"

다카하시가 물었다.

"이건 무모한 짓입니다. 적은 높이 포진한 데다 준비도 잘 돼 있고 땅 속에 들어앉아 있습니다. 우리는 겨울 전투 준비도 안 되어 있고 눈까지 내려 미끄럽기 짝이 없습니다. 이대로 공격하면 우리는 모두 전멸입니다."

"그렇지? 일단 여기 엎드려 사태를 관망하며 움직이는 적이 있으면 총을 쏘라고 해."

영옥이 바로 옆에 있는 2소대 병사에게 얻은 소총으로 총을 쏘고 있는데 갑자기 옆에서 누군가 빈정거렸다.

"무슨 총을 그 따위로 쏘나? 제대로 맞히는 것이 없잖아. 저기 저 독일군 안 보여? 네가 총을 쏘고 있다는 걸 뻔히 알면서도 여유작작이잖아?"

돌아보니 대대장이었다.

"야, 김 소위. 너, 내 말 무시하고 나폴리로 가? 대대장 명령을 무시해?"

"대대장님께 명령을 받은 적이 없습니다."

"그래? 그렇게 우길 수 있겠지. 그렇지만 그건 명령이었다. 너뿐 아니라 다카하시도 이튿도 다 한통속이었다."

"……"

"그래, 대대장 명령도 어기고 나폴리까지 갔는데 뭐 중요한 거라도 챙겨 왔나?"

"대대장님께 중요할지는 모르겠지만 제게는 중요한 게 있긴 합니다."

영옥은 메고 있던 비상 비품 가방을 대대장 앞으로 내밀고는 가방을 열었다. 그 안에는 전투식량과 비상약 대신 술병이 다섯 개 들어 있었다. 가방을 들여다본 대대장이 빙긋이 웃었다.

"그 정도 센스가 있으니 다행이군. 그래 병에 든 게 뭐지?"

"확실히 모르겠습니다. 아시다시피 요즘 나폴리에서 믿을 수 있는 게 뭐 있습니까? 그냥 물감을 섞은 물일 수도 있고 휘발유일 수도 있습니다."

"그렇겠군."

"마음에 드시는 것 하나 골라잡으시죠."

그 와중에도 대대장은 모든 병을 하나씩 살펴보더니 한 병을 집었다. 백포도주나 보드카쯤 되는지 내용물이 투명했다. 대대장이 마개를 따고 한 모금을 들이키더니 말했다.

"뭔지 모르지만 아주 세군."

"50~60도쯤 된다고 우기고 있으니 당연하겠죠."

"정말 그쯤 되는 것 같은데. 너도 한 모금 해."

영옥이 술병에 입을 대는 순간 대대장이 덧붙였다.

"조금만 마셔. 이제 그건 내 거야."

잠시 후 대대장이 물었다.

"근데 지금 우리 위치가 어디냐?"

대대장의 질문에 영옥은 깜짝 놀라며 대답했다.

"모르겠습니다. 지도도 없고 아무것도 없습니다."

"그래? 내게 지도가 있긴 있는데 도무지 헷갈린단 말이야. 지도상에는 이 근처에 산이 일곱 개 있는데 지금 어느 산에 있는지 알 수가 있나. 김 소위, 네가 한번 봐라."

대대장이 넘겨주는 지도를 펼쳐든 영옥은 즉시 대대장이 지도를 잘못 읽었다는 것을 알았다. 지도에는 일대에 산이 아홉 개로 돼 있었다.

"5분만 주시면 위치를 확인하겠습니다."

"5분? 오늘 하루는 어차피 이러고 있어야 할 것 같은데 필요하면 하루를 다 가져라."

잠시 지도를 살피던 영옥이 대대장에게 물었다.

"포병연락장교를 불러 주실 수 있겠습니까?"

"포병연락장교? 그 친구 저 아래 조금만 내려가면 있을 텐데 불러 주지."

영옥은 대대장의 지시를 받고 도착한 포병연락장교에게 지도에서 미리 봐둔 좌표를 일러 주고 탄착 지점 확인용 포탄을 한 발 쏴달라고 부탁했다. 포병연락장교의 연락을 받은 포병대가 포를 쐈지만 포탄이 어디로 떨어졌는지 도무지 보이지 않았다. 영옥은 옆에서 잠자코 자기를 지켜보는 대대장과 포병연락장교의 눈길을 느끼며 주문을 바꿨다.

"보통 탄착 지점 확인용 포탄은 흰 연기를 품는데 지금은 사방이 눈에 덮여 잘 보이지 않으니 다른 포탄을 쏴주십시오."

잠시 후 영옥이 읽어 준 지점에서 포탄 한 발이 터졌다. 영옥이 다른 좌표를 하나 더 읽어 주면서 또 한 발을 부탁하자 역시 그 지점에서도 포탄 한 발이 터졌다. 영옥은 대대장 앞에서 지도를 펼쳐놓고 포대의 위치와 방금 포탄이 터진 두 곳을 표시한 다음, 자기들이 있는 위치를 정확히 알려줬다.

"야! 대단하군! 정확히 5분 걸렸잖아!"

대대장은 감탄사를 연발하며 계속했다.

"어디서 그런 아이디어를 생각해 냈지?

"모르겠습니다. 그냥 그렇게 하면 될 것 같았습니다."

"미친 척하고 대대장 명령을 무시할 배짱도 있고…… 나폴리에서 집어 온 물건도 그럴 듯하고…… 포병을 동원해 5분 만에 부대 위치까지 읽어 냈단 말이지?"

"……."

"너한테 대대 정보참모를 맡기면 좋겠군."

"싫습니다."

"뭐?"

"지금까지 항상 B중대와 함께 있었습니다. 중대를 떠나고 싶지 않습니다."

"이 친구 봐라? 야, 너 어디서 임관했어?"

"포트 베닝 장교후보생학교입니다."

"거기서는 군기 교육도 안 시키나?"

"……?"

"상관이 희망사항을 밝히면 그건 곧 명령이야!"

"그런 것은 배우지 못했습니다. 제게 명령하신 것이 아니라 대대장님의 희망을 밝히신 것 아닙니까? 그건 대대장님 희망이지 제 희망은 아닙니다."

"그래, 내 희망이다. 따라서 명령이야. 이미 전투가 시작됐으니까 지금은 B중대 소속으로 그대로 있고 이번 전투만 끝나면 대대본부로 와. 정보참모가 되란 말이야. 이제 알아듣겠어? 이번에도 미친 척하면 곧장 군법회의다. 알겠나?"

대대장은 군법회의까지 입에 담았지만 보일 듯 말 듯 줄곧 웃음을 띠고 있었다.

"네, 알겠습니다. 내려가는 대로 즉시 보고드리겠습니다."

대대장은 날이 어두워지자 공격을 포기하고 부대를 철수시켰다. 밤이 되자 다시 바람이 거세지고 눈발이 계속 흩날렸다. 그런데 진짜 눈이 내리는 것인지, 아니면 이미 눈은 그쳤지만 바람이 세져 쌓인 눈을 다시 흩뿌리는 것인지 분간할 수가 없었다. 부대는 산을 내려온다고 내려왔지만 바람과 눈이 뒤섞인 어둠 속에서 밤새 헤맸다.

다음 날 동이 튼 다음에 보니 부대는 어제 있던 산이 아닌 또 다른 산에 와 있었다. 정확한 위치를 아는 사람이 아무도 없었다. 부대가 사용했던 작전지도도 정확한 것이 아니었다. 지도에는 분명 일대에 산이 아홉 개 있다고 돼 있었으나 실제로 산은 그보다 더 많았다. 산은 모두 비슷비슷한 높이에 하얗게 눈으로 덮여 어디가 어딘지 도무지 알 수가 없었다. 거센 바람과 눈보라가 몰아치는 이탈리아의 겨울 산악은 동복이라고는 한 벌도 없던 100대대로서는 또 하나의 적이었다. 우여곡절 끝에 간신히 철수에 성공한 100대대는 다음 명령을 기다리며 대기하고 있었다.

클로 소령은 이때 영옥을 대대 정보참모로 발령을 냈다. 영옥은 이보다 열흘 앞서 중위로 진급했는데 장교가 된 후 첫 진급이었다.

원래 100대대는 일반 대대와 달리 연대처럼 독립적으로 작전할 수 있도록 특수 편성됐기 때문에 부대 규모도 컸고 참모들 계급도 일반 대대보다 대체로 하나씩 높아 작전참모는 소령, 정보참모는 대위가 맡도록 돼 있었다.

사실 클로 소령은 대대를 맡으면서 정보참모가 공석인 것을 알고 적임자를 물색하다가 여러 사람이 영옥을 지목했다는 얘기를 듣고 그를 눈여겨보고 있었다. 클로 소령이 부대대장인 잭 존슨에게 좋은 정보참모를 찾아보도록 지시하자 존슨은 정보과를 찾아가 누가 정보참모로 적임자냐고 물었는데 미나미 하사, 구보카와 일병, 아카호시 일병 모두 하나 같이 영옥을 지목했던 것이다. 이들은 모두 영옥이 지휘하는 2소대 소속이었는데 영옥이 600고지 전투에서 부상당해 병원에 있을 동안 소대장이 바뀌자 더 이상 2소대에 있고 싶지 않다며 대대 정보과를 지원해 정보과에서 근무하고 있었다.

전장의 맹세

대대는 카시노를 향해 다시 움직이기 시작했다. 카시노는 이탈리아 남쪽에서 로마로 연결되는 가장 중요한 도로인 6번 고속도로를 끼고 로마 동남쪽 약 150킬로미터 지점에 있는 아주 작은 도시였다. 로마가 서울이라면 카시노는 대전쯤 되는 곳으로, 크기는 대전의 몇십 분의 1밖에 안 됐다. 그러나 카시노 바로 뒤에 몬테 카시노라는 거대한 산이 솟아 있어 이 산 위에서 보면 사방이 트여 있어 먼 거리까지 볼 수 있었다. 게다가 6번 고속도로가 몬테 카시노 바로 옆으로 나 있기 때문에 산 위에 탱크나 대포를 갖다 놓으면 아무도 고속도로를 통과할 수 없었다. 한마디로 몬테 카시노의 임자가 6번 고속도로의 임자였.

이 같은 전략적 중요성 때문에 로마제국도 이 산에 성을 쌓고 요새를 만들어 옛날부터 이탈리아에서 전쟁이 벌어지면 몬테 카시노는 수난의 땅이 됐다. 9세기 말 사라센제국이 침입했을 때가 가장 대표적인 경우였다. 독일군의 이탈리아 방어선인 구스타프 라인도 당연히 몬테 카시노를 중심으로 형성됐다.

몬테 카시노 앞에는 몬테 마호가 버티고 있었다. 낮 동안 계속되던 눈은 밤이 되자 멈췄는데, 100대대는 몬테 마호 곳곳에 배치된 독일군의 기관총에 그대로 노출돼 숱한 사상자가 발생했다. 독일군 기관총은 독 안에 갇힌 꼴인 B중대에 특히 집중됐다. 대대 정보참모가 된 영옥은 얼마 전까지 자기가 소대장을 지내 각별한 애착을 갖고 있던 B중대 2소대와 함께 있었는데 쏟아지는 기관총탄에 도무지 정신을 차릴 수 없었다. 엎드린 영옥의 옆에는 언제나 그렇듯 마사하루 다케바가 있었다. 클로 대대장이 다케바를 현지 임관으로 진급시키려 했기 때문에 다케바는 장교임관을 눈앞에 두고 있었다. 둘은 붙어 있어 추위와 눈으로 뒤덮인 진흙 속에서도 서로의 체온을 느낄 수 있었다.

영옥 오른쪽에서 비교적 공격을 덜 받던 C중대장 이튼이 소리쳤다.

"이대로 가면 너희는 다 죽는다. C중대가 저 기관총을 향해 공격을 개시할 테니 우리가 움직이면 거기서 빠져나와라."

이튼의 외침을 듣고 영옥과 다케바가 어떻게 탈출할 것인지에 대해 얘기를 주고받는데 갑자기 다케바의 육중한 체중이 영옥을 짓눌렀다. 깜짝 놀란 영옥이 다케바의 얼굴을 쳐다봤을 때 다케바의 눈은 이미 감겨 있었다. 미간에 정통으로 기관총탄을 맞은 것이었다. 어릴 때부터 유도와 축구로 단련돼 강건했던 다케바의 얼굴에는 핏자국 하나

없었다. 서전 이래 줄곧 생사를 함께 했고 600고지 전투에서 두 번이나 영옥을 구했던 다케바. 영옥이 그렇게 아꼈던 다케바는 비명 한마디 없이 스물다섯의 삶을 뒤로하고 떠났다. 다케바는 최고의 군인이었다. 그 역시 영옥처럼 두려움을 몰랐고 위급한 상황에서도 언제나 냉정하게 상황을 파악하고 과감하게 행동했다.

깊은 슬픔에 빠져들던 영옥은 잠시 후 적군의 사격 따위는 개의치 않는 듯 벌떡 일어나 다른 병사들이 숨어 있는 근처 참호로 걸어가더니 예의 가라앉은 목소리로 명령을 내리기 시작했다. 조금 전 영옥에게 공격이 개시되면 빠져나오라고 소리쳤던 C중대장 이튼도 기관총의 제물이 됐다. 다케바나 이튼 외에도 다수가 최후를 맞았다. 영옥은 주변에서 자기와 얘기를 주고받았던 많은 사람들이 죽었다는 생각으로 자기에게 죽음을 부르는 징크스가 있다는 자책감에 휩싸여 괴로워했다. 다케바와 이튼을 비롯해 많은 전우들이 떠난 자리에 쓸쓸히 남겨진 영옥은 결심했다.

'만일 내가 이 전쟁에서 살아남는다면 평생을 내가 속한 사회를 보다 나은 곳으로 만드는 일에 바치겠다.'

그러나 영옥이 한없는 자책감에 빠져 괴로워하던 그 순간, 정작 병사들 사이에서는 '영옥과 함께 있으면 총탄도 피해 간다'는 미신 같은 믿음이 퍼져 많은 병사들이 '어차피 죽음을 각오하고 싸워야 한다면 영옥 밑에서 싸우는 게 낫다'고 생각하고 있었다.

이렇게 시작된 몬테 카시노 전투는 공격하는 연합군에게나 방어하는 독일군에게나 지옥을 옮겨다 터뜨려 놓은 처참한 아비규환이었고, 보다 넓게는 인류의 소중한 문화유산을 송두리째 날려 버린 인간의 야만이 적나라하게 드러난 현장이었다.

잿더미로 변한 인류 문화유산

몬테 카시노 산꼭대기에는 몬테 카시노 수도원이 있었다. 이 수도원은 6세기 초 로마제국의 요새 위에 지어진 것으로 각종 그림·벽화·모자이크·서적·원고 등 기독교 문화의 정수이자 중세 유럽 예술에 커다란 영향을 미쳤던 인류의 문화유산이 그대로 보존돼 있었다.

이탈리아에 상륙한 연합군이 몬테 카시노를 향해 전진해 오자 독일군은 이 수도원을 중심으로 반경 300미터 지역을 중립지대로 선언했다. 독일군도 수도원이나 그 부근을 이용해 방어전을 펴지 않을 테니 연합군도 수도원에 공습이나 포격을 하지 말라는 제안이었다. 교황도 기독교 문화의 꽃인 몬테 카시노 수도원을 구해 달라고 호소했다.

연합군 지휘부는 독일군의 중립지대 선언을 두고 의견이 분분했다. 이탈리아 전선의 미군 총사령관 마크 클라크 장군 같은 사람은 공습에 반대했다. 그러나 뉴질랜드군 사령관 프레이버그 장군 같은 이들은 독일군이 수도원에 대포는 갖다놓지 않았을지 모르지만 포병 관측 부대는 배치하고 있을 것이라며 공습해야 한다고 주장했다.

처음에는 공습 반대파의 의견이 우세해 연합군은 수도원에 대한 공습 없이 육군만으로 몬테 카시노를 공격하기로 했다. 이 때문에 처음에는 육군 1개 사단만 투입됐는데, 이때 투입된 사단이 100대대가 속한 미 육군 34사단이었다. 나중에 미군·영국군·프랑스군·캐나다군·인도군·뉴질랜드군·폴란드군·자유 이탈리아군이 동원돼 5개 사단 이상이 투입됐어도 4개월이나 계속된 몬테 카시노 전투 초반기에, 공군의 지원도 없이 홀로 투입된 34사단이 궤멸적 타격을 입은 것은 너무도 당연했다.

육군만 동원한 전투가 엄청난 사상자만 내면서 진전이 없자 공습 지지파가 힘을 얻기 시작했다. 결국 연합군은 2월 15일 항공기 255대를 동원해 공습을 감행했고, 이로써 인류 문명의 위대한 유산 하나가 세 시간 만에 완전히 잿더미로 변했다. 수도원만은 안전할 것이라 여겨 이곳으로 피신했던 민간인 수백 명도 함께 목숨을 잃었다. 영옥은 두 눈으로 인간이 저지른 인류 문명의 파괴 현장을 똑똑히 목격했다.

그러나 공습은 연합군의 입장을 더욱 어렵게 만들었다. 무너져 내린 수도원은 이상적인 요새로 변했다. 실제로 수도원에 군대를 배치하지 않았던 독일군은 공습을 명분 삼아 신속히 수도원을 점령하고 난공불락의 요새로 만들었다. 파괴된 수도원 건물을 은폐물로 이용했고 공습으로 바위에 구멍이 생기면 포대나 기관총 진지로 이용했다.

달걀로 바위를 치는 것 같은 몬테 카시노 전투에 처음부터 투입돼 혈전을 거듭했던 100대대도 엄청난 피해를 입었다. 100대대의 임무는 몬테 카시노 7부 능선에 세워져 있는 성을 빼앗는 것이었다. 수도원을 중립지대로 선언했던 독일군도 이 성에 대해서는 한 치의 양보도 없었다.

100대대는 연합군의 공습이 있은 지 사흘 후 다시 공격에 투입됐는데 4일간 계속된 전투에서 또다시 200여 명의 사상자가 발생했다. 이탈리아 상륙 4개월 만에 병력의 60퍼센트를 전사나 부상으로 잃은 100대대는 약 650명의 병력으로 몬테 카시노 전투에 투입돼 2주 반 만에 남은 병력의 90퍼센트를 잃은 것이었다. 이제 최전선에 남아 있는 100대대의 병력은 60명 정도로 줄어 있었다.

평균적으로 미 육군 보병 1개 중대의 병력은 사병 180명에 장교가 6명이었으나 특수 편제였던 100대대는 1개 중대가 사병 200명에 장교는 12명이었다. 그러나 이제는 1개 중대라 해봤자 20명에 불과했고 장교는 중대에 따라 한두 명밖에 남지 않았다.

지옥의 사자, 저격수

몬테 카시노를 집어삼킨 저승사자는 영옥의 주위도 어슬렁거렸다. 이미 영옥도 여러 번 죽음의 문턱까지 갔었다. 볼투르노 강의 제방 위에서도 그랬고 600고지에서는 두 번이나 그랬다. 몬테 마호에서 다케바가 떠나던 날도 총탄이 얼굴 하나 차이로 비켜갔다. 그런데 이번에 만난 저격수는 달랐다. 100대대가 몬테 카시노 전투를 치르던 마지막 날이었다.

100대대가 엄청난 피해를 무릅쓰고 몬테 카시노 성에 근접한 좁은 산길까지 전진하기는 했지만 그 다음에는 15명 정도를 병렬 배치할 공간도 없었다. 2개 분대도 나란히 세우지 못하는 곳에서 성에 들어앉은 적을 상대로 공격한다는 것은 자살 행위나 다름없었다.

독일군이 성에서 내려보낸 탱크 2대와 장갑차 1대가 100대대의 공격으로 파괴돼 성으로 가는 유일한 도로 위에서 불타며 도로를 가로

막고 있었기 때문에 양측 모두 도로를 사용하지 못한 채 총격전이 계속되고 있었다. 영옥 옆에는 어제 중화기 중대장의 부상으로 최일선에 가세한 클라우디 소위가 있었다. 그는 캔사스 주 출신으로 클라우디는 별명이었다. 영옥과 클라우디가 더 이상 전진도 후퇴도 할 수 없는 병사들을 보며 성의 외곽 돌출부 가까이 있는 작은 웅덩이로 뛰어들어 바위에 등을 붙이고 기대앉는 순간 성 쪽에서 총탄이 날아들었다. 단 한 발 날아온 총탄이 가슴을 스치듯 지나갔을 때 둘은 저격수한테 걸려든 것을 직감했다.

둘은 영옥의 왼쪽 어깨와 클라우디의 오른쪽 어깨가 붙은 채 다리를 앞으로 펴고 상체를 45도 정도 뒤로 젖혀 바위벽에 등을 기대고 있었는데, 아무도 꼼짝할 수 없었다. 저격수는 둘의 오른쪽으로 30미터 정도 떨어진 성의 돌출부 어딘가에 몸을 감추고 있는 듯했다. 저격수는 자신의 존재를 알리기라도 하려는 듯 일정한 간격을 두고 사격을 가해 왔다. 조금만 움직여도 어김없이 총탄이 날아왔고 가만히 있으면 정확히 5분 간격으로 총탄이 날아왔다. 한 발 한 발 울리는 총성은 저승사자의 발걸음을 알리는 조종이었다.

둘의 왼쪽으로 5미터쯤 떨어져 있는 대대장 클로 중령 역시 독일군의 총격으로부터 몸을 피하고 있었다. 지형상 클로 대대장은 그래도 영옥이나 클라우디보다는 안전해 보여 그나마 다행이었다. 대대장 너머로 약간 높은 지역에 엎드려 있던 100대대 B·C 중대원들이 저격수를 없애기 위해 총을 쏘고 있었으나 소용이 없었다.

눈으로 뒤덮인 몬테 카시노에 부는 바람은 참으로 매서웠다. 거기다 비까지 조금씩 뿌려 군복도 반은 젖고 반은 얼어 있었다. 조금도 움직이지 못한 채 너덧 시간이 흘러가자 이제는 총에 맞아 죽기 전에 얼어죽을 판이었다. 모든 세상이 이곳에서 멈춘 듯했다.

그러다가 갑자기 총탄이 날아오지 않은 상태로 20여 분이 흘렀다. 영옥과 클라우디는 미군들이 저격수를 잡은 것 같다고 했으나 10분쯤 더 기다려 보기로 했다. 역시 총탄은 날아오지 않았다. 둘은 저격수가 죽은 것이라고 입을 모은 후 일어나기로 했다.

영옥이 바위에 얼어붙다시피 한 등을 일으켜 세우는데 함께 일어나던 클라우디 소위가 윗주머니에서 담배를 꺼내며 영옥에게 물었다.

"라이터 있습니까?"

"응."

영옥이 라이터를 꺼내려고 바지 주머니에 손을 넣기 위해 몸을 뒤로 젖히는 순간 날카로운 총성이 일었다. 총탄은 상체를 세우고 라이터를 받기 위해 기다리던 클라우디 소위의 오른편 머리에 명중해 왼쪽으로 관통했다. 영옥은 클라우디 소위의 머리에서 쏟아지는 피와 골을 뒤집어썼다. 만약 영옥이 라이터를 꺼내기 위해 몸을 뒤로 젖히지 않았다면 그 총탄은 분명 영옥의 머리에 명중했을 것이다.

클라우디 소위를 잡은 저격수는 영옥마저 잡기 위해 또다시 규칙적으로 총을 쏘기 시작했다. 그 상태로 2시간 30분쯤 더 흘렀지만 할 수 있는 일은 아무것도 없었다. 영옥은 저격수가 총을 쏜 후 다시 총알을 장전하는 몇 초 사이를 이용해 탈출하기로 마음을 굳히고 클로 대대장을 향해 낮게 소리쳤다.

"여기서 나가겠습니다."

"안 돼. 아직 저격수가 버티고 있다. 위험해. 거기서 나오는 데 성공해도 산 아래로 떨어지기 쉬워."

저격수가 총쏘기를 기다리고 있다가 총탄이 날아온 후 순발력 있게 일어나 산 아래쪽으로 몸을 날리며 굴러야 하는데 정확히 몸을 정지시키지 못하면 곧바로 150미터가 넘는 절벽 아래로 떨어질 수밖에 없었다.

"그래도 더 이상은 못 참겠습니다."

영옥은 총탄에 맞은 머리를 자신의 왼쪽 어깨에 기댄 채 죽어 가는 클라우디 소위가 내는 신음 소리만은 더 이상 참을 수가 없었다. 온몸의 신경을 곤두세우고 저격수가 다시 총을 쏘기만 기다리던 영옥은 다시 총소리가 나자 용수철처럼 튕겨 일어나 산 아래쪽으로 몸을 날리며 굴렀다. 천우신조인 듯 벼랑 끝에서 구르기를 멈춘 영옥은 온몸을 땅바닥에 붙이고 30~40미터를 기어 내려왔다.

그 저격수가 쏜 총탄 때문인지는 확실치 않지만 이때쯤 클로 대대장도 부상을 당했다. 병사들이 저격수를 잡았는지, 저격수가 다른 사람을 표적으로 삼고 있는지 저격수는 더 이상 영옥에게 총을 쏘지 않았다.

오후에 연대본부로부터 공격을 포기하고 철수하라는 명령이 떨어졌다. 100대대의 남은 병력만으로 성을 뺏기는커녕 조만간 대대가 전멸당할 것이라고 판단했기 때문이었다. 막상 철수 명령이 떨어졌지만 산 위의 성에 버티고 총을 쏘아 대는 적에게 등을 보인 채 철수한다는 것 자체도 쉬운 일이 아니었다.

클로 대대장, 미츠 후쿠다, 사카에 다카하시 등 장교 대부분이 부상을 당하자 대대본부에 남아 있던 장교를 빼면 A중대에 유일하게 남아 중대장 역할을 하고 있던 샘 사카모토 중위가 선임자였고 영옥이 차선임자였다. 사카모토도 영옥과 같은 중위였으나 영옥은 막 진급한 신참이고 사카모토는 2년 전에 진급한 고참이었다. 영옥은 사카모토 중위에게 말했다.

"사카모토 중위님이 사실상 대대장입니다. 빨리 남은 병력을 이끌고 대대를 철수시키십시오."

"영, 너 지금 제정신이냐. 나는 16~17명밖에 남지 않은 A중대도 철수시켜야 하고 다른 중대가 어디 있는지도 모른다. 게다가 너는 대대 참모니 네가 철수를 책임지고 지휘권을 행사해라. 솔직히 네가 나보다 유능한 군인 아니냐. 지금 중요한 것은 형식이 아니라 나머지라도 살아남는 것이다."

사카모토 중위는 영옥에게 대대를 지휘하라고 종용했다. 사카모토 중위의 제안에 따라 지휘권을 행사하기 시작한 영옥은 이날 밤 늦도록 남은 병력을 추슬러 무사히 철수를 마쳤다.

구르카 부대

연대본부는 몬테 카시노와 마주보면서 몬테 카시노보다 낮은 또 다른 산 뒤에 연대 전투지휘소를 두고 있었다. 사상자가 너무 많아 더 이상 대대 기능을 할 수 없게 된 100대대는 이 지역으로 후퇴해 예비대대가 되면서 미국 본토에서 훈련 중인 부대로 역시 일본계인 442연대로부터 보충 병력을 받게 됐다.

그러던 어느 날 영옥에게 연대 전투지휘소로 출두하라는 명령이 떨어졌다. 연대 전투지휘소라고 해야 독일군이 연합군의 공격을 막기 위해 바위를 뚫어 속을 비운 후 성이 있는 방향으로는 한 사람이 간신히 드나들 정도로 출입구를 내고, 연합군이 공격해 올 방향으로는 기관총좌 3개를 만들어 놓은 비좁은 암석 토치카였다. 안으로 들어가 보니 몬테 카시노를 향해 오면서 100대대가 건넜던 평원이 한눈에 내려다보여 얼마나 불리한 전투를 했어야 했는지 참으로 한심스러웠다.

영옥이 들어서는 것을 보고 연대장이 말했다.

"성에 대한 공격을 영국군이 잇기로 했다. 공격 작전 수립을 위해 영국군 참모들이 지형 답사를 하고 싶다면서 자기들을 성으로 인도해 달라는데 아무리 생각해도 김 중위 너밖에 없다."

영국군 장교들을 데리고 다시 성에 갔다 오라는 명령이었다.

연대장이 말하는 영국군이란 인도군의 구르카 부대였다. 구르카 부대는 더 정확히 말하면 네팔인들로 구성된 부대로, 장교는 영국군이었으나 부사관과 사병들은 네팔인들로 이뤄진 전통 있는 군대였다. 100대대가 지휘부는 백인 장교들로 구성되고 일부 장교와 전체 사병은 일본계 2세로 구성된 것과 비슷했다.

영옥은 밤이 되기를 기다려 영국군 중령이 인솔하는 구르카 부대 참모 10여 명과 함께 클라우디 소위의 주검이 있는 성을 향해 다시 떠났다.

야음을 틈타 성으로 갔던 영국군 장교단이 일대를 답사하는 동안 독일군 수색대가 이들을 감지했다. 1개 소대는 되는 것 같은 독일군 수색대가 영국군 장교단을 잡으려고 포위해 왔다. 답사할 때 영국군 장교단은 영옥과 위관 장교 2명이 선두에 서고 그 뒤로 지휘관인 중령, 그의 뒤를 나머지 장교들이 따라오며 후미를 보호하는 진형을 유지했다. 그러다 갑자기 적이 나타나자 뒤에 있던 위관 장교 세 명이 선두 그룹에 합류해 지휘관을 지키기 위한 보호막을 두텁게 했다.

영옥은 구르카 부대 장교들이 공격을 앞두고 지형 답사를 위해 직접 적진에 들어가고 싶어한다는 말을 들었을 때 짐작은 했지만 이 광경을 보고 구르카 부대가 정예군이라는 것을 다시 확인할 수 있었다.

성을 둘러쌌던 절대의 침묵은 영옥 일행을 잡으려고 외쳐 대는 독일어와, 이로부터 멀어지려고 속삭이는 다급한 영어로 깨졌다. 한 치 앞도 내다볼 수 없는 암흑 속의 험준한 몬테 카시노는 아차 하면 그대로 절벽으로 떨어져 쫓는 자도 쫓기는 자도 뛴다는 것은 엄두도 낼 수 없었다. 여차하면 당길 수 있도록 집게손가락을 방아쇠에 갖다댄 채 권총의 무게를 손등으로 느끼며 두 집단은 경보대회를 하는 장님들처럼 더듬고 움직이고 더듬고 움직이면서 뛰다시피 걸었다. 성 근처에서 기를 쓰고 추격하던 독일군은 영옥 일행이 미군들이 진을 치고 있는 산 아래 가까이 이르자 추격을 포기하고 말았다.

일행이 연대 전투지휘소로 무사히 돌아오자 영국군 중령은 옆에 있던 위관 장교의 귀에 뭐라고 짧게 속삭였다. 중령이 말을 마치자 위관 장교가 급히 밖으로 나가더니 무언가를 들고 들어왔다. 영국제 스카치 위스키였다. 중령은 영옥에게 고맙다면서 감사의 선물로 받아 달라고 했다.

영옥이 100대대 본부로 돌아와 위스키를 꺼내자 너도나도 한 모금만 마시자며 난리가 났다. 적어도 그 순간만큼은 몬테 카시노도 이탈리아도 독일군도 모두 잊었다.

마지막 씨암탉

몬테 카시노 전투에서 부대가 없어질 정도로 타격을 입은 100대대가 연대 예비대대가 돼 미국 본토로부터 보충병을 기다리고 있을 때였다. 영옥은 짐 부드리 중위, 이탈리아계 통신 장교 프랭크 디마이올로, 병사 대여섯 명과 함께 아폴리노 인근의 작은 마을로 들어갔다. 영옥이나 병사들이 동양계여서 그랬는지 주민들은 처음에는 의아해했지만 곧 이들이 연합군이라는 것을 알고는 마치 오랫동안 헤어졌던 가족처럼 반갑게 맞았다. 연합군 포격이 그들의 집과 마을을 불태우고 파괴한 것을 생각하면 주민들의 환대는 놀라울 정도로 극진했다.

어디서 배웠는지 꽤 유창한 영어를 구사하는 주민 한 명이 일행을 자기 농가로 인도하더니 곧이어 제법 근사한 파티가 벌어졌다. 와인과 치즈에 통닭 요리까지 올라왔다. 와인도 치즈도 전쟁의 와중에서 주민들이 갖고 있는 것 중에는 최고였다.

"이 농장은 내가 20여 년 동안 미국에 살면서 돈을 모아 고향에 돌아와 산 것이라오. 그 후 지금까지 한 번도 미국인을 만나지 못해 당신들이 더욱 반갑소."

부인과 어린 딸과 주민 여러 명이 서로서로 어깨동무를 한 가운데 농부는 노래를 부르기 시작했다. 멋진 이탈리아 가곡이었다. 그런데 알고 보니 식탁에 올라와 있는 통닭이 그 농부가 키우던 마지막 씨암탉이었다.

"아니, 마지막 씨암탉을 잡다니 그렇게까지 해야 했습니까?"

당황한 영옥이 물었다.

"무슨 말씀! 경사 아니오, 경사! 댁들은 우리 농장, 우리 마을, 우리 나라를 해방시켰습니다. 당연히 축하해야지요!"

"그렇다고 씨암탉까지 잡아요? 닭이 계란을 낳아 또 다른 닭을 얻을 수도 있는데."

"아니오, 아니오. 그 닭도 나도 독일군 때문에 비참하게 살았소. 당신들이 피흘리며 싸워 준 덕택에 벗어났소. 당신들 희생에 비하면 이까짓 것은 아무것도 아니오."

조촐한 즉석 파티가 끝나고 영옥 일행이 부대로 돌아가려 하자 주민들은 다시 빵이며 와인이며 치즈며 있는 대로 챙겨 나왔다. 일행이 마을로 들어가면서 보급품으로 나온 담배·초콜릿·통조림 등을 준비해 갔지만 그보다 돌려받은 것이 훨씬 많았다. 전쟁으로 피폐해진 이탈리아는 가난하고 굶주렸지만 이탈리아 산골의 주민들은 따뜻하고 순박했다.

퍼플 하트 대대

원래 연합군은 카시노에 대한 1차 공세를 시작하면서 구스타프 라인 뒤쪽에 전선을 하나 더 만들어 로마 남쪽을 지키는 독일군 전력을 분산시킬 목적으로 안지오에 상륙했다. 이른바 '기와작전(Operation

Shingle)'이었다. 기와작전이라는 명칭은 연합군이 2개 전선을 형성하면 지붕에서 기왓장이 떨어져 나가듯 독일군 수비벽이 얇아질 것을 기대해 붙인 것이었으나 독일군은 여전히 날카로운 이빨을 가진 호랑이였다. 두 개의 전선 사이에서 구스타프 라인은 단단히 유지됐고 안지오에 상륙한 연합군도 독일군과 장기 대치 상태에 들어갔다. 연합군 지휘부는 안지오 상륙군을 보강하면서 증원군에 100대대도 포함시켜 100대대는 일단 나폴리로 철수했다가 안지오로 가게 됐다.

나폴리로 이동한 영옥의 부대는 3월 말 안지오에 상륙했다. 몬테 카시노 전투는 100대대가 철수한 다음에도 2개월이나 더 계속됐다. 연합군은 수도원에 또다시 대규모 공습과 포격을 가했다. 3월 15일에는 수백 대의 폭격기가 동원됐고 포탄만 20만 발이 퍼부어졌다. 그러나 죽음을 각오한 독일군은 폐허 속에서 끝없는 항전을 계속했다. 연합군은 4차 공세 만에 드디어 카시노를 점령할 수 있었다.

그렇다고 몬테 카시노를 지키던 독일군이 항복한 것은 아니었다. 안지오에서 영옥이 독일군 포로를 잡기 위해 목숨을 건 도박에 나섰던 5월 16일 저녁, 독일군 지휘부는 더 이상 몬테 카시노를 지키다가는 퇴로가 끊길 위험이 있다고 판단해 철수 명령을 내렸다. 다음 날 독일군은 철수하기 시작했는데, 18일 폴란드군이 수도원에 진입했을 때는 심한 중상으로 후송조차 못한 부상자 수십 명만이 남아 있었다.

100대대는 몬테 카시노 전투에서 너무 사상자가 많이 발생해 '퍼플 하트 대대'라는 별명을 얻었다.

신화의 시작, 벨베데레 전투

로마를 함락시킨 연합군은 독일군에 틈을 주지 않기 위해 곧바로 북상했다. 영옥의 부대도 아드리아 해를 따라 남북으로 이어지는 이탈리아 서안 해변도로를 끼고 치비타베키아를 향해 북으로 올라갔다. 치비타베키아는 로마 북쪽 약 65킬로미터 지점에 있는 항구 도시다. 밤낮없이 강행군을 계속한 100대대가 치비타베키아 동쪽 산악 지대에 이르렀을 무렵, 어둠이 깔리고 비까지 내리자 그 자리에서 행군을 멈추고 야영하라는 지시가 내려왔다.

442연대에 배속된 100대대

시계가 밤 11시를 가리키는 것을 보면서 판초를 뒤집어쓴 영옥이 막 잠에 곯아떨어졌을 때 누군가 흔들어 깨웠다. 싱글스 대대장이었다.

"442연대가 오늘밤 12시에 치비타베키아에 도착한다는 연락이 왔다. 치비타베키아로 내려가 442연대를 인도해 와야겠다."

"대대장님, 아시다시피 저는 지난 사흘 동안 대여섯 시간밖에 못 잤습니다. 우리 부대에는 장교가 25명이 넘습니다. 다른 사람을 보내

주십시오."

"미안하지만 그럴 수가 없다. 이 밤중에 치비타베키아로 오는 442연대의 도착 지점에 정확히 가서 그들을 실수 없이 이곳으로 데려올 사람은 너밖에 없다. 시간이 없다. 벌써 11시 20분이야."

442연대는 진주만 기습 이후 일본계 이민자들의 충성심을 의심했던 미군 당국이 100대대를 유럽으로 보내기 직전 편성했던, 역시 일본계 2세들로 이뤄진 연대였다. 100대대가 이탈리아에서 용감히 싸워 충성심을 입증하자 같은 일본계 부대인 100대대를 흡수하는 상급 부대로서 442연대를 이탈리아에 투입한 것이었다.

운전병 역시 지리를 몰랐기 때문에 영옥은 치비타베키아로 내려가는 지프 안에서도 눈을 붙일 수 없었다. 자정에 임박해 약속 장소에 도착한 영옥이 차에서 내려 442연대가 오기를 기다렸지만 아무리 기다려도 오지 않았다. 그렇게 1시간 30분을 보낸 영옥은 운전병에게 교차로에서 잘 보이는 곳으로 차를 약간 옮기게 한 후 차 안에서 잠들었다. 얼마 후 누군가가 영옥을 흔들어 깨웠다.

"이봐 중위, 귀관이 100대대에서 마중 나온 장교 맞나?"

"네."

"너, 우리를 기다리고 있었어야 하는 거 아냐?"

"맞습니다."

"그런데 차 안에 자빠져 있어?"

"지금 몇 시입니까?"

"새벽 4시다."

"연대가 도착하기로 돼 있던 시각이 자정 아닌가요?"

"길을 잃어 좀 늦었다."

"그렇습니까? 저는 정각 12시부터 1시간 30분 동안 저기서 기다렸습니다."

"그래? 야, 너 말이야, 만약 내가 네 지프를 보지 못해 지나쳤다면 우리는 지금 독일군의 포로가 됐을 수도 있다는 거 몰라?"

"누구십니까?"

"442연대 부연대장 버질 밀러 중령이다."

"그렇습니까? 그렇지만 포로 운운은 지나친 과장이십니다."

"뭐야? 지금 무슨 소리 하는 거야?"

"여기와 적군 사이에는 아군 34사단 2개 연대가 진을 치고 있습니다. 제 차를 보지 못해 그냥 지나쳤어도 적군을 만나기 전에 아군을 먼저 만났을 것이라는 얘기입니다."

"너 지금 약삭빠르게 변명하는 거야?"

"……."

"……."

"연대는 다 왔습니까?"

"그렇다."

"어쨌든 그만 연대로 같이 가시죠."

차에서 내린 영옥이 밀러 중령과 함께 행군을 멈추고 있던 연대로 가자 젊은 위관 장교들이 모여 웅성거리고 있었다.

"모두 떠날 준비가 됐습니까?"

영옥이 한마디 던지자 누군가 야유 섞인 답변을 보내왔다.

"우리는 오랫동안 준비가 돼 있었다. 너희 부대 이야기는 잘 들었는데 우리는 너희보다 준비가 더 잘 돼 있단 말이야. 너희에게 전투란 어떻게 하는지 보여주러 왔다는 말이야."

영옥은 말하는 젊은 장교의 얼굴을 물끄러미 바라보며 생각했다.

'우리가 사선을 넘나들며 보낸 시간이 이미 9개월이다. 그 사이 우리는 이탈리아 주둔군을 통틀어 최정예 부대가 됐다. 그런데 이제 훈련소를 갓 나온 자들이 우리에게 전투 시범을 보여주기 위해 왔단 말이지? 이 친구들, 갈 길이 멀군……'

영옥은 연대를 인도해 100대대 야영지로 데리고 왔다. 그 사이 대대는 참호를 파고 텐트 가설까지 마쳤고 442연대가 도착하면 안내할 사람들까지 정해져 있었다. 영옥이 연대를 인계하자 누군가 영옥에게 어느 텐트로 가라고 일러줬다. 텐트는 웬만한 호텔방 크기였는데 영옥이 들어가자 싱글스 대대장이 기다리고 있었다. 그 사이 이미 동이 트기 시작했는데 영옥을 반겨 맞은 대대장이 웃으며 말했다.

"영, 너 부연대장한테 깊은 첫인상을 남겼더군. 연대장한테도 마찬가지고."

싱글스 대대장과 밀러 부연대장은 웨스트포인트 동기생이어서 서로 잘 아는 사이였다.

"무슨 말씀이신지 듣고 싶지 않습니다. 지금은 피곤하니 눈부터 좀 붙여야겠습니다."

"그래 좀 자라. 저기 있는 야전침대를 쓰면 되겠다."

피곤에 찌든 영옥은 쓰러지듯 침대에 등을 붙이자마자 곯아떨어졌다. 눈을 떠보니 오전 10시였다. 배가 고팠는데 멀지 않은 곳에 대대 급식소가 마련돼 있었다. 급식소는 제법 형식도 갖춰 간이 식탁과 벤치 비슷한 것들도 준비돼 있었다.

영옥이 아침을 먹고 있는데 급식소 바로 앞까지 지프 한 대가 달려오더니 멈춰 섰다. 연대장 펜스 대령의 지프였다. 연대장이 오는 것을 본 싱글스 대대장이 즉시 자기 텐트에서 나와 연대장에게 경례를 했다. 지프에서 내린 펜스 대령이 싱글스 중령과 무언가 얘기를 주고받는데, 둘의 몸짓을 보니 연대장은 자꾸 급식소 쪽으로 오려 하고 대대장은 그를 자꾸 다른 방향으로 인도하려고 애를 쓰는 것 같았다. 연대장이 영옥에 대해 좋지 않은 소리를 들었다는 것을 안 싱글스 대대장이 급식소에서 영옥이 아침을 먹고 있다는 것을 알고 연대장이 급식소로 오지 못하게 하려고 했던 것이다.

결국 연대장은 급식소로 왔는데, 영옥은 일어나지도 경례도 하지 않은 채 계속 아침을 먹었다. 그런 영옥에게 연대장이 실망하듯 말했다.

"김 중위, 지금 뭐 하나?"

"아침 먹고 있습니다."

"지금 아침을 먹다니 좀 늦은 거 아냐?"

"어젯밤을 꼬박 샜습니다."

"들어서 알고 있다. 다음부터는 아침식사를 제시간에 하도록."

"……"

펜스 대령이 돌아간 후 싱글스 중령이 영옥에게 타이르듯 말했다.

"영, 아까는 네가 일어나 경례도 하고 예의를 갖췄어야 했다. 싹싹하게 행동하는 것도 좀 배워라."

"대대장님, 하루가 멀다고 피를 흘리며 전투를 계속한 지 벌써 9개월째입니다. 저는 피곤해 죽을 지경입니다. 아무리 연대장이라 해도 그런 일에 신경 쓰고 싶지 않습니다."

영옥이 심드렁하게 답하자 대대장은 웃음을 터뜨리며 다시 타일렀다.

"영, 너는 아주 보기 드문 불세출의 군인이다. 나는 할아버지도 아버지도 웨스트포인트 출신인 3대째 군인이다. 그렇지만 군인으로서 자질을 따진다면 내 몸 전체에 있는 것보다 네 손가락 하나에 있는 것이 더 많다는 것을 나는 안다. 아무리 그래도 평화시에 군인이 어떻게 해야 하는지도 좀 배우는 게 좋겠다."

442연대의 도착으로 영옥의 대대는 442연대 소속이 됐다. 미군 1개 연대는 3개 대대로 구성됐는데, 442연대는 미국을 떠날 때 1대대가 남고 2·3대대만 왔기 때문에 100대대가 사실상 442연대의 1대대가 됐다. 이에 따라 부대 명칭도 1대대로 바꿔야 했으나 클라크 5군 사령관과 사단장이 그동안 100대대가 쌓은 공적과 명성을 인정해 예외적으로 100대대라는 이름을 그대로 사용하는 것을 허락해 100대대는 고유 명칭을 그대로 유지하게 됐다.

며칠 후 클라크 사령관이 영옥의 부대를 방문해 로마 해방전에서 공을 세운 영옥과 아카호시 일병의 공로를 치하하며 특별무공훈장을 수여하고 그 자리에서 영옥을 대위로 진급시켰다.

신화의 시작, 벨베데레 전투

442연대는 벨베데레에서 첫 전투를 치르게 됐다. 벨베데레는 이탈리아 북부 '고딕 라인' 남쪽에 있는 작은 도시였다. 독일군은 이탈리아 방어를 위해 이탈리아 반도를 횡단하는 두 개의 커다란 방어선을 설정했는데 남부에 있는 것이 구스타프 라인, 북부에 있는 것이 고딕 라인이었다. 구스타프 라인이 돌파되면서 로마가 떨어지자 독일군은 플로렌스 바로 북쪽을 지나는 고딕 라인에서 연합군을 저지하며 겨울을 날 계획이었다.

연대의 공격 개시 시각은 아침 8시였다. 그렇지 않아도 100대대가 못마땅하던 터에 영옥 때문에 첫인상까지 구겼던 펜스 대령은 100대대를 빼고 2·3대대만으로 연대의 서전을 치를 계획이었다. 442연대는 이미 명성을 날리고 있던 100대대보다 자신들이 낫다는 것을 보여주려고 연대장부터 병사들까지 칼을 갈고 있었다. 펜스 대령은 전선에 있던 100대대가 맡고 있던 고지를 2·3대대에게 넘겨주고 100대대는 예비대대가 되도록 하면서 6~7킬로미터 후방으로 후퇴시켰다. 이 때문에 100대대는 전투 상황을 알 수가 없었다. 정오가 되자 싱글스 대대장이 옆에 있던 영옥을 돌아보며 말했다.

"이거 문제다. 공격 개시 시각보다 네 시간이나 지났는데 연대본부로부터 아무 연락도 없고 교신조차 안 된다. 2·3대대의 공격이 성공했어도 우리는 너무 처져 있고, 실패했어도 우리는 거리가 너무 멀어 그들을 도울 수 없다. 아무래도 직권으로 부대를 움직여야겠다."

싱글스 중령은 결심이 선 듯 대대에 출동 명령을 내렸다. 다카하시의 B중대를 선두로 대대는 2·3대대에 넘겨줬던 고지를 향해 움직였다.

대대가 고지에 다가서는 순간, 누군가 고지 위에서 뛰어내려오는 것이 보였다. 뒤를 보니 독일군이 쫓아오고 있었다. 놀랍게도 그는 사단장 라이더 소장이었다. 지프를 타고 있던 사단장의 철모에 별 두 개가 그려져 있는 것을 본 독일군이 사단장을 사로잡기 위해 포위망을 좁히자 라이더 장군은 차를 버리고 산 아래를 향해 구르듯 뛰어내려오는 중이었다. 사단장이 그런 상황에 처했다면 2·3대대의 공격 상황은 알아볼 것도 없었다.

나중에 보니 이날 공격은 2대대가 선봉에 섰는데 개전과 동시에 포위되고 말았다. 통신도 원활하지 않은 상태에서 공격을 시작한 적의 유인에 걸려 포위된 2대대는 집중공격을 받았다. E·F·G 3개 중대 모두 엉망이 됐고, 특히 F중대는 너무 타격을 입어 한동안 중대로서의 기능을 완전히 잃었다. E중대장 출신으로 대대 작전참모였던 랄프 엔스밍거 대위도 전사했다. 그는 병사들이 각별히 따르던 장교였다.

442연대의 서전을 직접 보려고 전선 시찰을 나왔던 사단장은 연대본부로부터 아군이 점령중이라고 보고받았던 지역에 들어갔다가 독일군에게 포위됐다. 사단장의 지프와 사단장을 수행했던 대령의 지프도 적군에게 뺏겼고 사단장 운전병과 대령의 통신병도 부상당했다. 혼란 중에 철모까지 잃어버리며 가까스로 탈출한 사단장은 화가 머리끝까지 치밀어 얼굴이 발개진 채로 싱글스 대대장에게 소리를 질렀다.

"당장 저 쓰레기들을 청소해! 벨베데레 뒤로 돌아가 배후에서 공격해!"

영옥의 대대가 동북쪽으로 커다란 반원을 그리면서 벨베데레 북쪽의 산에 도착하자, 히틀러 친위대 소속 기갑대대가 탱크를 앞세우고 2대대를 공격하고 있었다. 일방적으로 2대대를 밀어붙이느라 독일군은 100대대가 도착한 사실을 전혀 모르고 있었다.

영옥은 싱글스 대대장 바로 옆에서 시시각각 변하는 전황을 지켜보며 작전지시를 내리기 시작했는데, 이날의 전투는 영옥이 미군이 자랑하는 전설적인 작전장교로 남게 되는 신화의 시작이었다.

정보참모였던 영옥이 작전지시를 내리게 된 것은 작전참모였던 오스카 킹이 대대 후미에 처져 있었기 때문이었다. 당시 미군은 전투 중 지휘관의 정위치가 전체 병력의 3분의 1에서 4분의 1을 앞둔 곳이었다. 이 때문에 3개 보병 중대와 1개 중화기 중대를 이끄는 대대장의 경우는 정위치가 선봉 중대 바로 뒤였다. 그러나 실제로는 지휘관에 따라 이 위치에 있기도 하고 훨씬 뒤에 있기도 했는데 싱글스 중령은 항상 제 위치에 있는 스타일이었다. 대대장은 작전참모와 함께 있게 마련인데, 이날은 킹은 대대 후미였던 C중대보다 처져 있었고 영옥이 대대장과 함께 있었다. 어찌 보면 우연이랄 수도 있는데, 이를 계기로 영옥은 작전의 천재로서의 진면목을 유감없이 드러냈다.

이날 전투는 100대대가 다른 대대와 협동작전을 하면서도 그 대대와 전혀 교신을 할 수 없었던 첫 전투였다. 그만큼 442연대의 서전은 엉망이었다. 당시만 해도 통신 장비가 열악해 미군 대대는 대대장, 작전참모, 정보참모 세 명의 무전기만 연대본부와 교신할 수 있었다. 뒤처져 있던 작전참모는 어떤지 몰라도 대대장과 영옥은 도무지 연대본부와 교신을 할 수 없었다. 연대본부는 처음부터 100대대를 빼고 전투를 치를 계획이었기 때문에 연대 소속인 야포 대대는 포병 연락장교조차 보내지 않았던 터였다. 포병 연락장교도 없고 연대본부와 교신도 되지 않는다는 것은 야포 지원이 없다는 뜻이었다. 이 같은 상황에서 지형을 살핀 영옥은 즉석에서 전통적인 미군의 공격 대형을 과감히 버렸다.

전통적으로 미군 보병대대는 공격을 시작할 때 양 날개를 펼치듯 2개 중대를 병렬로 포진시켜 공격을 시작하고 나머지 1개 중대는 예비대로 뒤를 받치게 했다. 그러나 영옥은 지형에 맞지 않는다고 생각해 이 방식을 버리고 3개 중대를 동시에 투입하면서 각각 임무를 배정했다. C중대와 A중대는 숨어서 마을 입구와 퇴로를 차단하고 B중대는 측면으로 기습 공격하는 것이었다. 영옥은 B중대장 사카에 다카하시 대위에게 당부했다.

"사카에, 이번 작전에서는 야포 지원이 전혀 없다. 하지만 우리가 여기까지 왔다는 것을 독일군이 모르고 있으니 허를 찔러 즉시 옆구리를 공격해 달라."

다카하시 역시 출중한 군인이었다. 평소 무뚝뚝하고 감정을 잘 드러내지 않았지만 일단 임무가 주어지면 부하들의 희생을 최소화하면서 신속하게 임무를 완수했다.

B중대가 일제히 측면을 공격하자 앞에 있던 2대대 공격에 정신이 팔려 있던 독일군은 전열이 급속히 흐트러지면서 물러서기 시작했다. 독일군이 갑자기 지휘 계통이 무너지면서 마을 입구 쪽으로 몰리는

기미가 보이자 C중대가 공격을 개시했다. C중대의 목표는 독일군을 A중대 쪽으로 모는 것이었기에 굳이 조준 사격을 하지도 않았다. 독일군은 유일하게 남은 것 같은 탈출구를 찾아 도주하기 시작했지만 그곳에서는 A중대가 기다리고 있었다. 독일군은 순식간에 많은 사상자와 장비를 남기고 패주했다.

벨베데레 점령은 며칠이 걸릴 것으로 예상됐지만 100대대의 기습작전으로 전투는 세 시간 만에 끝났다. 100대대는 위기에 처해 있던 2·3대대를 구하고 적군 사살 178명, 포로 생포 73명, 탱크 2대와 차량 42대를 노획하는 전과를 올렸다. 100대대의 피해는 전사 4명, 부상 7명이었다.

완벽에 가까운 사세타 전투

연대의 다음 임무는 벨베데레에서 북쪽으로 6킬로미터쯤 떨어진 사세타를 점령하는 것이었는데 펜스 연대장은 이번 작전을 100대대 단독으로 수행하게 했다.

다음 날 영옥은 정찰대를 데리고 벨베데레와 사세타의 중간 지점에서 사세타를 감싸고 있는 듯한 계곡으로 스며들었다. 대대장은 계곡이 적과 너무 가깝다며 걱정했으나 영옥은 눈으로 적진을 직접 보는 것이 좋겠다며 정찰대를 이끌고 갔다. 대대장은 정보참모인 영옥에게 작전참모 임무까지 맡기기 시작했다.

계절이 한여름으로 치달으면서 계곡의 숲이 울창해져 몸을 숨기기 쉬워 다행이었다. 정찰대 가운데는 포병연락장교가 3명 있었는데, 2명은 어제 영옥이 군단 포병대와 군사령부 포병대에 연락해 보내 달라고 했던 사람들이었다. 영옥은 어제 전투에서 같은 연대 소속인 522포병대대와 손발이 맞지 않자 아예 군단 포병대와 군사령부 포병대의 지원을 받기로 작정했다. 영옥이 군단 포병대와 군사령부 포병대의 지원을 받기로 결심한 데는 여러 가지 치밀한 관찰과 계산이 깔려 있었다.

미군 보병연대는 1개 포병대대를 거느리고 있었는데 이들 연대 포병대대의 화력은 105밀리미터 곡사포 54문이었다. 연대 포병대대에는 3개 포병중대가 있고 연대에는 3개 보병대대가 있기 때문에 통상적으로 포병중대 1개가 보병대대 1개의 야포 지원을 맡는다. 따라서 1개 보병대대는 전투시 105밀리미터 곡사포 18문의 지원을 받을 수 있다. 이 때문에 보통 대대는 105밀리미터 곡사포 18문의 지원을 받는 것을 전제로 작전을 수립했다. 이에 반해 군단 포병대대나 군사령부 포병대대는 155밀리미터 곡사포 54문으로 무장했다. 따라서 군단과 군사령부의 야포 지원을 동시에 받을 수 있다면 155밀리미터 곡사포 108문의 지원을 받을 수 있었다. 연대 소속 1개 포병중대의 지원에 비해 무려 6배나 많은 것이다. 게다가 155밀리미터는 105밀리미터보다 먼 거리를 정확하게 때릴 수 있다.

그리고 아주 중요한 플러스 알파가 있었다. 연대 포병은 군단 포병이나 군사령부 포병보다 전방에 있기 때문에 탄약 비축량이 적다. 미군 포병은 야포 지원을 할 때 1문당 5발씩 발사하는 것이 원칙이나 연대 포병은 비축량을 걱정하다가 그렇게 하지 못하는 경우도 많았다. 이에 비해 군단 포병이나 군사령부 포병은 더 후방에 있는 덕택에 보급이 원활해 탄약 비축량을 걱정하는 경우가 드물었다.

이 같은 현상은 미군의 포병 운용 방식 때문이기도 했다. 미군의 포병 운용 방식은 역사적으로 유럽식인데, 평원에서 전쟁을 많이 치렀던 유럽에서는 포병의 주요 임무가 먼저 적의 포병을 제압하는 것이었다. 이로 인해 대포가 클수록 보병을 직접 지원하는 것보다 적의 큰 대포를 파괴하는 것이 더 중요했다. 이를 위해서는 적의 대포 위치를 알아내야 하는데 그것이 쉽지 않기 때문에 적 포탄의 탄도를 가지고 적 대포의 위치를 역산해 포격을 가하기 위해 적군이 포격을 가해 올 때까지 기다리는 개점휴업 상태로 지내는 경우가 많았다.

이 때문에 군단 포병대대나 군사령부 포병대대는 일단 지원 포격에 나서면 아낌없이 쏴댔다. 심리적으로도 포병들은 포를 쏘고 싶어했다. 한마디로 상급 부대로 갈수록 야포 지원의 질과 양이 훨씬 좋아졌다.

이 같은 영옥의 생각과 시도는 지금 보면 아무것도 아닌 것 같지만 당시로서는 상식을 뛰어넘는 엄청난 파격이었다. 미군의 어느 보병학교나 포병학교도 그런 식으로 가르치지 않기 때문에 보병 장교들도 포병 장교들도 그런 생각 자체를 하지 않았다. 일개 보병대대의 참모가 작전을 세우면서 군단 포병이나 군사령부 포병까지 동원하려 생각한다면 그 자체가 미친 짓이었다.

그러나 영옥은 언제나 고정관념에 사로잡히지 않는 유연한 사고의 소유자였다. 실제로 영옥이 직접 군단이나 군사령부 포병에 지원을 요청하자 이들은 흔쾌히 연락장교를 보내왔다.

사실 영옥 일행이 계곡으로 떠나기 한 시간 전쯤 연대 포병대대의

100대대 담당 관측장교 찰스 파이블먼 대위가 영옥을 찾아와 자신을 소개하면서 말했다.

"오늘 야포 지원을 맡을 것입니다."

"나를 따라오는 것은 좋지만 연대 포병은 필요 없소. 어제 그렇게 필요할 때는 어디 있었소?"

"솔직히 어제 우리는 전투 중에 절대로 범하지 말아야 할 실수를 했소. A포병중대가 100대대 담당이었는데 포대를 이동시키고 있었소."

"그걸 말이라고 하오? 전투 중에 포대를 움직이다니. 그 때문에 우리가 야포 18문의 지원을 잃었단 말이오."

"사실 100대대가 전투에 투입될 줄 몰랐소."

"그런 것은 이유가 안 돼요!"

"알고 있소. 참으로 미안하게 됐습니다."

한동안 사죄를 거듭하던 파이블먼은 영옥 일행을 따라 나섰다. 미나미 하사와 아카호시 일병 등 정보과 대원 네 명, 포병 관측장교 세 명과 이들 한 명당 통신병 두 명씩 모두 14명이었다. 포병 관측장교 한 명에 통신병 두 명이 따라붙는 것은 포병용 무전기의 배터리가 너무 크고 무거웠기 때문이었다. 영옥이 처음부터 무전기로 교신하기로 결정하고 자신이나 포병장교단의 유선전화 요원들을 데려가지 않았기 때문에 일행을 줄일 수 있었다.

계곡에 도착한 영옥은 사세타에 배치된 독일군 진형을 보며 작전 짜기에 골몰했다. 영옥은 부대를 떠나며 독일제 포병용 망원경을 갖고 오길 잘했다고 생각했다. 망원경은 어제 독일군에게 빼앗은 것이었는데 방열 필터가 설치된 특수렌즈가 장착돼 있어 열 때문에 물체가 어른거리는 현상을 줄여 미제보다 훨씬 성능이 좋았다. 사세타에 진을 친 독일군은 물론 주변의 숲까지 모든 것이 세세히 들어왔다.

오랫동안 적진을 관찰하며 작전 구상에 골몰하던 영옥은 무전기를 들고 싱글스 대대장에게 작전 개요를 설명하기 시작했다. 잠시 설명을 듣던 싱글스 대대장이 갑자기 영옥의 말을 끊었다.

"계획은 아주 좋은 것 같다. 그런데 지금 네가 설명하는 것들을 내 눈으로 볼 수 없으니 네가 나한테 설명하고 내가 다시 중대장들에게 명령을 내릴 것 없이 네가 직접 중대장들에게 지시하라."

영옥은 그 자리에서 중대장들에게 작전명령을 내리기 시작했다. 원래 계획대로 포병 지원은 군단 포병과 군사령부 포병으로 한정했다. 옆에 있던 파이블먼이 길길이 뛰었지만 영옥은 마음을 바꾸지 않았다. 후에 영옥과 파이블먼은 절친한 친구가 됐지만 그 순간 두 사람은 철천지원수 같았다.

155밀리미터 곡사포 108문의 지원 포격을 배경으로 정밀히 수행된 영옥의 야간작전은 한 치의 오차도 없었다. 전투가 끝나고 다음 날 보니 독일군은 전사자만 200명을 넘었지만 미군 사상자는 전사 1명, 중상 1명뿐이었다.

영옥 일행이 사세타에 도착했을 때는 이미 황혼이 깃들고 있었다. 시가에 남아 있는 전투의 흔적을 바라보며 사세타를 가로지르는 대로로 들어서자 멀리서 연대장의 모습이 들어왔다.

영옥을 본 펜스 대령은 오른손을 하늘로 번쩍 치켜들더니 머리 위에서 커다란 원을 두어 번 그리다가 다시 하늘을 향해 주먹을 불끈 쥐고는 공중에서 무언가를 잡아당기듯 팔을 올렸다 내렸다를 두어 번 반복했다. 서전이 있던 날 독일군 탱크의 공격을 받았을 때 영옥이 소대원들에게 보냈던 바로 그것이었다. 멀리서 영옥을 발견한 연대장이 '빨리빨리 뛰어서 나한테 오라'는 수화 메시지를 보낸 것이다.

연대장의 수화를 보면서 영옥은 지금까지 연대장과 만났던 두 차례의 경험이 모두 유쾌하지 못했던 사실을 되새기면서 이번에는 또 무엇이 못마땅해 저러나 싶어 오히려 천천히 걸어가며 혹시 잘못된 것이 없는지 되짚어 봤다. 그러나 영옥이 도착하자 연대장은 두 손바닥으로 영옥의 어깨를 감싸며 기다렸다는 듯 말을 쏟아냈다.

"영, 이 순간부터 영원토록 우리는 최고의 친구다."

"……?"

"네가 나의 친구인지 아닌지는 모르겠지만 나는 너의 친구다. 내가 철모를 쓰지 않은 게 보이지 않나? 너를 흉내낸 거야. 오늘의 승리를 위해 축배를 들자."

"……!"

연대장은 어깨동무를 하면서 미리 정한 데가 있는 듯 어디론가 영옥을 데려갔다. 연대장이 이끄는 대로 따라가 보니 술집이었는데 술집 안은 100대대 장병들로 가득 차 있었다. 연대장의 주문에 따라 모두에게 한 잔씩 돌아가자 연대장은 영옥을 향해 자기 잔을 높이 들더니 장병들 쪽으로 몸을 돌려 말하기 시작했다.

"오늘 본인은 거의 완벽에 가까운 전투를 목격했다. 본인은 포트 베닝 보병학교에서 수백 번이나 가상 전투를 봤다. 모두 지형·지물을 손바닥 보듯 한 상태에서 가상 적군을 상대로 한 것이었다. 오늘 귀관들은 생면부지인 지형에서 단 한 번의 연습도 없이 진짜 적군을 상대로 환상적인 전투를 했다. 귀관들의 오늘 승리는 참으로 경이적인 것이다."

여기까지 말을 마친 연대장은 다시 영옥을 향해 몸을 돌리더니 한층 목소리를 높였다.

"오늘 전투를 위해 작전을 세우고 일일이 명령을 내렸던 김 대위를 위해 축배!"

모두 영옥을 바라보며 들고 있던 잔을 더 높이 들었다가 단숨에 비우고는 일제히 박수를 쳤다. 영옥도 잔을 비운 후 물었다.

"그런데 연대장님께서 여기 웬일이십니까?"

"나? 100대대 전투를 보러 왔지."

"……."

"어제는 하루 종일 연대본부의 통신이 두절됐었고 오늘 아침까지도 마찬가지였다. 그런 데다 오늘 우리 연대의 임무는 너희 사세타 전투뿐이라 함께 있는 것이 좋겠다고 생각했지."

"언제 돌아가십니까?"

"글쎄, 난들 알 수 있나. 연대본부의 통신이 회복되면 가봐야겠지."

펜스 대령은 일본이 만주와 북중국으로 세력을 확장하던 1930년대 전후 수년 동안 중국에서 근무해 중국·일본 전문가로 통했고, 이 때문에 442연대장이 된 인물이었다.

영옥은 그날 밤 돌아가는 연대장을 배웅하면서 낮에 봤던 3대대의 모습을 떠올렸다. 3대대는 100대대 왼쪽에서 북진하기로 돼 있었는데 어느 중대인지 모르겠지만 3대대 소속 중대 하나가 사세타를 공격하는 100대대의 왼쪽에서 나타나 오른쪽으로 사라졌다. 북쪽 대신 동쪽으로 잘못 가고 있다는 얘기였다. 첫 전투는 누구에게나 혼란스러운 법이다. 442연대도 마찬가지였다. 연대본부의 통신이 이틀이나 두절되고, 포병대가 전투 중에 포대를 움직여 지원 포격을 못해 주고, 중대가 방향을 몰라 우왕좌왕하고…….

천재에게 교본은 없다

파이블먼 대위는 다음 날에도 볼멘소리를 계속했다. 하루 전투를 같이 치른 터라 두 사람은 전날보다 가까워져 있었다.

"영, 앞으로도 계속 이럴 거냐?"

"첫날 엉망으로 만들었던 것은 너희 포병대다."

"그래, 인정하지. 그렇지만 잘못을 고치기 위해 내가 온 것 아니냐?"

"척, 어제 봤지? 내가 포격 지원을 요청하자 1개 대대가 대포 1문당 5발씩 연속해서 쏘는 것 말이야. 너희 포병대대가 몽땅 나서서 1문당 5발씩 쏘도록 할 수 있나?"

'척'은 찰스를 친숙하게 부르는 애칭이었다.

"그렇게는 못 해. 우린 포탄 비축량이 그만큼 안 돼."

"그렇겠지. 연대 포병은 1개 포병중대 18문이 1문당 두세 발씩 쏴주면 잘 쏴주는 것이겠지. 그래 봤자 105밀리미터 36발이나 54발이 전부 아니냐. 그런데 군단 포병과 군사령부 포병이 쏴주면 2개 포병대대가 총 108문으로 5발씩 쏴주니 540발이다. 그것도 155밀리미터라서 너희의 105밀리미터보다 훨씬 정확하지. 그런데도 왜 연대 포병대대에 매달려야 하나?"

"그거 참, 할 말이 없군."

이때 둘은 어느 이탈리아 부자의 멋진 저택 4층에 있었는데 그곳은 온통 유리로 돼 있어 사방이 잘 보였다.

"척, 우리 내기 한번 해볼까? 저기 교회 탑 보이지?"

영옥이 저택에서 멀리 내려다보이는 들판에 우뚝 서 있는 교회를 가리키며 말했다.

"내가 너보다 저 교회 탑에 가까이, 더 빨리 포격을 불러들일 수 있다면 믿겠어?"

"말도 안 되는 소리!"

"그래? 너부터 해보지."

둘은 지도와 스톱워치까지 준비한 다음 내기에 들어갔다. 파이블먼 대위는 지도상에서 교회의 좌표를 확인한 후 무전기로 연대 포병대대를 불렀다. 통상적으로 포병들이 사용하는 방식대로 목표물의 전후좌우로 한 발씩 포탄을 떨어뜨린 후 다섯 번째 포격으로 목표물을 맞히는 식이었다. 다섯 번째 포격을 제법 교회 근처로 근접해 떨어뜨린 파이블먼 대위가 말했다.

"이제 네 차례다."

"그러지."

영옥이 무전기를 들고 무어라 말을 하자 포탄 한 발이 교회 오른쪽으로 떨어지더니 이어 다시 한 발이 왼쪽으로 떨어졌다. 세 번째는 파이블먼 대위가 불러들였던 다섯 번째 포탄보다 더 가까이 교회 쪽으로 떨어졌다. 그러자 파이블먼 대위가 놀란 눈으로 영옥을 바라보며 말했다.

"도대체 어떻게 한 거냐?"

"그래도 모르겠나? 너는 포병 교본에 나오는 대로, 포병학교에서 배운 대로 했겠지? 그러고도 너희 방식이 최고라고 생각하고 있다. 마음이 닫혀 있는 거야."

"어쩌다 맞힐 수도 있는 것 아냐?"

"그래? 한 번 더 해볼까?"

둘은 다시 한 번 반복했지만 결과는 마찬가지였다.

"이런 제기랄. 내가 또 졌잖아. 너는 두 발로 조준하고 세 번 만에 목표를 맞혔는데 나는 네 발로 조준하고 다섯 번 만에 목표에 근접했지만 너의 세 번째 포탄보다 더 멀리 떨어졌다. 어떻게 그럴 수 있지?"

"그건 나만의 비밀이야. 너, 포병학교 출신이라 했지. 왜 너희 방식이 우월하다고 생각하는지 이유를 대보지 그래."

"아니다. 두 번이나 네가 이겼는데 우리 방식이 나은 것이 아니지. 비결을 가르쳐 달라. 나도 그렇게 할 테니."

영옥이 파이블먼 대위에게 이것저것 설명을 마치자, 파이블먼 대위는 손뼉을 치며 탄성을 연발했다.

"그렇다면 우리가 연대 포병대대 하나만 고집한다는 것은 미친 짓이지. 앞으로는 네 말대로 하겠다. 이제부터는 군단 포병대대와 군사령부 포병대대도 이용하지."

이후 파이블먼 대위는 영옥의 방식을 전폭적으로 지지했고, 100대대는 항상 영옥의 방식대로 포병을 동원했다.

벨베데레 전투와 사세타 전투를 통해 빛나기 시작한 작전장교로서 영옥의 천재성은 상황을 신속히 파악하는 냉철한 판단, 고정관념에 얽매이지 않는 창조적 사고, 목표가 결정되면 주저없이 내리는 과감한 결단에 있었다. 사세타 전투에서 군단 포병과 군사령부 포병의 지원을 받는다는 발상이나 두 전투에서 미군의 전통적 전투 방식을 버리고 새로운 전투 방식을 택한 것이나 다 마찬가지였다.

그날 펜스 대령은 더 이상 아무 말 없이 돌아갔지만 사세타 전투와 영옥의 작전에 열광했던 이유는 비단 전투의 결과 때문만은 아니었다. 나중에 알게 됐지만 그날 펜스 대령에게는 손님이 있었다.

한참 후 영옥이 91사단에서 들은 얘기였지만 그날 영옥이 전투 지시를 내릴 때 펜스 대령은 대대장 옆에서 무전기를 통해 모든 것을 듣고 있었다. 정보참모로서 영옥이 사용했던 무전기는 대대장이나 중대장과도 교신할 수 있었던 것으로 영옥이 어느 중대장과 교신하면 대대장이나 다른 중대장들도 같이 들을 수 있었다. 펜스 대령은 마침 대대본부에 와 있어 교신 내용을 그대로 들을 수 있었는데, 그때 대대본부에 와 있던 손님들도 같이 들었다. 이들 손님은 다름아닌 91사단 참모장과 연대장이었다.

당시 5군 사령부는 새 사단이 이탈리아로 올 경우 실전에 앞서 반드시 모든 연대장과 사단본부 핵심 장교들이 이탈리아에 먼저 와 있던 다른 부대의 실전을 참관하도록 했다. 이때는 91사단이 막 이탈리아에 도착한 터여서 442연대의 실전을 참관하게 된 것인데, 연대장은 100대대의 전투를 참관하도록 했다. 사세타 전투가 있던 날, 펜스 대령은 공격이 시작되기 전 91사단 시찰단과 함께 대대본부에 도착했으나 영옥은 이미 정찰대를 이끌고 숲으로 떠난 뒤라 이들의 존재를 모르고 있었다.

영옥은 나중에 91사단이 레그호른을 점령한 후 클라크 사령관의 명령에 따라 100대대가 레그호른 수비대로 선발돼 그곳에 갔을 때 91사단 참모장 조세프 도노빈 대령으로부터 이 얘기를 듣게 됐다.

"김 대위가 사세타 전투를 지휘하던 날, 나도 100대대 본부에서 귀관이 무전기를 통해 중대장들에게 내리는 작전지시를 낱낱이 들었다. 그 일은 너무도 인상적이어서 앞으로도 두고두고 잊지 못할 것이다. 언젠가 김 대위를 우리 사단에 보내 달라고 상부에 요청할 계획인데 그때 나의 요청을 존중해 주기 바란다. 김 대위가 우리 사단으로 와준다면 사단본부 정보참모 자리를 주겠으며, 귀관이 신참 대위라는 것도 알지만 중령으로 진급시켜 주겠다."

사단 정보참모는 중령 보직이었는데 이제 막 대위를 단 유색인에게 사단 정보참모 자리와 중령 진급을 보장하겠다는 도노빈 대령의 제의는 실로 파격적인 것이었다. 그때까지만 해도 인종차별 때문에 유색인, 그것도 아시아계가 중령이 된다는 것은 꿈꾸기도 어려운 시절이었다.

100대대를 떠난다는 생각을 해본 적도 없었고 도노빈 대령과의 만남도 그날이 마지막이었던 영옥은 이 제안을 금방 잊었다.

벨베데레와 사세타 전투로 100대대는 미군에서 단일 부대에 주어지는 최고 영예인 대통령 부대 표창을 처음 받았고, 2·3대대의 무경험을 메우면서 442연대의 핵심이 됐다. 연대의 다른 장교들과 달리 연대장은 이 사실을 즉시 인정하고 수용했다. 그러나 100대대와 2·3대대의 갈등이 해소되기 위해서는 좀 더 많은 피를 흘려야 했다. 둘 다 일본계 2세가 대부분이었지만 100대대는 하와이 출신 징병자들이 주축이고 442연대는 미국 본토 출신 지원자들이 주축이어서 두 집단의 갈등은 단순한 신참과 고참의 갈등 이상이었다. 두 전투로 100대대는 이탈리아 전선 최정예군이라는 명성을 재확인했다.

100대대를 자랑스럽게 여긴 클라크 사령관은 영국 왕 조지 6세 등 연합국 VIP들이 이탈리아 전선을 시찰할 때면 100대대 장병을 뽑아 의장대로 내세우곤 했다. 대대장은 부대 사정에 따라 대대참모나 중대장을 의장대장으로 내보냈는데 로버트 패터슨 미국 전쟁성 부장관이 왔을 때는 영옥이 의장대장을 맡도록 했다. 442연대가 예비대가 돼 바다(Vada)로 이동하면서 100대대도 오랜만에 전선에서 벗어나자 그동안 영옥의 노고를 치하하는 상징이었다.

미녀는 영웅을 알아본다

100대대가 일선에서 벗어나자 싱글스 중령이 '알 앤 알(R&R)'을 주기 위해 영옥을 불렀다.

"늦었지만 로마에서 며칠 쉬고 오라. 사실 오래전에 보내줘야 했는데 그동안 네가 꼭 필요했기 때문에 그럴 수 없었다. 지금이 아니면 언제 또 너를 놔줄 수 있을지 모르니 부대 걱정하지 말고 편히 쉬다 오라."

'알 앤 알'이란 휴식과 회복(Rest and Recuperation)이란 뜻으로 미군들이 전장에서 장병들에게 주는 며칠간의 짧은 위로 휴가다. 당시 이탈리아에 주둔하던 다른 연합군처럼 미군들도 '알 앤 알'을 받아 로마로 가는 것이 꿈이었기 때문에 미군 지휘부는 부대별로 쿼터를 할당해 로마로 가는 장병의 수를 제한했다. 그런데 영옥의 부대에도 5일짜리 '알 앤 알' 쿼터가 나오면서 당장 전선으로 가지 않는 것이 확실해지자 대대장이 영옥을 챙겨 준 것이었다.

영옥은 다른 장교 한 명과 함께 지프를 타고 로마로 달렸다. 운전병이 속력을 높이자 문짝도 덮개도 없이 달리는 지프가 가르는 바람이 드세졌다. 안지오에서 목숨을 건 도박 끝에 잡은 독일군 포로로 로마 해방을 앞당겼던 영옥에게 로마에서 불어오는 바람은 남다른 감회를 불러일으켰다. 이런저런 상념에 잠겨 있는 영옥의 눈에 로마제국의 영광을 담은 스카이라인이 들어왔다. 로마를 중립 도시로 선언하고 문명의 유적을 보존한 것은 천만다행이었다. 전쟁이란 참으로 비극이며 희극이었다.

로마로 접어든 운전병은 지프를 엑셀시오르 호텔 앞에 세웠다. 엑셀시오르 호텔은 당시 로마에 있던 최고급 호텔로, 로마에서 '알 앤 알'을 보내는 육군 장교들의 숙소였다.

영옥은 자기 방을 찾아 짐을 풀었다. 짐이라고 해봤자 부대를 떠날 때 부하들이 챙겨 준 더플백 하나가 전부였는데, 그 안에는 담배·초콜릿·C레이션 내용물인 캔디가 가득 들어 있었다. 영옥이 휴가를 간다는 걸 알게 된 부하들이 담배와 캔디를 챙겨 준 데는 그만한 이유가 있었다.

　미군은 외국에 파견된 장병들에게 급여를 지급할 때 달러 대신 지역에 따라 군표를 지급했다. 이탈리아 주둔군에는 '미군 리라', 프랑스 주둔군에는 '미군 프랑', 독일 주둔군에는 '미군 마르크', 일본 주둔군에는 '미군 엔'을 주는 식이다. 이 군표는 군인들이 PX에서 물건을 사거나 부대 세탁소에서 옷을 세탁하거나 우체국을 통해 본국의 가족에게 송금할 때만 가치가 있을 뿐 일반인에게는 무용지물이었다. 이탈리아 주둔 미군이 본국에 있는 가족에게 100달러를 송금하고 싶으면 부대 우체국을 찾아가 100미군 리라를 내고 송금하고, 송금환을 받은 가족들은 본국에서 미화로 100달러를 찾는 식이었다.

　당시 이탈리아 경제는 전쟁으로 극심한 인플레이션에 시달리는 통에 이탈리아 리라로 뭉칫돈을 줘봤자 통조림 한 통 제대로 살 수 없었다. 리라는 휴지 조각이나 다름이 없었다. 또한 달러는 구경조차 못했고 군표는 시중에서는 통하지 않았기 때문에 물건으로 물건을 사는 물물교환 시대로 돌아갔다.

　물건이라고 다 통하는 것도 아니라 식품이 우선이지만 식품은 서로 규격이 다른 데다 상하는 단점이 있었다. '허시'나 '베이비 루드' 같은 초콜릿도 인기가 높았지만 날씨가 더우면 녹는다는 단점이 있었다. 미군들의 전투식량인 C레이션에 들어 있는 통조림 같은 것은 보관하긴 쉬웠지만 사람에 따라 싫어하는 경우도 많았다.

　이 때문에 담배가 최고 인기 품목이 됐다. 담배는 규격이 일정하고 보관하기도 쉬웠기 때문이다. 담배 다섯 개비면 여자를 얻을 수도 있었고 한 갑이면 웬만한 일은 무사통과였다. 미국은 군인들에게 럭키 스트라이크나 카멜 같은 일등품을 보급했기 때문에 품질도 세계 최고여서 휴가를 가는 병사들은 항상 담배를 챙겨 영문을 나섰다.

영옥의 부대처럼 일선 전투부대에는 넘쳐나는 것이 담배였다. 일선 부대라고 담배가 더 많이 지급되지는 않았으나 최전선 전투식량인 K레이션에는 담배가 다섯 개비씩 들어 있는 데다 담배를 피우지 않는 병사들도 있어 정식으로 보급되는 담배는 며칠만 지나도 수북이 쌓였다. 거기다 영옥의 부대처럼 매일 치열한 전투를 치르는 부대는 전사자 때문에 생존자의 몫이 더 많아지게 마련이었다.

영옥의 부대는 대대본부와 각 중대본부 취사 담당 부사관들의 책임 아래 담배를 보관하고 있다가 장병들이 휴가를 가면 자기 몫을 갖고 가도록 했다. 영옥은 휴가를 가는 경우가 드물었으나 입원 중인 병사들을 위문하러 가거나 어쩌다 부대 밖으로 나가야 하는 일이 있으면 담당 부사관들이 이를 알고 담배를 가득 채운 더플백과 초콜릿 몇 상자를 미리 영옥의 지프에 실어 두곤 했다.

짐을 푼 영옥은 다카하시 대위와 약속한 대로 호텔에 부속된 스탠드바로 갔다. 다카하시 역시 다른 장교 한 명과 함께 영옥보다 먼저 로마로 '알 앤 알'을 나와 있었는데, 영옥이 엑셀시오르 호텔로 연락해 도착 사실을 알리자 스탠드바에서 만나자고 했던 것이다.

몇십 명만으로도 꽉 찰 것 같은 스탠드바는 이삼백 명은 족히 돼보이는 군인들과 여자들로 발 디딜 틈 없이 와자지껄했다. 담배연기나 저마다 질러 대는 고성은 그렇다 쳐도 술을 사려는 군인들이 겹겹이 바를 둘러싸고 밀치고 당겨 바텐더에게 말을 붙이기조차 어려웠다. 계급이나 체면을 차리다가는 술 한 잔 얻어먹기도 어려울 판이었다. 먼저 와 있던 다카하시 일행이 자리를 차지하고 있어 영옥 일행은 그나마 다행이었다. 그날이 '알 앤 알' 마지막 날인 다카하시는 꼭 로마에서 영옥과 술 한 잔 같이 해야겠다며 기다리고 있었다.

영옥 일행의 합류로 네 명으로 불어난 이들은 위스키 잔을 부딪치며 로마에서의 해후를 즐겼다. 평소 과묵한 다카하시도 이날만큼은 흥이 돋는지 이런저런 잡다한 얘기와 함께 로마에서는 이렇게는 해도 되지만 저렇게는 하면 안 된다는 등 일장훈시를 늘어놓았다.

영옥이 미소를 머금은 채 다카하시의 열변을 듣고 있는데 갑자기 찬물을 끼얹은 것처럼 주위가 조용해졌다. 무슨 일인가 싶어 주위를 둘러보니 바 입구에 금발의 미녀가 서 있었다. 영옥 일행의 테이블이 입구에서 멀기도 한 데다 서양인이라 정확히 나이를 가늠하기 어려웠지만 언뜻 보기에 20대 초반으로 보이는 백인 여성의 아름다움은 정말 좌중을 압도할 만했다. 정적을 깨고 군인들이 여기저기서 휘파람을 불며 서로 자기 쪽으로 오라고 소리치는 것을 들으면서 영옥도 마음속으로 참으로 미녀라 생각하며 다카하시를 향해 고개를 돌렸다.

다시 다카하시의 이야기에 묻혀 있던 영옥이 갑자기 누군가가 가볍게 어깨를 두드리는 것 같아 고개를 돌려 보니 조금 전 바 입구에 서 있던 바로 그 미녀였다.

"대위님, 잠깐 얘기 좀 할 수 있을까요?"

영옥은 갑자기 꿀 먹은 벙어리가 되어 멍한 눈길로 바라보는 다카하시에게 양해를 구하고 그 여성과 함께 밖으로 나갔다. 둘이 호텔 로비의 비교적 한적한 곳으로 자리를 옮기자, 그녀가 영옥에게 물었다.

"언제 로마에 오셨습니까?"

"방금 도착하는 길입니다."

"단도직입적으로 말씀드리겠습니다."

"……"

"대위님이 오케이하신다면 앞으로 5일간 함께 지내겠습니다."

"……"

체류 기간을 묻지도 않은 그녀가 영옥의 '알 앤 알'이 5일이라는 것을 아는 것으로 봐서 이렇게 하는 것이 처음이 아니라는 걸 알 수 있었지만 영옥은 아무것도 묻지 않았다.

"전쟁통에 가족이 굶어죽지 않기 위해서는 어쩔 수 없습니다. 그러나 우리 가문은 이탈리아의 명가입니다. 아무렇게나 같이 지낼 수는 없습니다. 조건이 몇 가지 있는데 약속해 줄 수 있겠습니까?"

"조건이라니……?"

"첫째, 저는 대위님과 함께 있는 닷새 동안 다른 남자를 만나지 않겠습니다. 대위님도 저와 함께 있는 동안 다른 여자를 만나서는 안 됩니다. 둘째, 저는 외박을 할 수 없습니다. 매일 아침 10시에 왔다가 밤 10시에 돌아가겠습니다. 셋째, 아침에 호텔로 올 때는 어머니가 끄는 마차를 타고 올 것입니다. 대위님은 항상 호텔 정문 앞에서 저를 기다려 주셔야 합니다. 제가 도착하면 예의를 갖춰 맞아 주시고 저를 에스코트해서 호텔 안으로 인도해 주십시오."

"……."

"넷째, 하루 세 끼 식사를 함께 해주셔야 합니다. 식사 때 남은 빵과 음식은 집으로 가져가겠습니다. 만일 다른 커플과 함께 식사를 하게 되면 남은 빵과 음식은 다른 여자들과 똑같이 나누겠습니다. 이밖에 적당한 사례가 있을 것으로 기대하고 주시면 감사히 받겠지만 제가 정하지는 않겠습니다. 마지막으로, 제가 이렇게 하는 것을 아는 가족은 어머니밖에 없으니 이 점도 유념해 주십시오."

"……."

"……."

"바에는 다른 군인들도 많고 나는 동양인인데 왜 하필 나에게 이런 얘기를 하시오?"

"다른 사람들은 다 왁자지껄했지만 대위님만은 조용히 얘기를 들으면서 간간이 미소 짓는 것을 보고 일단 약속하면 반드시 지킬 분이라 생각했습니다."

그녀의 얘기는 여자로서는 하기 어려운 것이었지만 비굴하지도 않았고 말하는 태도에서도 분명히 명가의 교육을 받은 기품이 배어 있었다. 영옥이 스탠드바로 다시 돌아오자 다카하시 대위가 으르렁거렸다.

"나는 5일 동안 여기 있으면서 그 여자에게 잠깐만이라도 같이 있어주면 담배를 한 보루나 준다고 해도 거들떠보지도 않았는데 너는 어떻게 했기에 오자마자 저쪽에서 먼저 난리냐?"

넷은 한참을 같이 웃다가 일어섰고 다카하시 일행은 부대로 돌아갔다.

다음 날 아침 그녀는 어제 말한 대로 정각 10시가 되자 마차를 타고 나타났다. 영옥이 그녀를 데리고 레스토랑으로 가자 웨이터는 두 사람을 8인용 테이블로 안내했다. 영옥이 웨이터에게 담배 두 갑을 주면서 한 갑은 웨이터 것이고 한 갑은 보스 것이라며 빵이든 설탕이든 떨어지면 채워 주고 서비스가 좋으면 담배를 한 갑씩 더 주겠다고 하자, 웨이터는 빵이며 설탕이며 잼이며 무엇이든 떨어지기만 하면 계속 날라 왔다. 영문을 모르는 손님들의 시선이 영옥의 테이블로 집중됐지만 웨이터는 무엇인가를 담은 쟁반을 들고 계속 들락거렸고, 같이 있던 여성 넷은 아예 테이블 모서리에 가방을 벌리고 가져온 식품을 쓸어 넣으며 웃음을 참지 못했다.

전쟁으로 폐허가 된 이탈리아 경제는 그 정도로 말이 아니었다. 하루하루 끼니를 때우는 것이 삶의 목표였고 일자리란 말 자체가 사치였다. 전국 어디를 가도 사정은 마찬가지였다. 전쟁이란 특히 여성들에게는 지옥이었다. 전쟁 중에 이렇게 가족의 생계를 꾸린 여성들을 기다리는 또 다른 비극은 전쟁이 끝나고 먹고살 만해지면 손가락질을 받는다는 것이었다. 나중에 알고 보니 프랑스 역시 마찬가지였다.

5일 후 영옥이 아직도 담배와 초콜릿으로 가득한 더플백을 통째로 주자, 그녀는 깜짝 놀라며 한동안 아무 말도 못하다가 너무 많다며 사양했다. 영옥은 행운을 빈다는 짧은 인사를 남기고 호텔 정문에 대기하고 있던 지프에 몸을 실었다.

피사 해방전

로마 함락에 이어 노르망디 상륙작전에 성공한 연합군은 본격적으로 독일군을 압박하기 시작했다. 영옥이 있던 이탈리아 전선의 연합군도 미군이 서부전선을 맡고 영국군이 동부전선을 맡은 상태 그대로 크고 작은 전투를 치르며 북상을 계속해 아르노 강을 눈앞에 두게 되었다.

아르노 강은 이탈리아 반도를 동서로 가로지르는 강으로, 연합군의 아르노 강 도강작전은 모든 전선에서 일제히 이뤄질 계획이었다. 독일군은 로마를 내주고 북으로 물러나면서도 질서정연하게 후퇴해 자신들이 이탈리아 방어를 위해 설정한 2차 방어선 '고딕 라인'에서 연합군을 기다리고 있었다. 이탈리아 전선의 승패는 결국 고딕 라인을 깨뜨릴 수 있느냐에 달려 있었고, 이를 위해 연합군은 먼저 아르노 강을 건너야 했다.

가짜 도강작전

이탈리아 전선의 미군을 총지휘했던 5군 사령부는 서부전선을 다시 둘로 나눠 서쪽 반을 4군단에 배정했다. 4군단은 도강작전을 앞두고 대형

특수임무 부대인 '태스크포스 45'를 편성하고 영옥의 100대대도 여기 배속시키면서 서부전선이 시작되는 아드리아 해 연안부터 피사의 사탑으로 유명한 고도 피사의 동쪽까지를 '태스크포스 45'에 맡겼다.

태스크포스 45는 미군·영국군·브라질군·자유 이탈리아군 등으로 이뤄졌는데, 핵심 주축은 미 육군 45방공포여단이었다. 45방공포여단은 태스크포스 출범에 맞춰 보병여단으로 급조된 탓에 여단장 폴 러틀릿지 준장에서 말단 사병에 이르기까지 보병에 대해서는 깡통이었다.

방공포 부대가 보병 부대로 바뀐 것은 원래 연합군이 이탈리아에 상륙할 때 독일 공군을 염려해 방공포 부대를 대거 준비했지만, 전황이 바뀌면서 독일이 이탈리아에서 공군을 동원하는 빈도가 극감해 방공포병의 수요는 줄어든 대신 계속되는 전쟁으로 보병 사상자가 늘면서 보병의 수요가 그만큼 많아졌기 때문이다.

그러나 오랫동안 하늘만 처다보면서 아무 일도 하지 않던 방공포병들이 달포의 훈련에 믿을 만한 보병으로 바뀌기를 기대하는 것 자체가 환상이었다. 4군단이 태스크포스를 만들면서 영옥의 부대를 포함시킨 것은 그런 약점을 보완하기 위해서였다.

군단 사령부는 영옥의 부대와 함께 92사단 소속 370연대도 태스크포스에 배속시켰다. 이탈리아 전선에 막 도착한 92사단은 사단장을 포함한 고급 장교는 백인이지만 초급 장교와 사병은 흑인이었다. 러틀릿지 준장은 태스크포스 보병 전력의 핵심인 영옥의 부대를 방공포여단과 흑인 연대의 중간에 배치했다. 아르노 강이 피사 바로 동남쪽을 끼고 굽이치는 지점이었다. 4군단은 태스크포스를 만들면서 경쟁크 중대, 중탱크 중대, 야포 대대, 박격포 중대 등도 배속시켰는데 러틀릿지 준장은 보병에 대해서는 모른다며 이들 대부분을 영옥의 부대에 맡겼다. 이로 인해 영옥의 부대는 실전 경험이 전혀 없는 두 부대 사이에 마치 샌드위치처럼 끼여 이탈리아 서부전선에서 벌어지는 아르노 강 도강작전의 핵심이 됐다. 이 같은 사실은 대대 작전참모로서 영옥이 또다시 막중한 책임을 안게 됐다는 의미였다.

지도를 앞에 놓고 영옥은 깊고 오랜 침묵의 세계로 들어갔다.

'우리 목표는 우선 아르노 강을 건너 교두보를 확보하고 이를 발판으로 피사를 점령하는 것이다. 그런데 피사는 인류의 위대한 문화유산을 간직한 곳 아닌가? 피사에 대한 직접 공격 없이 강을 건너 피사를 점령할 수는 없을까?

현지 수비를 맡은 독일군의 사기는 떨어지고 있을 것이 분명하다. 심리는 전장에서 승패를 가늠하는 요소다. 우리 부대가 아르노 강 남쪽에 배치되기 직전까지는 독일군이 강을 건너 미군 진영을 몇 킬로미터나 뚫고 정찰대를 보내왔으나 우리가 배치되는 즉시 이를 봉쇄하면서 거꾸로 강 건너 독일군 진영을 몇 킬로미터나 뚫고 정찰대를 보내기 시작했다. 이 때문에 독일군은 새로 출현한 상대에 대해 불안해하고 있을 것이 틀림없다. 독일군이 정보망을 제대로 가동해 새로 출현한 상대가 이미 이탈리아 전선에서 명성이 자자한 100대대라는 사실을 파악했다면 더욱더 그럴 것이다.

보다 중요한 것은 독일군의 병참 문제다. 로마 함락 후 독일군의 대응은 확실히 예전과 많이 달라졌다. 로마 해방 전까지는 우리가 공격하면 독일군은 있는 대로 야포를 동원해 포격을 가해 왔고 전투 중에도 끝까지 그렇게 했으나, 로마 해방 후에는 동원되는 야포 수도 적어졌고 전투 중 포격 강도도 줄어들었다. 포탄을 아끼기 시작한 것이 분명하다. 로마 함락이 가져온 심리적 타격 때문이라기보다는 로마 함락 직후 있었던 노르망디 상륙작전 때문일 것이다. 지금쯤 병참 문제는 더 악화됐을 것이다. 노르망디 상륙작전에 따라 독일군으로서는 프랑스로 공격해 들어가는 연합군을 저지하는 것이 더 큰 문제일 것이다. 제해권과 제공권을 모두 잃은 상태에서 이탈리아 주둔군에 탄약을 보급하려면 알프스 산맥을 넘어야 하는데 그것이 말처럼 쉬운 일이 아니다. 어떻게 해야만 피해를 최소화하면서 목표를 달성할 수 있을까?

이틀 후 영옥은 지금까지 100대대가 한 번도 써본 적이 없는 작전을 쓰기로 마음먹고 싱글스 대대장을 찾아갔다. 정보참모 제임스 부드리, 통신참모 프랭크 디마이올로, 포병연락장교 찰스 파이블먼만이 배석한 가운데 영옥은 싱글스 대대장에게 작전 개요를 브리핑했다.

영옥의 작전은 먼저 가짜 도강작전을 두 번 한 다음 진짜 도강작전을 하는 것이었다. 한마디로 허허실실 작전이었다. 싱글스 대대장은 브리핑이 끝나자 무릎을 치면서 영옥의 작전을 허가했다. 가짜 도강작전에 이은 진짜 도강작전이란 일단 개념이 잡히면 쉬운 일이었으나 정확히 어떤 부대를 언제 어떻게 동원하느냐와 세부사항을 문서화하는 것이 어려웠다. 영옥은 대대참모와 중대장 전원을 소집해 세부 작전을 수립하고 이를 문서화했다. 가짜 도강작전인 만큼 독일군의 눈을 속이는 일에 세심한 주의를 기울였다.

작전의 요지는 디 데이(D-day) 나흘 전에 가짜 도강작전을 한 번 하고 그로부터 이틀 후 같은 장소 같은 시각에 가짜 작전을 한 번 더 한 후, 바로 다음 날 같은 장소에서 똑같은 시각에 진짜 작전에 돌입한다는 것이었다. 가짜 작전의 목적은 독일군의 탄약을 소진시켜 진짜 작전 때 독일군의 저항을 최소화하는 것으로, 혹시 진짜 작전을 가짜로 오판하면 일은 훨씬 더 쉬워질 수 있었다. 가짜 작전을 위해 야포·탱크·박격포·기관총·연막탄 등 모든 것을 진짜 작전처럼 동원하되 보병 규모만 축소시켰다.

작전을 벌일 시간과 장소도 정해졌다. 군사적으로 볼 때 지형상 진짜 도강작전을 벌일 수 있는 곳은 오로지 타치니 한 곳뿐이었다. 영옥의 부대가 배치된 곳에서 아르노 강은 알파벳의 U자처럼 흐르고 있었고 타치니는 U자 아랫부분 남쪽에 있는 강변 마을이었다.

아르노 강은 한강이 서울을 관통하고 흐르듯 피사를 동서로 관통한 다음 남북으로 두 차례 방향을 바꾸며 굽이치다가 타치니를 스치듯 지나는데, 타치니에 이르면서 강폭도 넓어지고 수심도 얕아졌다. 덕분에 가장 깊은 곳의 수면이 병사들의 가슴에 차는 정도였고 강바닥에는 작은 바위들까지 쌓여 있어 부교를 설치하고 않고도 보병들이 무기를 물에 적시지 않은 채 도강할 수 있을 뿐 아니라 탱크까지 지나갈 수 있는 유일한 지점이었다.

강의 흐름이 U자 모양이기 때문에 강의 남쪽을 장악하는 쪽이 강의 바로 북쪽, 그러니까 U자의 안쪽 지대를 모두 영향권 안에 두어 독일군으로서도 이곳까지 수비대를 주둔시킬 수는 없었다. 따라서 일단 강을 건너기만 하면 그 다음 운신하기도 비교적 수월한 지형이었다.

그러나 영옥이 있는 아르노 강 남쪽은 이렇다 할 산이 없는 반면, 독일군은 험준한 몬테 피사노에 들어앉아 있었고 이곳의 준봉으로 해발 897미터나 되는 몬테 세라에 본진을 두고 있었기 때문에 작전이 개시될 경우 미군의 일거수일투족을 손바닥 보듯 할 수 있었다.

단 한 명의 사상자도 없이 강을 건너다

모든 작전계획이 수립되고 문서화까지 끝나자 영옥은 포병연락장교, 탱크 중대장, 중화기 중대장, 보병 중대장들을 모두 참석시켜 도상훈련을 여러 차례 했다. 이 단계부터 태스크포스 사령관인 러틀릿지 준장이 싱글스 대대장과 함께 작전회의에 참석했는데 러틀릿지 준장을 위한 브리핑은 작전참모였던 영옥이 맡았다.

보병에 대해서는 아는 것이 없다고 스스럼없이 인정하며 100대대에 전권을 주는 방식으로 선명한 리더십을 보였던 러틀릿지 장군은 영옥의 브리핑을 묵묵히 들으면서 작전 자체에 대해서는 가타부타하지 않는 대신 100대대가 예하 중대나 다른 부대들과 어떻게 그렇게 효율적으로 교신할 수 있는지 의아해했다. 그때까지만 해도 태스크포스 45의 경우, 본부와 각 예하 부대의 통신조차 쉽지 않았기 때문이다.

가짜 작전 첫날 아침 7시, 야포 108문이 포문을 열면서 1차 가짜 작전이 실시됐다. 포격은 진짜 도강을 하듯 시시각각 강도를 더해 10여 분 동안 이어졌다. 처음 강 너머로 집중되던 포격은 점차 북으로 움직였고 독일군 관측소가 있던 고지들에도 엄청난 포격이 가해졌다. 관측소 일원에 포격을 집중시킨 것은 독일군의 시야를 방해하기 위한 것으로, 이 때문에 포격이 관측소 방향으로 가해질 때는 연막탄도 집중 살포됐다. 초반에 가짜 작전임을 눈치채지 못하게 하는 것이 이날 작전의 핵심이었다. 포격이 북으로 움직이는 순간에 맞춰 탱크 30여 대가 일제히 움직이기 시작했다. 마침 날씨가 건조해 먼지가 쉽게 일었기 때문에 영옥은 탱크 중대장에게 최대한 먼지를 많이 일으키도록 미리 일러두었다. 역시 독일군의 시야를 방해하기 위한 것이었고, 같은 목적으로 트럭도 있는 대로 동원했다.

1차 작전이 실시되자, 예상대로 독일군은 엄청난 포격을 가해 왔다. 이틀 후 2차 작전 때에도 독일군은 포격을 가해 왔지만 예상했던 대로 포격 강도가 눈에 띄게 줄었다. 1차 작전 때와는 비교할 수 없을 정도였다.

9월 1일 막상 진짜 작전이 실시됐을 때 독일군은 이번에도 가짜라고 생각했는지 아니면 포탄이 바닥났는지 단 한 발의 포격도 총격도 가해 오지 않았다. 이렇게 해서 100대대는 도강작전이 시작된 지 불과 30분 만인 아침 7시 30분, 선두가 아르노 강을 건넌 데 이어 8시에는 단 한 명의 사상자도 없이 전원 아르노 강 북쪽에 도착했다. 나중에 안 일이었지만 이때 독일군은 이미 100대대의 도강 지점에 대한 수비를 포기하고 모두 철수한 뒤였다.

영옥의 부대가 강을 건너자 아르노 강은 갑자기 가을이 된 듯 울긋불긋 화려한 색깔로 뒤덮였다. 많은 병사들이 아르노 강 남쪽의 이탈리아 마을에서 우연히 찾은 옷 공장에서 한 벌씩 챙긴 옷을 군복 위에 그대로 입었기 때문이었다. 그 마을은 셔츠·옷·신발 등 이탈리아의 명품을 생산하는 곳이었는데 연합군이 북상하면서 전투가 임박해지자 주민들이 생필품만 챙겨 황급히 피난을 간 듯 모든 제품이 그대로 공장에 쌓여 있었다. 하와이 출신 병사들은 실크나 면화로 만들어진 화려하고 알록달록한 이탈리아 셔츠가 하와이의 알로하 셔츠를 연상시킨다며 기념으로 한 벌씩 집었는데, 진짜 도강작전이 실시되자 만약 전사할 경우 고향 냄새가 나는 옷을 입고 싶었는지 네 명 중 한 명은 이 셔츠를 입은 듯했다.

단 한 명의 사상자도 없는 도강작전이 알로하 셔츠가 가져다 준 행운이라고 환호성을 지르는 병사들을 보고 영옥이 조용히 미소 지으며 싱글스 대대장을 쳐다보자, 싱글스 대대장도 말없이 미소를 머금고 부대를 진군시키라는 제스처를 보내왔다.

피사 해방의 순간

아르노 강을 건넌 100대대는 피사를 배후에서 포위하기 위해 피사를 왼쪽으로 끼고 그대로 북쪽으로 행군을 계속하다가 비아 도메니치를 지났을 때 서쪽으로 방향을 틀어 오전 9시쯤 피사 북쪽 레팔라치네 부근에 도착했다. 이때 태스크포스 본부로부터 다른 부대들이 아직 도강하지 못했으니 12시까지 그 자리에서 대기하라는 지시가 내려왔다.

부대에 대기 명령을 내린 싱글스 대대장이 영옥의 옆에서 피사를 바라보며 중얼거렸다.

"15일 동안 이번 공격을 준비하면서 피사가 얼마나 유서 깊은 도시인지 말들 많이 했는데 감회가 새로워."

대대장은 아르노 강 도강작전을 앞두고 부대가 피사 동남쪽에 배치되자 "목표는 피사"라면서 영옥에게 피사의 사탑이 어떻고 피사 대성당이 어떻고 하며 미술사 강의를 하듯 기회가 있을 때마다 자세한 설명을 늘어놓곤 했다.

"피사는 토스카나에 있는 고도(古都)로 11세기에는 제노바, 베네치아와 함께 강력한 해상공화국으로 번영했지. 이후에도 학문과 예술의 도시로 이름을 날린 곳으로……."

대대장은 역사에 조예가 깊을 뿐 아니라 전쟁 전에 세계 여행을 많이 해 이것저것 아는 게 많았다. 대대장의 중얼거림을 들은 영옥이 "피사의 사탑이나 구경 가시죠"라고 하자 대대장은 기다렸다는 듯 영옥의 제안을 받아들였다. 어차피 12시까지 기다리려면 2시간 반이나 더 있어야 했고 피사는 바로 코앞에 있었다.

세계 7대 불가사의의 하나인 피사의 사탑을 보러 간다고 하자 포병연락장교 찰스 파이블먼을 비롯해 너도나도 따라가겠다고 술렁였다. 적군이 어디 숨어 있는지 모르는 상태에서 단 몇 명만 피사로 들어간다는 것 자체가 위험했지만 아무도 개의치 않았다. 더구나 병사들 사이에서는 영옥과 함께 있으면 안전하다는 미신 같은 것이 퍼져 있던 터였다. 대대장은 정보참모 부드리와 통신참모 디마이올로를 불러

"만일에 대비해 통신병들을 데려가니 상황이 생기면 즉시 연락하라"면서 통신병 등 6명만 따라 나서도록 했다.

대대장과 영옥의 지프차에 분승한 일행은 피사로 내달았다. 영옥이 싱글스 대대장과 함께 문자 그대로 연합군의 최선봉에서 인류의 위대한 문화유산을 품고 있는 피사를 해방시키는 순간이었다. 가을 문턱을 밟고 선 북이탈리아는 하늘도 날씨도 아름답기 그지없었다.

피사는 텅 비어 있었다. 독일군은 아르노 강을 건너려는 연합군을 막기 위해 모조리 강 인근에 배치된 것 같았다. 주민들도 모두 인근 산으로 피난을 떠난 듯 강아지 한 마리 눈에 띄지 않았다. 오로지 곳곳에서 탐스럽게 영근 살구·자두·복숭아 같은 과일들만이 피사를 지키고 있었다. 독일군이 피사에 없는 것은 어쩌면 유적 보호를 위한 배려였는지도 몰랐다. 영옥 역시 도강작전을 구상하면서 피사를 직접 공격하는 시나리오는 처음부터 제외시켰다. 그렇지만 로마 공방전 때와 달리 독일군은 피사를 중립도시로 선언하는 조치를 취하지는 않았다.

그래도 언제 어디서 나타날지 모르는 적군을 의식한 듯 신경을 곤두세우고 차를 모는 운전병 옆에서 대대장은 신이 난 듯 예의 미술사 강의를 다시 늘어놓았다.

"전에도 말했지만 피사의 사탑이란 두오모 디 피사(피사 대성당)의 부속 건물로 피사가 중세 도시국가 시절 팔레르모 해전에서 사라센 함대에 대승한 것을 기념하기 위해 세운 종탑인데……"

평소엔 말을 아끼는 그였지만 이때만큼은 예외였다. 뒷좌석에 탄 채 관광 가이드라도 된 것처럼 힐끗힐끗 뒤를 돌아보며 말을 계속하는 대대장의 설명을 듣던 영옥도 피사의 사탑이 모습을 드러내자 가슴이 설레었다. 사탑에 바짝 차를 댄 일행은 사탑을 배경으로 사진을 찍기도 하고 기울어진 사탑의 꼭대기가 어디까지 내려와 있는지 가늠해 본다며 부산을 떨기도 했다.

영옥도 일행에 섞여 발걸음과 눈대중으로 사탑의 기울기를 측정해 보고 1만 4500톤이나 되는 무거운 대리석탑이 10도 이상 기울어진 상태로 600년이라는 세월을 버티고 있는 경이를 되새기기도 하면서 대대장과 함께 사탑 속에 나선형으로 난 294개의 계단을 따라 종루까지 올라갔다. 지금은 관광객들이 사탑 안으로 들어갈 수 없게 돼 있지만 당시는 전쟁통이라 그랬는지 원래부터 그랬는지 외부인의 출입을 막는 장치 같은 것은 없었다.

영옥은 기울어진 종루에서 다시 땅바닥을 내려다보면서 피사 출신의 세계적 물리학자 갈릴레오가 바로 그곳에서 쇠공으로 자유낙하 실험을 했다는 얘기를 떠올리며 지면까지의 거리를 눈으로 어림해 보기도 하고 멀리 눈을 들어 보기도 했다. 피사의 사탑은 기울어진 것으로 유명했지만 높이는 55.8미터로 사실상 그리 높지는 않아 종루라고 해봤자 아드리아 해도 볼 수 없었고 바로 북쪽에 있는 병사들의 모습도 볼 수 없었다. 영옥이 보지 못한 것에는 자기 자신도 있었다. 스물다섯 살이던 영옥은 자기가 세운 작전에 따라 단 한 명의 사상자도 없이 부대를 이끌고 아르노 강을 건너 문자 그대로 연합군 최선봉으로 피사를 해방시킨 후 피사의 사탑에 올라 있는 것이었다.

그 순간 독일군은 아르노 강을 사이에 두고 아직 강을 건너지 못한 태스크포스 45의 다른 부대들과 공방전을 벌이고 있었다. 독일군 상급 사령부는 영옥의 부대가 이미 아르노 강을 건넜다는 사실은 알았겠지만 현재 정확히 어디 있는지는 모르는 것 같았고, 다른 부대들과 공방전을 벌이고 있는 독일군은 영옥의 부대가 이미 강을 건너 자기들의 배후에 있다는 사실조차 모르고 있었다.

사탑 구경을 마친 영옥 일행은 로마네스크 양식의 대표적 건축물로 꼽히는 피사 대성당까지 돌아보고 10시 30분쯤 부대로 돌아갔다. 12시가 지났는데도 다른 부대가 도강하지 못하자 대기 명령이 연장됐다.

몇 시간 후 영옥의 부대가 벌써 강을 건너 피사 북쪽까지 와 있다는 사실을 알게 된 독일군은 곧 밤이 되기 때문인지 피사를 포기하기로 결정한 듯했다. 이 같은 독일군의 움직임을 감지한 4군단으로부터 오후 4시께 100대대에 이동하라는 명령이 내려왔다. 독일군은 마음만 먹었다면 100대대와 일전을 벌일 수 있었으나 피사를 의식해서인지 전부 철수했다.

피사 점령을 다른 부대에 맡긴 채 영옥의 부대가 다음 목표인 세르치오 강을 향해 다시 서북쪽으로 움직이기 시작한 지 한 시간 만에 다시 멈추라는 지시가 떨어졌다. 왼쪽의 방공포 여단과 오른쪽의 흑인 연대가 아직도 강을 건너지 못하고 있어 간격이 너무 벌어진다는 이유에서였다. 흑인 연대는 이때쯤 강을 건너기 시작했고 방공포 여단은 이로부터 한 시간이 더 지나서야 강을 건넜다.

영옥의 부대가 세르치오 강에 도착하자 또다시 명령이 하달됐다. 그러나 이번엔 단순한 행군 정지 명령이 아니었다. 그날 자정 100대대가 세르치오 강을 떠나 다음 날 아침 9시 배편으로 나폴리로 이동한다는 것이었다.

영옥의 부대가 세르치오 강을 떠날 채비를 하고 있던 밤 9시쯤 러틀릿지 준장이 대대본부를 방문했다. 100대대를 놔줘야 한다는 사실이 참으로 서운했던지 러틀릿지 장군은 대대 참모들을 포함해 많은 사람들 앞에서 눈물까지 글썽이며 싱글스 대대장에게 말했다.

"태스크포스 45는 덩치만 컸지 믿을 만한 보병부대는 100대대 하나뿐이었는데 100대대가 여단을 떠난다니 참으로 섭섭하고 막막하다."

러틀릿지 장군은 영옥을 돌아보며 말을 이었다.

"내가 어떻게 해야 김 대위를 우리 여단에 붙잡아 둘 수 있겠나? 만일 귀관이 우리 여단으로 와준다면 즉시 소령으로 진급시켜 주겠다."

러틀릿지 장군은 옆에서 묵묵히 듣고 있던 싱글스 대대장을 향해 이의가 없는지 확인했다.

"아무 이의가 없으며 모든 것은 김 대위의 선택입니다. 그가 여단에 남겠다면 그에 따른 조치를 취해 줄 것이나 100대대를 선택한다면 저로서는 더없이 반가운 선택인 것도 사실입니다."

싱글스 중령이 대답을 마치자, 러틀릿지 장군이 영옥을 향해 다시 고개를 돌렸다. 영옥이 어떻게 할지 말해야 할 순간이었다.

"말씀은 감사하나 저는 100대대와 함께 나폴리로 가겠습니다."

곧 알게 될 일이었지만 나폴리로 이동하라는 명령은 영옥의 부대가 1년 동안 계속된 이탈리아에서의 전쟁을 뒤로하고 프랑스 전선으로 투입된다는 것을 의미했다.

제3부

사선을 넘나들며

브뤼에르 탈환 작전

영옥이 나폴리를 떠나 프랑스로 가는 수송선단에 몸을 실은 것은 9월 말이었다. 영옥의 부대는 달포 전 남프랑스에 상륙한 연합군을 보강하기 위한 증원군에 속해 있었다. 미군 지휘부는 노르망디 상륙작전 당시 프랑스에 있는 독일군의 전력을 분산시키기 위해 남프랑스에서도 동시에 상륙작전을 벌여 프랑스 남북에서 동시에 2개의 전선을 열려고 했으나 영국군의 반대로 남프랑스 상륙은 연기됐었다.

원래 연합군의 남프랑스 상륙은 클라크 장군이 이끌도록 돼 있었다. 하지만 아직 이탈리아 전선을 매듭짓지 못한 클라크 장군은 자신이 이탈리아에 남는 대신 자기 휘하에 있던 3개 사단을 남프랑스 상륙군에 내주기로 합의했다. 이때 연합군 지휘부가 파견 병력에 442연대도 포함시켜 달라고 요청해 영옥도 프랑스로 가게 됐다.

수송선단이 지중해를 가르며 프랑스로 향하는 도중에도 갖가지 소문이 돌았다. "연합군이 프랑스 북부 산악지대에서 혈전을 치르고 있다더라", "독일군이 곧 붕괴된다더라", "10월 중순이면 전쟁이 끝난다더라", "아이젠하워 장군이 크리스마스를 집에서 보낼 수 있다고 암시했다다라"…….

선단은 나폴리를 떠난 지 사흘 만에 마르세이유에 닻을 내렸다. 뱃멀미가 심했던 영옥은 다가오는 전선을 걱정할 겨를도 없이 순조로운 항해가 고맙기만 했다. 그러나 잔잔한 호수처럼 파도조차 없던 지중해의 침묵은 프랑스 전장의 혈전을 예고하는 폭풍 전야의 고요였다.

442연대는 북으로 이동해 36사단에 배속됐다. 원래 텍사스 주 방위군이었기 때문에 '텍사스 사단'이라는 별명이 붙어 있던 36사단은 보쥬 산맥을 향해 북으로 올라가고 있었는데, 전선이 북상할수록 독일군의 저항도 더 완강해졌다. 보쥬 산맥을 넘으면 스트라스부르를 거쳐 곧바로 독일이었다. 북프랑스에 상륙했던 미군도 이때쯤 역사적으로 독일의 관문인 아아헨 지방에 이르렀고 벨기에를 거쳐 공격하던 영국군도 루르 중공업지대를 향해 공세를 계속 퍼부었지만, 양측 모두 독일군의 강력한 저항에 부딪쳐 조금도 앞으로 나아가지 못하고 있었다. 연합군이 독일로 진입하기 위해 목을 조여 오자, 독일군은 온 힘을 다해 라인 지역 전체를 방어했다. 독일군으로서는 본토 침공을 막는 마지막 방어선이었다. 히틀러가 옥쇄 명령을 내렸다는 얘기도 들려왔다.

숲 속의 적

보쥬 지방에서 제일 큰 두 도시는 에피날과 생디인데, 이곳은 브뤼에르라는 작은 마을을 통과하는 철도와 도로로 연결됐다. 이 때문에 브뤼에르가 전략 거점이었는데, 연합군이 브뤼에르 공격을 강화하자 독일군의 반격도 거세져 전선은 다시 교착 상태에 빠진 채 양측간에 치열한 공방전이 벌어졌다. 영옥의 부대가 마르세이유에 상륙할 때쯤 독일군은 방어 진지를 한층 강화하면서 브뤼에르를 통과하는 철도까지 폭파시켰다. 영옥의 부대가 브뤼에르 전선에 도착한 것은 이로부터 2주 후였다.

브뤼에르는 동·서·북쪽이 네 개의 산으로 둘러싸이고 남쪽만이 평원으로 뚫려 있는 배산 임야 지형에 들어앉은 작은 마을이었다. 따라서 이 네 개의 산을 점령하는 쪽이 브뤼에르의 임자였다. 미군은 작전상 편의를 위해 각각의 산에 A·B·C·D 고지라는 이름을 붙였는데, 이중에서도 서쪽에 있는 A고지가 제일 높아 승리의 관건이었다. A고지를 확보하라는 명령이 영옥의 100대대에 하달됐다.

공격 작전은 당연히 작전참모인 영옥의 몫이었다. 대대장은 이미 오래전부터 영옥이 작전계획을 보고하면 간단히 고개를 끄덕이는 것으로 허가를 대신했다. A고지를 공격하기 위해서는 고지 서쪽에 있는 삼림지대를 지나야만 했는데 연대장은 "숲 속에 적군이 없으므로 쉬운 작전이 될 것이라고 사단장이 말했다"고 알려 왔다. 그렇지만 지형으로 봐서 독일군이 그 숲을 지키지 않는다는 것을 영옥은 도저히 믿을 수 없었다.

영옥은 북쪽에서 브뤼에르를 공격하기로 돼 있던 45사단 병력과 접촉도 하고 직접 숲도 정찰할 겸 정보참모 제임스 부드리 중위를 데리고 숲 속으로 들어갔다. 조심스레 숲을 헤쳐 나가던 영옥이 미군 소위가 있는 참호를 발견하고 안에 있던 소위를 부르려는 순간, 소위가 급히 제스처를 취하며 낮은 목소리로 말했다.

"조용히 하십시오. 바로 앞에 적이 있습니다."

"귀관은 누군가?"

"45사단 179연대 G중대장입니다. 우리 중대는 불과 1주일 동안 여기 있었는데 장교라고는 저 혼자 남고 모두 죽거나 다쳤으며 병력도 4분의 1로 줄었습니다."

진흙으로 위장한 소위의 얼굴은 피곤으로 찌들어 있었다. 소위의 말이 믿기 어려운 듯 옆에 있던 부드리 중위가 다시 물었다.

"이 숲에서는 이미 적군이 철수했다는 정보가 있던데?"

"새빨간 거짓말입니다. 저는 바로 이 자리에서 1주일 동안 꼼짝도 못하고 있습니다."

영옥의 보고는 즉시 대대장, 연대장을 거쳐 사단장까지 올라갔으나 사단장은 들은 척도 하지 않았다. 연대장 펜스 대령이 싱글스 대대장을 다시 무전기로 불렀다.

"나도 영의 보고를 믿고 싶다. 그렇지만 사단장이 막무가내다. 무조건 하루에 10킬로미터씩 전진하라는 명령이다."

사실 영옥이 알아낸 정보는 정확했다. 독일군은 숲 속에 진지를 구축해 놓고 미군이 공격해 오기만을 기다리고 있었다. 독일군은 도처에 기관총을 배치하고 사방에 지뢰를 깔아두고 있었다. 참호도 나뭇가지와 풀을 이용해 감쪽같이 은폐돼 바로 코앞에서 부딪히기 전까지는 존재조차 알 수 없었다. 싱글스 대대장은 울화가 치밀었지만 공격 명령을 내릴 수밖에 없었다.

보쥬 산맥의 울창한 숲 속에서 벌어진 전투는 이탈리아에서는 전혀 볼 수 없었던 새로운 양상을 띠었다. 숲 속 나무 위에서 터지는 포탄이 나무줄기나 가지를 뾰족하게 부러뜨려 포탄의 파편과 함께 죽음의 폭우가 되어 내려 뿌리면서 지상의 병사들에게 가공할 위력을 나타냈다. 단 한 발의 포탄도 그 위력이 몇 배나 더 커졌다. 참호를 아무리 깊게 파도 튼튼한 덮개가 없으면 아무 소용이 없었다. 삼림 전투에서는 산산이 부러져 내리는 나뭇가지가 그야말로 악령이었다.

오후 4시만 돼도 숲 속에는 어둠이 깔리기 시작했다. 어두워지기 시작하는가 싶으면 곧바로 칠흑 같은 어둠이 덮어 병사들은 자기가 들고 있는 총조차 제대로 볼 수 없었다. 숲 속에 찾아드는 어둠은 문자 그대로 칠흑 그 자체였고 나무 위로 부는 바람 소리는 악마의 피리 소리였다. 솔방울 하나 떨어지는 소리에도 병사들은 머리칼을 곤두세웠다.

아직 10월이었지만 비까지 동반한 보쥬 산맥의 추위는 참으로 매서웠다. 참호는 다 파기도 전에 빗물로 채워지는 바람에 추위가 뼛속까지 파고들며 온몸을 훑어 동상에 걸리는 병사들이 많았다. 하와이 출신이 많은 100대대 병사들에게 추위는 또 다른 저승사자였다.

100대대는 적지 않은 사상자를 내면서 간신히 삼림을 돌파했지만 A고지는 난공불락의 요새였다. 다카하시 대위가 지휘하는 B중대가 두 번이나 공격했지만 고지 근처에 접근조차 할 수 없었다. 2대대는 B고지에 있는 독일군의 집중공격을 받아 엄청난 사상자가 발생했다. 아무리 봐도 탱크 없이 공격을 계속한다는 것은 무모한 도박이었다. 영옥은 공격을 중지시켰다.

다음 날 새벽 6시 30분께 영옥은 무전기로 연대본부를 호출했다. 비와 추위로 얼굴이 얼어 제대로 말할 수 없었기 때문에 무전기 저쪽에서는 영옥의 말을 알아들을 수 없었는지 같은 얘기를 몇 번이나 물었다. 영옥은 공격 작전의 개요를 보고하고 있었다.

영옥은 포병연락장교 파이블먼 대위와 단 둘이 퍼붓는 빗속에서 판초를 뒤집어쓰고 플래시로 지도를 비춰 가며 작전을 짜느라 꼬박 밤을 새웠다. 영옥은 부대별 공격 계획을 분 단위까지 세밀하게 나눴고 각 포대에도 시간별로 포격 목표와 순서까지 정교하게 배정했기 때문에 공격작전을 세울 때는 날밤을 새우는 일이 허다했다. 말이 대대 작전계획이지 브뤼에르 해방전의 열쇠를 쥐고 있는 A고지 공격은 100대대뿐 아니라 연대 공병대, 포병대 등 3000명이 동원되는 연대 규모 작전이었다.

'에이치 아워(H-hour)'는 정각 아침 10시였다. 사단본부로부터 공격 개시 여부를 확인하는 전화가 펜스 연대장에게 빗발쳤다. 이미 30분 전에 다른 연대 하나가 브뤼에르에 대한 공격에 돌입해 있었다.

영옥이 세운 이날 작전의 핵심은 산 아래로 탱크를 내리는 것이었다. 미군들 역시 그런 지형에서 탱크를 동원한다는 것은 도저히 엄두도 내지 못하고 있었기에 독일군도 미군이 여기까지 탱크를 옮길 수 있을 것이라고는 생각지 못할 게 분명했다. 그럴수록 탱크를 동원하는 것이 중요했다.

오랜 시간을 두고 미군의 공격을 대비했던 독일군은 A고지 양쪽에 탱크를 배치해 놓고 있었다. 독일군은 A고지를 덮은 숲 속에 참호를 깊이 파고 기관총을 밀집 배치했을 것이었다. 수비 태세를 갖추고 탱크까지 거느린 적군을 상대로 보병만으로, 그것도 고지를 바라보며 공격한다는 것은 자살 행위였다. 지형상 탱크를 동원하는 유일한 방법은 일단 A고지와 마주 보고 있는 미군 진지로 탱크를 옮긴 다음 산 아래로 내리는 것이었다. 100대대에는 탱크 1개 소대가 배속돼 있었기 때문에 영옥이 쓸 수 있는 탱크는 다섯 대였고 탱크 디스트로이어도 다섯 대 있었다. 영옥은 이중에서 탱크 세 대와 탱크 디스트로이어 두 대를 산 아래로 내리기로 결심했다.

울버린으로 불리던 GMC M10 탱크 디스트로이어는 당시 미군의 주력 탱크인 셔먼 탱크 포탄이 독일군 탱크의 장갑을 뚫지 못하자 군함용인 3인치 함포를 무한궤도차량에 얹어 급조한 것이다. 그러나 그것도 독일군의 타이거 탱크 앞에서는 힘을 쓰지 못했다. 그래도 독일군이 탱크를 갖고 있는 것을 확인한 이상 탱크 디스트로이어를 뺄 수는 없었다. 100대대가 진을 치고 있는 고지는 중턱에서 평지처럼 경사가 완만하게 내려가다가 갑자기 절벽처럼 가파르게 지상으로 이어졌다. 영옥은 아침부터 서둘러 탱크와 탱크 디스트로이어를 산 밑으로 내리도록 했다. 탱크나 탱크 디스트로이어를 산 밑으로 내리는 것은 말처럼 쉬운 일이 아니었다. 둘 다 무게가 한 대에 30톤이 넘기 때문에 특수한 방법을 써야 했다.

영옥은 산중턱에서 경사가 완만해지기 시작하는 지점에 탱크 두 대를 배치하고 땅으로 내릴 탱크는 거의 절벽이 시작되는 지점까지 전진시킨 다음 엄지손가락 굵기의 강철 케이블을 이용해 세 대를 V자형으로 연결했다. 땅으로 내릴 탱크는 일단 급경사면으로 들어서기만 하면 자체 중량으로 굴러 내려갈 수밖에 없으므로 뒤에 있는 두 탱크가 강철 케이블로 당겨서 천천히 내려오도록 했다. 뒤에 있는 두 탱크를 같은 속도로 전진시키는 것이 핵심이었다. 두 탱크 사이에 속도 차가 있으면 속도가 늦은 탱크와 땅으로 내릴 탱크를 연결하는 케이블이 팽팽해지면서 지나치게 많은 힘을 받아 케이블이 끊어질 수 있었다. 케이블 하나가 끊어지면 나머지 케이블에 매달린 탱크가 시계추처럼 흔들리며 숲을 휘저어 나무를 부러뜨리며 나뒹굴어 숲 속에서 대기 중인 병사들이 다칠 수도 있었다.

전진 속도를 정확히 조율하기 위해 처음에는 영옥과 탱크 소대장이 뒤에 있는 두 탱크 바로 앞에 한 명씩 서서 서로 신호를 교환했다. 케이블이 소나무 숲을 통과해야 하는 것도 큰 문제였다. 소나무들은 평균 굵기가 20~30센티미터 정도 됐는데 케이블의 장력으로 나무가 부러지면 예기치 못한 상황이 발생할 수도 있었다. 숲이 울창해 어려움을 가중시켰으나 다른 한편으로는 탱크를 내리는 모습을 적군이 보지 못한다는 장점도 있었다. 첫 번째 탱크를 무사히 내린 영옥은 탱크 소대 부사관 한 명에게 요령을 주지시켜 탱크 소대장과 호흡을 맞춰 나머지 탱크 두 대와 탱크 디스트로이어 두 대를 지상으로 내리도록 하고 대대본부로 돌아갔다.

이때 통신장교 프랭크 데마이올로 중위가 전화로 영옥을 찾았다.

"김 대위님, 친구가 찾습니다."

"친구라니?"

"상상해 보십시오."

영옥은 그 순간 수화기 저편 송화자의 정체를 알아차렸다. 수화기에서 데마이올로 중위의 목소리가 사라지면서 다른 목소리가 흘러나오는 순간 영옥은 있는 힘을 다해 전화선을 뽑아 버렸다. 통신병들이 대대본부와 연대본부 사이에 전화선 10개를 개설했는데 9개가 독일군 포탄에 맞아 끊어지고 1개만 남아 있었다. 영옥은 마지막 전화선을 뽑아 버린 것이다. 옆에 있던 싱글스 중령은 영옥이 일부러 전화선을 뽑자 깜짝 놀란 얼굴로 영옥을 쳐다봤다.

"마지막 전화선마저 포탄에 맞은 것 같습니다."

영옥은 태연히 대대장을 쳐다보며 말했다. 데마이올로 중위 대신 수화기에서 흘러나오기 시작한 목소리의 주인공은 사단장 달키스트 소장이었다.

달키스트 소장은 2차대전 전까지는 필리핀에서 근무했는데 영국에 있는 연합군 총사령부에 있으면서 아이젠하워 총사령관의 총애를 받았다. 덕분에 그는 36사단이 남프랑스에 상륙한 다음 사단장이 됐는데 그때까지만 해도 실전 경험이 없어 보병 전투에 대해서는 무지한 인물이었다. 이 때문에 무모한 명령을 너무 많이 내려 이미 병사들의 원성이 자자했다. 이탈리아 전선에서 영옥의 사단을 지휘했던 라이더 장군과는 근본적으로 달랐다.

아침부터 사단 사령부로부터 즉각 공격에 돌입하라는 명령이 여러 차례 빗발쳤는데 데마이올로 중위가 전화를 걸어 왔을 때 영옥은 탱크들을 다 내리려면 한 시간은 더 걸릴 것이라고 생각해 전화선을 빼

버린 것이었다. 다섯 대 모두 산 아래로 내리자, 영옥은 탱크 세 대를 적당한 간격으로 벌려 병렬로 포진시키고 탱크 디스트로이어 두 대는 탱크와 탱크 사이에 한 대씩 배치시켰다.

"공격 개시 때까지 우리가 탱크를 옮겼다는 사실을 절대로 적이 알지 못하게 하라. 알다시피 독일군 탱크는 사거리가 우리 것보다 훨씬 머니 탱크끼리 교전해서도 안 된다."

영옥은 탱크 소대장에게 단단히 주지시켰다.

적군의 생명도 소중하게 여기는 마음

정각 10시가 되자 독일군이 탱크를 배치해 둔 A고지 양옆을 중심으로 연막탄을 두텁게 퍼부었다. 전장은 순식간에 하얀 암흑으로 뒤덮였다. 연막탄은 바람이 세면 쉽게 걷히는 약점이 있었으나 이날 아침은 춥기는 했지만 바람은 없다 싶을 정도로 약했고 미풍은 오히려 A고지 양쪽으로 피어난 연막을 적당히 연결시키면서 양측의 시야를 완벽하게 차단했다.

연막이 처지자 작전대로 야포 216문이 일제히 포문을 열어 20분 동안 A고지를 포격했다. 이번에도 영옥은 사단 포병대대까지 동원했다. 20분이 다 돼가는 것을 보고 탱크와 탱크 디스트로이어들에 연막탄이 가려 줄 수 있는 만큼 최대한 전진해 연속 포격하라고 지시를 보냈다. 탱크와 탱크 디스트로이어의 포격은 5분간 계속됐다. 셔먼이나 울버린은 한 발을 쏘는 데 15~20초 정도 걸리기 때문에 도합 약 100발이 퍼부어졌다.

군이 탱크와 탱크 디스트로이어를 포격에 가세시킨 이유는 포탄의 성능 때문이었다. 야포탄은 아주 민감해서 나뭇가지에만 닿아도 터지기 때문에 벙커를 직접 맞히지 않는 한 숲 속에서 참호를 깊이 파고 덮개까지 만들어 놓고 들어앉아 있을 게 분명한 독일군에 실질적 피해를 주지 못할 수도 있었다. 그러나 탱크나 탱크 디스트로이어 포탄은 장애물을 뚫고 들어가 터지기 때문에 두 종류를 섞으면 포격 효과를 극대화할 수 있었다. 게다가 탱크는 포격과 함께 지축을 흔드는 땅울림을 가져오기 때문에 심리적으로 적군을 더 위축시킬 것이었다.

연막탄 속에서 퍼부어지는 포격은 야간 포격과는 또 다른 효과를 가져와 포격이 계속되자 아군들도 겁을 먹을 정도였다. 포격이 계속되는 동안 땅에 엎드려 있던 영옥은 독일군이 대응 사격을 전혀 하지 않는 것을 보고 전의를 잃은 것으로 생각했다.

연막탄 속에서 엎드려 있던 영옥이 갑자기 무슨 생각을 했는지 포격이 끝나자마자 벌떡 일어났다. 영옥 바로 옆에 함께 엎드려 있던 다카하시 대위도 따라 일어났다. 둘은 연막탄을 헤치고 앞으로 나아갔다. 연막탄을 뚫고 숲 앞쪽으로 걸어간 두 사람은 숲을 향해 손을 휘저어 이쪽으로 오라고 권하는 제스처를 써 보였다. 독일군은 연막탄 속에서 나타난 적군이 단 두 명이었기 때문인지 사격을 가하지 않았다. 천지는 다시 정적에 휩싸였다. 정적이 흐르는 동안 연막탄 속의 미군들 역시 숨도 제대로 쉬지 못했다. 독일군은 응사도 투항도 하지 않았다. 영옥은 다카하시 대위와 함께 다시 연막 속으로 사라졌다.

영옥이 무전기로 다시 포격 명령을 내리자 216문의 야포가 다시

20분간 포격을 퍼부었다. 야포 사격이 끝나자 조금 전처럼 다시 탱크와 탱크 디스트로이어가 연속적으로 불을 뿜었다. 이번에는 2분간 계속됐다. 꼬리를 물고 이어지는 천둥처럼 포성이 워낙 커 귀청이 찢어질 것만 같았다. 아무리 준비를 단단히 하고 있다 해도 이 정도 포격에 살아남을 적군이 있을까 의문이 들 정도였다.

탱크와 탱크 디스트로이어가 포격을 멈추자 영옥과 다카하시는 다시 연막탄을 헤치고 앞으로 나아갔다. 이번에도 적군의 화기에 완전히 노출된 상태였다. 둘은 다시 손으로 제스처를 쓰면서 어서 나오라고 소리쳤다. 그러나 숲 속에서는 여전히 아무런 움직임도 없었다.

이제는 무조건 공격할 수밖에 없다고 생각한 영옥이 다카하시와 함께 돌아서려는 순간이었다. 독일군 병사 한 명이 잔뜩 겁먹은 얼굴로 두 손을 치켜들고 걸어 나왔다. 영옥이 투항하는 병사에게 담배를 권하자 다카하시가 라이터를 꺼내 불을 붙여 줬다. 영옥이 담배를 빨아들이는 독일군 병사의 등을 토닥거리자 독일군 두 명이 더 걸어 나왔고, 이어 숲 속에서 독일군 10여 명이 일어서는 모습이 보였다. 전투가 끝났다고 생각한 영옥은 다카하시 대위에게 포로들을 잘 챙기라고 이르고 뒤돌아섰다.

먼저 투항한 병사들이 따뜻하게 대접받는 것을 보고 독일군이 줄지어 항복해 왔다. 투항한 독일군은 모두 40명쯤 됐다. 이로써 A고지 전투는 더 이상 쌍방의 피를 강요하지 않은 채 끝이 났다. 고지를 접수하면서 100대대는 독일군 70여 명을 더 생포했다. 작전에 돌입한 지 다섯 시간 만이었다.

연막탄을 뚫고 앞으로 나섰던 영옥과 다카하시의 행동은 미친 짓이었지만 덕분에 미군도 독일군도 더 이상 사상자를 내지 않을 수 있었다. 고지를 접수하면서 확인한 사실이었지만 독일군은 숲 속에 기관총만 100대나 걸어 두고 있었다. 독일군이 이들에게 총을 쏘지 않은 것도 기적이었다.

A고지는 브뤼에르 일대의 감제 고지였기 때문에 100대대가 A고지를 점령하자 브뤼에르 전투는 쉽게 끝이 났다. 이 작전으로 영옥의 대대는 대통령 부대 표창을 하나 더 추가했다. 4개월 전 대대장 지시로 영옥의 지휘 아래 이탈리아에서 벌어졌던 벨베데레, 사세타 전투에 이어 두 번째였다.

영옥이 연막탄을 헤치고 앞으로 나섰던 것은 승패가 분명한데 아군이나 적군이나 더 이상 불필요한 희생을 감수할 필요가 없다고 생각했기 때문이었다. 다카하시 대위가 영옥을 따라 일어섰던 것은 말하지 않아도 본능적으로 서로를 이해했기 때문이다. 이날 A고지 전투에 투입된 미군이 3천 명이었고 방어 중인 독일군이 최소한 탱크 2대와 기관총 100정을 동원한 것으로 볼 때 독일군 병력도 이에 못지않았을 것이다. 자신들의 목숨을 담보로 적군의 생명까지 아꼈던 영옥과 다카하시의 상식을 뛰어넘는 행동이 없었다면 양측의 희생자는 엄청났을 것이다.

비운의 비퉁빌

브뤼에르가 함락되고 독일 국경으로 한 걸음 한 걸음 다가설수록 보주 산맥의 전투는 더욱 치열해졌다. 계획대로라면 원래 100대대는 A고지를 뺏은 다음 C고지를 공격하기로 돼 있었다. 그러나 A고지를 점령한 데 대한 포상으로 브뤼에르에서 3일간 쉬고 C고지 전투는 잊어도 된다고 해서 18일 오후 100대대는 브뤼에르로 들어갔다.

A고지 전투 작전계획을 짜느라 밤을 꼬박 샜던 영옥이 다음 날 저녁을 먹고 9시쯤 잠에 떨어졌는데 자정 무렵 누군가 영옥을 흔들어 깨웠다.

"연대장님이 대대장님과 김 대위님을 급히 찾으십니다."

상식에서 벗어난 명령

영옥이 싱글스 중령과 함께 브뤼에르 남쪽에 있는 연대본부로 가자 펜스 대령은 단단히 화가 나 있었다. 원래 100대대는 브뤼에르에서 하루 더 휴식을 취하기로 돼 있었는데 사단장 달키스트 소장이 내일 오전 중으로 C고지 점령을 완료하라고 명령을 내렸다는 것이다. 연대장도 대대장도 사단장의 명령이 상식에서 벗어난다며 화를 냈지만 명령은 명령이었다.

영옥은 작전을 짜기 위해 그날 밤도 꼬박 새워야 했다. 공격 명령이 워낙 늦게 내려와 탱크 중대나 포병과 사전조율을 할 시간이 없어 공격은 만만치 않았지만, 100대대는 명령대로 정오께 C고지를 점령하고 포로도 50여 명을 더 붙잡았다. 물러났던 독일군은 전열을 가다듬어 반격 준비를 하면서 산 아래쪽으로 병력을 배치하기 시작했다. 이때 연대장이 무전기로 영옥을 호출했다.

"영, 한 가지만 약속해 다오. 내가 뭐라 말하든 '네, 알겠습니다' 라고 답해라. 알았지?"

"그건 곤란한데요."

"이번 한 번이다. 그렇게 해다오."

어쩐 일인지 연대장의 말은 사정조였다. 무언가 불편한 말을 하려는 것이 분명했다.

"말씀하실 내용이 무엇인지 알기 전에는 그럴 수 없습니다. 한 가지 여쭙겠으니 그렇다 아니다 둘 중 하나로만 대답해 주십시오. 지금 사단장님이 근처에 계십니까?"

"그렇다."

"알겠습니다. 이제 말씀하십시오."

"사단장님 명령이다. 당장 C고지에서 철수하라."

연대장은 대대장에게 명령을 내릴 수도 있었지만 그럴 경우 작전 참모인 영옥이 반대할 것이 분명했기 때문에 아예 영옥을 먼저 찾아온 것이었다.

"그건 안 됩니다. 우리는 여기를 뺏기 위해 피흘려 싸웠고 현재 독일군은 반격 준비를 마쳤습니다. 유럽 전선에 배치된 후 처음으로 우리가 고지에 있고 독일군이 우리를 올려다보며 공격하려는 순간입니다. 아주 박살을 낼 수 있습니다. 그런데 이 순간에 우리에게 고지를 내주라고 말씀하시는 겁니까?"

"그래, 철수해라. 이것은 사단장님의 직접 명령이다. 나로서도 어쩔 수 없다. 너희는 철수해야 한다."

"공식적인 제 답변은 반대입니다만, 대대장님께 여쭈어 보겠습니다."

영옥은 연대장의 지시 내용을 보고하고 현황을 설명했다.

"우리가 지금 철수하면 독일군은 싸우지도 않고 이 고지를 다시 손에 넣게 됩니다. 아군은 다시 이 고지를 뺏어야 하는데 이번에는 많은 대가를 치를 것입니다. 누가 다시 이 고지를 공격하든 쓸데없는 희생을 치를 이유가 있습니까? 지금 이 상태로 싸우면 적이 다시는 이 고지를 넘볼 수 없도록 박살을 낼 수 있습니다."

잠자코 영옥의 말을 듣고 있던 싱글스 대대장이 입을 열었다.

"그래, 너는 사단장의 말을 무시하고 싶겠지. 그러나 연대장이나 나는 그럴 수 없다. 생각해 보라. 철수 명령은 이미 연대장에게서 내려졌고 이제는 내게도 내려진 사단장의 직접 명령이다. 그런데 여기 앉아서 연대장한테 그렇게 못하겠다고 말할 수 있나?"

"그러면 어떻게 하시면 좋겠습니까?"

"나도 네 말에 전적으로 동감한다. 그러나 일단 철수 명령이 내려진 이상 다른 대안이 없다."

"제게 잠시만 생각할 말미를 주십시오."

영옥은 말은 그렇게 했지만 내심 독일군이 빨리 공격을 개시하기만 고대했다. 그렇지만 독일군은 아직 2킬로미터 이상 떨어져 있었고 공격을 망설이고 있는 것 같았다. 그렇게 10분이 흘렀지만 독일군은 공격을 해오지 않았다. 영옥은 대대장에게 다시 말했다.

"대대장님께서 군법회의에 불려 가시는 모습을 보고 싶지는 않습니다. 그렇지만 지금 우리가 하려는 일은 분명 잘못된 것입니다."

"나도 안다. 문제는 연대장도 그것을 알지만 사단장이 모른다는 거지."

100대대는 C고지에서 철수하기 시작했다. 말이 쉬워 철수지 방금 전투를 벌인 후 반격하려는 적의 눈앞에서 철수를 한다는 것은 결코 쉬운 일이 아니었다. 병사들이 적군의 압력에 못 이겨 철수한다고 생각하기 시작하면 순식간에 사기가 떨어져 상황이 걷잡을 수 없어지기 때문에 철수는 공격만큼이나 신중하고 질서가 있어야 했다.

C고지를 놓고 달키스트 사단장이 변덕을 부린 데는 두 가지 이유가 있었다. 첫 번째는 '오버레이(overlay)' 때문이었다. 오버레이란 작전상 편의를 위해 지도 위에 덮어 포개는 투명 종이나 비닐에 아군과 적군의 배치 상태, 공격이나 후퇴 방향, 부대별 작전지역을 표시한 것으로 한국군에서는 투명도라고 부른다.

원래 브뤼에르 전투가 시작되기 전 군단 사령부가 사단 사령부로 보내온 오버레이에는 C고지가 36사단 작전지역에 들어 있었다. 그런데 다음에 내려온 오버레이에는 C고지가 36사단 옆에 있던 3사단의 작전지역으로 바뀌어 있었다. 이 때문에 달키스트 사단장은 C고지 공격 계획을 취소했던 것이다. A고지 점령에 대한 포상 운운은 생색을 내는 것이었다.

그 후 다시 군단에서 내려온 오버레이에 C고지가 36사단 작전지역으로 원위치하자 사단장은 다시 공격 명령을 내렸고 이에 따라 100대대가 고지를 점령했다. 그런데 그 다음에 내려온 오버레이에는 C고지가 다시 3사단 작전지역으로 바뀌어 있었다. 그러자 사단장은 무조건 철수하라고 명령을 내린 것이었다.

군사령부나 군단 사령부 같은 상급 부대는 넓은 지역을 대상으로 전체 작전을 짜기 때문에 이름도 없는 작은 산이 어느 사단 작전지역이냐 따위에는 신경을 쓰지 않고 오버레이에 선을 그렸다. 그런데 그렇게 그려진 선이 막상 전투를 수행하는 병사들에게는 이승과 저승의 경계선이 되기도 했다. 실제로 100대대가 철수한 다음 3사단은 C고지를 점령하기 위해 100여 명의 사상자를 내야만 했다.

두 번째는 아군끼리의 경쟁 때문이었다. 당시 연합군 지휘관들은 누가 먼저 독일로 들어가느냐를 두고 치열하게 경쟁하고 있었다. 미군 사단장들도 마찬가지였다. 100대대가 그대로 C고지 점령을 굳히면 전체적으로 미군의 공격에는 유리했겠지만 달키스트 소장은 자기 사단 병력으로 다른 사단을 도와주고 싶지 않았다. 물러났던 독일군은 총 한 방 쏘지 않고 C고지를 다시 접수했고 사단장의 심한 변덕에

100대대는 애꿎게 병사들의 피만 흘렸다.

100대대가 C고지에서 철수해 전날 밤을 보냈던 브뤼에르 농가들에 도착했을 때는 다시 어둠이 내려 있었다. 영옥이나 싱글스 대대장을 비롯한 지휘부는 이른 저녁에 돌아왔지만 차례에 따라 철수한 마지막 중대는 자정이 지나서야 도착했다. 대대에는 탄약이나 보급품이 거의 바닥나 있었다. C고지 전투로 탄약과 식량이 소진될 것을 알고 있던 군수참모가 대대가 철수했다는 것을 모르고 C고지로 보급품을 가지고 가 길이 엇갈렸기 때문이었다.

다음 날 아침 9시쯤 부사단장이 아무 예고도 없이 100대대가 대대본부로 사용하는 농가에 들이닥치더니 밑도 끝도 없이 말했다.

"비퐁텐을 점령하라. 30분 내에 공격대기선으로 이동하라."

비퐁텐은 브뤼에르 동북쪽에 있는, 숲이 울창한 야산들로 둘러싸인 아주 작은 마을이었다.

사전 조율도 없이 그 짧은 시간에 대대 병력이 공격대기선으로 집합한다는 것은 말이 안 되는 얘기였다. 병사들은 약속된 사흘간의 휴식도 마저 누리지 못하고 쓸데없는 전투에 투입됐다가 어제 자정도 훨씬 지나 잠자리에 들었던 터였다. 치밀어 오르는 울화를 삭이며 부사단장을 쳐다보던 영옥이 각 중대에 이동 지시를 내리기 위해 수화기를 집어들자 부사단장이 영옥의 손에서 수화기를 뺏으며 버럭 소리를 질렀다.

"지금 당장 움직여! 전화 걸 시간도 없다!"

갑자기 별 하나가 떠서 고함을 쳐대자 대대본부는 벌집을 쑤신 것처럼 발칵 뒤집혔다. 밖에는 또다시 비까지 내리고 있어 영옥이 벗어 둔 오버코트를 집으려고 손을 뻗는데 부사단장이 다시 소리를 질렀다.

"빨리 움직이라는데 말이 안 들리나! 나가! 당장 나가란 말이야!"

부사단장이 바로 옆에서 소리를 지르며 성화를 부리는 바람에 영옥은 코트도 챙기지 못하고 허겁지겁 대대본부를 나서면서 속으로 뱉었다.

'전화로 다자간 동시 통화를 하는 것이 지프를 타고 무전기로 각 중대를 하나씩 불러 지시하는 것보다 훨씬 빠른데 전화도 걸지 못하게 하다니. 무전 교신은 적군에 도청될 위험도 높은데. 부사단장이라는 작자가 이렇게 멍청한 명령을 내리다니 사단본부는 머저리들만 모아다 놓은 모양이군.'

사단본부는 연대본부보다 뒤쪽에 있어 대대본부와는 더 멀리 떨어져 있었고 부사단장이 대대본부까지 와서 출동 명령을 직접 내릴 계획이었다면 오는 도중에 연대장에게는 알려 줬어야 했다. 하다못해 대대본부에 전화나 무전으로 "이동 준비를 하라. 세부사항을 도착해 알려 주겠다"는 말만 해줬어도 상황은 훨씬 달랐을 것이다. 부사단장의 행동은 지휘 계통을 철저히 무시한 것으로 미군의 전투 수칙에 어긋나는 것이었다. 미군뿐 아니라 제대로 된 군대라면 어느 나라 군대도 그런 식으로 전투 지휘를 하지는 않는 법이다.

물론 부사단장은 사단장이 보내서 온 것이었다. 사단장은 C고지가 3사단 작전지역이 되면서 3사단이 공세를 조여 올 것이 분명해지자 3사단을 앞지르기 위해 무모하게 공격 명령을 내렸던 것이다.

병사들은 식사할 시간도 제대로 갖지 못한 채 다시 군장을 챙겨야 했다. 영옥은 지프에 오르면서 무전기로 C중대장 윌리엄 파이 대위를 불렀다. 바로 어제 전투에서 C중대가 선봉을 맡았지만 30분 내에 공격대기선에 도착할 수 있는 지점에 있는 중대는 C중대밖에 없었다.

영옥이 중대를 이끌고 공격대기선에 도착한 파이 대위와 작전을 협의하는 동안 나머지 중대들이 도착했다. 파이 대위는 즉시 비퐁텐을 내려다보는 고지를 점령하자고 제안했고, 영옥도 이 제안이 옳다고 생각해 100대대는 이 고지로 이동했다. 독일군은 이미 철수했는지 저항이 거의 없어 100대대는 얼마 후 고지에 도달해 참호를 팠다. 탄약도 식량도 바닥났고 식수도 떨어졌다. 밤새도록 비는 내리는데 판초우의조차 없는 병사들도 많았다. 영옥도 없기는 마찬가지였다. 부사단장이 성화를 부리는 바람에 코트도 없었고 갖고 있는 것이라고는 쌍안경에 권총 한 자루가 전부였다. 그나마 탱크병용 방한 점퍼를 입고 있는 것이 다행이었다. 쇳덩어리로 만들어진 탱크는 밖의 날씨보다 안이 훨씬 더 춥거나 더워 탱크병들이 입는 점퍼는 보병용 점퍼보다 두텁고 따뜻하게 만들어졌는데, 브뤼에르 전투 때 영옥이 추위에도 밖에서 살다시피 하는 것을 보고 한 탱크병이 준 것이었다.

평소 좀처럼 화를 내지 않던 싱글스 대대장이 이날 밤 영옥에게 화를 냈다.

"뭐 하는 거냐? 적군의 관심을 끌기 위해 안달이라도 난 거야?"

여기저기 독일군 정찰대가 깔려 있는데 영옥이 계속 나뭇가지를 부러뜨리며 소리를 내는 것이 못마땅해서였다.

"아닙니다. 너무 추워서 그럽니다. 나뭇가지를 모아 바닥에 깔기도 하고 덮기도 하려고 합니다. 너무 급히 떠나는 바람에 보시다시피 코트도 없습니다."

"그래? 그렇게 조금만 더 계속해 봐. 곧 아무것도 필요 없게 될 테니."

적군을 불러들여 죽게 될 것이란 얘기였다.

보쥬 산맥은 아직 겨울이 되지 않았지만 40년 만의 추위라는 말이 있을 정도로 몹시 추웠고 비까지 계속 내려 군복마저 흠뻑 젖었다. 몸의 근육이란 근육은 제각기 따로 놀며 경련이 일어 모두 수전증 환자처럼 손을 떨었다.

그날 밤 병사들은 주린 배를 움켜쥔 채 추위와 싸우며 아군이 도착하기만을 기다렸다. 그러나 대대의 측면을 받치기로 돼 있는 아군은 아무리 기다려도 오지 않았고 그 사이 독일군은 100대대의 배후를 차단했다. 대대와 연대를 차단하며 퇴로까지 끊은 독일군이 공격해 올 경우 심각한 상황이 벌어질 수밖에 없었다.

비퐁텐 점령작전의 비극

다음 날 아침 영옥은 연대본부를 무전으로 호출했다. 그런데 아무리 불러도 연대본부가 나오지 않았다. 이미 대대는 연대본부와 무전 교신 거리를 벗어나 있었다. 영옥은 포병연락장교 파이블먼 대위에게 연대 포병대대를 부르도록 했다. 포병용 무전기가 보병용 무전기보다 교신 거리가 멀기 때문이었다. 영옥은 522포병대대의 중계를 거쳐 연대본부와 교신하기 시작했다.

"비풍텐을 점령하라."

연대장의 명령이었다. 대대장도 영옥도 이 명령만은 도저히 납득할 수 없었다. 평소의 펜스 대령답지 않은 명령이었다. 무언가 잘못된 게 분명했다. 이미 적군에 포위된 100대대가 갖고 있는 유일한 이점이라면 고지에 있다는 것이었다.

"안 됩니다. 우리는 탄약도 식량도 떨어졌습니다. 비풍텐은 쉽게 점령할 수 있을지 모르지만 아무 의미가 없습니다. 비풍텐으로 내려가면 그나마 교신도 안 되고 아군의 지원 포격 범위를 벗어나게 됩니다. 우리가 내려가면 적군이 여기를 점령할 것이 뻔하고 우리는 독 안에 갇힌 쥐가 됩니다. 아군이 도착한 다음 비풍텐을 점령하는 것이 옳습니다."

"안 된다."

"사단장님이 또 근처에 계십니까?"

"그래."

사단장이 옆에서 연대장을 몰아세우고 있다면 더 이상 말해 봤자 소용이 없을 터였다.

"우리가 지금 비풍텐으로 내려가면 현재 우리 위치에 오늘 저녁까지는 우리 연대의 나머지 2개 대대나 다른 연대를 배치시켜 주셔야 합니다. 누가 오든 상관없습니다. 옆에 계신 연대장님 친구가 그런 약속을 해줄 수 있습니까?"

"그래, 그거는 약속하지."

"한 가지 분명히 해두고 싶습니다. 저는 이 지시에 절대 반대입니다."

"나도 알아. 나도 네가 왜 그렇게 말하는지 너무 잘 알지만 다른 방법이 없다."

영옥은 B중대가 엄호를 맡는 가운데 나머지 중대들을 먼저 마을로 진입시켰다. 예상대로 마을 점령 자체는 그리 어렵지 않았다. 비퐁텐은 교회를 중심으로 수십 채의 농가가 옹기종기 들어선 작은 마을이었는데 주민들은 모두 피난을 떠나고 없었다. 그 상황에서 미군이 고지를 버리고 무모하게 마을로 진입할 것이라고는 생각하지 않았던 듯 미처 철수하지 못한 독일군 통신부대원 50명 정도만 남아 있었다.

주린 배를 부여잡고 싸우던 병사들은 독일군의 보급품으로 허기부터 때웠다. 개중에 이미 탄약이 떨어진 병사들은 미제 무기를 버리고 독일군 포로에게 뺏은 무기로 무장을 바꾸었다.

그러나 이때쯤 마을 외곽에 있던 독일군이 100대대가 철수한 고지까지 점령함으로써 100대대는 적에게 완전히 포위됐다. 펜스 대령은 약속을 지키기 위해 나머지 2개 대대를 모두 투입했지만 촘촘한 무쇠 그물 같은 독일군의 포위망은 좀처럼 뚫리지 않았다. 100대대에 물과 탄약을 갖다 주기 위해 급조된 특수임무부대도 고지를 차고 앉은 독일군의 저지로 올 수가 없었다.

영옥은 어느 순간이라도 있을 수 있는 독일군의 공격에 대비하기 위해 중대를 돌아다니며 수비를 강화했다. 다른 중대의 수비 태세를 점검한 영옥은 마지막으로 C중대를 점검하기 앞서 대대본부에 들렀다. 포로로 잡힌 독일군 통신대대장을 심문하기 위해서였다. 100대대가 마을로 진입하면서 잡은 독일군 포로들은 전부 히틀러 친위대 소속이었는데, 이 가운데는 통신대대장인 소령 한 명과 탱크중대장인 대위 한 명이 있었다.

영옥이 대대본부가 설치된 농가에 들어섰을 때는 대대장 싱글스 중령이 참모들을 대동하고 독일군 소령을 상대로 1차 심문을 마친 다음이었다. 상석에 앉은 싱글스 중령 건너편에 독일군 소령이 앉아 있고 그 주위에 참모들과 소령을 감시하는 병사들이 도열해 있었다. 영옥이 들어서는 것을 본 싱글스 중령은 일부러 자기가 앉아 있던 자리를 영옥에게 내주고 옆자리로 옮겨 앉았다. 독일군 소령을 포함해 모두의 눈길이 영옥에게 집중되면서 긴장이 감돌았다. 영옥은 자리에 앉으면서 총집에서 권총을 꺼내 테이블 위에 얹어놓으며 말했다.

"짐만 남고 모두 나가라."

짐은 정보참모 제임스 부드리 중위를 말하는 것이었다. 영옥의 말이 떨어지자 싱글스 중령과 부드리 중위만 남고 모두 밖으로 나갔다. 분위기가 달라졌다는 것을 느꼈는지 독일군 소령이 자세를 바로잡았다.

영옥은 이름과 소속을 묻는 것을 시작으로 심문을 시작했다. 영옥은 독일어를 몰랐지만 30대 후반으로 보이는 독일군 소령은 고등교육을 받은 듯 수준 높은 영어를 구사해 둘은 쉽게 의사소통을 할 수 있었다.

영옥의 심문은 한 시간 가량 계속됐는데, 싱글스 중령은 영옥의 질문에 대해 이미 자기가 물었던 내용이라며 두 번쯤 중단시켰을 뿐 시종 아무 말 없이 지켜봤다.

"우리가 산 위에 있다는 것을 알고 있었습니까?"

"몰랐습니다."

"현재의 전황을 어떻게 봅니까?"

"동부전선에서는 이미 패했고 서부전선에서도 고전하고 있습니다. 쉽지 않을 것입니다."

동부전선이란 독소전쟁을 말하는 것이었다. 소령은 독일군이 이미 전쟁에 졌다고 대놓고 인정하지는 않았지만 사실상 대세가 기울었다는 현실을 인정하고 있었다.

소령은 포로 신세였지만 나름대로 체통을 지키면서 비굴한 모습을 보이지는 않았다. 독일군 탱크중대장인 대위가 엘리트 의식으로 가득 차 우스꽝스러운 태도로 귀족 대우를 요구하던 것과 달리 건방지지도 않았다. 대위는 포로로 잡힌 것을 참지 못하겠다는 듯 화를 내면서 길길이 뛰었지만 소령은 달랐다. 포로로 잡혀 이제 자신에게는 전쟁이 끝난 것을 다행스러워하던 다른 독일군 병사들처럼 내심으로는 그렇게 생각하고 있는지도 몰랐다.

심문을 마친 영옥은 대대본부를 나서 C중대로 갔다. C중대는 마을 한가운데 자리한 교회 옆을 끼고 난 좁은 길 건너편에 있는 농가에 중대본부를 설치해 두고 있었다. 영옥이 수비 태세를 점검하고 막 농가의 문을 나서려는 순간 C중대장 파이 대위가 불렀다.

"영, 이쪽으로 와봐라. 보여줄 게 있다."

영옥이 돌아서자, 파위 대위가 창밖을 손가락으로 가리키며 보라고 했다. 영옥이 파이 대위를 지나 창틀을 손으로 짚고 몸의 균형을 유지하면서 파이 대위가 가리키는 방향을 쳐다보는데 파이 대위가 문가에 서서 말했다.

"그쪽 들판에 독일군 탱크가 한 대 보이지. 한 대를 더 불러들이는 것 같은데……."

"그래, 그쪽에서 공격을 시작하겠지."

그 순간 갑자기 드르륵 총성이 울렸다. 영옥이 피투성이가 되어 꼬꾸라졌다. 영옥과 파이 대위가 있는 농가의 길 건너편에 있던 농가의 지하실에 숨어 있던 독일군이 쏜 것이었다. 그 독일군은 대대가 마을로 진입할 때 지하실에 숨어 몇 시간을 보낸 후 지하실 뚜껑 문을 열고 밖으로 나오다 건너편 농가의 열린 문을 통해 파이 대위를 발견하고 들고 있던 기관단총을 발사한 것이었다. 총탄은 탱크를 가리키려고 뻗은 파이 대위의 팔 밑을 지나 영옥을 맞혔다.

잠시 후 독일군이 사방에서 공격해 오기 시작했다. 탱크를 앞세우고 포위망을 좁혀 오던 독일군이 병사들이 숨어 있는 농가들 사이로 모습을 드러내기 시작했다. 전진해 오는 독일군 탱크에서 영어가 흘러나왔다.

"너희들은 포위됐다. 무기를 버리고 항복하라."

그때 독일군 탱크 쪽으로 수류탄이 날아갔다. 항복 권유에 대한 어느 병사의 응답이었다. 병사들은 죽을 힘을 다해 싸웠지만 전투가 시작되기도 전에 대세는 이미 기울어졌다.

이날 밤 영옥은 들것에 실린 채 숲 속을 헤맸다. 기관총탄 세 발을 오른손에 맞은 탓에 피를 너무 많이 흘리고 있었다. 병사 여섯 명이 피투성이가 된 영옥과 역시 부상을 입은 A중대장 샘 사카모토 중위 등

10여 명의 부상자들을 들것에 실은 후 낮에 포로로 잡았던 독일군 통신부대원들에게 들게 하고 야음을 이용해 비퐁텐을 탈출했다. 병사들은 어둠 속에서 연대본부가 있다고 생각하는 방향으로 걸음을 재촉했다.

영옥은 총상으로 인한 통증이 너무 심해 모르핀을 여러 대 한꺼번에 맞은 탓에 정신이 몽롱한 상태였다. 사카모토 중위가 부상자 행렬을 지휘하는 것 같았다. 갑자기 영옥이 옆에 있던 병사에게 사카모토 중위를 불러 달라고 했다.

"샘, 내 생각엔 방금 방향을 잘못 잡은 것 같다. 방금 행렬이 우회전한 것 같은데 사실은 좌회전을 했어야 하는 것 같다."

"영, 처음으로 내게 한번 맡겨 보지 그래? 넌 지금 모르핀에 취해 밤낮도 제대로 구분 못하는 처지에, 그것도 들것에 누운 신세로 내게 방향을 가르쳐 주나?"

사카모토는 원래 영옥보다 계급이 높았지만 영옥이 진급을 거듭해 이제는 영옥의 계급이 더 높았다. 그렇지만 둘은 친구가 돼 있었다.

"오케이, 샘. 그렇게 해라."

사카모토는 자기가 옳다고 생각하는 방향으로 계속 가다가 잠시 후 돌아왔다.

"영, 큰일났다. 우린 지금 독일군에 포위됐다. 어쩌지? 아무래도 항복해야 할 것 같다."

"항복이라고? 나는 안 한다. 그냥 여기 남겠다. 나는 부상이 너무 심해 어차피 독일군이 구해 주지 않을 것이다. 아마도 항복한다면 독일의 어느 병원에서 죽겠지."

"탈출할 수 없다. 그러다간 죽을 거야."

"그래도 나는 항복하지 않는다."

사카모토 중위가 떠나자, 영옥은 옆에 있던 위생병 리처드 치넨 일병에게 말했다.

"리처드, 나는 탈출하려는데 함께 갈 테냐? 네 도움이 필요하다."

"그렇게 하겠습니다. 그런데 총은 어쩌지요?"

치넨 일병은 카빈총 한 자루를 들고 있었다.

"총을 어쩌다니? 그게 무슨 소리냐?"

"독일군 포로들에게 들것을 들게 했기 때문에 만약을 대비해 들고 있기는 하지만 사실 저는 총을 쏠 줄 모릅니다."

"내게 다오. 네가 두 손으로 다루는 것보다 내가 왼손 하나로 다루는 것이 더 낫겠다. 우리가 기어서 빠져나갈 때까지 너는 그냥 내 옆에 딱 붙어 있기만 하면 된다."

부상자 행렬이 독일군 수색대와 맞닥뜨린 지역은 덤불로 덮여 있었다. 영옥은 몸을 굴려 들것에서 내려와 덤불에 엎드려 기기 시작했다. 그러자 옆에 있던 치넨 일병과 조지 하기와라 하사도 영옥을 따라 기기 시작했다. 독일군 수색대는 다른 부상자들과 부상자를 호위하던 병사들을 포로로 잡고 그 지역을 서둘러 빠져나가기 위해 정신이 없었는지 이들이 탈출하는 것을 보지 못한 듯했다. 셋은 곧 숲 속으로 스며들어 100대대에 다시 합류했다.

영옥보다 몇 시간 먼저 중상을 입고 비퐁텐 진입을 포기한 채 다른 부상자들을 인솔해 후퇴했던 B중대장 다카하시 대위도 숲 속에서 길을 잃고 헤매다 다음 날 아군을 만나 구조됐다. 다카하시 대위는 부대가 비퐁텐 공격을 위해 고지에서 내려온 직후 마을 진입을 앞두고 중상을 입었었다. 흔들리는 지프에서 심한 부상으로 고통에 시달리던 다카하시는 흘러나오는 무전이 대대장과 연대장의 교신이라는 것을 알고는 신경을 곤두세웠다.

"영과 사카모토 중위가 포함된 부상자들이 후퇴하다가 적군을 만났습니다. 영은 탈출했지만 사카모토 중위는 포로가 된 것 같습니다."

"영도 부상당했다는 말인가?"

"네, 영은 가까스로 탈출에 성공했지만 머리에 부상을 입었습니다."

다카하시는 가슴이 쓰라렸다. 불과 며칠 전 브뤼에르 전투에서 영옥과 자신이 연막탄을 헤치고 앞으로 나가던 모습이 떠올랐다.

"고집스럽게도 철모를 쓰지 않더니 결국 머리를 다쳤구나. 그렇게도 여러 번 충고했건만······."

그러나 이것은 중상으로 정신이 흐릿하던 다카하시가 잘못 들은 것이었다. 대대장은 영옥이 "팔(hand)에 부상을 입었다"고 했는데 다카하시는 이 말을 '머리(head)에 부상을 입었다'는 말로 들었던 것이다.

저승 문턱까지 다녀오다

비퐁텐에서 100대대가 전멸될 위기에 놓이자 펜스 대령이 공격에 박차를 가해 철벽 같던 독일군 포위망이 서서히 구멍이 뚫리며 녹아내렸다. 100대대는 비로소 연대와 합류할 수 있었다.

영옥은 즉시 응급치료소로 옮겨졌으나 독일군에 포위됐던 나흘 동안 치료를 제대로 받지 못해 총상 부위의 염증이 심해지면서 썩어들어가고 있었다. 한 발은 오른쪽 손바닥 아랫부분을 관통했고, 한 발은 가운데 손가락을 비스듬히 맞히며 지나갔으며, 나머지 한 발은 넷째 손가락에 명중하면서 손가락 끝마디를 날려 보냈다. 이 때문에 피를 너무 많이 흘린 데다 염증이 생기면서 썩어들어가 오른손 전체가 두 배 이상 퉁퉁 부어오른 상태로 피고름과 붕대가 범벅이 돼 엉켜붙어 있었다.

사전에 연락을 받고 응급치료소에서 대기 중이던 군의관은 영옥을 실은 들것이 도착하자 상처를 보더니 침대로 옮길 여유도 없다며 가위를 가져오게 했다. 들것 오른쪽에서 한쪽 무릎을 세우고 앉은 샤피로 대위가 들것을 둘러싸고 영옥의 팔다리를 붙잡은 사람들에게 당부했다.

"단단히 붙잡아야 합니다."

영옥이 마지막으로 모르핀을 맞은 시간을 확인한 군의관은 먼저 모르핀 주사부터 놓았다. 총상을 입은 영옥이 위생병에게 첫 모르핀 주사를 맞았을 때는 쇼크가 심해 구토까지 했지만 나흘 동안 계속 모르핀을 맞으면서 몸이 적응을 했는지 더 이상 그런 반응은 없었다. 주사를 놓은 군의관은 한 손으로 영옥의 오른손을 받쳐들더니 손목부터 시작해 붕대를 자르기 시작했다. 영옥의 오른쪽 어깨 부위를 누르고 있던 치과 군의관 고메타니 대위와 왼쪽 어깨 부위를 누르고 있던 군목 요스트 대위는 쏟아지는 눈물을 닦을 엄두도 내지 못한 채 군의관의 가위 끝에 온 신경을 곤두세웠다.

피고름과 범벅이 된 붕대는 나흘이나 말라붙으며 딱딱해져 외과의인 군의관이 붕대를 자르는 것도 힘들었다. 느리게 조금씩 손바닥을 지난 군의관의 가위가 약지 끝으로 다가가자 붕대 덩어리가 양쪽으로 쪼개지면서 눌어붙은 핏덩이 속으로 검붉게 부어오른 손바닥이 모습을 드러냈다. 그대로 가위질을 좀 더 계속하던 군의관은 넷째 손가락 끝을 감싼 부분만 남자, 가위를 내려놓고 고개를 돌려 영옥을 바라보다가 깊이 숨을 내쉰 후 말했다.

"영, 지금까지는 쉬운 부분이었다. 진짜 문제는 지금부터야. 붕대를 떼어낼 텐데 그러면 다시 피가 쏟아질 거야. 모르핀을 놓긴 했지만 고통도 아주 심하고 체온도 급격히 떨어질 거다. 어떻게 될지는 아무도 모른다. 최악의 경우도 각오해야 돼. 마음을 단단히 먹어야 한다."

영옥이 짧게 고개를 끄덕이자 군의관은 다시 고메타니 대위와 요스트 대위에게도 비슷한 요지의 말을 하고는 양쪽으로 갈라진 채 아직 영옥의 손을 감싸고 있는 붕대 끝을 단단히 잡았다.

군의관이 붕대를 떼어내자 꽉 막혔던 호스가 갑자기 터지듯 절단된 약지 끝으로 다시 피가 쏟아져 나오기 시작했다. 손바닥에 난 총상 부위에서도 피가 쏟아져 나왔다. 샤피로 대위의 경고가 있긴 했지만 고통이 너무 심해 쇼크로 심장이 멎을 지경이었다.

샤피로 대위는 피를 멈추게 하려고 갖은 애를 썼지만 피는 계속 쏟아졌고 체온도 떨어지기 시작했다. 영옥은 정신이 나갔다 들어왔다 하면서도 발끝에서부터 몸이 식는 것을 분명히 느낄 수 있었다. 처음에는 발끝이 차가워지더니 서서히 발과 발목을 거쳐 정강이, 무릎을 지나 허벅지까지 올라왔다. 차가워진 부분은 감각도 아예 없어졌다.

"아랫배가 차가워지기 시작한다."

몸이 식는 부분을 군의관에게 알려주던 영옥이 아랫배까지 차가워지기 시작했다고 말하자, 엉엉 소리내 울면서 영옥의 몸을 따뜻하게 해주기 위해 여기저기를 문지르던 고메타니 대위와 요스트 대위가 소리쳤다.

"영, 싸워라! 싸워! 지지 말란 말이야, 이기라고!"

"영, 힘을 내라! 포기하지 마! 여기는 다른 약이 없다! 너를 구할 수 있는 유일한 방법은 어떡하든 살겠다는 너의 의지뿐이다!"

아랫배가 차가워지자 영옥은 자기가 죽고 있음을 알 수 있었다. 한기가 배꼽을 지나고 심장까지 차가워지는 때가 자기가 죽는 순간일 것이다.

"배꼽을 넘었다. 이제는 윗배까지 차가워지기 시작했다."

"영, 마음의 준비를 해라."

요스트 대위는 떨리는 손을 뻗어 옆에 놓여 있는 성경을 집어들었다. 그러면서 다시 소리를 질렀다.

"포기하지 마라! 영! 너를 구할 사람은 너밖에 없다!"

루터교 신자로 군목이었던 요스트 대위는 한편으로는 영옥에게 최후의 순간을 맞을 준비를 하라고 말하면서도 다른 한편으로는 용기를 북돋우려 애썼다.

영옥은 아무런 생각도 들지 않았다. 사람이 임종의 순간을 맞으면 태어났을 때부터 그 순간까지 모든 일이 영상처럼 한 번에 펼쳐진다는 말은 거짓이었다. 자신이 죽기 시작했으며 그 과정도 곧 끝날 것임을 알게 된 순간 생각나는 것은 아무것도 없었다.

잠시 후 요스트 군목이 이번에는 낮은 목소리로 무언가 중얼거리기 시작했다. 영옥은 정신이 혼미했지만 그것이 죽음의 순간을 맞은 군인들에게 군목들이 들려주는 최후의 기도라는 것을 알 수 있었다. 서서히 만물이 형체를 버리면서 흐느낌 속에 들려오는 최후의 기도 소리도 점점 작아졌다.

몇 분이 흘렀을까, 잠시 후 정신을 차린 영옥은 무언가 이상하다는 느낌이 들었다. 배를 지나 명치까지 올라오던 한기가 갑자기 거기서 멈춘 것 같았다. 고메타니 대위와 요스트 대위는 계속 눈물을 흘리며 아직도 영옥의 몸을 문지르고 있었다. 그대로 가만히 있자 윗배가 따뜻해지기 시작하더니 온기가 서서히 배꼽 부위로 내려갔다.

"차가워지는 것이 조금 전부터 멈춘 것 같더니 윗배가 따뜻해지기 시작했다. 지금은 배꼽 아래로 내려갔다."

"이겼다, 영! 네가 이긴 거야!"

군의관이 소리를 질렀다. 그러자 모두 환성을 지르며 박수를 쳤다. 영옥은 너무 낙관하기 전에 좀 더 기다려 보기로 했다. 발끝에서 배로 서서히 차가워졌던 몸은 이번에는 다시 거꾸로 내려가며 서서히 온기가 느껴졌다. 온기는 아랫배를 지나 더 아래로 퍼지기 시작했다.

"이제 허벅지가 다시 느껴진다."

말을 들은 군의관이 이제는 됐다며 모르핀 주사를 한 대 더 놓는 것을 보면서 영옥은 다시 정신을 잃었다.

영옥이 다시 정신을 차린 것은 앰뷸런스 안이었다. 앰뷸런스가 사이렌을 울리며 프랑스와 스위스 국경 지대에 있는 야전병원으로 들어서는 순간이었다. 앰뷸런스 창밖으로 야전병원을 본 것은 분명 기억나는데 다시 눈을 떠보니 담당 군의관으로 보이는 소령 한 명과 간호장교들에게 둘러싸여 있었다. 군의관은 응급치료소에서 영옥의 손에 감았던 붕대를 풀고 치료한 후 새 붕대를 감아 주며 주의를 주었다.

"김 대위, 총상이 도질 수 있어 아직 안심하기에는 이르다. 무슨 일이 있으면 즉시 간호장교나 군의관을 불러야 한다."

다음 날 갑자기 다시 통증이 심해진 영옥의 외침을 듣고 침대로 뛰어온 간호장교는 급히 붕대를 풀어 보더니 군의관을 소리쳐 불렀다. 마침 바로 근처에 있던 군의관이 곧바로 병실로 뛰어들면서 집히는 것이 있는지 알코올을 가져오라고 소리를 질렀다. 영옥의 손을 살펴본 군의관이 빠르게 말했다.

"김 대위, 모르핀 놓을 시간도 없다. 이것은 100퍼센트 순수 알코올이다. 아주 아프겠지만 어쩔 수 없다. 참아야 한다."

군의관은 말을 마치자마자 다시 썩어 부어오른 영옥의 손바닥 총상 부위로 집게를 쑤셔넣어 양쪽으로 살을 벌리고는 알코올 한 병을 통째로 들이부었다. 집게가 살을 비집고 뼈까지 들어와 살을 벌리는 것도 고통스러웠지만 알코올을 들이붓자 참을 수 없는 고통이 온몸을 휘감았다. 도저히 말로는 설명할 수 없는 아픔이었다. 응급치료소에서 군의관이 붕대를 제거한 직후 피가 쏟아질 때 느껴졌던 아픔보다 훨씬 더 심했다. 군의관이 알코올 한 병을 다 붓고 나서 다시 말했다.

"상처가 다시 썩어 갑자기 독기가 퍼지기 시작해 어쩔 수 없었다. 독기가 혈관을 타고 들어가는 것은 그래도 여유가 있지만 독기가 손목을 지나 신경을 건드리면 즉사하게 된다. 결과는 지금부터 몇 분이 지나야 알 수 있다. 몇 분이 지나도 괜찮으면 일단 시간을 벌 수 있고, 그러면 우리가 이길 수 있다. 몇 분 내에 무슨 일이 생기면 그때는 방법이 없다."

몇 분 내에 독기가 팔목 위로 퍼지며 신경을 건드리면 죽게 될 것이라는 얘기였다. 다시 죽음으로 밀려간 영옥이 할 수 있는 것은 고통을 참으며 무사히 시간이 흐르기만을 기다리는 것이었다. 군의관도 간호장교도 침묵을 지키며 초조한 마음으로 영옥의 상처와 시계를 번갈아 쳐다봤다.

삶과 죽음을 가르는 몇 분은 그렇게 흘러갔다. 영옥은 고통이 너무 심해 아무런 생각도 할 수 없었다. 잠시 후 군의관이 웃으며 말했다.

"김 대위, 수고했다. 일단은 우리가 이긴 것 같다."

군의관의 지시에 따라 간호장교가 모르핀 주사를 놓는 것을 보면서 영옥은 다시 정신을 잃었다.

기적의 항생제, 페니실린

2차대전 당시 폐렴에 걸린 처칠 영국 수상을 구한 것으로 한층 유명해진 페니실린은 기적의 항생제인 것은 확실했지만 그때까지만 해도 야전병원에서까지 널리 쓰이지는 못하고 있었다.

영국 의학자 플레밍이 페니실린 발견을 학계에 보고한 것이 1929년,

역시 영국 병리학자 플로리와 생화학자 체인이 순수 페니실린을 추출해 탁월한 약리 효과를 증명한 것이 1941년이었다. 그러나 영국 정부가 페니실린에 관심을 보이지 않자 플로리는 미국 정부에 관심을 촉구했다. 미국 정부의 도움으로 대량생산 기술이 개발되기까지는 많은 시간이 걸렸다. 미국은 페니실린이 생산되기 시작하자 우선적으로 전선에 보냈지만 그때만 해도 초기 단계여서 야전병원에서도 아주 귀한 약이었다.

영옥이 다시 정신을 차리자, 군의관은 급한 대로 시간은 벌었지만 염증이 너무 심해 막 개발된 페니실린만이 유일한 희망이라며 페니실린을 투입했다. 페니실린은 투입량도 엄청나게 많고 투입 과정 자체도 고통스럽기 짝이 없었다. 매일 양쪽 팔의 윗부분과 엉덩이에 순서대로 돌아가며 네 방씩 맞아야 했는데 한 번 주사바늘이 들어간 곳 주위는 살이 너무 딱딱해져 다음부터는 다른 곳을 찾아야 했다. 그렇게 며칠을 계속하니 살이 시멘트처럼 딱딱하게 굳어 주사바늘이 부러지기도 했다. 페니실린 주사는 맞고 나도 오랫동안 아픔이 지속돼 맞는 것 자체가 참기 힘든 고통이었다.

그러나 페니실린은 역시 기적의 항생제였다. 영옥의 목숨을 구한 것이다. 문자 그대로 구사일생이었다. 완전히 고비를 넘기자 군의관은 마치 자기가 죽다 살아난 것처럼 기뻐했다.

"김 대위, 페니실린이 없었다면 끝장이었을 거다. 참으로 운이 좋았어."

영옥은 페니실린으로 치료받은 첫 번째 연합군 장병 가운데 한 명이었다. 위기를 넘겼다는 것을 확인한 군의관은 영옥을 마르세이유 북쪽에 있는 야전병원으로 이송시켰다. 조용히 요양하며 회복시키기 위한 조치였다. 군의관들은 영옥에게 몸이 회복되면 미국으로 돌아가게 될 것이라고 말했다. 여기서 영옥은 '퍼플 하트'를 하나 더 받았다. 비퐁텐 전투에서 피를 흘린 대가였다.

그러나 사태는 군의관들의 말처럼 전개되지 않았다. '히틀러 최후의 도박'으로 불리게 되는 발지 전투가 시작됐던 것이다.

발지 전투는 연합군의 독일 진입을 눈앞에 둔 독일이 여기저기서 긁어모은 독일군 25만 명을 집결시켜 12월 16일 프랑스 아르덴 삼림에 포진한 연합군을 기습한 나치 독일의 마지막 승부수였다. 영옥이 두 번째 퍼플 하트를 받으며 미국으로 보내질 것이라는 말을 들은 지 불과 이틀밖에 안 된 날이었다.

발지 전투가 시작되자 연합군 사령부는 걸을 수 있는 장병은 모두 원대복귀시키라는 명령을 내렸다. 이 때문에 영옥도 부대로 다시 돌아가게 됐다. 영옥이 부대로 복귀했을 때 442연대는 프랑스 동북부 보쥬 산맥 최전선에서 프랑스 동남부의 세계적 휴양지인 프렌치 리비에라로 이동해 있었다.

떠나는 자와 남는 자

부대로 돌아온 영옥에게 다카하시 대위로부터 메시지가 왔다. 비퐁텐 전투에서 중상을 입고 숲 속을 헤매다 구조됐던 다카하시는 마침 니스 근처 야전병원에 입원해 있으면서 본국 송환을 기다리고 있다가 영옥이 귀대했다는 얘기를 듣고 병원에 들러 달라고 전갈을 보낸 것이었다.

다카하시와 영옥은 이제 단순한 전우가 아니었다. 캠프 셸비의 훈련소에서는 계급도 다르고 중대도 달라 가까워질 기회가 없었지만 이탈리아와 프랑스 전선에서 함께 사선을 넘나들며 형제보다 가까운 벗이 됐다. 로마 해방전을 위해 영옥이 시스테르나에서 포로 생포에 나서던 날 밤에 영옥을 철책까지 호위해 줬던 사람도 다카하시였다. 브뤼에르 전투 때는 텔레파시가 통한 듯 같이 연막탄을 뚫고 적진으로 다가가 수많은 인명피해를 막기도 했다. 영옥도 다카하시가 보고 싶었기 때문에 일부러 틈을 내 야전병원으로 찾아갔다.

그때쯤 영옥이 머리가 아니라 손에 부상을 입었다는 것을 알고 있던 다카하시는 영옥을 반가이 맞으며 그 얘기부터 꺼냈다. 둘이 이런저런 얘기를 나누는 동안에도 다카하시는 마음이 착잡했다. 다카하시의 생각에 영옥처럼 중상을 입고 회복 중인 사람들까지 원대복귀시킨다는 것은 아무리 이해하려 해도 이해할 수 없는 방침이었다. 아무리 발지 전투가 급하다 해도 이미 대세는 기울어진 상태였다. 걸을 수 있는 장병은 모두 원대복귀시키라는 명령 대신 부상 정도에 따라 누구를 원대로 복귀시키고 누구를 본국으로 귀환시켜야 하는지에 대한 판단은 군의관들 판단에 맡기는 것이 옳다고 생각했다.

같은 날 같은 전투에서 둘 다 중상을 입었지만 자기는 떠나는 자였고 영옥은 남는 자였다. 남는 영옥에게 앞으로 무슨 일이 벌어질지는 아무도 모르는 일이었다.

아내 아이다의 중태 소식

제발 무사하기 바란다는 다카하시의 기원을 뒤로하고 부대로 돌아간 영옥에게 급보가 날아들었다. 육군 간호장교로 런던에 있는 야전병원에서 근무 중인 아내 아이다가 중태에 빠져 사경을 헤매고 있다는 소식이었다.

사우스캘리포니아대학(USC) 간호학과 출신으로 간호사였던 아이다는 작년 영옥이 이탈리아 전선에서 부상을 입고 나폴리 야전병원에 입원해 있을 때 미국 전쟁성이 보낸 전보를 받고 간호장교로 지원해 런던의 한 야전병원에서 근무하고 있었다.

> 수신 : 아이다 김
> 발신 : 전쟁성
> 남편 김영옥 소위 11월 7일 이탈리아에서 전투 중 부상. 유감. 상황 확인 즉시 추가 통보 예정.

신혼살림도 못 해보고 남편을 전장으로 보낸 후 남편이 부상당했다는 전보를 받은 아이다는 자신도 직접 간호장교가 돼 전선으로 가야겠다며 자원 입대했다. 아이다는 아시아계로서는 남가주 최초로 4년제 간호대학을 나온 정규 간호사였다. 당시 극심했던 인종차별을 생각하면 아이다 역시 선구자였다. 아이다가 간호장교가 돼 남편이 피흘려 싸우던 유럽 전선으로 떠남으로써 영옥 부부는 2차대전 당시 부부가 모두 연합군 장교로 나치 독일과 싸우는 유일한 한국계 부부가 됐다.

미군 규정상 영옥은 위수지구를 벗어날 수 없어 영국까지는 갈 수 없었지만 영옥의 사정을 알게 된 미군 사령부의 고위 장성이 특별히 영옥의 영국 방문을 허가했다. "수송기를 이용할 수는 있지만 항공편 수배는 본인이 알아서 한다"는 단서가 붙어 있었다. 전쟁 와중에 프랑스와 영국을 연결하는 민항기가 없었기 때문에 빨리 영국까지 가려면 군용기를 이용해야 했다. 수소문해 보니 가장 빨리 런던으로 가는 방법은 먼저 마르세이유에서 수송기를 타고 파리로 갔다가 거기서 런던행 수송기로 갈아타는 것이었다.

영옥은 마침 파리로 간다는 군의관 고메타니와 함께 마르세이유에서 수송기를 타고 파리 비행장으로 날아갔다. 말이 파리 비행장이지 도착해 보니 실제 비행장은 파리와는 수십 킬로미터 떨어진 남쪽에 있었고 비행장도 커다란 농장에 활주로나 대충 깔고 임시 관제탑이나 세워둔 정도였다. 그런데 그날 북프랑스 지역 날씨가 나빠 원래 런던으로 가게 돼 있던 수송기가 뜨지 않았다. 영옥은 관제탑에 있는 미군에게 사정을 얘기했다.

"나는 육군의 김영옥 대위입니다. 아내가 육군 간호장교로 런던 야전병원에 근무 중인데 생명이 위독합니다. 항공편이 없겠습니까? 수송기를 탈 수 있다는 사령부의 허가도 있지만 오다 들으니 날씨 때문에 수송기가 뜨지 않는다 하더군요."

"그렇습니다. 오늘은 수송기가 없습니다. 폭격기 한 대가 곧 뜨기는 하는데……. 그렇지만 우리도 폭격기에 대해서는 탑승을 허가하라 말라 할 권한이 없습니다. 혹시 폭격기 조종사들이 태워 주겠다고 하면 몰라도……."

영옥의 눈은 벌써 활주로에 서 있는 쌍발의 폭격기로 가 있었다. 일본의 진주만 기습으로 일격을 당한 미국이 일본에 전의를 과시하기 위해 진주만 기습 4개월 만에 군사적 비합리를 감수하고 최초의 도쿄 공습에 동원했던 B-25 미첼이었다.

연합군은 런던에 있는 연합군 총사령부와 유럽 주둔군 사이에 주요 문서를 주고받기 위해 연락기를 띄우고 있었는데 그날의 연락기는 미첼이었다. 영옥은 단숨에 폭격기로 뛰어갔다. 폭격기는 곧 이륙하려는 듯 조종사와 부조종사가 함께 있었다. 영옥은 다시 사정했다.

"나는 육군의 김영옥 대위입니다. 아내가 육군 간호장교로 런던 야전병원에 근무 중인데 생명이 위독합니다. 오늘은 수송기가 없다고 합니다. 좀 태워 주십시오."

"그럽시다. 누더기 같은 폭격기지만 원한다면 태워 드리지요."

조종사는 흔쾌히 부탁을 받아들였다.

영옥을 태운 폭격기는 양쪽 날개에 하나씩 달린 프로펠러를 요란하게 돌리며 힘차게 날아올랐다. 아이다가 위독하다는 메시지를 받은 지 벌써 이틀째였다. 잠시 후 폭격기 창 아래로 도버해협이 흐르는 것이 내려다 보였다. 바다 위로 아이다와의 지난일들이 주마등처럼 펼쳐졌다.

나치 독일과 싸운 유일한 한국계 부부

아이다는 조선 말기의 지식인이자 관료였던 서규병의 손녀였다. 할아버지 서규병은 개화의 깃발을 들고 일어났으나 실패로 끝났던 갑신정변의 주역 서광범·서재필과 같은 집안 사람이다. 그는 혁명에 실패하고 미국으로 망명했던 두 문중 어른의 영향을 받아서였는지 갑오경장 한 해 전인 1893년에 미국으로 건너가 프린스턴대학에서 행정학 석사까지 받은 인텔리였다.

"프린스턴대학에 조선 유학생 1호가 생긴다. 그는 조선의 귀공자 서규병으로 공부를 마치면 조국에 봉사하겠다는 일념으로……."

프린스턴대학 신문에 났던 기사대로 서규병은 1899년 공부를 마치고 조선으로 돌아갔다. 갑신정변 가담자에 대한 사면령이 내려진 후 서광범이 조선으로 돌아가 법부대신, 학부대신 서리, 고등재판소장으로 봉직하고, 서재필 역시 조선으로 돌아가 중추원 고문을 지내고 독립신문을 창간했듯, 서규병도 귀국해 고급 관리로 봉직했다. 서규병은 조선에서 외교관도 하고 인천 부윤도 지내면서 꺼져 가는 조국의 등불을 밝히려 나름대로 애를 썼다. 고종의 칙령에 따라 설립된 한국 최초의 여권 업무 전담 부처인 수민부를 맡아 이끌기도 했으나 결국 조선이 합병되자 중국으로 망명했다.

영옥의 장인에 따르면 서규병이 중국으로 가자, 중국에 커다란 영향력을 행사했던 영국은 영어에 능통하고 프린스턴대학 석사학위까지 받은 이 조선인 망명자를 발탁해 세관 일을 맡겼다. 그 덕분에 서규병은 상해·홍콩 등 중국 각지에서 활동하면서 망국의 한을 달랬다.

서규병의 아들은 중국 여성과 결혼했는데 그 두 사람이 미국에서 낳은 딸이 아이다였다. 그러니까 아이다는 반은 한국계, 반은 중국계인 미국 시민권자였다. 영옥도 한일합방으로 드리우는 암흑의 시대를 피해 미국으로 건너간 부모 사이에서 태어났으니, 영옥과 아이다의 출생은 그 자체가 일제의 조선 강점이라는 한국 근대사의 비극이 낳은 결과라고 할 수 있었다.

둘의 만남도 단순한 우연은 아니었다. 영옥의 부모는 로스앤젤레스 다운타운에서 편의점을 운영했고, 아이다의 부모는 불과 세 블록 떨어진 곳에서 세탁소를 운영했다. 편의점과 세탁소는 유색인이 할 수 있는 몇 안 되는 자영업이었다. 상해와 홍콩에서 오래 살았기 때문인지 아이다의 아버지는 한국어와 중국어 말고도 영어까지 유창했다. 그 점이 도움이 됐는지 세탁소는 제법 잘 돼 규모가 제법 컸다. 영옥 아버지의 유창한 영어가 영옥네 편의점 장사에 도움이 된 것과 마찬가지였을 것이다.

나이는 아이다가 영옥보다 두 살 위로 두 사람은 어릴 때부터 알고 지낸 동네 소꿉친구였고 두 사람의 아버지가 모두 이승만 박사의 독립운동을 지지하는 대한인동지회 소속이라 더 자연스럽게 가까워질 수 있었다. 같이 캘리포니아에 사는 재미동포라 해도 이승만 박사 지지파와 안창호 선생 지지파 사이에는 선이 확실하게 그어져 있어 자녀들의 교제도 큰 영향을 받았다. 실제로 상대방에 깊은 호감을 가졌어도 각자 아버지의 독립운동 노선이 달라 헤어진 2세들도 있었다.

아이다는 부계 혈통을 중시하는 동양 문화 때문인지 철저히 한국인으로 행동했다. 어머니가 중국인이라는 사실에 대해서는 한 마디도 하지 않았다. 아이다뿐 아니라 아이다의 어머니도 마찬가지였다. 영옥도 처음에는 이런 배경을 모르다가 미국이 2차대전에 개입한 다음에야 알게 됐다. 중국도 미국의 우방으로 일본과 전쟁을 하고 있다는 사실이 어떤 동기를 제공했는지 모르지만 아이다는 처음으로 자부심을 갖고 어머니가 중국계라고 밝혔던 것이다.

그런 아이다가 영옥에게 구혼 편지를 보내온 것은 영옥이 아직 장교가 되기 전이었다. 개정된 병역법에 따라 징집된 영옥이 샌프란시스코 북쪽에 있는 포트 오드에서 사병 생활을 하고 있던 1942년 봄이었다. 그날 훈련을 끝낸 영옥이 다시 강렬해진 캘리포니아의 태양을 느끼며 포트 오드의 언덕에 앉아 편지를 뜯어보니 아이다의 구혼 편지였다. 용감하고 명석한 군인으로서의 진면목은 훗날 전장에서 유감없이 나타나지만 여자 앞에서는 수줍음이 많은 영옥이었다. 영옥은 영내 생활을 해야 하고 월급도 20달러 정도로 제 몸 하나 간수하기 힘든 데다 언제 전선에 투입될지 모르는데 어떻게 결혼할 수 있겠냐며 설득했지만 아이다는 물러서지 않았다. 이미 정식 간호사로 월급을 400달러나 받고 있으니 돈 따위는 문제가 아니라며 막무가내였다.

이들은 4월에 결혼식을 올렸는데 진주만 기습을 받은 미국이 일본에 선전포고를 한 다음이어서 영옥은 아침에 나와 결혼식만 치르고 오후에 부대로 돌아가야 했다. 영옥은 몇 달 후 장교후보생으로 선발돼 이듬해 임관과 함께 100대대로 배치됐고, 그로부터 다시 몇 달 후 이탈리아 전선으로 떠나왔다.

영옥이 런던의 야전병원에 도착했을 때 아이다는 벌써 수술을 받고 회복실로 옮겨져 있었다. 군의관은 잠자코 듣는 영옥에게 아이다의 병세를 설명해 주고 덧붙였다.

"위기는 넘겼지만 절대 안정을 취해야 합니다. 그리고…… 회복돼도 앞으로 아이는 갖지 못할 것입니다."

전쟁이란 참으로 가혹한 것이었다. 자기도 벌써 두 번이나 부상당했고 두 번째 부상에서는 죽다가 살아났다. 자기 분신이나 다름없는 벗 다카하시도 중상을 입고 병원에서 미국으로 돌아갈 날만 기다리는 신세가 됐다. 거기에 아내까지 중병에 걸려 수술을 받고, 그 때문에 앞으로 아이도 낳을 수 없게 됐다는 것이다.

하지만 그 순간 중요한 것은 오직 아이다의 회복이었다. 영옥이 해줄 수 있는 것은 미군 장교 전용으로 쓰던 런던의 고급 호텔로 그녀를 옮기고 수발을 들어주는 것밖에 없었다. 영옥 자신도 불과 며칠 전까지 야전병원 신세를 진 터였다. 2차대전에서 연합군 장교로 나치 독일과 싸우던 유일한 한국계 부부인 이들은 이렇게 둘 다 환자가 되어 런던에서 다시 만났다.

그러나 이들의 해후는 사나흘밖에 갈 수 없었다. 영옥이 다시 부대로 돌아가야 했던 것이다. 그때쯤 영옥의 부대에서는 프랑스 동북부 전선에 재투입될 것이라는 소문이 돌고 있었다.

프렌치 리비에라의 실질적 사령관

보쥬 산맥의 최전선에서 세계적 휴양지인 프렌치 리비에라로 이동한 연대의 공식적 임무는 프렌치 리비에라 해변으로 침투하는 독일군을 막고 프랑스-이탈리아 국경을 방어하는 것이었다. 그러나 이때쯤 독일군은 자국 영토로 들어오려는 연합군의 공세를 막기에 급급했지 프랑스 동남부를 다시 공격할 힘이 없어 연대는 사실상 점령군이 돼 있었다.

연대가 프렌치 리비에라에 배치되자, 연대장 펜스 대령은 모나코 바로 동쪽 보솔레이유에서 망통을 거쳐 이탈리아 국경에 이르는 해변을 끼고 있는 지역에 100대대를 배치했다. 연대 산하 3개 대대 가운데 100대대가 가장 먼저 이탈리아 전선에 투입돼 제일 오랫동안 어렵게 싸웠던 것을 감안한 펜스 대령 나름의 배려였을 것이다.

영옥이 부대에 도착하자 싱글스 대대장은 영옥을 반기며 손과 팔 등 온몸을 살펴보더니 말했다.

"이제 괜찮아 보이는군. 부상으로 머리가 잘못되지는 않았을 것 같고 걸을 수도 있고…… 그러면 됐어."

대대장은 그 길로 부대대장 알렉스 맥킨지 소령과 대대참모 전원을 소집하고는 선언했다.

"지금부터 김 대위 말이 곧 내 명령이다. 별도 지시가 있을 때까지 김 대위가 부대를 지휘한다."

맥킨지 소령으로서는 황당하기 짝이 없는 지시였으나 일단 싱글스 중령의 명령이 떨어진 이상 잠자코 듣는 것 외에는 다른 방법이 없었다.

"김 대위만 남고 모두 해산."

대대장은 둘만 남자 영옥에게 말했다.

"영, 나는 정신적으로나 육체적으로나 너무 지쳤다. 이 상태로는 대대를 지휘할 수 없다. 게다가 곧 연대장이 될 것 같다. 우리 연대가 아니고 다른 연대다. 그렇게 되면 북프랑스로 돌아가 새로 맡는 연대를 이끌고 독일로 들어가야 하니 재충전할 시간이 필요하다. 당분간 네가 부대를 좀 맡아 다오."

대대장은 영옥이 비퐁텐에서 부상당해 부대를 떠나 있던 동안 100대대가 치렀던 전투에서 너무나 엄청난 인명피해가 발생한 것에 대해 깊은 자책감에 빠져 있었다. 싱글스 중령이 괴로워하던 이 전투는, 사단장 달키스트 소장의 무모한 지휘로 보쥬 산맥에서 독일군에 포위된 백인부대를 구출하기 위해 442연대가 10월 25일부터 6일 동안 치렀던 전투로 미군에서는 '잃어버린 대대 구출작전'으로 불리는 유명한 전투다.

달키스트 소장은 자신의 명령을 따라 적진으로 너무 깊숙이 들어간 141연대가 독일군의 역습을 받고 미처 후퇴하지 못하고 포위돼 211명이 전멸될 위기에 놓이자 442연대에 구출할 것을 명령했다. 442연대는 결국 이들을 구출했지만 전사 54명에 부상 수백 명이라는 엄청난 피해를 입었다. 141연대는 백인부대였으므로, 성공 가능성도 거의 없으면서 막대한 희생이 뻔한 구출 임무를 유색인 부대인 442연대에 배정한 것이 인종차별 때문이라는 지적이 끊이질 않았다.

대대장은 100대대에도 많은 피해가 발생하자 심한 자책감에 빠졌는데 영옥이 병원에 있을 때는 통신참모 프랭크 디마이올로를 비롯해 대대참모 3명이 권한을 나눠 부대를 이끌도록 했다. 그러다 영옥이 돌아오자 모든 권한을 영옥에게 몰아주면서 부대 운영을 맡겼던 것이다. 이로 인해 부대대장 맥킨지 소령과 영옥과의 관계도 불편했지만,

얼마 후 원대 복귀한 미츠 후쿠다와의 관계도 마찬가지였다. 영옥이나 후쿠다나 같은 대위였지만 후쿠다가 영옥보다 고참이었던 것이다. 하지만 명령은 명령이었다.

이로 인해 영옥은 프렌치 리비에라에서 점령군 사령관 역할을 대행하게 됐다. 전시에 점령군 사령관의 말은 곧 법이었다. 관할 지역에 대한 통행증 발급에서부터 술집이나 식당 운영에 이르기까지 모두 영옥의 서명이 있어야 했다. 보솔레이유나 망통의 식당 주인들은 영옥이 들어서기만 하면 최고급 샴페인부터 가지고 나왔다.

영옥이 사실상 사령관이라는 것을 전해들은 모나코 치안국장은 영옥을 모나코로 초청해 몬테카를로의 카지노를 비롯해 모나코의 명소를 일일이 안내했다. 2차대전에서 모나코는 중립적 입장을 취했기 때문에 지난 몇 년 동안 계속된 전쟁과는 무관한 별천지였다. 치안국장이 영옥을 초청해 VIP 대접을 했던 이유는 100대대 장병들이 밤마다 프랑스-모나코 국경을 넘어 몬테카를로로 내려와 카지노에 출입하니 국경에 헌병들을 배치해 이들을 막아 달라고 요청하기 위해서였다.

100대대는 망통에 대대본부를 두고 있었다. 망통은 모나코와 이탈리아 사이의 프렌치 리비에라에 자리잡은 작고 아름다운 해변 도시다. 따사로운 태양과 운치 있는 자갈 해변 그리고 푸른 지중해가 조화롭게 어우러져 프랑스가 '프랑스의 진주'라고 자랑하는 휴양지이기도 하다. 그렇지만 당시 망통은 100대대가 이탈리아에서 피사를 해방시켰을 때처럼 주민들은 모두 피난을 떠나 도시 전체가 텅 비어 있었다.

망통에는 호텔이 20개 정도 있어 대대본부를 호텔에 두었는데 대대본부가 설치된 호텔 이름을 입수한 독일군이 가끔 포격을 가해 오는 것을 제외하고는 그다지 긴장할 이유가 없었다. 영옥이 2주마다 대대본부를 다른 호텔로 옮기도록 했기 때문에 독일군이 대대본부의 위치를 입수해 포격을 가할 때는 이미 대대본부가 다른 호텔로 옮긴 다음이었다.

싸움이 끊이지 않는 매춘소

영옥이 대대장의 지시에 따라 전권을 행사하게 되자, 통신참모 디마이올로가 말했다.

"망통에 매춘소가 하나 있는데 매춘소를 찾는 병사들 사이에 매주 두 번은 싸움이 나니 제일 급선무가 매춘소 폐쇄 여부입니다."

당시 프랑스에서는 매춘이 합법적이라 망통에도 매춘소가 있었는데 마담 한 명이 여인 5명을 데리고 운영하고 있었다. 매춘소는 비교적 규모가 큰 체인이었는지 마담은 망통에 상주하지만 여인들은 파리에서 왔다. 매주 파리에서 여인이 한 명 올 때마다 제일 오래 있던 여인이 파리로 돌아가는 시스템이었다.

프랑스에서도 병사들은 영내에서만 쓰는 군표인 '미군 프랑'으로 급여를 받았기 때문에 매춘소는 법을 어기고 군표를 직접 받거나 병사들이 재주를 부려 마련한 프랑을 받았다. 프랑스도 전쟁으로 경제가 피폐해지기는 이탈리아와 마찬가지여서 진짜 돈은 담배였는데, 초콜릿이나 캔디도 인기가 있었다. 병사들은 담배나 초콜릿이나 캔디를 암시장에 팔고 프랑으로 받아 매춘소를 찾았다.

영옥은 매춘소에 전화를 하여 그날로 약속을 정하고 참모들과 함께 매춘소로 갔다. 건장한 경비원 2명이 지키고 있는 매춘소는 그랜드 피아노까지 설치해 놓고 제법 깔끔하게 정돈돼 있었다. 30대 초반으로 보이는 금발의 프랑스 여인이 영옥을 맞았다.

"새로 오신 책임자라고 들었습니다. 우리 업소를 폐쇄할 힘이 있다는 것도 잘 알고 있습니다."

"한 가지 조건만 지킨다면 계속 문을 열어도 좋소."

"어떤 조건인가요?"

"다시는 병사들이 싸움을 하지 않아야 한다는 거요."

"그건 불공평합니다. 싸움을 하는 건 우리 아가씨들이 아니라 대위님의 부하들입니다."

"불공평할지도 모르오. 어쨌든 여기에서 병사들이 싸웠다는 보고가 단 한 번이라도 더 들어오면 문을 닫아야 하오."

"너무 불공평합니다."

"마담은 모든 것을 갖고 있지 않소? 술에, 여자에, 이렇게 잘 꾸민 집까지. 마담은 스스로 생각하는 것보다 훨씬 더 많은 힘을 갖고 있소. 한 번만 더 싸우면 술도 여자도 없다는 것을 병사들이 분명히 알게만 된다면 걱정할 일이 없을 것이오."

"그래도 여전히 불공평하다는 생각입니다."

"어쨌든 이것이 내 방침이오. 받아들일지 말지는 마담이 결정하시오."

"……."

"……."

"우리 집엔 미녀가 다섯 명이나 있는데 한번 만나 보지 않으실래요?"

영옥이 마담의 제의를 일축하고 일어서자 마담은 영옥의 조건이 너무 가혹하다며 말을 계속했다.

"대위님이 우리 업소에 다시 시찰을 나오시면…… 아무래도 일주일에 한두 번은 그렇게 하셔야 될 것 같아 드리는 말씀인데……."

"아니오. 이번이 처음이자 마지막이오. 다음에 다시 내가 온다면 그것은 이 집의 문을 닫기 위해서일 거요."

영옥은 이 말을 마지막으로 돌아서 나왔지만 사실 매춘소를 방문하기에 앞서 대대참모와 중대장들을 비롯해 장교들을 소집해 놓고 똑같은 방침을 밝혔었다. 영옥이 이 같은 방침을 밝히자 영옥의 성격을 잘 알고 있던 한 장교가 볼멘소리를 했다.

"아니, 저도 그 집 단골인데…… 김 대위님이 그렇게 말씀하시면 정말로 문을 닫는 것 아닙니까?"

그는 처음에는 사병으로 영옥 아래 배치되어 싸웠는데 부대가 오랫동안 전투를 치르며 장교 사상자가 많이 발생하여 장교가 부족해지자 현지 임관으로 장교가 된 인물이었다.

"내가 한 입으로 두말 하는 것 본 적 있나? 한다면 하는 거야. 회의 끝나면 곧바로 병사들에게 전해. 내가 그렇게 말했다고. 한 번만 더 잡음이 들리면 그것으로 여자들은 끝이야."

"……."

"술도 오케이. 취하는 것도 오케이. 하지만 주먹질은 안 돼."

영옥의 방침은 병사들 사이에 급속히 퍼졌고, 이후 영옥이 망통을 떠날 때까지 매춘소로 헌병들이 달려가야 하는 일은 없었다.

장교들의 직무유기

영옥은 민사 업무도 총괄했기 때문에 매춘소 개폐까지 관여했지만 중요한 것은 역시 전선이었다. 영옥은 대대장의 지시를 따라 부대 운영을 맡은 다음 날 그동안 밀려 있던 모든 서류에 결재를 한 다음 참모회의를 소집했다.

"대대참모 중에 전선 전체를 시찰한 사람 있나?"

"……."

아무 대답이 없었다.

"그러면 대대참모 중에서 전선을 방문해 본 사람은 있나?"

"……."

역시 아무 대답이 없었다.

"왜 아무 대답이 없나? 각 중대가 책임지고 있는 전선에 중대장들은 나가 있나?"

"아닙니다."

"내일 당장 전선 시찰부터 나가겠다. 서쪽으로 모나코 국경에서 동쪽으로 이탈리아 국경까지, 우리 부대가 책임진 전선 전체를 시찰하겠다."

"그건 쉬운 일이 아닙니다. 그 몸으로는 가파른 산을 올라가는 것조차 어렵습니다."

"무슨 소리? 노새 꼬리를 잡고 올라가는 한이 있어도 반드시 전선을 시찰하겠다. 일선 중대에 그렇게 통보하라."

다음 날 영옥은 예정대로 서쪽의 C중대를 시작으로 전선 시찰에 나섰다. A중대는 예비대로 빠져 있었기 때문에 전선은 B·C중대가 나눠 맡고 여기에 중화기 중대인 D중대가 B·C중대에 분산 배치돼 있었다. 산이 높아질수록 눈도 깊어지고 땅도 얼어붙어 미끄러워 막 퇴원한 영옥으로서는 걷기가 힘들었다. 영옥은 미리 통보를 받고 마중 나온 C중대장 월터 존슨 대위와 함께 산으로 올라가며 물었다.

"월터, 지금까지 몇 번이나 여기 왔었지?"

"사실……지금이 두 번째야."

"그 첫 번째라는 것이 한 달 전이라며?"

"말하기 부끄럽다만 사실이야. 그렇게 하지 말았어야 했는데."

"같이 꼭대기까지 가자. 가서 전선에 대해 어떤 조치를 취했는지, 무엇을 알고 있는지 모두 말해 줘."

"같이 가야지. 그렇지만 해줄 말은 없다. 솔직히 아무것도 아는 게 없어."

"……"

"그동안 전쟁이 너무 길었던 데다 여긴 술도 있고 여자도 있고……. 우리는 이탈리아에서부터 같이 싸웠지. 내가 처음부터 그런 사람이 아니었다는 것은 너도 잘 알잖아? 그렇지만 내가 직무유기를 했던 것만은 분명한 사실이야. 정식으로 사과하겠다."

"월터, 지난 얘기는 그만두자. 오늘부터는 매일 밤 중대원들과 함께 있어야 돼. 약속해 줄 수 있지?"

"그래, 약속하지."

"C중대의 모든 장교들도 병사들이 있는 곳에 함께 있어야 해."

"그래, 그것도 약속하지."

"보솔레이유에 가고 싶으면 먼저 내게 한 마디만 해주면 돼."

"그렇게 하지."

"꼭대기까지 가면 참호에 있는 병사들을 한 명도 빼놓지 말고 만나보자."

 영옥은 말한 대로 꼭대기까지 올라가 참호 속에 있는 병사들을 일일이 만나 잠깐씩이나마 얘기를 나누고 격려했다. 얘기 들은 대로 고참들은 후방으로 빠져 있었고 신병들만이 눈으로 덮인 참호에 들어앉아 전선을 지키고 있었다.

 C중대 관할 지역이 끝나자 B중대 관할 지역으로 갔다. B중대에도 영옥이 전선 시찰을 한다는 소식이 전해진 상태였으나 C중대 시찰을 마친 영옥이 직접 전선 쪽에서 나타날 것이라고는 예상하지 못한 듯 장교들은 아무도 없었다. 장교라고는 한 명도 없이 전선을 지키고 있는 B중대원들을 일일이 만나면서 B중대 관할 지역을 시찰한 영옥은 지중해 해안 지대에 세워진 웅장하고 아름다운 옛 성에 도착했다. 중대본부였다.

 B중대장 폴 프로닝 역시 오랜 전우였다. 이탈리아에서 치른 서전을 앞두고 선봉 소대를 이끌고 행군하다 매복한 독일군의 기관총에

걸려 100대대에서 부하를 잃은 아픔을 처음 경험한 인물도 프로닝이었다.

"오랫동안 기다리고 있었는데⋯⋯ 후방 쪽에서 올 것으로 생각했지, 산에서 내려올 줄은 몰랐다. 영, 다른 사람들과 같이 만나기 전에 단둘이 잠깐 얘기하고 시찰을 계속하면 안 될까?"

영옥은 다른 장교들을 기다리게 한 후 프로닝이 인도하는 곳으로 자리를 옮겼다.

"직무에 태만하고 지휘를 잘못했다는 점을 깨끗이 인정하겠다. 사과한다. 책임을 물어 지금 당장 나를 직위해제한다 해도 할 말이 없으나 솔직히 앞날이 걱정이다. 당분간만 중대를 계속 맡을 수 있게 해다오."

"지난 일은 묻지 않겠다. 그렇지만 전선을 병사들에게만 맡기고 장교들은 뒤에서 흥청거리는 것은 있을 수 없는 일이야. 다시 한 번 이런 일이 있으면 나로서도 어쩔 수 없다."

프로닝과 함께 돌아온 영옥은 다른 장교들 앞에 섰다.

"지금 같은 일이 다시 있어선 안 된다. 모든 장교는 병사들이 있는 곳에 있어야 한다. 전투 경험이라고는 하나도 없는 신병들에게 전선을 맡기고 고참이나 장교들은 후방에서 편히 지내다니, 정신이 나가도 보통 나간 게 아니다. 병사들은 자기와 함께 고통을 나누지 않는 장교의 말은 듣지 않는다는 것을 모르나? 장교나 사병이나 보솔레이유나 망통에 갈 수는 있지만 반드시 비상계획에 따라 정해진 비율의 소수만 갈 수 있다. 그러나 누구도 거기서 밤을 샐 수는 없다. 반드시 돌아와야 한다."

　프랑스-이탈리아 국경을 경계로 미군은 프랑스에, 독일군은 이탈리아에 주둔하고 있지만 두 진영 사이에는 산이 자리잡고 있어 서로 2킬로미터는 떨어져 있고, 이 지역의 독일군은 이미 방어적 전투만 수행할 뿐이었다. 미군이 먼저 공격하지 않는 한 임박한 위험은 없었고 미군 역시 그럴 계획이 없었다. 그렇지만 아직 독일군은 언제라도 날카로운 이빨을 다시 드러낼 수 있는 맹수였다.

샴페인 캠페인

장병들은 실로 오랜만에 평화를 즐기고 있었다. 이 같은 장병들의 분위기는 프렌치 리에비라에서 자신들의 임무에 대해 스스로 이름 붙였던 '샴페인 캠페인(Champagne Campaign)'이라는 별명에서도 엿보였다. 직역하면 샴페인 전투라는 뜻으로 술과 여자와 싸우는 전선이라는 의미였다. 하지만 아직도 전쟁은 계속되고 있었기에 긴장을 푸는 것은 괜찮았으나 정도가 지나치면 문제였다. 영옥이 전선의 병사들을 하나도 빼지 않고 만난 것은 나름대로 신념이 있었기 때문이다.

　병사들은 자기 생명이 누구 손에 맡겨져 있는지 알아야 했고, 작지만 맡은 임무를 충실히 수행해야 전체가 승리를 얻는다는 것을 인식해야 했다. 병사들은 자기에게 명령을 내리는 장교가 자기들을 지키기 위해 최선을 다한다는 것을 알고 믿어야 했다. 소대장이나 중대장이 자기 병사들이 눈 덮인 참호에서 밤을 지새우기 바란다면 그도 그렇게 할 수 있어야 했다. 병사들 옆에서 병사들과 함께 시간을 보내는 것이 중요했다. 전장의 병사들은 눈으로 보는 것을 믿기 때문이다. 일체감은 사기의 생명이었다. 일체감이 없을 때 병사들은 목숨을 걸고 전투에 임하지 않는다.

이 점에서는 100대대나 442연대는 운이 좋은 편이었다. 이들은 대부분 일본계로만 구성돼 고향의 가족들까지 서로 알고 지내는 경우가 많았는데 이런 것들은 근본적으로 서로를 끈끈히 묶어 일체감을 주었다. 이후로도 영옥은 프렌치 리비에라를 떠날 때까지 매주 한 번은 전선을 시찰했다.

영옥은 병사들 훈련에도 많은 에너지를 쏟았다. 부대는 프랑스 전선에서 또다시 숱한 사상자가 발생함에 따라 약 1200명의 장교와 신병을 새로 보충받았다. 연대가 한꺼번에 이 정도 규모를 새로 받는다는 것은 부대를 다시 만드는 것이나 다름없었는데 이들 다수가 100대대 몫이었다. 새로 온 장교나 신병들은 미국 본토 여기저기 산재된 훈련소에서 훈련을 받고 왔는데 훈련소 교관들은 대부분 실제 전장을 몰랐다. 이들에 대한 훈련은 예비대로 있던 A중대에 맡겼다.

오랜만의 장기 휴가

영옥이 대대장을 대신해 부대를 맡아 분주한 나날을 보내고 있던 어느 날, 대대장이 영옥을 불렀다. 연대가 다시 북프랑스 전선으로 복귀할 것이라는 소문이 떠돌고 있을 때였다.

"영, 우리끼리 얘긴데 나는 조만간 부대를 떠날 것이다. 내가 떠나면 맥킨지 소령이 대대장이 될 것인데, 글쎄…… 어떨지 모르겠다. 맥킨지 소령은 너에 대한 감정이 나쁘다. 아주 피곤하게 될 거야. 거기다 연대장도 바뀔 거야. 부연대장인 밀러 중령이 새 연대장이 될 텐데 밀러 중령도 너를 못 잡아먹어 안달인 사람 아니냐."

"……"

"지금 휴가를 간다면 당연히 30일이겠지. 집이 로스앤젤레스라고 했으니 거기까지 가려면 2~3개월은 걸릴 거고, 거기서 1개월 휴가를 보낸 다음 다시 부대로 돌아오려면 또 2~3개월은 걸리겠지? 그러니 6개월쯤 여기서 떠나 있을 수 있다. 그 6개월 사이에 어떤 일이 일어날지 아무도 몰라. 전쟁이 끝날 수도 있단 말이지. 일단 휴가를 가는 것이 좋겠다."

"그렇게 하겠습니다."

프랑스에서 미국을 다녀오는데 그렇게 많은 시간이 걸렸던 이유는 트럭·열차·군함 등 모든 수송편이 전선으로 가는 군인이나 물자에 우선 배정되는 탓에 휴가자는 이용 우선순위가 제일 낮았기 때문이었다.

영옥이 미국으로 휴가를 간다는 사실을 알게 된 연대장이 영옥을 불렀다.

"영, 휴가 간다고? 네가 원한다면 여기 계속 있을 수 있다. 네가 휴가를 가지 않고 여기 남기로 결정한다면 소령으로 진급시켜 주겠다."

그러나 영옥은 싱글스 대대장의 충고를 받아들여 휴가를 가기로 했다. 이 일이 있은 지 며칠 후 펜스 대령은 442연대를 떠나 영국으로 갔고 부연대장인 밀러 중령이 연대장이 됐는데, 다른 사람들의 걱정과 달리 아주 유능한 연대장이 됐다. 사람은 어느 집단에서 2인자 위치에 있어 궁극적 책임을 지지 않아도 될 때와 총책임자가 돼 궁극적 책임을 져야 할 때 완전히 다른 모습을 보이는 경우가 많은데 그가 그랬다. 사실 밀러 연대장은 당시 영옥을 소령으로 진급시켜 대대장으로 임명할 생각이었다. 많은 세월이 흐른 후 밀러 연대장이 예편하여 민간인으로 샌프란시스코를 방문했을 때, 영옥이 인근 프레시디오에서 근무 중이라는 말을 듣고 영옥을 만나러 와 저녁을 함께 하면서 그 사실을 털어놔 영옥도 그 같은 사정을 알게 됐다.

영옥은 2월 22일 프렌치 리비에라를 떠났다. 작년에 아이다가 위독하다는 이야기를 듣고 폭격기를 얻어 타고 서둘러 런던으로 날아갈 때와는 달리 이번엔 마르세이유에서 며칠을 기다려 간신히 트럭 한 자리를 얻어 타고 파리까지 가서, 거기서 또 며칠을 기다려 간신히 르아브르까지 가는 굼벵이 같은 여행이었다.

르아브르 항구에서 영국으로 가는 군함에 몸을 싣자 이탈리아와 프랑스 전선이 주마등처럼 스쳐지나갔다. 이탈리아에 상륙한 것이 재작년 9월이었으니 유럽 전선에서 싸운 지도 벌써 1년 5개월이었다. 저승 문턱까지 갔다가 돌아온 순간도 많았고 눈앞에서 죽어 간 전우도 많았다. 특히 다케바와 클라우디가 떠나던 모습은 앞으로도 영원히 잊지 못할 것이다. 형제보다 진한 우정을 나눴던 사카에 다카하시도 부상을 입고 먼저 미국으로 돌아갔다. 이제 그들은 가고 자신은 미국을 떠난 후 처음으로 장기 휴가를 얻어 어머니에게 돌아가는 길이었다.

뱃길은 연합군의 노르망디 상륙작전 항로를 거꾸로 가는 것이었다. 연합군은 포츠머스 앞바다에서 출발해 영불해협을 건너 프랑스 노르망디에 상륙, 2차대전의 승패를 분명히 가름으로써 이제 독일군의 패배는 시간문제였다.

영국에 도착한 영옥 일행이 리버풀로 가기 위해 버밍엄에 들렀을 때 버밍엄 인근 미군 기지 사령관이 펜스 대령이라는 것을 알게 된 영옥은 인사를 하기 위해 일행에서 떨어져 나와 펜스 대령을 찾아갔다.

유럽에서 부상당해 영국 병원으로 후송된 부상병들은 이곳을 거쳐 유럽으로 다시 보내졌는데, 구타를 비롯해 갖가지 부당한 대우가 끊이지 않는다는 소문이 많아 큰 문제가 되자 진상조사를 위해 펜스 대령을 사령관으로 임명한 것이었다.

영옥이 사령관 비서로 보이는 여군에게 물었다.

"펜스 대령님 계신가?"

"지금은 좀 곤란합니다."

"펜스 대령님은 우리 연대장님이셨다. 내일이면 글래스고로 떠나야 하기 때문에 오늘 저녁밖에 시간이 없다."

"그렇다면 얘기가 다르군요. 사령관님도 꼭 보고 싶어하시겠습니다. 먼저 지금 어디 계신지 수소문부터 해야 합니다. 아주 안 좋은 일이 생겼습니다."

"……?"

"사실은 아드님이 프랑스에서 중대장으로 계셨는데 오늘 아침 부상당해 한쪽 다리를 잃었다는 연락이 왔습니다. 사령관님은 지금 정신이 없습니다. 어쨌든 사령관님을 찾아볼 테니 기다려 주십시오."

여군이 몇 군데 전화를 하자 곧 장교 두 명이 들어오더니 지금 백방으로 수소문하고 있다고 전했다. 잠시 후 펜스 대령이 나타났다. 펜스 대령은 영옥을 보더니 반갑게 맞으면서 묻지도 않고 비서에게 지시했다.

"김 대위가 오늘 우리 부대에서 묵을 것이니 숙소를 준비하라."

펜스 대령은 영옥의 팔을 잡고 사무실로 데려갔다.

"너는 잘 모르겠지만 내게 아들이 있는데 오늘 프랑스에서 부상당해 한쪽 다리를 잃었다."

펜스 대령은 말을 하면서 아주 고급스러워 보이는 위스키 두 병을 꺼냈다.

"이거 지난 2년 동안 신주단지처럼 모셨던 건데 한 잔 하자."

영옥은 펜스 대령이 고집을 부려 하루 더 기지에 머무는 바람에 글래스고로 가는 대신 리버풀로 다시 돌아갔다. 슬픔에 빠진 펜스 대령을 위로하기 위해 예정과 달리 버밍엄에서 이틀을 지체하느라 글래스고에서 미국으로 떠나는 배를 놓쳤기 때문이었다. 리버풀에서 출발하는 군함은 글래스고에서 원래 타려고 했던 배보다 속도가 늦어 뉴욕 도착은 예정보다 늦어졌으나, 자유의 여신상은 아프리카로 떠나던 100대대를 마중했던 그 자리에서 영옥의 귀환을 반기고 있었다.

영웅의 귀환

영옥이 휴가를 온다는 사실을 알게 된 〈LA타임스〉는 로스앤젤레스 기차역까지 기자들을 보내 마중 나온 어머니와 아들이 만나는 사진과 함께 '전쟁 영웅의 귀환'이라는 큼지막한 기사를 실었다. 로스앤젤레스 한인 사회도 영옥의 무사 귀환을 축하하는 성대한 환영식을 여러 차례 베풀었다. 휴가를 보낸 영옥은 프랑스로 되돌아가기 위해 중부 캘리포니아에 있는 캠프 빌로 가서 뉴욕행 기차를 기다렸다.

프랑스를 떠나올 때 부대에 떠돌던 소문대로 연대가 다시 전선으로 복귀할지를 궁금해하면서 기차를 기다리고 있는데, 갑자기 여기저기서 요란한 함성이 울리며 서로 부둥켜안는 등 흥분의 도가니가 됐다. 독일군이 항복했다는 것이다. 미국 시간으로 5월 8일이었다. 독일군의 폴란드 침공으로 시작돼 5년 8개월을 끌었던 유럽에서의 2차 대전은 그렇게 끝이 났다.

유럽에서의 전쟁이 끝나자 미군은 유럽 전선에서 본국으로 휴가와 있던 장병들의 원대복귀를 즉각 중지시켰다. 전쟁이 시작됐을 때 병력을 증원하는 것도 문제였지만, 전쟁이 끝난 후 그동안 증원했던 병력을 처리하는 것도 문제였다. 캠프 빌도 유럽으로 돌아가는 장병들의 원대복귀를 중지시키라는 명령을 받기는 했지만 막상 이들을 어떻게 처리해야 할지 몰라 당황했다. 캠프 빌은 다시 영옥에게 50일 휴가증을 발급했다.

엉겁결에 얻은 휴가까지 보낸 영옥이 다시 캠프 빌로 돌아가 며칠을 보내자 일단 텍사스 주 샌안토니오에 있는 부대로 가라는 지시가 내려왔다. 이곳은 영옥처럼 유럽 전선에서 본국으로 휴가를 왔다가 원대복귀가 중지된 군인들로 가득했다. 그런데 다른 사람들은 모두 3~4일 만에 재배치를 받아 떠나는데 영옥은 3주 동안 대기하라는 명령이 내려왔다.

3주가 다 되어 가는 어느 날, 소령 한 명이 영옥을 찾았다.

"나는 펜타곤에서 나왔다. 김 대위를 만나기 위해 지금 워싱턴에서 오는 길이다."

"……?"

"우리는 김 대위의 집안에서부터 유럽에서 어떻게 싸웠는지까지 속속들이 잘 알고 있다. 귀관이 머리도 좋고 유능한 장교라는 것도 잘 알고 있다. 우리는 김 대위를 군에 붙잡아두고 싶다. 귀관이 군에 남겠다면 프린스턴대학에 보내주고 학사학위를 받을 때까지 학비와 생활비 일체를 지원하겠다."

"괜찮은 제안 같습니다."

"조건이 하나 있다. 제대할 때까지 계속 정보장교로 있어야 한다는 것이다."

"정보라면 자신이 없습니다. 작전이라면 몰라도……."

"그렇지만 이 특전은 정보장교에게만 베풀어지는 거야."

"그렇다면 별로 내키지 않습니다."

"그럼 이렇게 하지. 내가 여기에서 5일 기다릴 테니 그동안 생각해보고 결정해."

소령은 샌안토니오에서 5일을 머물렀으나 영옥은 끝내 제안을 거절했다.

"그렇다면 다른 사람들처럼 재배치할 수밖에 없군. 그래도 기억해 둬. 이 제안은 1년 동안 유효한 거야. 그 사이 생각이 바뀌면 나를 찾으라구."

소령은 명함을 건네주고 떠났고 영옥은 잠시 후 북부 캘리포니아에 있는 캠프 로버트 신병훈련소 작전참모로 발령이 났다.

캠프 로버트에 도착한 지 며칠 되지 않았을 때 91사단 참모장 조세프 도노빈 대령이 영옥에게 전화를 걸어 왔다.

"91사단이 태평양 전선으로 이동하기 위해 본토로 돌아간다. 먼저 동부로 갔다가 서부로 이동해 태평양 전선으로 가는데 서부에 도착할 때 우리 사단에 합류할 의향이 있나? 그렇게 해주겠다면 사단에 합류하는 그날, 소령 진급과 함께 사단 정보참모로 발령을 냈다가 곧 중령으로 진급시켜 주겠다."

영옥은 이탈리아에서 있었던 도노빈 대령과의 만남을 까맣게 잊고 있었지만 영옥에게 91사단으로 와달라고 했던 도노빈 대령의 요청은 진지한 것이었다.

"그렇게 하겠습니다."

이제 영옥은 아버지가 그렇게도 갈망했던 조선의 독립을 가로막고 있는 일본과 싸우게 된 것이었다.

도노빈 대령은 곧바로 상부에 영옥의 인사 명령을 의뢰했다. 그런데 유럽에서 철수한 91사단 선발대가 미국에 도착해 본진이 도착하길 기다리는 동안 일본이 항복해 아시아에서도 전쟁이 끝났다. 이에 따라 영옥의 인사 이동도 중지되어 영옥은 캠프 로버트에 그대로 남게 됐다.

영옥이 캠프 로버트에서 본 훈련소 장교들 가운데 전투 경험이 있는 장교는 단 한 명도 없었다. 훈련소 교관들이 나름대로 열심히 신병 훈련을 시킨다고 했지만 모두 실전을 몰라 헛소리만 하고 있었다. 어쩌면 몇 년 후 다가올 한국전쟁에서의 미군의 비극은 벌써 잉태되고 있는지도 몰랐다.

한 달쯤 지나 100대대 통신참모로 유럽 전선에서 함께 싸웠던 프랭크 디마이올로도 캠프 로버트로 돌아왔다. 그러자 훈련소장은 자신과 교관들이 전투 경험이 없다는 것을 인정하고 영옥과 디마이올로에게 신병 훈련을 사실상 일임했다.

그렇지만 평화 시기의 군대는 전시의 군대와는 달랐다. 전시에는 생존과 승리를 위해 뭉쳤고 그 과정에서 인종차별도 편견도 일단 뒷전으로 물러날 수밖에 없었지만, 전쟁이 끝나자 이 문제들은 또다시 고개를 들었다. 물론 영옥의 경우처럼 특별무공훈장·은성무공훈장에다 이탈리아 최고무공훈장까지 받은 전쟁 영웅에 대한 대접은 다를 수밖에 없었고 분위기도 2차대전 전보다는 다소 나아졌지만 전반적 분위기는 마찬가지였다. 영옥은 군을 떠나기로 결심하고 제대 신청을 했다. 전쟁이 끝나고 감군에 착수한 육군도 이를 받아들여 1946년 영옥은 마침내 군복을 벗었다.

제4부

아버지의 나라로

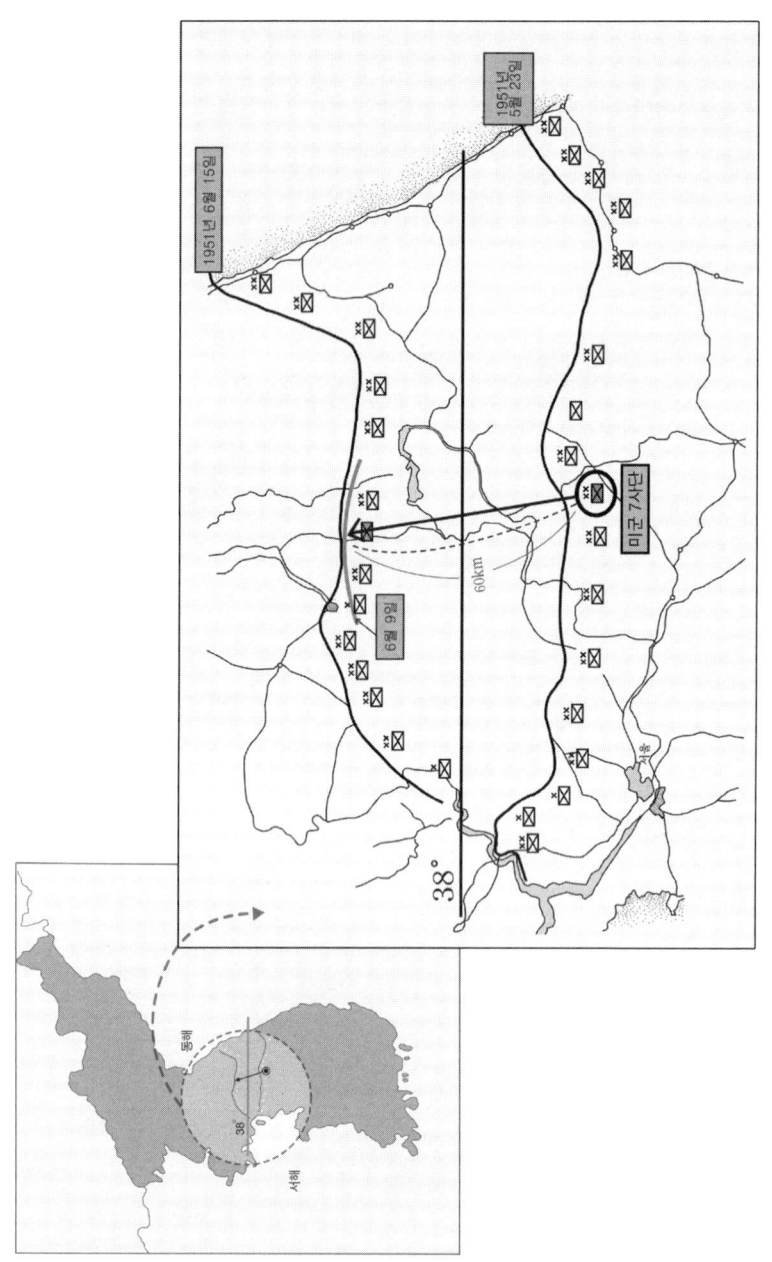

다시 입은 군복

 막상 군복을 벗긴 했기만 딱히 어떤 일이 기다리고 있는 것도 아니었다. 전쟁이 끝나고 평화가 찾아오긴 했지만 군에 있는 동안 너무나 많은 것이 달라져 있었다. 그 사이 물리적으로 흘러간 시간은 불과 몇 년이었지만 정신적으로는 몇십 년은 흐른 듯했다. 영옥 자신도 20대 중반에 불과한 나이에 2차 세계대전이라는 엄청난 역사의 소용돌이에 휩싸인 채 너무나 많은 죽음을 목격했다.

 그렇게도 조선의 독립을 갈망하던 아버지는 결국 조선의 독립을 보지 못한 채 세상을 떠나고 말았다. 어머니는 홀몸이 되어 아직도 어린 동생들 뒷바라지를 위해 변함없이 가게를 지키고 있었다. 어머니는 여전히 독실한 기독교인이었지만 영옥은 신앙에 대해서도 많은 갈등을 겪고 있었다. 전쟁 전에는 영옥도 가족과 함께 매주 교회에 가는 것을 당연하게 생각했지만 전쟁은 이 문제에 대해서도 깊은 의문을 품게 했다. 대부분 기독교인인 미군과 독일군이 같은 신에게 승전을 갈구하는 기도를 한 후 서로 죽이는 현실만은 참으로 이해하기 어려웠다. 이미 이탈리아에서 몬테 카시노 전투를 치른 다음부터는 요스트 군목이 인도하는 전장 목회에 참석하는 횟수도 매달 한 번 정도로 줄어들어 있었다.

아이다와의 관계도 많이 달라졌다. 런던의 야전병원에서 수많은 죽음과 참상을 목격했고 스스로도 죽음의 고비를 넘겼던 아이다 역시 심한 정신적 갈등을 겪은 듯 해외 근무라는 조건이 붙은 진급을 받아들여 대위가 되어 독일로 갔다.

달라지지 않은 것도 있었다. 미국 사회의 인종차별이었다. 미국의 승전은 백인들만으로는 불가능한 것이었지만 전쟁이 끝나자 미국 사회는 언제 그런 일이 있었냐는 듯 철저한 인종차별을 계속했다. 물론 전쟁 전보다는 조금 나아졌지만 눈에 띄게 차이가 있는 것은 아니었다. 아직도 미국은 철저한 인종차별이 법적으로 인정되는 곳이다.

전쟁 영웅이었던 영옥의 귀향은 〈LA타임스〉도 큼지막한 사진과 함께 보도할 정도였지만, 미국 사회의 관심은 그 정도였을 뿐 막상 군복을 벗은 영옥이 할 수 있는 일은 많지 않았다. 학교로 돌아갈 생각도 해봤지만 인종차별이라는 장벽이 버티고 있는 한 굳이 대학을 졸업한다고 해서 뚜렷이 달라질 것도 없을 것 같았다. 자본주의 사회인 미국에서 유색인이 그나마 대접받고 사는 길은 돈을 버는 것 같았다. 훗날 영옥은 이 생각이 잘못이었다고 인정하게 됐지만 그때는 그렇게 생각했다.

사업가로 변신하다

일단 비즈니스맨이 되기로 한 바에야 성공한 비즈니스맨이 되는 것이 옳을 것이었다. 군사작전과 비즈니스는 제한된 인적·물적 자원을 효율적으로 활용해 최대의 효과를 얻으려 한다는 점에서 근본적으로 닮은꼴이었다. 군사작전의 핵심은 주어진 상황 아래 아군과 적군의 장단점을 정확히 파악한 후 창조적 아이디어로 작전을 짜고 인명피해를 최소화하면서 임무를 달성하는 것이었다. 비록 경영을 따로 배우지는 않았지만 비즈니스의 핵심 역시 마찬가지일 것이었다. 주어진 시장 상황과 인적·물적 자원을 가지고 창조적 아이디어로 경영 전략을 짜고 시행해 이익을 극대화하는 것이다.

가장 손쉽게 장삿길로 들어서는 방법은 어머니의 편의점을 함께 운영하는 것이었지만, 편의점은 어머니가 동생들의 도움을 받으며 운영하고 있어 자기까지 가세한다는 것이 왠지 내키지 않았다.

2차대전 때 영옥의 봉급은 일선 수당 25달러를 합쳐 매달 125달러 정도였는데, 줄곧 일선에 있었기 때문에 야전병원에 입원했을 때 월급을 타지 못하는 병사들에게 자기 급여를 나눠준 것 말고는 따로 돈 쓸 데가 없어 어머니에게 꼬박꼬박 보냈다. 어머니는 차곡차곡 이 돈을 모아 두어 제대를 해 돌아와 보니 3000달러 이상으로 불어나 있었다. 당시로서는 작은 장사는 시작할 수 있는 돈이었다.

영옥은 어떤 업종이 좋을지 곰곰이 생각해 봤다. 그때 아시아계가 많이 종사하는 업종은 세탁소·편의점·과일가게·식당 같은 것이었는데 모두 노동집약적 업종이어서 백인들은 하려 하지 않았다. 식당은 이야기가 좀 달랐지만 한인 사회가 작아 수익성이 없었고 무엇보다 인종차별 문제를 안고 있는 업종이었다. 그래도 그중에서는 세탁업이 제일 괜찮아 보였다. 당시만 해도 미국 사회는 의상에 상당히 보수적이라 누구나 말끔히 옷을 차려입고 다니려 했지만 세탁기가 귀해 세탁 비용에 적지 않은 돈이 들어갔다.

그렇지만 재래식 세탁소는 문제가 너무 많았다. 재래식 세탁소는 설비 자금도 많이 들고 각종 정부 허가를 받아야 했다. 또 너무 노동집약적이라 주인이나 종업원의 일도 많고 세탁물에 문제가 생기면 주인이 모두 책임져야 했다. 손님 입장에서 보면 기존 세탁소는 세탁물을 맡기고 며칠 지나야 찾을 수 있어 바쁠 때는 며칠씩 기다려야 하는 문제점이 있었다.

생각을 거듭하던 영옥은 주인과 손님 입장의 문제점을 동시에 해소할 수 있는 세탁소를 차리기로 했다. 당시 영옥이 생각한 세탁소는 정확히 말해 요즘의 빨래방이었는데, 가족이나 친구들에게 이야기를 꺼내자 모두들 어떻게 그런 세탁소가 있을 수 있느냐며 만류했다. 빨래방이 지금은 미국에서도 '코인 론드리(coin laundry)'라는 이름으로 널리 퍼져 있지만 그때만 해도 너무도 생소한 아이디어였으니 이들이 말리는 것도 무리가 아니었을 것이다.

그래도 영옥은 아무리 생각해 보아도 자신의 생각이 옳은 것 같았다. 남들이 다 하는 식으로 장사를 하면 안전할지 모르겠지만 수익성도 낮고 장래성도 없을 것이라고 생각했다. 빨래방의 가장 큰 문제점은 세탁기가 자주 고장을 일으키는 것인데, 그때마다 기술자를 부른다면 경비가 많이 들겠지만 영옥은 군 입대 전 8개월 동안이나 정비학교를 다녔고 사병 시절에도 정비병으로 교육도 받고 근무도 해본 경험이 있어 기계에는 자신이 있었다. 게다가 빨래방은 주인이 세탁하는 것이 아니라서 면허증도 필요 없었다.

영옥이 빨래방 아이디어를 놓고 세탁기 회사 벤딕스와 협의하자 벤딕스는 영옥의 아이디어가 기발하다면서 독점 설치권을 주겠다고 나섰다. 군사작전에서 병력과 화력을 갖춘 예비부대를 준비하듯 장사도 마찬가지일 텐데 장사에서 예비부대라면 자금일 것이었다. 유사시에 대비해 운전자금도 마련할 겸 뱅크오브아메리카(Bank of America)와 협의해 보니 은행측도 해볼 만한 아이디어라면서 언제든 몇천 달러는 융자해 주겠다고 했다.

세탁기 회사와 은행으로부터 청신호가 떨어지자 영옥은 빨래방을 차리기로 결정했다. 나머지 문제는 과연 어디에 차리느냐인데 빨래방을 생각하면서 눈여겨 봐둔 곳이 있었다. 로스앤젤레스 다운타운인 6가와 빅셀 스트리트 교차로 부근의 백인 아파트촌으로, 마침 영옥이 생각하는 규모의 빨래방을 설치할 만한 공간을 가진 건물이 있었다. 건물주 가족은 캘리포니아 주가 미국 영토로 편입되기 훨씬 전에 멕시코로 건너왔던 스페인 귀족의 후손으로, 캘리포니아 주가 미국 영토로 편입되자 족보까지 들고 나와 정부로부터 많은 토지를 양도받은 부자였다.

결심한 이상 더 망설일 이유가 없었다. 영옥은 즉시 임대계약을 맺고 빨래방을 설치하면서 종업원을 구하기 시작했다. 가게는 공간을 앞뒤로 나눠 뒤에는 보일러와 연수기를 설치하고 앞에는 세탁기 약 30대와 대형 건조기 3대를 들여놓았다.

영옥은 우선 일본계 여자 종업원 두 명을 고용했다. 굳이 일본계를 고용한 이유는 전쟁 중에 강제 수용됐던 일본계가 수용소에서 돌아오기 시작해 로스앤젤레스에도 일본계가 많았지만, 미국이 얼마 전까지 일본과 전쟁을 치렀기 때문인지 이들이 일자리를 구하기가 참으로 어려웠기 때문이다. 이들 외에도 무거운 물건을 나를 남자 종업원을 한 명 더 고용하고 가게를 열었다.

가게는 그리 크지 않았지만 문을 열자마자 손님들로 북적였다. 아무도 생각지 못하던 업체였으니 경쟁업체가 아예 없었고 매일 아침 7시부터 밤 10시까지 쉬는 날 없이 열었는데 항상 만원이었다. 차례를 기다릴 시간이 없거나 기다리기 싫은 손님은 별도의 요금을 내면 종업원들이 대신 빨래를 해주도록 했다.

빨래방은 금세 매달 1500달러를 넘는 순익을 내기 시작했다. 당시 화폐 가치를 생각하면 참으로 큰돈이었다. 일본계 여자 종업원들은 아주 성실하고 정직해 가게가 자리를 잡아 가자, 영옥은 아예 운영에서부터 돈 관리까지 맡겼다.

빨래방의 가장 큰 장점은 대리운영이 가능하다는 것이었는데 대리운영 시스템을 정착시킬 수 있다면 빨래방을 체인점으로 만들어 꽤 규모가 큰 사업체로 키울 수도 있었다. 그대로 가면 대여섯 개도 바로 열 수 있을 것 같았고 자본도 쌓이고 시간도 있을 테니 뭔가 다른 일을 할 수도 있을 것이었다.

그러나 문제가 없는 것은 아니었다. 빨래방은 잘 되고 돈은 쉽게 벌렸지만 어딘지 마음 한구석이 허전했다. 유능한 비즈니스맨이 되려면 어떤 면에서는 상당히 냉혹해야 했다. 이익을 낳지 못하는 업체는 망할 수밖에 없기 때문에 언제나 돈을 최우선으로 생각해야 했다. 그것이 부담스러우면 결국 성공할 수도 생존할 수도 없었다. 대기업이라면 사정이 좀 다를지 모르지만 세탁소 같은 영세업체는 장사가 좀 잘 돼도 본질은 마찬가지였다. 서비스 소매업체인 빨래방을 대기업으로 키우는 것도 불가능한 일이었고, 당시의 인종차별을 고려하면 유색인이 대기업 경영자가 된다는 것도 불가능한 일 같았다. 그렇다면 결국 중소기업으로 만족해야 하는데 돈을 항상 최우선으로 고려하면서 살아야 한다는 것이 도저히 체질에 맞지 않았다.

그러던 어느 날 싱글스 대령으로부터 편지가 날아왔다. 그는 조지아 주 포트 베닝 육군장교후보생 학교의 참모장이 돼 있었다.

싱글스 대령은 편지 속에 장교후보생학교장인 마이크 대니얼스 장군 명의의 공문 한 장을 동봉해 왔다. 정규군 지원서였다. 당시 미국은 군대 편제가 아주 복잡해 육군도 정규군·주방위군·예비군 등 복잡하게 어우러져 있었다. 영옥이 프렌치 리비에라에서 미국 본토로 돌아와 종전을 맞고 텍사스 주 샌안토니오로 보내졌을 때 소령 한 명이 영옥을 찾아와 프린스턴대학에 보내주겠다며 군에 남을 것을 제안했을 때에도 정규군을 보장한 것이었다. 미군들 입장에서는 정규군 장교가 되는 것은 상당한 명예였으며, 그만큼 직업의 안정성이 보장되는 실리도 따랐다.

싱글스 대령의 제안에는 정보장교로 남아야 한다는 그러한 조건도 없었고 제안에 서명해서 보내기만 하면 예비군 대위에서 정규군 대위로 바뀌고 그가 소속된 포트 베닝으로 인사 명령을 낼 것이라는 얘기도 들어 있었다.

싱글스 대령의 편지를 받고 영옥은 차분히 생각을 정리하기 시작했다. 아무리 생각해도 군복이 편했고 군에서 하는 일이 좋았다. 나름대로 군인으로서의 자질도 있는 것 같고 그것은 2차대전이 증명해 주었다. 군대에서도 일반 사회와 마찬가지로 인종차별이 심하기는 했으나, 적어도 자기한테는 달랐다. 세탁소의 연평균 순수익이 육군 대위 연봉의 너덧 배는 됐고 체인점으로 여러 개 운영하면 수십 배를 벌어들일 수도 있을 것 같았지만, 돈은 아무리 벌어도 어딘지 허전한 마음을 채워 줄 것 같지 않았다. 영옥은 정규군 장교라면 직업군인의 길을 걸어 볼 만하다고 생각하고 세탁소를 정리하기로 결심했다.

그런데 영옥이 세탁소가 들어 있던 건물의 주인을 만나 임대계약을 해지해 달라고 하자 건물주가 완강히 거부했다. 영옥이 '앵커 테넌트(anchor tenant)'로 임대료도 높게 주면서 한 번도 체납한 적이 없기 때문이었다. 앵커 테넌트란 어떤 부동산에 세든 업체들 가운데 임대료를 가장 많이 내는 업체를 일컫는 말로, 건물주 입장에서는 가장 중요한 세입자를 말한다. 그 상태에서 계약을 해지하려면 너무 많은 벌금을 물어야 했기에 영옥은 싱글스 대령의 제안을 받아들일 수 없었다.

한국전쟁 소식 듣고 재입대

그후 2년이 더 흘러 어느덧 다가온 1950년도 한여름으로 치닫고 있을 때였는데 놀라운 소식이 들려왔다. 한국에서 전쟁이 터졌다는 것이었다. 국제정치 뉴스를 놓치지 않고 따라가던 영옥은 에치슨 미 국무장관이 미국의 서태평양 방어선을 일본~대만~필리핀으로 설정하면서 한반도를 제외한다고 발표했을 때 뭔가 불길한 예감이 들었으나 이렇게 빨리 전쟁으로 다가올 줄은 몰랐다. 한국전쟁 소식을 들은 영옥은 그 자리에서 군에 복귀하기로 결정했다. 오래 생각할 필요가 없었다.

2차대전 때 유럽에서 나치즘이나 파시즘의 폐해를 생생히 목격했던 영옥이 생각하기에 이데올로기를 앞세워 인간의 생명과 개인의 권리를 무가치하게 희생시키는 공산주의 역시 잘못이었다. 미국의 에치슨 라인 선포는 한반도로 전쟁을 불러들인 초청장이나 다름없었고, 이 때문에 미국이 한국에 커다란 빚을 졌다는 생각도 들었다. 한국계로서 아버지의 나라를 조금이라도 돕는 가장 직접적인 방법도, 미국 시민으로서 미국이 한국에 진 빚을 조금이라도 갚는 가장 직접적인 방법도, 한국으로 가서 직접 총을 들고 싸우는 것이었다.

세탁소는 그 사이 매니저가 전권을 행사하는 대리운영 시스템이 자리를 잡아 더 이상 걸림돌이 아니었다. 매물로 내놔 적당한 임자가 나서면 처분하면 될 것이고, 일이 꼬여 벌금이 나오면 그동안 벌어 둔 돈으로 해결하면 그만이었다.

영옥은 서둘러 어머니를 찾아가 말했다.

"한국에서 전쟁이 났습니다. 군복을 다시 입겠습니다."

"……"

"……"

"그래, 알았다. 한국에 가거든 반드시 이 대통령을 찾아뵙고 문안을 드려라. 너도 알다시피 아버지는 생전에 그분의 독립운동을 열렬히 지지하셨다. 그 어른도 네가 인사를 드리면 몹시 반가워하실 거다. 꼭 찾아뵙거라."

"그렇게 하겠습니다."

영옥은 그 길로 육군에 재입대 지원서를 냈다.

한국전쟁이 터지자 한국어를 아는 장병이 거의 없던 미군은 한국계 예비역 전원을 다시 불러들였다. 실제로 그들이 한국어를 아느냐 모르느냐는 다음 문제였다. 이 때문에 영옥의 재입대 서류는 처음에는 이중으로 처리되었다. 하나는 영옥이 스스로 제출한 재입대 서류였고, 다른 하나는 미군 당국이 발부한 재소집 영장이었는데 영장이 우선순위로 처리돼 날아왔다. 9월 25일 샌프란시스코 인근에 있는 육군부대로 출두하라는 내용이었다.

이때 영옥에게 손님이 찾아왔다. 2차대전 때 수없이 함께 사선을 넘나들면서 평생의 벗이 된 사카에 다카하시였다. 비퐁텐 전투에서 중상을 입고 미국으로 후송됐던 다카하시 대위는 영옥보다 먼저 제대해 동부에서 법대를 마치고 변호사가 돼 고향에서 개업하려고 하와이로 돌아가는 길에 영옥을 만나기 위해 로스앤젤레스에 온 것이었다.

"사카에, 한국에서 전쟁이 터진 것 알지? 나는 군복을 다시 입기로 했다."

"너, 미쳤구나. 무엇 때문에 다시 군에 가려고 해? 가면 죽을 수도 있다. 이번에도 살아온다는 보장 없다는 것 몰라?"

"알고 있다. 그래도 한국은 부모의 나라다. 그뿐 아니라 한국에서 전쟁이 일어난 데는 분명히 미국의 책임도 있어. 아무리 생각해도 이 길이 내 길이다."

"……."

"……."

"정 그렇다면 내가 바래다주마."

둘은 서로를 너무나 잘 알고 있었다. 다카하시는 영옥이 절대로 결심을 바꾸지 않으리란 것도, 일단 군에 가면 보나마나 최전선으로 자원하리란 것도 잘 알고 있었다. 자기 손으로 영옥을 보내고 싶은 다카하시는 일정을 바꿔 영옥을 샌프란시스코까지 바래다주었다. 이탈리아에서 로마 해방전을 앞두고 영옥이 독일군 포로를 잡으러 적진으로 침투할 때 호위병들을 이끌고 영옥을 바래다줬던 사람도 다카하시였다.

영옥은 영장에 맞춰 출두 신고를 했다. 한국전쟁이 시작된 지 꼭 3개월째 되는 날이었다.

아버지의 나라로

미군이 영옥을 다시 불러들인 것은 영옥이 2차대전의 전쟁 영웅이기 때문이 아니라 한국계였기 때문이었다. 이로 인해 재소집된 영옥은 한국이 아니라 워싱턴에 있는 해군 전략정보언어연구소로 보내졌다. 한국어 교육을 위해서였다. 듣기·쓰기·읽기·말하기에서 통역·번역에 이르기까지 집중적인 언어 교육을 받았다.

당시 영옥과 함께 한국어 교육을 받던 한국계 장교들은 10명쯤 됐는데 모두 위관 장교들이었다. 어릴 때 부모 덕택에 한글학교를 다녔던 영옥의 한국어 실력은 이들 중 상위 그룹에 속했지만 그래도 한국어는 자신이 없었다.

영옥은 한국어를 잘하느냐 못하느냐를 떠나 정보장교나 통역장교가 되고 싶지 않았다. 직접 총을 들고 싸우기 위해 재입대를 결심했던 만큼 교육 책임을 맡은 소령에게 하루가 멀다 하고 이의를 제기했다. 그때 영옥은 몰랐지만 워싱턴에서 한국계 장교들을 교육시키던 교관들은 육군보안대(ASA) 소속이었다. 오늘날 한국의 국군기무사령부와 비슷한 당시의 미 육군보안대는 정보부대로서 후일 국가보안국(NSA)

으로 통합됐는데 국가보안국은 CIA 같은 극비 정보기관이었다.

영옥이 매일 불평을 쏟아내자 육군보안대는 영옥이 그토록 보안대에 남아 있기 싫어한다면 결국 보안대에 해가 될 것이라는 결론을 내리고 그해 12월 일반 보병부대로 보내기로 결정했다. 육군보안대는 워싱턴 주 포트 래프턴으로 전출명령서를 끊었다.

미국 본토에서 한국전쟁으로 보내지는 미군들은 대부분 포트 래프턴에 집결했다가 먼저 일본으로 보내졌기 때문에 이곳으로 전출 명령이 났다는 것은 일단 일본으로 보내진다는 뜻이었다. 영옥을 도쿄의 극동사령부나 아니면 일본 다른 어디에 남겨둘지, 아니면 한국 전선으로 보낼지는 극동사령부의 관할 사항이었다.

간호장교단

포트 래프턴에 도착하자 2차대전 때 샌안토니오에서 그랬던 것처럼 다른 장병들은 며칠 만에 일본으로 떠났지만 영옥에게는 대기 명령이 내려졌다. 알고 보니 육군은 간호장교들도 한국전쟁으로 보내고 있었는데 간호장교들이 도착하길 기다리고 있었던 것이다. 군은 이들을 비행기로 보낼 계획이었기 때문에 미국 여기저기서 도착하는 간호장교들이 일정한 수가 될 때까지 기다려야만 했다.

당시 육군 규정에 따르면 보병·포병·기갑·공병 등 특정 병과 출신 장교만 지휘관이 될 수 있었다. 이 때문에 간호장교는 계급에 상관없이 지휘관이 되지 못했다. 이에 따라 간호장교단이 스스로 이동 책임을 맡을 수 없었다. 포트 래프턴이 영옥의 일본행을 미루고 있었던 것은 영옥에게 간호장교 이동 책임을 맡기기 위해서였다.

영옥은 한국전쟁으로 떠나는 간호장교 40여 명의 인솔 임무를 맡은 덕택에 밴쿠버에 들러 캐나다항공 민항기를 타고 일본으로 가게 됐다. 육군은 간호장교들이 여자라고 해서 일반 군용기 대신 전세 민항기를 타고 가도록 배려했는데 영옥은 배를 타지 않아도 된다는 사실만으로도 그렇게 고마울 수가 없었다. 영옥은 시애틀 근처에 있는 포트 로턴에서 이들의 인솔 임무를 맡게 됐는데, 간호장교단은 영옥이 규정에 따라 간호장교단 이동 책임을 맡을 자격이 있는 인물인지, 실제로 전장에서 그 많은 훈장을 받은 경력이 있는지 확인하려 했다. 이 때문에 일행의 출발은 2주 이상 지연됐다.

전쟁이 터지면 모자라게 마련인 간호장교들은 항상 보배 같은 존재였다. 영옥도 이것을 잘 알던 터라 이들이 모든 것을 확인하고 안심할 수 있도록 묵묵히 기다렸다. 육군과 캐나다항공은 최고의 배려와 예우를 갖춰 간호장교단을 대우했다. 버스나 기차나 비행기를 타고 내릴 때는 승강구 앞에 항상 빨간 카펫이 깔렸고 모든 것이 특급 대우였다.

영옥은 인솔 장교이기는 했지만 형식적 명령권만을 행사했다. 간호장교단이 움직일 때면 일일이 영옥이 허가를 해야 했다. 모든 문시에도 영옥이 서명해야 했고 문서도 항공권도 모두 영옥이 지니고 다녀야 했다. 그렇지만 당시 간호장교단에는 소령이 세 명이나 있었기 때문에 영옥은 이 가운데 최고참 소령이 사실상 명령권을 행사하도록 했다. 그 여군 소령이 무엇을 원한다고 말하면 영옥이 문서에 서명하는 식이었다. 소령은 이 같은 방식을 매우 고맙게 여겼으며 모든 일이 순조롭게 진행됐다.

한국전쟁에 참가하기 위해 미국 본토에서 일본으로 공수되는 미군들은 일단 하네다 공항에 내려 캠프 드레이크로 배치됐다가 거기서 한국으로 이동했으나 간호장교단을 태운 비행기는 캠프 드레이크에 아주 가까운 군용비행장에 착륙했다.

"젊고 예쁜 간호장교들 앞에서 냉정을 잃는 장교들을 보곤 했지요. 포트 로턴을 떠날 때 선임 장교들이 김 대위와 함께 가면 걱정이 없을 것이라 했는데 과연 그렇군요."

일행이 비행기에서 내리자 소령이 인사를 건넸다.

"주어진 임무에 최선을 다했을 뿐입니다. 안녕히 가십시오."

간호장교단은 비행장에서 미리 대기 중이던 다른 인솔 장교에게 즉시 인계됐고, 다시 혼자가 된 영옥은 캠프 드레이크로 가는 버스를 타기 위해 터미널로 갔다.

캠프 드레이크에서 만난 싱글스 대령

단일 기지로는 주일미군 최대 기지였던 캠프 드레이크는 도쿄 남쪽 30킬로미터 지점에 있었다. 한국전쟁에 참가하게 되는 미군 대부분과 전쟁터에서 중상을 입고 일본에서 치료받은 후 전선으로 복귀하는 장병들은 모두 캠프 드레이크로 이송됐다가 다시 한국으로 보내졌다.

기지에 도착하니 부대 정문 옆 게시판에 붙어 있는 기지 사령관 이름이 눈에 익었다. 가까이 다가가 사진을 보니 분명 2차대전 때 대대장으로 모셨던 고든 싱글스 중령이었다. 그 사이 소식이 끊어졌는데 캠프 드레이크 기지 사령관으로 와 있었던 것이다.

"사령관님께 전화 연결해 줄 수 있나?"

영옥이 초소를 지키는 하사관에게 물었다.

"전입자들은 아무도 사령관님께 전화할 수 없습니다."

"그럼 귀관의 상관을 만날 수는 있겠지?"

그러자 중위 한 사람이 나왔는데 역시 같은 대답이었다. 다시 더 높은 상관을 만나고 싶다고 했더니 대위가 나왔지만 그 역시 마찬가지였다.

"전입자들은 누구도 사령관님께 전화를 절대로 연결하지 말라는 엄명이 내려져 있습니다. 전쟁터로 가는 것을 싫어하는 장병들이 사령관님께 청탁을 대 한국으로 가지 않으려는 경우가 있기 때문입니다."

"……"

"……"

"싱글스 대령님은 2차대전 때 내가 대대장으로 모시면서 이탈리아와 프랑스 전선을 함께 누볐던 분입니다. 어차피 나는 내일 떠나겠지만 내가 찾아왔다는 것과 전화 연결을 거부해 그냥 돌아갔다는 것을 사령관님이 아시면 골치가 좀 아플 거요."

대위는 물끄러미 영옥을 쳐다보다가 시계를 보더니 말했다.

"벌써 10시 반인데……. 주무실지도 모르겠지만 거짓말 같지는 않군요."

대위는 안으로 들어가 전화기를 들고 무어라 잠시 이야기를 주고받더니 나와 말했다.

"사령관님께서 직접 데리러 오신다며 아무 데도 가지 못하도록 꼭 붙잡아 두라 하십니다. 사령관님 댁은 여기서 차로 30분 정도 떨어져 있으니 꼼짝 말고 그대로 계십시오."

25분쯤 지나자 싱글스 대령이 지프를 몰고 나타났다. 군용 지프가 아니라 제너럴모터스의 민간 지프를 멋지게 개조한 것이었다. 싱글스 대령은 그 길로 영옥을 자기 집으로 데려갔다. 언덕 위에 지어진 일본식 대저택이었다. 부인 그래처 여사가 반갑게 맞이하면서 서둘러 밤참을 내왔다. 그래처 여사는 콜로라도 주 덴버에서 광산업을 크게 하던 사업가의 딸로 많은 유산을 물려받은 덕에 싱글스 대령은 전선에 있을 때가 아니면 아주 풍요롭게 살았다. 두 사람은 그래처 여사가 장만한 밤참을 먹으면서 프랑스 전선에서 헤어진 후 6년이란 세월이 가져온 공백을 빨리 메우려고 애썼다.

싱글스 대령의 줄담배는 여전했다. 아무리 담배를 즐긴다지만 영옥은 그 같은 체인 스모커는 본 적이 없었다. 그는 담배를 피우다가 꺼질 만하면 새 담배를 꺼내 불을 붙이곤 했는데 성냥이나 라이터를 갖고 다니지 않는다고 말할 정도였다. 영옥은 싱글스 대령에게 왜 군복을 다시 입게 됐으며 한국으로 가고 싶어하는지를 간략하고 솔직하게 설명했다. 아시아에서 맞은 첫 밤은 그렇게 깊어 갔다. 한참 이것저것을 물어 보던 싱글스 대령이 시계를 보더니 아쉬운 듯 얘기를 꺼냈다.

"영, 우리 집에서 재우고 싶지만 그러면 기지를 움직이는 원칙이

깨진다. 벌써 오래전에 신입 장병들에 대한 숙소 배정까지 다 마쳤을 거야. 오늘은 부대에서 자고 내일 아침 다시 보세. 천천히 아침을 먹고 9시 30분에서 10시 사이에 내 사무실로 오게. 일어나자, 데려다 주지."

싱글스 대령은 영옥을 다시 캠프 드레이크로 데려다 줬다.

영옥은 다음 날 아침을 먹고 약속한 시간에 사령관실로 갔다. 당번병이 열어 주는 문으로 들어서니 여러 명이 앉아 있다가 일제히 박수를 치며 일어나 반겨 주었다. 2차대전 때 유럽에서 함께 싸웠던 일본계 2세인 미군 장교들이었다. 전혀 상상하지 못했는데 참으로 반가운 해후였다. 싱글스 대령이 일부러 캠프 드레이크에 근무 중이던 100대대 출신 일본계 미군 장교들을 모두 불러모은 것이었다.

"영, 여기 모인 사람들 모두 친구니 따로 소개 같은 건 필요 없겠지? 어때, 우리하고 같이 여기 있지 그래? 여기뿐 아니라 도쿄도 마찬가지야. 극동사령부에도 친구들로 가득하다고."

서로 근황을 묻고 이런저런 얘기를 하다가 다함께 점심을 먹으러 갔다. 점심식사가 끝나고 함께 있던 일본계 장교들이 각자 사무실로 돌아가자, 다시 싱글스 대령과 영옥 둘만 남았다. 싱글스 대령은 이번에는 단도직입적으로 말했다.

"영, 여기 남아라."

"……."

"한국에 가지 마라. 지금 한국에 가면 위험해. 넌 2차대전에도 참전했고 무공도 많이 세웠다. 전선에 또 안 가도 된다. 게다가 극동사령부를 통틀어 한국계 전투 장교는 너 하나뿐이다. 원하는 보직은 아무 거나 줄 것이고, 한국에 가는 것보다 더 빨리 소령으로 진급도 시켜 주겠다."

"대령님, 누구보다 군을 잘 알지 않습니까. 전쟁이 벌어졌는데 후방을 택하는 장교의 장래는 뻔한 것 아닙니까. 솔직히 말해 어차피 직업군인으로 장교가 된 바에야 소령으로 끝나고 싶지는 않습니다. 게다가 저는 유색인종입니다. 그런 식으로 군대 생활을 한다면 운이 좋아야 중령도 되기 어려울 겁니다."

"그래, 그 말도 맞군. 하긴 이곳은 소령 보직이야 많지만 중령은 애기가 또 다르지. 그럼 도쿄는 어때?"

극동사령부를 두고 하는 말이었다. 맥아더 원수가 사령관으로 있던 도쿄 극동사령부는 참모부장들이 소장이나 중장이었고 작전참모부만 해도 대령이 열 명은 넘어 소령이나 중령쯤은 누가 어디 있는지도 안 보일 정도였다. 그만큼 진급이 쉽다는 얘기였다.

"너 정도면 극동사령부 작전참모부에 쉽게 자리를 얻을 수 있다. 마침 442연대에서 대대장이었던 앨버트 퍼셀 대령이 거기 있는데 퍼셀 대령도 너라면 쌍수를 들고 환영할 거야. 생각해 보라니까. 난 지금 할 일이 있으니까 아까 만났던 친구들과 부대 구경이나 하고 있어. 좀 있다 다시 보자."

싱글스 대령과 헤어져 일본계 장교들의 안내로 여기저기 부대 구경을 하는데 다시 싱글스 대령이 차를 몰고 나타났다.

"도쿄로 바람이나 쐬러 가자."

싱글스 대령은 영옥이 올라타자 곧장 도쿄로 차를 몰았다. 싱글스 대령은 일본 왕궁을 지나더니 곧 차를 세웠다. 극동사령부였다. 작전참모부로 들어가자 기다리고 있었다는 듯 퍼셀 대령이 손을 흔들었다. 퍼셀 대령은 영옥을 반갑게 맞이하면서 몇 마디 인사를 나누자마자 본론을 꺼냈다.

"영, 캠프 드레이크에 남고 싶지 않다고? 딴 생각 말고 나와 같이 작참부에 있자. 너한테 딱 맞는 자리도 있다. 네가 쓸 책상을 보여주마."

싱글스 대령이 퍼셀 대령에게 연락하면서 아예 자리까지 부탁해둔 모양이었다.

"감사합니다만 사양하겠습니다."

영옥이 정중하게 거절하자 퍼셀 대령이 다시 말했다.

"너는 군인으로서 뛰어난 자질을 갖고 있다. 이미 그것을 입증했는데 괜히 한국에서 목숨을 허비하지 말고 도쿄에 남아라."

그날 밤 싱글스 대령은 영옥을 도쿄의 일식집으로 데려갔고 둘은 주거니 받거니 취하도록 마셨다. 싱글스 대령은 술자리에서도 영옥에게 도쿄에 남으라고 계속 설득했다.

영옥은 싱글스 대령에게 당시만 해도 철저한 인종차별 사회였던 미국에서 유색인이 느끼는 좌절이 어떤 것인지, 유색인의 한계는 또 무엇인지, 왜 자기가 군복을 다시 입었는지, 미국에서 태어난 한국인으로서 많은 부분 미국의 무책임 때문에 전화(戰禍)에 휩싸인 아버지의 나라를 위해 무엇을 해야 한다고 생각하는지, 군인으로서 개인적으로 무엇을 바라는지 등에 대해 솔직하게 털어놓았다.

말없이 영옥의 얘기를 듣고 있던 싱글스 대령은 영옥의 얘기가 끝난 뒤에도 한참 동안 침묵을 지키더니 이번에는 극동사령부의 인사규정을 들고 나왔다.

"그래도 너는 한국에 갈 수 없다. 육군은 엄격한 인사규정에 따라 움직인다. 현재 극동사령부의 인사규정은 한국어를 아는 장병은 한국에 보내지 않는다는 것이다. 극동사령부에는 한국어를 아는 장병이 별로 없어 단 한 마디라도 한국어를 알면 극동사령부 정보참모부에 남아야 한다. 어찌어찌 해서 한국에 가더라도 8군 사령부에서 근무해야지 전방에는 갈 수 없다."

"사령관님, 그거야 사령관님이 해결해 주실 수 있는 문제 아닙니까."

싱글스 대령이 극동사령부의 인사규정을 들고 나올 때 영옥은 그가 이미 자기를 놓아주기로 마음먹었다는 것을 알 수 있었다. 싱글스 대령은 극동사령부가 한국에 장병을 파견하는 원칙에 대해 설명하기 시작했다.

"원칙적으로 모든 장병은 캠프 드레이크를 거쳐 한국으로 가고 일단 한국에 가면 8군 사령부의 명령에 따라야 한다. 예외가 딱 하나 있는데 한국에서 중상을 입어 일본으로 후송됐던 장병들이 퇴원해 원대복귀할 때에는 8군 사령부가 개입하지 않는다. 한마디로 사단까지 지정해 원대복귀하는 것처럼 해야 한다. 극동사령부에 친구들이 있긴 하지만 내가 하는 일이 아니니 장담은 못 해. 만약 한국으로 간다면 어느 부대로 가고 싶으냐?"

"7사단입니다."

"왜 하필 7사단이지?"

"처음 17연대에서 군대 생활을 시작했습니다. 17연대가 7사단 소속 아닙니까. 또 7사단이 흥남 철수로 사지에서 빠져나와 다시 북진을 준비 중이라고 들었습니다."

"알았다. 그렇지만 사단만 정한다고 문제가 끝나는 게 아니야. 캠프 드레이크에서 인사 명령을 내기 전에 먼저 해결해야 할 문제가 있어."

"무슨 말씀이십니까?"

"도쿄에 있는 극동사령부를 통과해야 돼."

"……?"

"아까도 말했지만 한국말을 한 마디라도 할 줄 알면 도쿄에 남아야 돼. 네 인사 기록에는 워싱턴DC에 있는 전략해군연구소에서 5개월간 한국어 과정을 이수했다고 적혀 있는데 어떻게 네가 한국어를 한 마디도 못한다고 내가 말할 수 있겠나? 먼저 극동사령부가 너를 놔주겠다고 문서로 허락해야 하는데, 그러기 위해서는 극동사령부에서 주관하는 한국어 시험에 떨어져야만 된단 말이야. 시험에서 단 한 마디도 못 알아듣는 것처럼 해야 된다는 얘기야. 명심해. 단 한 마디라도 알아들었다는 것을 시험관이 눈치채면 한국행은 그것으로 끝이야."

"기왕 봐주시는 김에 그것도 봐주십시오."

"내일 아침에 전화를 몇 군데 해보고 다시 얘기하자."

한국어 시험에 일부러 떨어지다

다음 날 아침, 싱글스 대령이 다시 전화를 걸어 왔다.

"미리 말하고 싶지는 않지만 극동사령부에는 일본을 거쳐 가는 모든 장병들을 심사하는 부서가 있는데 거기 책임자가 나하고 육사 동기야. 조금 전에 전화해서 네 얘기를 했더니 들어주겠다 하더라. 그러니 곧 도쿄로 가서 한국어 시험을 봐라. 떨어지려고 보는 시험이야. 명심해야 돼. 한국말은 단 한 마디도 하면 안 돼. 거기서 누구라도 한국말을 하면 한국말을 모른다고 영어로 말해라. 한 마디라도 하면 도쿄에 남는 거다. 그것도 작전참모부가 아니라 정보참모부에 남아야 된다."

영옥은 도쿄로 전화해 이틀 후 극동사령부로 가기로 했다.

약속한 날이 오자 영옥은 퍼셀 대령이 있는 극동사령부로 다시 갔다. 그러나 이번에는 퍼셀 대령을 만나지 않고 이틀 전 전화를 했을 때 오라고 했던 곳으로 직접 찾아갔다. 한국인 문관 한 명이 악수를 청하면서 맞았다.

"안녕하십니까? 어서 오십시오. 이쪽으로 오십시오."

한국말이었다. 영옥은 못 알아들은 척했다. 160센티미터도 채 안 될 것 같은 땅딸막한 체구의 한국인 문관은 성이 조씨였는데 사람도 좋고 예의도 발랐다. 조 문관은 영옥과 마주 앉아 영어와 한국말을 섞어 가며 이런저런 얘기를 하기 시작했다. 사실 영옥은 조 문관이 하는 말을 정확히 알아들을 수 있었으나 전혀 못 알아듣는 것처럼 계속 딴전을 피웠다.

"최소한 '안녕하십니까' 정도 한 마디는 알 것 아닙니까? 부모가 집에서 한국말을 썼을 것 아닙니까?"

"나는 미국에서 태어나 한국말을 전혀 모릅니다. 부모님은 집에서도 한국말을 쓰지 않았습니다."

"김 대위님은 학교까지 다니지 않았습니까? 다 알고 있습니다."

"……."

이번에는 아무 답변도 하지 않았다. 뻔히 인사기록에 한국어 과정을 이수했다고 쓰여 있다는 것을 알고 있는데 그렇지 않다고 답할 수도 없었고, 한국어 과정을 마쳤으면서도 한국말을 한 마디도 못한다고 말하는 것도 낯간지러운 일이었다. 영옥이 계속 잡아떼자 조 문관은 영어 속에 군데군데 한국말을 섞어 덫을 걸어 왔다. 뻔히 아는데 모른다고 하는 것도 고역이었다. 그렇게 줄다리기를 한 20분쯤 했는가 싶었을 때 조 문관이 시험지를 꺼내들며 말했다.

"아무래도 시험을 봐야겠습니다."

참으로 곤혹스러운 순간이었다. 그때 갑자기 문이 열리더니 대령 한 명이 들어섰다. 조 문관은 황급히 일어나 부동자세를 취하고 경례를 했는데 둘의 태도로 봐서 대령은 평소 그가 쉽게 가까이 모시는 사이가 아닌 듯했다.

"김 대위는 방금 시험에 떨어졌다."

대령은 조 문관을 보며 다짜고짜 말했다. 영옥은 아직 시험지도 받지 못한 상태였다.

"아직 시험을 보지도 않았습니다."

"내 말 못 알아듣나? 김 대위는 방금 시험에 떨어졌다니까."

"아닙니다. 그는 한국말을 할 줄 압니다. 모르는 척하고 있지만 아는 것이 분명합니다. 그는 한국인입니다."

"지금 문제는 김 대위가 한국말을 알아듣느냐 못 알아듣느냐가 아니라 조 문관 자네가 영어를 알아듣느냐 마느냐이다. 자네, 영어 알아듣나?"

"물론…… 물론입니다. 제가 영어를 모르면 어떻게 여기 있겠습니까?"

"그러면 방금 김 대위가 시험에 떨어졌다고 했던 내 말을 이해 못하나?"

"하지만 아직 시험을 치지도 않았는데요."

"자네 극동사령부 일자리가 마음에 안 드나?"

"아닙니다."

"그러면 김 대위가 시험에 떨어졌다고 쓰고 서명한 다음 부서장한테 제출하고 나한테 보고하라고 해. 서류가 넘어오는 대로 나도 즉시 서명할 테니까. 김 대위 건은 잊어버려. 수고했다."

대령은 영옥에게는 아무 말도 하지 않았는데 아마도 싱글스 대령이 말한 그 웨스트포인트 동기생인 것 같았다. 대령이 문을 닫고 나가자 조 문관은 얼굴이 시뻘게지면서 몹시 화를 냈다. 영옥은 몹시 미안했지만 그에게 모든 것을 털어놓고 양해를 구할 수는 없었다.

싱글스 대령은 계획대로 영옥이 일본으로 후송됐다가 퇴원해 한국 전선으로 복귀하는 것처럼 해서 7사단 17연대 소속으로 발령을 냈다.

8군 사령부나 예하 군단 사령부에서 붙잡힐 가능성을 없애고 7사단으로 직접 갈 수 있도록 하기 위한 배려였다. 7사단, 그것도 영옥으로서는 친정이나 다름없는 17연대로 발령을 내준 싱글스 대령의 배려가 참으로 고마웠다.

인천상륙작전 직후 북진 당시 미군 7사단이 혜산진까지 진격, 초산까지 갔던 한국군 6사단에 이어 한만 국경에 도달해 한반도 통일의 꿈으로 많은 사람들을 설레게 한 첫 미군 부대도 바로 17연대였다. 영옥이 한국으로 갈 수 있도록 모든 준비를 마친 싱글스 대령은 17연대장 빌 퀸 대령에게 전화를 걸어 영옥을 잘 돌봐주라고 부탁까지 했다. 퀸 대령도 싱글스 대령과 웨스트포인트 동기생이었다.

클라크 대장과의 재회

영옥을 한국으로 보내고 싶지 않았던 싱글스 대령은 인사 명령을 내면서 1주일 후 한국에 도착하는 것으로 만들었다. 덕분에 영옥은 느긋하게 일본 구경을 할 수 있었다. 영옥은 그때 클라크 대장을 다시 만날 수 있었다. 이탈리아에서 자기 부관의 계급장을 떼어내 영옥의 군복에 꽂아 주며 영옥을 대위로 진급시켰던 클라크 중장은 그 사이 대장으로 진급해서 도쿄 극동사령부를 방문 중이었다. 미군들 사이에서는 이미 트루먼 대통령과의 불화가 갈 데까지 간 맥아더 원수가 해임되고 그 후임으로 클라크 대장이 올 것이라는 소문이 파다하게 퍼져 있었다.

클라크 대장을 위한 리셉션이 임페리얼 호텔에서 성대하게 치러졌다. 영옥이 그 리셉션에 참석하도록 한 것은 원래 퍼셀 대령의 생각이었다. 싱글스 대령과 함께 극동사령부에 들렀을 때였다.

"클라크 대장이 와서 리셉션이 열리는데 거기에 와라."

"초청장도 받지 못했습니다."

"초청장 따위가 무슨 문제냐. 클라크 대장이 네 팬인데. 그리고 초청장이 필요하면 한 장 만들면 되지 뭘 그래."

이번엔 옆에 있던 싱글스 대령이 거들었다. 싱글스 대령의 말이 채 끝나기도 전에 퍼셀 대령은 수화기를 집어들더니 어디론가 전화를 했다. 퍼셀 대령이 하는 말만 들어도 상대와 어떤 대화가 오가는지 알 수 있었다. 저쪽에서 영옥의 신상을 물었는지 퍼셀 대령은 영옥의 이름과 계급을 말했다. 그러자 저쪽에서 난색을 표명한 것 같았다. 퍼셀 대령의 목소리가 약간 높아졌다.

"나, 작전참모부 앨버트 퍼셀 대령인데, 김 대위가 클라크 대장을 만나고 싶어하는 것이 아니라 클라크 대장이 김 대위를 만나고 싶어 할 거란 말이야. 귀관은 그냥 내가 불러 주는 이름을 써넣기만 하면 된다!"

수화기를 내려놓은 퍼셀 대령은 영옥과 싱글스 대령을 보고 싱긋 웃으며 말했다.

"리셉션에는 아마 극동에 있는 고급 장교들은 다 몰려들걸. 그래도 클라크 장군이 얼굴을 기억하는 사람은 영, 너밖에 없을 거야."

리셉션이 있던 날 영옥은 싱글스 대령과 함께 임페리얼 호텔로 갔다. 호텔에 도착해 보니 퍼셀 대령의 말대로 리셉션장에는 맥아더 원수만 빼고 한국과 일본에 있는 고급 장교들은 모두 모인 듯했다. 영옥을 제외하고 리셉션장에 모습을 드러낸 장교들 중에서 가장 낮은 계급이 대령이었다. 맥아더 원수는 일부러 자리를 비켜 준 모양이었다.

리셉션에서는 클라크 장군이 연설하기에 앞서 참석자들과 일일이 상면하는 순서가 마련돼 있었다. 리셉션장 연단 한가운데 클라크 장군이 부관을 대동하고 서 있고 족히 천 명은 될 것 같은 장교들이 줄을 지어 클라크 장군 앞으로 한 명씩 지나가며 인사하는 방식이었다. 연단 오른쪽을 향해 줄지어 앞으로 가다가 적당한 거리에서 멈춰선 다음 왼쪽으로 한 걸음씩 옮겨 클라크 장군 앞으로 다가섰다.

이렇게 하면 자연히 부관 앞을 먼저 지나게 되는데, 이때 부관이 인사할 장교의 명찰을 재빨리 읽어 클라크 장군에게 귓속말로 일러 주면 클라크 장군은 그 사이 자기 앞에 온 장교에게 손을 내밀고 악수를 청하며 인사말을 건네곤 했다. 한 사람과 악수하고 인사를 나누는 데 걸리는 시간이 평균 10초 정도에 불과했다.

영옥의 차례가 되자 부관이 영옥의 이름을 말해 주려고 고개를 돌리는 순간 클라크 장군이 갑자기 "영, 너 영 아니냐!"라고 소리치면서 앞으로 나서더니 영옥의 손을 잡고는 마구 흔들었다. 순간 영옥은 리셉션장이 갑자기 조용해지면서 온 시선이 자신에게 집중되는 것을 느꼈다. 클라크 장군은 영옥의 손을 놓지 않은 채 이탈리아 전선 얘기며 온갖 잡다한 얘기를 늘어놓기 시작했다. 영옥이 도열해 있는 장군들과 대령들의 못마땅해하는 시선을 느끼며 불편해할 때 부관이 클라크 장군에게 무언가 귓속말로 얘기했다. 아마도 그 정도로 끝내는 것이 좋을 것 같다는 얘기였을 것이다.

그러자 클라크 장군은 "아냐, 아냐, 나는 이 젊은 친구와 좀 더 얘기하고 싶다구"라며 부관의 제지를 물리치더니 영옥에게 계속 얘기했다. 클라크 장군은 그렇게 5분 가량 시간을 더 끌고 나서야 영옥을 풀어 줬다. 싱글스 대령과 영옥은 리셉션장을 나서며 배꼽을 잡고 웃었다.

클라크 장군과의 만남은 그것이 마지막이었다. 클라크 장군은 그로부터 1년 3개월 후 영옥이 31연대 1대대장으로 있을 때 매슈 리지웨이 대장의 후임으로 유엔군 사령관이 됐지만 영옥은 클라크 장군에게 연락하지 않았다.

이승만 대통령과의 만남

영옥을 친동생처럼 돌봐줬던 싱글스 대령은 영옥이 일본에 남지 않는 것이 몹시 서운한 듯 영옥이 한국으로 떠나게 되자 부산까지 배웅했다. 배가 대한해협을 건너 부산에 도착했을 때는 이미 밤이었다. 뱃멀미가 너무 심해 배 타는 것을 끔찍이도 싫어했던 영옥은 지칠 대로 지친 몸을 뱃전에 기댄 채 어둠에 묻혀 다가오는 아버지의 나라를 처음 봤다. 복잡한 생각이 어우러졌다. 옷깃을 스치며 지나가는 차가운 바람 사이로 누군가 조심스레 영옥의 어깨에 손을 얹었다. 싱글스 대령이었다. 영옥은 그의 손바닥을 통해 따뜻한 체온이 전해져 오는 것을 느꼈지만 아무 말도 하지 않았다. 싱글스 대령 역시 영옥의 어깨에 손을 얹기만 했을 뿐 아무 말도 하지 않았다. 배에서 내린 두 사람은 그대로 미군 막사로 직행해 잠자리에 들었다.

다음 날 아침 영옥은 미국을 떠나면서 어머니와의 약속을 지키기 위해 싱글스 대령이 운전하는 미군 귀빈용 세단을 타고 이승만 대통령을 찾아갔다. 세단은 싱글스 대령이 부산에 도착하면 쓰려고 미리 수배해 둔 것이었다.

이승만 대통령은 당시 부산에 있던 경상남도 도지사 관저를 임시 경무대로 쓰고 있었다. 영옥이 관저로 들어가 대통령을 만날 수 있겠느냐고 묻자 비서관이 불쾌한 기색을 감추지 않았다.

"어떻게 대통령을 만나겠다고 무작정 경무대까지 왔습니까? 각하께서는 전시 비상국무회의를 주재하고 계십니다."

그의 말 앞에는 분명 '일개 대위가……' 라는 말이 생략돼 있는 듯했다.

"그렇다면 각하께 미국 로스앤젤레스에서 김순권의 아들인 김영옥이라는 미군 대위가 찾아왔다고만 전해 주십시오. 정확히 5분만 여기에서 기다리다가 아무 연락이 없으면 조용히 돌아가겠습니다."

정확히 4분 후 비서관이 나오더니 정중히 사과하며 20분만 기다려달라고 했다. 비상국무회의를 서둘러 끝냈는지 20분 후 이 대통령이 나오더니 둘을 접견실로 데려갔다.

이 대통령은 영옥에게 어머니의 안부부터 묻기 시작해 누나와 동생들 이름을 차례로 꼽으며 근황을 묻고는 아버지에 대한 이야기며 한국전쟁에 대한 이야기며 이것저것을 얘기했다. 30분쯤 지나자 이 대통령은 영옥 일행을 정문까지 바래다주며 말했다.

"전선으로 가더라도 수시로 안부를 전하게."

"그렇게 하겠습니다."

영옥은 자신의 어깨를 토닥거리며 말하는 이 대통령에게 그렇게 대답하고 물러나왔지만 이 대통령과의 만남은 그것으로 끝이었다. 그로부터 19개월 후 한국을 떠날 때까지 영옥은 이 대통령을 찾지 않았다. 일선 미군의 말단 전투 장교가 한국 대통령에게 연락해야 할 이유가 없다고 생각했기 때문이었다.

이처럼 영옥은 한국전쟁 당시 한국 최고의 권력자였던 이 대통령과 클라크 유엔군 사령관 두 사람 모두와 핫라인이 있었지만, 이렇게 한 번씩 만났을 뿐 한국을 떠날 때까지 다시는 이들을 찾지 않았다.

눈 덮인 부산역의 아이들

대통령 관저를 나선 영옥은 부산역으로 갔다. 흥남 철수 후 인원과 장비를 보충받으며 부대를 재편하고 있던 7사단으로 가기 위해서였는데 영옥은 두고두고 이날을 잊지 못했다.

눈 덮인 부산역은 아이들로 가득했다. 다섯 살에서 열 살쯤 돼보이는 아이들이 천 명도 넘는 것 같은데 사내아이 여자아이 가릴 것 없이 혹독한 추위에 옷이라곤 러닝셔츠나 걸쳤을 정도로 온몸에 누추함이 흘렀다. 아이들은 기차를 향해 손을 내민 채 서 있거나 이리 뛰고 저리 뛰며 기차 밑을 기어다녔다. 그러다가 새로 도착한 미군이 역 안으로 들어서면 떼지어 쫓아와 먹을 것을 구걸했다.

아이들이 기차 밑을 기어다닌 것은 다름아닌 석탄을 줍기 위해서였다. 그때 부산역에 있던 기차는 석탄으로 움직이는 증기기관차였는데 아이들은 어쩌다 철로에 떨어지는 석탄 조각을 주워 땔감으로 쓰기 위해 기차 밑을 기어다녔던 것이다. 움직이는 기차도 있어 위험하기 짝이 없는 일이었다. 눈이 내리지는 않았지만 지난번 내린 눈이 다 녹지도 않았고 얼음도 얼어 있어 땅이 몹시 미끄러웠다. 이러한 상황이라면 석탄 한 조각을 집으려다 심하게 다친 아이들도 분명 있었을 것이다.

영옥은 싱글스 대령과 작별 인사를 나눈 후 착잡한 마음을 억누르며 이리 몰리고 저리 몰리는 아이들 사이를 지나 기차에 올랐다. 기차는 객실 한 량이 장교 전용으로 할당돼 있었는데, 객실 안쪽 한 모퉁이에 미군들의 전투식량인 C레이션 더미가 쌓여 있었다. 당연히 자기 몫도 있을 것이기에 영옥은 한 상자를 들고 승강구에 걸터앉아 상자를 뜯고는 근처 아이들에게 내용물을 하나씩 나눠줬다. 그러자 순식간에 많은 아이들이 몰려들더니 하나라도 받으려고 있는 힘껏 손을 뻗으며 소리지르고 밀고 당겼다. 한 상자 가지고는 어림도 없었다. 영옥은 열차 안으로 다시 들어가 객실 문을 열었다. 객실에는 줄잡아 25~30명쯤 되는 장교들이 앉아 기차가 떠나기를 기다리고 있었다. 객실은 60여 명을 수용하는 듯 반 정도 자리가 비어 있었다. 영옥은 복도에 서서 소리쳤다.

"여러분, 나는 육군 17연대로 가는 대위 김영옥입니다. 미국에서 태어난 한국인 2세지요. 지금 저 밖에 헐벗고 굶주린 아이들이 우리만 쳐다보고 있습니다. 여러분, 우리는 미 육군 장교입니다. 군은 절대 우리를 굶겨 죽이지 않습니다. 여기 쌓여 있는 C레이션은 여러분 것입니다. 한두 끼쯤 배불리 먹지 않아도 죽지 않습니다. 한 사람 앞에 깡통 한두 개씩만 빼시고 나머지를 내게 주십시오. 아이들에게 주겠습니다. 여정이 길어지면 군이 또 공급해 줄 것입니다."

"오케이, 오케이."

영옥이 말을 마치자 여기저기서 호응해 왔다. 곧이어 두세 명이 투덜대는 소리가 들려오자 누군가 소리쳤다.

"야, 반대하는 새끼가 누구야! 일어나서 똑바로 반대하라구!"

앉아 있던 미군들이 일어나 상자 더미 앞에 줄을 서더니 한 명씩 차례로 상자를 뜯어 깡통 한 개씩만 빼고는 나머지는 다시 옆에 놓고 제자리로 돌아가 앉았다. 뜯겨진 C레이션이 차곡차곡 쌓였다. 다른 장교 한 명이 도와주겠다고 해 영옥은 그의 도움을 받아 C레이션 더미를 승강구 근처로 옮기고 아이들에게 나눠주기 시작했다. 역 안에 있는 아이들이 전부 몰려드는 것 같았다. 아이들이 너무 승강구 쪽으로만 몰리지 않도록 깡통을 여기저기 멀리 던져야 했다. 영옥의 머리에는 사고가 나지 않아야 한다는 걱정밖에는 아무 생각도 들지 않았다. C레이션을 몽땅 나눠주자 곧 기차가 움직이기 시작했다. 객실로 돌아와 자리에 앉는데 깡통 한 개를 움켜쥐고 좋아하는 아이들의 모습이 창 너머로 들어왔다. 더 이상 밖을 바라볼 수 없었다.

전쟁은 민간인, 특히 여자와 아이들에게 더욱 가혹한 것이다. 영옥은 이탈리아에서 담배 다섯 개피에 몸을 파는 여자들도 보고, 잘려 나간 팔다리를 부여잡고 어머니를 찾으며 울부짖는 병사도 봤다. 프랑스에서는 바로 앞에서 독일군 진지를 향해 돌격하다가 날아오는 직격탄을 맞고 상반신이 날아가는 바람에 허리부터 다리까지만 남은 병사의 하반신이 그대로 20~30미터를 뛰어가는 것도 봤다.

그러나 2차대전과 한국전쟁을 통틀어 영옥이 기억하는 가장 참담한 순간은 바로 이때였다. 뜨거운 눈물이 볼을 타고 흘러내렸다. 평소 절대로 감정을 밖으로 드러내보이지 않았지만 이때만은 어쩔 수 없었다. 아무것도 눈에 들어오지 않았다. 영옥이 평생 그렇게 많이 울어 본 것은 그날이 처음이자 마지막이었다.

한국의 유격대

영옥이 7사단 본부에 전입 신고를 하는데 만에 하나 우려하던 사태가 발생했다. 사단본부가 한국계인 영옥이 한국말을 할 것이라 여겨 G-2(사단 정보참모부)에 붙잡아 두려 한 것이다. 영옥은 훗날 야간대학을 다니며 한국어를 더 공부해 나중에는 꽤 한국말을 잘하게 됐지만 당시에는 한국말에 자신도 없었고 무엇보다 일선으로 가고 싶었다.

영옥은 사단 정보참모인 해저드 소령에게 확실히 밝혔다.

"통역장교를 원했다면 도쿄의 극동사령부에 남을 수도 있었습니다. 일선으로 가기 위해 한국에 왔습니다. 후방에 남고 싶지 않습니다."

영옥의 말을 들은 해저드 소령은 몹시 화를 냈다. 영옥은 그와 열띤 설전을 벌이다 결론을 내지 못한 채 G-2 텐트를 나왔다.

멀고 먼 17연대

거기에서 영옥은 2차대전 때 100대대에서 함께 싸웠던 월터 존슨 대위를 만났다. 프렌치 리비에라를 떠난 후 오랫동안 연락도 못하고 지내다 한국에서 우연히 영옥을 만난 존슨 대위는 뛸 듯이 반가워했다.

"야, 영, 너 살아 있었구나."

해저드 소령과의 대화를 전해들은 존슨 대위는 보여줄 게 있다며 영옥의 손을 잡아끌었다.

"영, 전선으로 가지 마라. 가면 죽어!"

존슨 대위는 영옥이 방금 나온 텐트를 돌아 그 텐트와 연결된 다른 텐트로 영옥을 데려갔다. G-3(작전참모부)였다. 사단 사령부라고 해야 대형 텐트 이삼십 개로 이루어져 있었는데, G-2와 G-3는 대형 텐트 두 개를 연결해 쓰고 있었다. 존슨 대위는 사단 G-3 소속이었다.

G-3로 들어가니 여러 지도가 눈에 들어왔다. 피아의 병력 배치를 포함해 일대의 전황을 한눈에 볼 수 있었는데 존슨 대위는 신이 나서 이것저것을 설명했다. 30분쯤 말을 듣고 있는데 갑자기 중령 한 사람이 들어오더니 존슨 대위에게 마구 욕을 퍼붓기 시작했다.

"이런, 썅! 야, 이 새끼야, 너 지금 한국군 데리고 도대체 뭐 하는 거야! 당장 꺼져!"

사단 작전참모였던 멜 휴스턴 중령이었다. 존슨 대위는 영옥이 한국군이 아니라 미군이라며 상황을 설명하려 했으나 영옥의 얼굴 모습만으로 한국군이라고 단정한 휴스턴 중령은 설명을 듣지도 않은 채 이번에는 영옥을 향해 소리쳤다.

"너도 당장 나가! 다시는 여기 오지 마!"

휴스턴 중령은 그래도 화가 가라앉지 않는지 계속해서 존슨 대위에게 일방적으로 욕을 퍼붓고 몰아세웠다. 존슨도 단단히 화가 나 무언가 말하려 했으나 영옥은 그를 말려 밖으로 데리고 나왔다. 영옥은 그 길로 G-2 텐트로 다시 들어가 해저드 소령 앞에 섰다.

"이젠 여기 남고 싶어도 그럴 수 없게 됐습니다. 방금 작전참모로부터 다시는 G-3로 들어오지 말라는 명령을 받았습니다."

"말도 안 되는 소리. 휴스턴 중령이 어떻게 그런 말을 할 수가 있나?"

"어쨌든 저는 방금 작전참모로부터 직접 명령을 받았습니다. 다시는 G-3 텐트에는 가지 않을 것입니다."

"도대체 무슨 소리를 하는 거야? 내가 휴스턴 중령을 만나고 오겠다."

"소용없습니다. 저는 명령을 따를 것입니다."

"……"

"……"

"좋아. 그럼 이렇게 하자. 지금 우리 사단본부에 '베니대 그룹(Benedae Group)'이 배속돼 있는데 31연대의 작전을 위해 베니대 그룹을 장거리 정찰에 내보내라는 명령이 내려져 있다. 지금까지 베니대 그룹을 지휘했던 스막 중위는 예비군 소속이었는데 최근 정규군 장교로 명령이 나 5일 동안 신체검사를 받으러 병원에 가야 한다. 그런데 베니대 그룹은 내일 정찰을 나가야 하니 네가 베니대 그룹을 데리고 정찰을 다녀온다면 17연대로 보내 주겠다."

"좋습니다. 합의 보신 겁니다."

"좋다. 그러면 먼저 31연대 정보참모를 만나 작전 브리핑을 받아

라. 베니대 그룹은 이미 31연대에 가 있다."

"알겠습니다."

31연대 본부는 오대산 남쪽 속사리 일원에 있었다. 영옥이 베니대 그룹도 만나 보고 정찰 목표도 알아보기 위해 31연대 본부에 도착한 것은 27일 저녁이었다. 연대본부는 텐트 15~20개로 이뤄져 있었는데, S-3(연대 작전과)라는 팻말이 박힌 텐트가 눈에 들어왔다. 마침 저녁 브리핑이 끝나 장교들이 많이 모여 있었다.

연대 정보참모를 만나야 했으나 누가 누군지 알 수 없어 일단 그 자리에 서 있는데 중령 한 사람이 다가왔다.

"대위는 누구며 여기서 뭐 하나?"

"김영옥 대위입니다. 사단본부 명령으로 장거리 정찰대를 데리러 왔습니다."

"베니대 그룹 말인가?"

"그런 것 같습니다만 사실 잘 모르겠습니다. 막 도착해 정찰대를 지휘하라는 명령을 받은 참입니다. 정찰 지역이 어딘지도 모르고 있습니다."

"보병이로군. 2차대전에 참전했었나?"

"네, 그렇습니다."

"어느 부대였나?"

"제100보병대대였습니다."

"보직은?"

"마지막 보직은 대대 작전참모였습니다."

"언제였지?"

"1944년이었습니다."

"하나만 묻자. 방금 사단에 도착했다고 했는데 31연대 정보참모 해 볼 생각 없나?"

영옥은 깜짝 놀랐다. 연대 정보참모는 대위 보직이 아니었다. 게다가 처음 보는 유색인에게 다짜고짜 연대 정보참모 자리를 주겠다니.

"고맙지만 사양하겠습니다. 솔직히 중령님이 누구신지도 모르고, 방금 처음 얘기했을 뿐 같이 근무해 본 적도 없습니다. 게다가 저는 이미 17연대로 가게 돼 있습니다."

"나는 31연대장 맥캐프리 중령이다. 처음 만나자마자 이런 말 한다고 농담하는 게 아니다."

"제가 누군지도 모르시면서 어떻게 그런 제안을 하실 수 있습니까?"

"그럴 만큼 충분히 알고 있다. 딱 잘라 거절하지 말고 한번 생각해 보라. 정찰 나갔다 오면 그때 다시 얘기하자. 그때까지는 거절하지 않은 것으로 알고 있겠다."

한국인 유격대, 베니대 그룹

'베니대 그룹'이란 알고 보니 흥남 철수 때 7사단과 함께 북한을 탈출한 북한 출신 민간인 반공투사들로 만들어진 유격대였다. 이들은 100명 정도 됐는데 사단본부의 필요와 예하 연대의 요청에 따라 정찰에 투입되기 위해 7사단 정보참모부에 배속돼 있었다. 한국군은 이들을 평범한 민간인 복장을 하고 있는 부대라는 뜻으로 '편의대'라 불렸는데 미군들이 한국어 발음을 흉내내 '베니대'라 부른 것 같았다.

당시 베니대 그룹 인솔 장교, 즉 7사단 한국인 유격대 대장은 사단 정보장교였던 리처드 스막 중위로 흥남 철수 때부터 베니대 그룹의 장비나 피복, 보급에서 훈련에 이르기까지 모든 것을 책임지고 있었다. 후일 그가 31연대로 배속돼 함께 싸우면서 잘 알게 됐지만 스막 중위는 책임감이 아주 강한 골수 군인이었다. 스막 중위는 그동안 어려움을 무릅쓰고 이들의 훈련에 모든 것을 바치다가 31연대의 장거리 정찰 요청이 사단 본부에 접수되고 정보참모부가 베니대 그룹 파견을 결정하자 몹시 흥분해 있었다고 한다. 베니대 그룹은 가끔 정찰에 나서기는 했지만 지금처럼 교전이 예상되는 지역으로 정찰을 나간 적은 없었다. 스막 중위는 정보참모부에 신검 연기까지 요청해 가며 직접 정찰에 나서고 싶어했으나 정보참모부는 스막 중위의 요청을 거부하고 대신 영옥에게 그 임무를 맡겼다.

"한국군이 넘겨준 정보에 따르면 방태천 북쪽 산악지대에 북한군 게릴라 부대가 준동하고 있다. 한국 민간인들은 북한군이 방태천 바로 북쪽에서 참호를 파고 진지를 구축하고 있다고 전했다. 임무는 31연대 작전지역 북쪽으로 갈 수 있는 곳까지 정찰하여 적 주력의 규모와 위치에 대한 정보를 가져오는 것이다. 그러나 교전은 하지 말라."

설명을 마친 31연대 정보참모와 영옥은 교신 방법에 대해서도 협의를 마쳤다. 보병이 사용하는 일반 무전기로 교신하면 감청될 우려가 있었기 때문에 유격대가 정찰에 나선 다음 포병용 정찰기가 몇 시간 간격으로 유격대 위로 비행하고, 영옥이 이 정찰기에 유격대가 얻은 정보를 전해주면 정찰기는 그 정보를 다시 31연대 본부로 중계하기로 했다. 정보참모는 이를 위해 연대본부에서 중형 무전기 2대와 비상용 배터리 2개를 여분으로 가져가라고 말했다. 당시만 해도 이 같은 무전기와 배터리는 너무 크고 무거워 유격대는 이 장비를 운반하는 데만 대원 4명을 배정해 각각 한 개씩 지니고 다니도록 했다.

정보참모가 지도 한 세트를 영옥에게 건넸다. 100명이 넘는 유격작전에 지도를 한 세트밖에 준비하지 않은 것을 보고 영옥은 미군 상황도 엉망이라는 것을 알았다. 영옥은 즉석에서 책상에 지도를 펴고 정보참모와 마주 앉았다. 지도를 보면 지형이 정확히 입체적으로 떠오르는 것은 2차대전 때나 지금이나 마찬가지였다. 영옥의 머릿속에 방태산, 그 서쪽에서 북으로 흐르는 내린천, 하교동을 시발점으로 내린천에서 갈라지는 방태천 등 정찰 지역 일대의 지형이 사실화처럼 그려졌다. 미군 7사단은 서쪽의 한국군 5사단, 동쪽의 한국군 3군단 사이에 위치하여 방태산 남쪽에 포진해 있었다. 영옥은 정보참모와 함께 어느 곳을 거쳐 어디까지 갔다 올 것인지에 대해 자세히 협의한 후 지도를 챙겨 일어났다.

다음 날 아침 일찍 영옥은 대원들을 점검했다. 대원들의 체력·피복·무기를 살펴보고 어느 정도 자기와 의사소통을 할 수 있는지가 우선적 관심사였다. 대원들은 나이가 많아 제일 젊은 사람도 30대 초반은 되는 듯했다. 징병제인 미군들의 평균 연령보다 열 살 이상 많았다. 영옥은 서른두 살이었으나 한국으로 배치되는 2개월 동안 이렇다 할 체력단련을 하지 못해 체력이 많이 떨어져 있었는데 그들은 영옥보다 훨씬 못했다.

3월 말이라도 동부전선의 추위는 여전히 매서웠고 작은 구릉조차 눈으로 덮여 방한 문제도 걱정이었다. 눈에 띄는 무기도 개인 화기를 제외하면 경기관총 4~5정과 60밀리미터 박격포 몇 문이 전부였다. 한마디로 고도의 훈련이 요구되는 작전을 할 수 있는 상황이 아니었다. 교전하지 말라는 지침도 있던 터라 기동력이 관건이었다.

영옥은 군장을 가볍게 하기 위해 박격포탄도 너무 많이 가져가지 말 것을 지시했다. 편의대에는 한국인 부대장과 부부대장이 한 명씩 있었는데 둘은 더듬거리기는 하지만 영어를 할 줄 알았다. 부대장보다는 부부대장의 실력이 조금 나았다. 영옥이 이들의 영어 실력이 궁금했던 것처럼 이들도 재미동포 2세면서 미군 장교복을 입고 나타난 영옥의 한국어 실력을 궁금해했는데, 영옥이 한국어를 잘한다고 할 수는 없지만 자신들이 생각했던 것보다는 괜찮다는 것을 알고 무척 좋아했다. 영옥은 서툰 한국어와 영어를 함께 사용했는데 영어로 말할 때는 간단하게 그리고 천천히 말하려고 노력했다. 작전하는 데 지장이 없을 정도로 의사소통은 되었다. 부대장과 부부대장은 지도를 읽을 수도 있었고 주어진 임무도 이해하고 있는 것 같았다.

영옥은 몇 가지를 더 점검하고 지침을 내린 후 계획대로 아침 8시가 되자 대원들을 이끌고 정찰에 나섰다. 전투 대형을 갖춘 채 한 시간 행군하고 잠시 쉬었다 또 한 시간 행군하고 다시 쉬기를 반복하면서 계속 북쪽으로 올라갔다. 영옥은 첫 휴식 때만 부대장과 부부대장을 불러 상황 설명을 하고 다음 휴식 때부터는 다른 간부 대원들을 시작으로 모든 대원들과 얘기할 기회를 가지려고 노력했다. 그렇게 하다 보니 오래지 않아 이름까지 다 알 수는 없었지만 누가 어떤 역할을 하는지는 알 수 있었다.

2차대전 때 경험으로 이 정도 규모의 부대라면 전투가 벌어질 때 지휘관은 부대의 최선두 바로 후방에서 부대를 이끄는 것이 최선이라는 걸 알았기 때문에, 영옥은 항상 자기 앞으로 10명쯤, 뒤로 나머지 90명쯤이 따라오는 위치에서 산길을 헤쳐 가며 북으로 행군했다.

정찰을 시작한 지 여덟 시간이 지나도록 적군을 한 명도 볼 수 없었다. 이제 동쪽의 작은 산 하나만 넘으면 목표로 했던 736고지였다.

그런데 앞서가던 선두가 능선을 넘고 나서 영옥이 능선에 오르는 순간 총소리가 들려왔다. 갑자기 북한군을 목격한 선두가 당황한 나머지 교전하지 말라는 지침을 잊고 총을 쏜 것이었다. 할 수 없이 영옥은 신속히 화력을 집중시켰다. 적은 1개 분대 정도였는데 이렇게 북쪽 깊숙한 곳까지 적이 올 것이라고 생각지 못했는지 당황해 제대로 응사도 못하고 일부는 사살되거나 포로가 되었고 나머지는 도망쳤다. 이 교전으로 이 지역 적군은 중공군이 아니라 북한군이라는 사실이 확인됐다.

상황이 끝나고 살펴보니 네 명을 사살하고 두 명을 포로로 잡았으며 네 명이 도망간 것 같았는데, 대부분 새로 지급된 소련제 소총으로 무장하고 있었다. 포로 한 명은 간호장교였고 다른 포로 한 명은 총에 맞아 아주 심하게 중상을 입은 상태였다. 영옥은 도망간 북한군 때문에 반격이 있을 것으로 예상하고 그곳에서 밤을 보내기로 하고 방어 태세를 갖추도록 지시했다.

중상을 입은 포로는 참으로 난감한 문제였다. 의사 출신 대원이 상태를 살펴보니 부상이 너무 심해 옮기기도 어려웠다. 이미 적진에 들어온 것이 확실해진 유격대 역시 기동력을 잃으면 끝장이었다. 선택은 둘 중 하나였다. 포로가 살아 있다는 것을 전제로 임무를 포기하고 전원 귀대하거나, 포로를 사살하고 임무를 계속하는 것이었다. 지도가 있다지만 여덟 시간이나 행군해 온 터라 산길을 따라 되돌아가는 길을 알고 있는 사람은 영옥밖에 없었기 때문에 일부 대원을 차출해 포로를 데리고 귀대시킬 수도 없었다. 포로는 밤새 신음하며 제발 죽이지 말아 달라고 애원했다. 대원들은 포로 처리를 놓고 밤새 고민했다.

대원들과 하루를 같이 지내면서 영옥은 그들에 대해 더 자세히 알게 됐다. 대원들은 모두 몇 년 동안 공산 치하에서 신음하다 탈출한 사람들로, 의사나 법조인도 있었고 교사도 있었다. 한마디로 교육 수준도 높고 생각도 깊은 지식인들이었다.

영옥은 대원 전체의 의견을 모으기로 하고 간부 대원들에게 일일이 의견을 물었다. 거의 모두 괴롭지만 임무를 계속 수행해야 한다는 입장이었다. 대원들은 밤새 고민하면서 만약 사살한다는 결론이 내려지면 누가 이 어려운 일을 수행할지도 정했다. 결단만 남았고 당연히 그것은 영옥의 몫이었다. 말없이 팔짱을 끼고 동이 트는 736고지를 바라보던 영옥의 입에서 신음하듯 짧은 저음이 흘러나왔다.

"임무를 계속합시다."

유격대가 736고지를 향해 동쪽으로 나아가는데 북한군의 움직임이 활발해지기 시작했다. 그러나 동태로 볼 때 전날의 교전 때문에 특별한 움직임이 있는 것 같지는 않았다. 북한군 본대에 접근하고 있다는 것을 느끼면서 조심스럽게 따라가던 산의 능선이 끝났다. 736고지의 정상이었다. 정찰을 출발한 연대본부로부터 60킬로미터 정도 떨어진 곳으로 정찰을 떠나면서 정보참모와 최종 목표지로 협의했던 곳이었다. 영옥은 산 능선이 끝나면서 동북 방향 아래에 북한군 대대본부가 보이자 행군을 멈췄다. 북한군은 영포에 대대본부를 두고 있었다.

연대본부에서 정보참모와 합의한 대로 정찰을 떠난 후 지금까지 포병 정찰기가 몇 시간 간격으로 유격대 위로 날아갔지만 정찰기와는 교신할 수가 없었다. 어제 교전이 있은 후부터 유격대는 힘들게 지니고 다니던 무전기가 무용지물이라는 사실을 알았다. 무전기가 고장났거나, 배터리가 불량이거나, 아니면 정찰기와 통신 주파수를 맞추지 못했는지 모른다. 그렇지만 연대본부로서는 100여 명이나 되는 유격대가 아무 교전도 없이 어느 지점까지 전진하고 있다는 사실을 아는 것만으로도 적의 위치를 파악하는 데 도움을 받았을 것이다.

영옥은 식수도 떨어져 가고 날씨도 너무 추운 데다 일단 목표를 달성했으므로 이날 밤만 이곳에서 좀 더 동태를 살핀 후 다음 날 귀대해야겠다고 결정했다.

동부전선을 파고드는 한국의 추위는 참으로 매서웠다. 영옥은 그래도 이탈리아 산악이나 프랑스 보쥬 산맥에서 동계 전투를 치른 경험이 있었지만 대원들은 상황이 달랐다. 영옥은 북한군 대대본부에서는 보이지 않을 것으로 판단되는 산 능선 반대 위치에 모닥불을 피워도 좋다고 허락했다. 위험한 결정이었지만 그렇게 하지 않으면 몇 명은 그날 밤 얼어죽을 것이 분명했다.

위기에 빠진 미군

다음 날 아침이 되자 아직 이른 시각인데도 북한군 대대본부의 움직임이 갑자기 바빠졌다. 분명히 아무 일도 없어 보였는데 수백 명이나 되는 병력이 집결하기 시작했다. 영옥은 당연히 북한군이 공격해 올 것으로 생각해 수비 대형으로 병력과 무기를 재배치하면서 언제라도 철수할 수 있도록 준비하라고 지시했다.

그런데 자세히 살피니 북한군은 유격대를 공격하려면 당연히 선점해야 하는 장소에 병력을 배치하지 않고 있었다. 북한군 선발대는 1개 중대였는데 산 아래 내린천을 따라 난 도로의 북쪽 커브 지점이 내려다보이는 산 속에 매복을 준비하는 것 같았다. 그렇다면 목표가 유격대가 아니란 얘기였다.

영옥이 의아하게 생각하며 사방을 둘러보는데 갑자기 도로의 남쪽 커브를 돌아 일단의 미군들이 나타났다. 병력 숫자로 보아 1개 중대가 수색에 나선 것 같은데, 행군 대형으로 볼 때 중대장이 실전 경험이 없는 것이 분명했다. 소규모 선발대를 앞세웠지만 선발대와 본대 거리가 너무 가까워 지형상 매복에 걸려들면 전멸하기 십상이었다. 북한군 대대본부가 갑자기 바빠진 이유가 분명해졌다. 영옥은 즉시 부대장을 불렀다.

"저 아래 미군들한테 다녀와야겠소. 적은 우리가 여기 있는 것을 모르니 여차하면 공격할 수 있도록 모든 화기를 집중하고 있다가 적이 미군을 공격하기 시작하면 즉시 공격하시오. 동시에 언제든 철수할 수 있게 준비도 하시오. 상황에 따라 철수해야겠다는 판단이 서면 내가 돌아오지 않아도 즉시 철수하시오. 돌아갈 때는 반드시 왔던 길로 가야 합니다. 여기서 내가 어떻게 되는지 잘 보고 있다가 돌아오면 즉각 철수하기로 합시다."

영옥은 갖고 있던 지도를 부대장에게 건네주고 그 길로 산 아래로 치달았다. 구르듯 뛰어내려가는 영옥의 머릿속은 어떻게 해야 미군 총에 맞아 죽지 않을까라는 궁리로 가득 찼다.

미군은 자기네 유격대가 여기까지 와 있다는 것을 모르는 것 같았다. 영옥은 얼굴은 한국인인데 미군 군복을 입고 있었기 때문이다. 실제로 한국전쟁에서 북한군이나 중공군은 미군 복장과 미군 무기로 위장하는 일이 종종 있어 미군 입장에서 보면 영옥은 여지없이 미군으로 위장한 북한군이나 중공군이었다. 미군 선발대까지 가는 1킬로미터가 참으로 멀게 느껴졌다. 영옥은 조금만 소리를 지르면 선발대가 들을 수 있는 지점에 멈춰 몸을 숨기고 소리쳤다.

"나는 미군 대위다. 쏘지 마라. 할 얘기가 있다."

예상대로 미군들은 즉시 총을 쏘려 했다. 그러나 몇 마디 얘기를 더 걸어 확인하더니 소리쳤다.

"권총을 총집에 넣고 두 손을 머리에 얹고 나오시오."

영옥은 총을 겨눈 미군들에 둘러싸인 채 중대장에게 인도됐다. 그도 처음에는 반신반의했으나 영옥이 맥캐프리 중령의 이름을 대면서 인상착의를 설명하자 영옥을 믿으면서 자신들도 31연대 소속이라고 밝혔다. 그들은 2대대 G중대였는데 알고 보니 놀랍게도 영옥의 유격대를 공격하러 가는 길이었다. 어디선가 잘못된 정보를 얻어 영옥의 유격대를 북한군 유격대로 알았기 때문이었다.

"도로를 버리고 후미 경계를 강화하면서 중대를 산으로 올려보내 산길로 함께 철수합시다."

영옥이 G중대장에게 제안하자 그는 흔쾌히 제안을 받아들였다. 한눈에 봐도 미군들은 산악전 훈련이 잘 돼 있지 않았다. 영옥은 북한군의 눈을 피해 내려왔던 산길로 다시 올라갔다. G중대를 기습하기 위해 매복 준비하느라 정신이 없는 북한군의 눈을 피하는 것은 어려운 일이 아니었다. 유격대로 돌아간 영옥은 서둘러 부대를 철수시켰다.

대원들은 지칠 대로 지쳐 있었으나 일사불란하게 명령을 잘 따라주었다. 영옥이 극도로 지쳐 있는 것을 보고 전날 포로로 잡힌 북한군 간호장교가 영옥의 장비를 들어 주겠다고 나섰다. 각자의 장비가 무거워 다른 대원의 짐을 들어 줄 형편이 아니었다. 그 간호장교는 포로가 된 직후에는 긴장을 풀지 못했지만 영옥이 항상 근처에 두고 불미스러운 일이 일어나지 않도록 신경쓰고 있다는 것을 알고는 차차 긴장을 풀더니 영옥이 철수하면서 몸도 제대로 가누지 못하자 소리내어 웃기까지 했다. 지친 영옥이 등짐을 맡기자 그녀는 총까지 들어 주겠다고 나섰다. 영옥은 총까지 맡기지는 않았으나 적어도 그녀에게만이라도 전쟁이 끝난 것은 다행이라고 생각했다.

영옥 덕택에 사지에서 벗어난 G중대는 유격대보다 훨씬 중무장을 하고 있어 행군 속도는 늦었지만 병력도 많고 화력도 우수했다. 영옥과 대원들은 북한군과 자기들 사이에 G중대가 있다는 사실이 그렇게 행복할 수 없었다. 영옥이 대원들을 인솔해 왔던 길을 되돌아가고 있는데 미군기들이 영포로 날아들었다. 영포에 북한군 대대 병력이 진을 치고 있다는 보고를 접수한 사단본부가 일본에서 불러들인 전투기들인 것 같았다. 영옥은 여수동을 병풍처럼 둘러싼 능선에 이르러 유격대를 쉬게 하고 G중대가 도착하기를 기다렸다.

'중상을 입었던 포로를 그대로 뒀다면 어찌 됐을까?', '만일 엊그제 그를 데리고 다같이 철수했다면 과연 그는 살아남을 수 있었을까?', '그랬다면 오늘 G중대는 어찌 됐을까?'……. 여러 생각이 머리를 짓눌렀으나 몸도 마음도 너무 지쳐 더 이상 아무 생각도 하고 싶지 않았다.

G중대를 기다리고 있던 영옥에게 31연대로부터 무전 연락이 왔다.

"DS445002 지점으로 가서 한국군 3군단과 접촉하라."

지도 위치상 DS445002는 방태산과 방태천 사이에 있는 지역이었다. 사단본부는 하루 전 10군단으로부터 "미군 7사단과 오른쪽에 인접한 한국군 3군단과 접촉하라"는 명령을 받고 31연대 소속 1개 소대 병력을 방태산 정상으로 보내 한국군 3연대 수색대와 만나기로 했으나 접촉에 실패했었다. 그러자 영옥의 유격대에게 한국군 3군단과 어떻게 하든 접촉하고 돌아오라는 명령을 내린 것이었다.

미군 1개 분대를 충원받은 영옥은 유격대를 이끌고 눈으로 덮인 방태산을 넘어 방태천 남쪽 진동리에 있던 한국군과 접촉하는 데 성공했다. 3군단 3사단 3연대였다. 재미동포가 미군 장교가 돼 한국인 유격대를 이끌고 온 것을 안 군단장과 사단장은 반가이 맞으며 따뜻한 온돌방까지 내주었다. 덕분에 영옥은 그날 밤을 편히 쉬고 다음 날 연대 본부로 귀대했다.

'말 거래(horse trading)'

영옥이 대원들에게 휴식을 취하게 한 후 31연대 본부로 가는데 갑자기 지프 한 대가 다가와 섰다. 맥캐프리 중령이었다.

"소식 들었다. 아주 훌륭하게 임무를 수행했더군. 어때 생각해 봤나?"

"네, 역시 17연대로 가는 게……."

말을 채 마치기도 전에 맥캐프리 중령이 말을 끊었다.

"아냐, 아냐. 좀 더 진지하게 생각해 보자구. 이렇게 하는 게 어때? 내가 17연대장을 잘 아는데 말이야, 17연대에 가서 31연대장이 연대 정보참모를 제의했다고 까놓고 말하라구. 만약 17연대장도 연대 정보참모를 주거나 그 이상 좋은 보직을 준다면 거기 있어. 그렇지 않다면 돌아오라구. 어때, 손해볼 것 없잖아?"

"알겠습니다. 괜찮은 제안 같습니다. 그렇게 하겠습니다."

"장거리 정찰을 나갔다 오느라 수고했다. 피곤할 텐데 샤워도 하고 좀 쉬어. 내일 아침 지프를 내주겠다. 17연대까지 무사히 가도록 조치해 놓을 테니 아무 신경 쓰지 말고 푹 자."

다음 날 아침 영옥은 맥캐프리 중령이 내준 지프를 타고 17연대로 갔다. 오후 늦게 17연대장이 연대본부로 들어오라고 해 도착 신고를 하면서 맥캐프리 중령과 주고받았던 말을 그대로 전했다.

"그렇게 됐단 말이지? 여기선 한 달쯤 있으면 소령 보직은 줄 수 있는데 그래도 연대 정보참모보다는 못한 게 사실이야. 나라면 맥캐프리 중령의 제안을 받아들일 거야."

"알겠습니다. 연대장님은 일본에 계신 싱글스 대령님과 육사 동기이신 것으로 알고 있습니다. 일본을 떠나올 때 싱글스 대령님께서 당부하신 말씀도 있어 옆에서 잘 모시려 했는데 오자마자 떠나게 돼 송구스럽습니다. 이렇게 보내주시니 편안한 마음으로 가겠습니다."

"행운을 비네."

31연대로 돌아가 연대 정보참모가 된 영옥은 한 달쯤 지났을 때 연대장에게 처음 만난 대위에게 어떻게 연대 정보참모를 제의했느냐고 물어보았다.

"2차대전 때 프랑스에 있던 442연대가 이탈리아에 있던 5군 사령부 요청으로 다시 이탈리아로 돌아가 92사단에 배속돼 '고딕 라인'을 돌파했던 일 기억하지? 그때 92사단 참모장이 바로 나였다. 그뿐 아니라 2차대전 후에는 하와이 지역 연방예비군 군사고문으로 있었기 때문에 100대대라면 누구보다 잘 안다. 1944년에 100대대 작전참모를 지냈다면 내가 데리고 있는 31연대의 어떤 장교보다도 한 수 위라는 얘기다. 망설일 필요가 없었다. 만난 지 5분도 되지 않았는데 그런 제안을 한 것이 너무 급하다고 생각했을지 모르지만 내 경험에 비춰 볼 때 결코 성급한 제안이 아니었다."

'고딕 라인'은 독일군이 이탈리아 북부에 설정한 주요 방어선이었다. 맥캐프리 연대장이 말하는 100대대/442연대의 고딕 라인 돌파는 영옥의 부대가 유럽에 남겼던 또 하나의 전설이었다. 로마를 점령하고 북상하던 연합군이 고딕 라인에 걸려 더 이상 진격하지 못하자 클라크 5군 사령관이 이 부대를 불러들여 해결사로 삼았던 일을 말하는 것이었다.

이때는 이 정도에서 말을 끝냈는데 뒷날 맥캐프리 중령은 더 솔직히 당시 상황을 털어놨다. 2차대전 당시 유럽 전선, 특히 이탈리아에 있던 미군들 사이에서 100대대/442연대의 명성은 단연 압권이었다. 게다가 100대대 대대장을 지냈던 캐스퍼 클로나 그의 후임자였던 고든 싱글스는 모두 맥캐프리 중령과 웨스트포인트 동기생이었기 때문에 맥캐프리 중령은 100대대에 대해 누구보다 잘 알고 있었다. 자연히 영옥에 대해서도 잘 알게 됐다.

맥캐프리 중령은 7사단 전입 장교 명단을 보고 영옥이 17연대로 배속돼 온다는 것을 알았다. 그는 17연대장을 찾아가 "17연대에 동양계 대위가 한 명 오는데 그 친구를 31연대에 주면 소령 두 명을 줄 테니 맞바꾸자"고 제의해 그렇게 하기로 합의를 봐둔 상태였다. 맥캐프리 중령은 17연대장이던 빌 퀸과도 웨스트포인트 동기생이었다. 영옥은 2차대전이 일어난 1939년에 소위로 임관한 미국 육군사관학교 졸업생들과 깊은 인연이 있는 셈이다. 이들은 2차대전을 거치면서 진급을 거듭해 한국전쟁에서는 연대장이 돼 있었다.

미군들은 이처럼 막후에서 벌어지는 인사 거래를 '말 거래(horse trading)'라고 불렀는데, 이 같은 말 거래는 미국의 일반 사회에서도 종종 있는 일이었다. 그렇지만 당시만 해도 미국 사회에서는 인종차별이 당연시됐고 이 같은 상황은 미군에서도 마찬가지였다. 유색인의 능력을 무시했던 미군에서 유색인 대위 한 명을 얻기 위해 백인 소령 두 명을 내준다는 것은 상상도 할 수 없는 일이었다. 맥캐프리 중령은 그만큼 과감한 인물이었고, 영옥으로서는 드문 상관을 만나게 된 행운이었다.

소양강 철수 작전

영옥이 정보참모로 31연대에 합류한 4월 초, 31연대는 사단 예비연대가 되어 보충병을 받으며 부대를 재충전하고 있었다. 31연대가 작년 인천상륙작전 이후 유엔군이 북진할 때 함경도까지 진격했다가 중공군의 개입으로 장진호 전투를 치르며 연대장이 전사하는 등 부대가 궤멸되다시피 했기 때문이었다.

영옥을 31연대에 붙잡는 데 성공한 맥캐프리 연대장은 카드나 한 판 하자며 매일 밤 영옥을 자기 막사로 불렀다. 연대장은 카드 게임에 부연대장 프랭크 스미스 중령, 작전참모 윌리엄 클락 소령이나 조 칸미 대위 등 다른 참모들을 동참시키기도 했지만 영옥과 단 둘이 게임을 하는 경우가 더 많았다.

게임은 매일 두세 시간씩 계속됐다. 연대장은 '크리비지(cribbage)'라는 게임과 '진 앤드 러미(Gin and Rummy)'라는 게임을 즐겼는데 크리비지를 더 좋아했다. 그런데 게임을 할 때마다 매번 영옥에게 지자 며칠 후 웃으며 말했다.

"네가 어째서 그토록 유능한 작전장교였는지 알고도 남겠다. 너의 진 앤드 러미는 가히 프로급이다. 나는 지금까지 게임을 할 때 누구한테도 그렇게 순식간에 져본 적이 없다. 진 앤드 러미는 그렇다 해도 크리비지라면 나도 한 수 한다고 자부하고 있었는데 내가 크리비지에서도 판판이 깨진다는 것은 정말 믿을 수 없다."

연대장이 매일 밤 카드를 하자며 영옥을 부른 것은 영옥의 이모저모를 자세히 살펴보면서 대화하기 위해서였다. 연대장은 2차대전 때 92사단 참모장으로 이탈리아에 있긴 했지만 최전선에 있지는 않았다면서 처음에는 이탈리아 전선부터 프랑스 전선까지 얘기를 끌고 갔다. 그리고는 영옥이 작전을 기획했던 여러 전투에서 왜 그때 그런 작전을 세웠는지, 또 비슷한 상황이 한국에서 벌어진다면 과연 어떻게 할 것인지를 꼬치꼬치 캐물었다. 맥캐프리 중령은 영옥이 작전을 짰던 여러 전투 중에서도 100대대가 피 한 방울 흘리지 않고 아르노 강을 건너 피사를 점령했던 피사 해방전에 각별한 관심을 보였다.

둘의 대화는 앞으로 전투가 벌어질 때를 가정한 작전에서부터 일반적인 부대 운영 방식에 이르기까지 끝없이 이어졌다. 계속되는 대화를 통해 연대장은 앞으로 어떻게 영옥을 쓸 것인지를 생각하고 있었고, 영옥은 연대장이 어떤 인물이며 그가 자기에게 요구하는 역할이 정확히 무엇인지 알려고 했다. 연대장이 요구하는 역할은 31연대의 전반적인 전략을 내놓는 것이었다.

3분 브리핑

4월 18일 오후 1시, 사단 군악대의 주악이 울려퍼지는 가운데 아몬드 군단장을 태운 헬기가 31연대에 도착했다. 군단 검열이 시작된 것이다. 군단 참모들을 대동한 아몬드 군단장은 연대본부에서 브리핑 받는 것을 시작으로 검열을 시작했다. 이 브리핑 때문에 영옥은 1주일 전부터 아몬드 군단장이 직접 주재하는 군단 검열이 있다는 것을 알고 있었다.

1주일 전 맥캐프리 연대장은 참모들을 모두 소집시켰다.

"각 참모들은 3분 동안 브리핑을 한다. 절대로 시간을 넘겨서는 안 된다. 정확하게 요점만 간추려라. 모두 브리핑 내용을 서면으로 준비해 먼저 내게 보고하라."

영옥도 브리핑 내용을 문서로 만들어 연대장에게 가져갔다.

"이것은 마음에 들고 저것은 마음에 안 들고…… 이것은 내용을 더 보완하고 저것은 아예 빼고……. 네가 아몬드 장군의 입장이라면 어떤 의문을 가질 것인가 끊임없이 생각해라."

영옥은 연대장의 지시대로 내용을 수정해 다시 가져갔다.

"내용은 그 정도면 됐다. 그러나 명심해라. 내가 군단장의 신임을 받는다고 너까지 그런 것은 아니다. 아몬드 장군은 머리가 전광석화 같은 사람이다. 그래서 극동사령부 참모장으로 있을 수 있었다. 적당히 넘어갈 것이라고 생각하다가는 큰코 다친다. 앞으로 너는 모든 3성 장군이나 4성 장군을 대할 때는 그들이 비상한 두뇌의 소유자라고 간주해야 한다. 그렇지 않다면 그렇게 될 수가 없기 때문이다. 이제 내가 군단장이라 생각하고 저기 서서 브리핑을 해보라."

스톱워치를 들고 브리핑을 받던 연대장이 말했다.

"10초 남았다."

영옥이 브리핑을 마치자 연대장이 다시 말했다.

"3분이 넘었다. 너는 빨리 말하는 법을 배워야 한다. 요점만 신속히 말해 군단장이 질문을 생각할 시간을 줘서는 안 된다. 군단장이 질문을 한다면 즉각 답변하되 완벽해야 한다. 잠시라도 머뭇거리면 그 사이 군단장은 다음 질문을 다섯 개쯤은 생각하고 있을 것이다. 그렇게 되면 너는 끝장이다. 아몬드 장군에게 브리핑을 할 때는 둘 중 하나밖에 없다. 그를 만족시키거나 실망시키는 것이다. 중간은 없다. 그가 만족한다면 다행이지만 그렇지 않다면 군단장은 결코 너를 용서하지도 잊어버리지도 않는다. 그렇게 되면 그의 부하들도 마찬가지다. 열심히 연습해서 다시 오라."

영옥은 스톱워치로 시간을 재며 더도 덜도 아닌 정확히 3분 만에 브리핑을 마칠 수 있도록 연습을 계속했다. 연습 후 연대장에게 브리핑을 하면 연대장이 다시 고치고 또 연습하고 다시 브리핑을 하면 연대장이 또 고쳤다. 이처럼 혹독한 브리핑 훈련은 처음이었는데 연대장은 좀처럼 만족할 줄 몰랐다. 맥캐프리 중령은 영옥을 끔찍이 아꼈지만 업무에 관해서는 완벽을 요구했다. 모의 브리핑을 대여섯 번쯤 하자 연대장의 입에서 처음으로 그 정도면 됐다는 말이 흘러나왔다. 연대장은 다시 덧붙였다.

"다시 상기시켜 줄 얘기가 있다. 너도 다른 3성이나 4성 장군들처럼 비상한 머리를 갖고 있을 수 있다. 그렇지만 너는 아직 젊고 그들은 경험도 많고 노련하다. 그들은 매일 온갖 사람들로부터 이런 브리핑을 받는다는 사실을 잊어선 안 된다. 마지막으로, 브리핑을 끝내면 머뭇거리지 말고 즉시 연단에서 내려와라. 머뭇거리다가 질문을 받고 답변하지 못하고 망설이면 그 사이 그는 또 다른 질문을 생각해 낼 것이다."

검열이 있는 날 아침, 연대장은 참모들을 모두 다시 한자리에 불러 모았다.

"마지막 리허설을 해보라."

모든 참모들이 3분 만에 브리핑을 끝내자 연대장이 말했다.

"좋다. 모두 지금과 똑같이 하라. 절대 내용을 바꾸지 말라."

오후에 군단장이 도착하자 예정대로 연대장을 필두로 브리핑이 시작됐다. 연대장의 브리핑은 참으로 인상적이었다. 간단한 인사말과 함께 브리핑을 시작한 연대장은 브리핑의 시범을 보여주듯 부드러우면서도 절도 있게 연대 현황을 종합적으로 보고한 다음 연단을 참모들에게 넘겼다. 브리핑은 연대장에 이어 인사참모, 정보참모, 작전참모, 군수참모 순으로 진행될 예정이었다.

인사참모 역시 준비했던 대로 매끄럽게 브리핑을 마쳤다. 그러나 군단장은 별로 관심을 보이지 않았다. 31연대가 전선에 재투입되는 시점에서 군단장의 관심은 역시 정보참모와 작전참모의 브리핑에 쏠려 있었다.

인사참모 다음은 정보참모였던 영옥의 순서였다. 연단에 올라선 영옥은 일사천리로 브리핑을 마치면서 브리핑을 들어주셔서 감사하다는 인사와 함께 경례를 하고 연단을 내려섰다.

다음 순서로 작전참모인 윌리엄 클락 소령이 올라왔다. 클락 소령은 사람도 좋고 뛰어난 웅변가로 자타가 공인하는 달변이었다. 그런데 그것이 문제였다. 준비된 원고에서 약간 벗어나 멋진 말로 브리핑을 한 클락 소령은 마무리를 하면서 약간 뜸을 들였다. 그 순간 아몬드 장군의 질문 하나가 날아들었는데 그 질문을 예상하지 못했던 클락 소령이 머뭇거렸다. 그러자 아몬드 장군은 질문을 퍼붓기 시작했다. 클락 소령은 이미 답변의 리듬을 잃었고 아몬드 장군의 질문 공세는 계속됐다. 그렇게 10분 정도 질문을 퍼붓던 아몬드 장군이 말했다.

"더 이상 귀관과 함께 할 시간이 없어 유감이다. 그러나 귀관의 브리핑은 엉망이었다. 준비가 덜 됐다. 이제 됐으니 그만 내려가라."

그때까지 클락 소령을 높이 평가하고 작전참모를 맡겼던 맥캐프리 연대장이 이날 브리핑 이후 클락 소령을 보는 눈이 달라졌다는 것은 웬만한 연대 장교들에게는 비밀이 아니었다. 적당한 때가 오면 영옥에게 작전참모를 맡길 생각이었던 연대장은 이날 마음을 더 굳혔다. 중요한 브리핑이 기회가 되기도 하고 그 반대가 되기도 하는 것은 미군들 사이에서도 마찬가지였다.

연대본부 브리핑을 끝낸 아몬드 장군은 3대대 하나만을 대상으로 2시간 이상 집중적으로 검열했다. 검열은 날씨 관계로 하루 건너 다시 탱크 중대, 수색 소대 등을 대상으로 2시간 30분 동안 계속됐는데 이날 검열에는 밴 플리트 8군 사령관도 참관하기로 돼 있었으나 갑자기 취소됐다. 하나의 연대 검열에 주한미군사령관이 직접 참관하기로 했다는 것은 31연대의 부활 여부에 미군 지휘부가 얼마나 비상한 관심을 갖고 있는지를 보여주는 증거였다. 아몬드 장군은 다음 날 2대대를 시찰할 때는 대대 소속 장교 한 사람도 빼놓지 않고 갖가지 질문을 던졌다. 검열은 일요일인 22일까지 계속됐는데 마지막 날의 검열은 1대대만을 대상으로 4시간 20분 동안이나 실시됐다.

검열을 마친 아몬드 군단장이 페렌보 사단장에게 "31연대는 다시 전투에 나설 수 있다"고 하자 페렌보 사단장은 옆에 있던 맥캐프리 연대장을 돌아보며 즉석에서 공격 명령을 하달했다.

폭풍 전야의 전주곡

검열 기간에도 연대로 들어오는 모든 정보는 정보참모인 영옥에게 우선적으로 집결됐다. 검열 첫날인 18일, 한국의 모든 전선에서는 소부대 단위의 전투는 계속됐지만 대규모 전투는 없었다. 전선은 한동안 소강 상태를 유지하고 있었는데, 이 같은 고요는 곧 불어닥칠 태풍을 예고하는 전주곡이었다.

이날 밤 10시경, 1대대 지역으로 한국군 3명이 들어왔다. 이들은 "한국군 35연대 소속으로 부대가 공격을 받아 모두 죽고 우리만 살아남았다"고 주장했다. 1대대 작전참모 더들리 소령이 즉시 한국군 5사단에 확인을 요청했다. 한국군 5사단은 이날 공격을 받지 않았다고 답변했다. 나중에 다시 확인해 보니 부근에 있던 한국군 35연대가 인제 북쪽 새말 인근에서 밤 9시부터 공격을 받긴 했지만 자정이 되자 적은 완전히 물러갔고 한국군도 이렇다 할 피해를 입지 않은 것으로 드러났다. 결국 이들의 말은 거짓으로 밝혀졌다. 그 시간에 인제를 거쳐 소양강을 넘어 31연대 지역까지 내려왔다면 이들은 적군의 공격이 시작되자마자 도망쳤다는 얘기였다. 어쩌면 공격이 시작되기도 전에 도망쳤을지도 모르는 일이었다. 도망병들은 다음 날 한국군에 넘겨졌다.

19일 한국군 3군단이 전날 북한군 포로 3명을 생포했다면서 심문 결과를 넘겨왔다. 이들은 "북한군 32사단 소속으로 북한군의 임무는 인제~간성 도로 서북쪽 고산 지대를 장악해 바로 뒤에 있는 중공군이 부대를 재편성해 공격에 나설 수 있도록 하는 것"이라면서 "북한군 32사단의 3분의 1은 남한 출신 의용군"이라고 털어놨다.

20일 한국군 5사단장 일행이 연대를 방문해 1대대 중화기 중대의 사격 시범을 보고 돌아갔다. 다음 날에는 남면 서쪽 외곽 지대에 나갔던 수색조가 한국 경찰 1명, 양민 남자 1명, 양민 여자 1명이 피살된 채 버려져 있는 것을 발견했다. 이들은 방금 피살된 듯 시신에 온기가 남아 있었다.

민간인에 대한 심문 역시 검열 기간에도 계속했다. 한국전쟁에서 미군이 안고 있는 커다란 고민 중 하나는 누가 적군이고 누가 아군인지 구별하기 어렵다는 것이었다. 한국전쟁이 동족 간에 벌어진 전쟁인 데다 한국인들은 너나없이 흰옷을 즐겨 입어 미군으로서는 작전지역에 그대로 남아 있거나 피난민처럼 보이는 한국인들이 양민인지 아닌지를 구분할 방법이 없었다. 미군이 할 수 있는 일이라고는 징집 연령층의 남자가 있는지를 확인하는 정도였다. 적군은 흰옷을 입거나 또는 군복 위에 흰옷을 겹쳐 입고 어느 정도 가까이 접근한 다음 공격을 해오기도 했고, 흰옷 차림의 유격대를 피난민 대열에 섞어 배후로 침투시키기도 했다. 31연대도 많을 때는 하루에 수백 명씩 심문을 해야 했는데, 이 문제는 방첩대(CIC)가 책임을 맡았고 한국 경찰에 많이 의존했다.

검열을 통과한 연대의 첫 임무는 이미 소양강 북쪽 지역에서 오랫동안 중공군과 접촉하고 있는 17연대가 휴식할 수 있도록 소양강을 건너 17연대 지역을 인수해 17연대를 후방으로 이동시키고 31연대는 북으로 더 전진하는 것이었다.

그러나 연대가 22일 밤부터 도강을 시작해 다음 날 아침 연대 대부분이 소양강을 건넜을 때는 이미 전선 상황이 완전히 달라져 있었다. 전날 밤 공산군이 모든 전선에 걸쳐 대대적인 공세에 돌입했기 때문이었다. 한국군 용어로는 중공군의 1차 춘계 공세, 중공군 용어로는 제1차 전역 제1단계가 시작된 것으로, 서부전선과 중부전선에서는 중공군이, 동부전선에서는 북한군이 주축이었다.

공산군의 대공세가 시작됐음이 확인되자, 31연대의 임무는 소양강 일원에서 임시 방어 진형을 갖추고 미군과 한국군의 차후 반격을 위해 소양강 남쪽으로 질서 있게 후퇴할 수 있도록 하는 것으로 바뀌었다.

이 지역에서 소양강을 건널 수 있는 다리는 구만리와 부소고개 사이의 강에 미군이 만들어 둔 부교뿐이었다. 전 부대가 부교를 통해 안전하게 철수하기 위해서는 부교에서 동북 방향으로 6킬로미터 정도 떨어진 개운동 일원 계곡에 세워진 다리를 장악하는 것이 관건이었다. 이 계곡은 한국전쟁 당시 한국군이 전사자 유해를 처리했던 화장터가 있었던 까닭에 지금은 '화장터 골짜기'로 불리는 곳인데, 지형상

대병력이 신속히 남하하려면 반드시 이곳에 있는 다리를 지나야만 했다. 철수하는 입장에서는 이 자그마한 다리 북쪽에 적을 묶어 둬야 안심하고 부교를 건너 철수할 수 있었다. 다리는 일제 때 건설된 것으로 소양강으로 흘러드는 가파른 계곡을 가로질러 세워져 있었다.

북한군과의 목숨을 건 경주

연대가 소양강을 건너던 날 밤, 작전 개시를 앞두고 맥캐프리 연대장이 영옥을 불렀다.

"한국군 군사고문으로 있는 미군 대령 한 명이 지금 우리 연대로 오고 있다. 내 친구인데 내일 연락기를 타야 하니 아침에 네가 직접 비행장까지 바래다 드려라."

연대장이 말하는 비행장이란 말이 비행장이지 사실은 정찰기 한 대나 간신히 뜨고 내릴 수 있게 급조된 활주로로, 인제 북쪽 효자동 인근에 있었다. 그곳은 한국군 5사단 작전지역이었다. 이 때문에 다음 날 아침 영옥은 적의 대공세가 시작됐다는 것도 모른 채 연대를 떠났다.

영옥과 대령을 태운 지프가 효자동으로 향하는 동안 포성이 점점 가까워져 영옥도 대령도 무언가 심상치 않은 사태가 벌어지고 있다는 것을 직감했다. 인제를 지나 10킬로미터 정도 달리자 효자동이 가까워지면서 비행장 활주로가 보이기 시작했고, 이어 대령을 태우기로 한 비행기인 듯 L-19 연락기 한 대가 날아왔다. 지프 조수석에 타고 있다가 차에서 내려 영옥과 악수하려고 운전석 쪽으로 오기 위해 차 앞부분을 돌던 대령이 낮게 소리쳤다.

"적이다!"

지프 앞을 돌다가 북쪽을 바라본 대령이 적군의 모습을 먼저 발견한 것이었다. 복장을 보니 북한군이었다. 그들은 비행기가 날아오는 것을 본 듯 산 위에 모습을 드러냈다. 북한군은 비행기의 시선을 끌지 않으려고 천천히 산을 타고 내려왔는데 한눈에 봐도 족히 중대 병력은 되어 보였다. 대령이 비행기와 북한군을 번갈아 보며 영옥에게 말했다.

"어떤 상황이 벌어지든 비행기가 착륙하기만 하면 나는 비행기를 향해 뛰겠다. 김 대위도 내가 뛰기 시작하면 무조건 여기를 떠라."

하늘에서 상황을 파악한 연락기도 서둘러 착륙을 시도했다. 충분히 속도를 낮추지 못한 탓에 반대 방향으로 기수를 돌릴 때 기체가 심하게 흔들렸다. 그러나 남으로 방향을 돌린 연락기는 낚아채듯이 대령을 태워 그대로 날아올랐고, 대령이 비행기에 오르는 순간 영옥의 운전병도 가속 페달을 힘차게 밟았다.

영옥을 태운 지프는 북한군이 모습을 드러낸 산을 향해 전 속력으로 치달았다. 북한군이 나타난 산은 며칠 전 한국군이 북한군의 야간 공세를 물리쳤다고 교신을 보내왔던 곳인데, 부대로 통하는 길은 이 산을 끼고 소양강을 향해 뻗어나 있는 그 길 하나밖에 없었다. 그 사이 영옥의 지프를 목격한 적들도 산등성이를 따라 뛰기 시작했다. 영옥은 차를 타고 달리지만 구부러진 길을 달려야 했고 북한군은 직선거리를 뛰지만 산등성이를 달려야 했다. 산 아래서 소양강을 향해 꾸불꾸불 난 길을 질주하는 영옥의 지프와 산 위에서 영옥의 지프를 내려다보며 능선을 따라 뛰는 북한군이 생사의 경주를 벌인 것이다. 양측의 거리는 지형에 따라 가까워졌다 멀어졌다 했다. 그 사이 영옥 일행이 충분히 유효 사거리에 들어갔을 때도 있었으나 총탄이 날아오지 않는 것으로 보아 북한군은 일행을 생포하려는 것이 분명했다.

4킬로미터 정도 계속된 생사의 경주가 노전평 근처에 이르자 양측의 거리는 불과 수십 미터 안팎으로 좁혀지면서 멀리서 다시 가파른 커브길이 나타났다. 마지막 관문이었다. 여기만 벗어나면 길은 이평리를 향해 산과는 반대 방향으로 나 있었다. 그러자 북한군은 사로잡는 것을 포기한 듯 일제히 총을 쏘기 시작했다. 총탄 세례를 뚫고 고속으로 질주하던 영옥의 지프는 급커브를 돌기 위해 속도를 떨어뜨려야 했다. 삶과 죽음이 그야말로 종이 한 장 차이로 갈리는 순간이었다. 지프가 이평리 방향으로 난 커브를 도는 순간, 영옥의 운전병은 있는 힘을 다해 가속기 페달을 밟았다. 자칫하면 차가 뒤집어질 수도 있었으나 운명의 여신은 영옥의 편에 있었다.

한국군 보병과 미군 탱크의 합동 방어진

사지에서 벗어난 영옥 일행이 숨을 돌리는 순간, 지프에 설치된 무전기에서 다급한 호출 암호가 흘러나왔다. 맥캐프리 연대장이었다.

"계속 찾았는데 이제야 교신이 되는군. 어떻게 됐나?"

"방금 내려 드렸습니다. 안전하게 떠나셨습니다."

"수고했다. 그런데 지금 사태가 심상치 않다."

"무슨 일이십니까? 저도 방금 적의 추격에서 벗어났습니다."

"그래? 정말 다행이군. 모든 전선에서 적의 대공세가 시작된 것 같다. 우리 쪽에서는 무너진 한국군이 무질서하게 후퇴하고 있어 상황이 아주 심각하다. 비행장으로 가면서 개운동에 있는 작은 다리를 통과했을 것이다. 부대로 오지 말고 그 다리까지만 와라. 도착하면 다리를 건넌 다음 거기서 기다려라. 탱크 소대 하나를 그쪽으로 보냈으니 그들을 데리고 다리를 장악해라. 그 다리에서 최소한 몇 시간은 적을 지연시켜야 아군이 소양강 남쪽으로 무사히 후퇴할 수 있다."

영옥의 지프가 개운동을 앞두고 마지막 커브를 돌자 아래로 다리가 나타나면서 맞은편에서 탱크들이 줄지어 고개를 넘어오고 있었다. M4 셔먼 탱크가 다섯 대인 것으로 봐서 맥캐프리 연대장이 보냈다던 탱크 소대가 분명했다.

영옥이 다리를 건너 지프를 세우고 탱크들이 다가오기를 기다리는 순간, 요란한 프로펠러 소리를 나면서 헬기 한 대가 날아와 앉더니 누군가 뛰어내렸다. 철모에 별 하나가 그려져 있었다. 7사단 부사단장 로버트 싱크 준장이었다. 2차대전 때 101공정사단의 연대장으로 명성을 날렸던 싱크 준장은 영옥이 31연대 정보참모가 된 후 여러 차례 만난 적이 있어 금방 영옥을 알아봤다.

"김 대위 아냐? 마침 잘 됐다."

싱크 준장은 마치 준비하고 있었다는 듯 영옥의 대답은 기다리지도 않고 계속했다.

"한국군 3사단과 5사단이 무너졌다. 무질서하게 후퇴하고 있는데 틀림없이 이 길로도 올 것이다. 그들을 막아라."

"어떻게 막습니까?"

자신에게는 한국군에 대한 명령권이 없다는 것을 염두에 둔 질문이었다.

"어떻게 막든 상관없다. 무조건 막아라. 막아서 그들을 지휘해. 여기서 저지선을 구축하란 말이다. 어떻게 막든 그건 알아서 해라. 다리를 봉쇄하고 아무도 다리를 통과하지 못하도록 막아. 여기서 한국군을 막아야 적을 막을 수 있다. 그렇지 못하면 모두 무사히 철수할 수 없다. 이 탱크들도 네가 써."

싱크 준장은 갑자기 전황이 바뀌자 직접 헬기를 타고 이곳저곳을 다니던 중 이 다리가 전략적 핵심이라고 보고 길 위로 내려앉은 참이었다. 연대장이 탱크 소대를 보낸 사실과 영옥이 탱크 소대를 지휘하게 된 사실을 부사단장이 알지 못하는 것으로 보아 사단본부와 연대본부 간의 교신이 제대로 되지 않고 있음이 분명했다. 미군들도 그만큼 당황하고 있었다.

싱크 준장은 탱크들이 어느 부대 소속인지도 모르고 있었는데 그런 것에는 개의치 않는 듯 탱크 소대장을 부르더니 거침없이 명령했다.

"중위가 소대장인가? 너희 소대는 김 대위의 지휘를 받아라."

싱크 준장이 다시 헬기를 타고 사라진 후 영옥은 주위를 둘러보면서 잠시 생각에 잠기더니 탱크 소대장에게 지시했다.

"이쪽으로 탱크 다섯 대를 전부 병렬로 포진시켜라."

영옥은 다리를 앞에 두고 시야가 트인 공터를 골라 탱크들을 배치시킨 후, 앞으로 나가 다리 앞에 멈춰 섰다. 앞에 놓인 작은 다리 하나 최 소년은 전쟁통에 부모를 모두 잃은 15~16세쯤 된 고아였다. 31연대 본부에서 잡일을 도우며 먹고 자는 것을 해결하다가 한국인인 영옥이 정보참모로 와서 미군들에게 명령을 내리자 영옥을 한없이 자랑스러워하며 따랐다.

한국전쟁 당시 미군 부대는 전쟁고아들에게는 인기 있는 피난처였다. 다른 것은 몰라도 일단 먹고 자는 것이 해결됐기 때문에 고아들은 전후방을 가리지 않고 미군 부대로 모여들었고, 전쟁통에 갖가지 손길이 부족한 미군들도 이들이 각종 허드렛일을 마다하지 않고 하자 암묵적으로 영내 거주를 허용했다.

이 같은 상황은 영옥이 31연대로 왔을 때 이미 보편화돼 있어 연대본부에만 해도 수십 명의 전쟁고아들이 있었다. 대략 미군 장교 한 명당 전쟁고아 한 명 꼴은 되는 것 같았다. 미군들은 이들을 '하우스보이(houseboy)'라 부르곤 했는데, 연대본부의 살림을 맡은 본부 중대장은 시도 때도 없이 모여드는 전쟁고아들을 부대 밖으로 내보내는 것이 커다란 골칫거리였다.

하우스보이들이 모두 전쟁고아였던 것은 아니다. 어떤 아이들은 부대가 주둔하는 지역의 주민이기도 했다. 이들이 하우스보이 노릇을 했던 것은 물론 가족이 먹을 것을 얻기 위해서였다. 그렇다 해도 미군은 하우스보이들이 부대 식량을 외부로 반출하는 것을 금했기 때문에 이들이 원한다고 아무 때나 식량을 집으로 가져갈 수 있는 것은 아니었다.

정보참모가 된 영옥이 최 소년을 피붙이처럼 아끼자, 언제부터인가 최 소년은 자칭 영옥의 경호원이라면서 잠도 영옥의 텐트에서 자고 영옥이 어디를 가든 그림자처럼 따라다녔다. 최 소년은 이날 아침 영옥이 연대장의 친구인 대령을 바래다주기 위해 비행장으로 떠날 때에도 영옥을 따라나섰던 터였다.

에 수천 수만 명의 목숨이 달려 있었다. 싱크 준장이 탄 헬기 소리도 사라지고 배치를 마친 탱크들도 일제히 시동을 끄자, 갑자기 천지가 침묵에 휩싸였다. 순간적으로 찾아든 정적은 세상의 모든 소리를 단번에 흡수한 것 같았다. 다리 앞에 홀로 선 영옥은 동상처럼 미동조차 없었다. 영옥 뒤에서 탱크에 타고 있던 탱크 소대원들도, 멀찌감치 세워진 영옥의 지프에 타고 있던 영옥의 운전병과 전쟁고아 최 소년도 숨을 죽이고 영옥을 지켜보았다. 멀리서 들려오는 포성만이 규칙적으로 정적을 깰 뿐이었다.

한동안 계속되던 정적은 몰려오는 한국군의 군화 소리로 깨졌다. 500~600명은 될 듯한 한국군이 방금 영옥이 지나왔던 길을 따라 있는 힘을 다해 뛰어오고 있었다. 대열 같은 것은 엄두도 못 내고 복장도 엉망인데다 반은 철모도 없고 3분의 1은 무기도 없었다. 무기를 가진 자들도 대부분 탄띠를 차고 있지 않았다. 허겁지겁 후퇴하는 과정에서 실탄이 무겁다고 버린 것이 틀림없었다.

맨 앞에서 뛰던 한국군이 공포에 질린 얼굴로 우르르 영옥을 지나갔으나 영옥은 이들을 잡지 않았다. 사병 한두 명을 불러 세운다고 해서 해결될 상황이 아니었다. 150명 가량을 그대로 보낸 영옥은 뒤따라 뛰어오는 무리 중에 장교 세 명이 섞여 있는 것을 발견했다. 그 중 제일 높은 계급은 소령이었는데 그 역시 공포에 사로잡혀 있었지만 철모도 쓰고 권총도 차고 있었다. 영옥은 권총을 빼든 오른손을 내리고 소령 앞을 가로막았다. 그러자 소령은 영옥을 뿌리치며 그대로 지나가려 했다. 영옥이 쥐고 있던 권총으로 그의 얼굴을 겨냥하자 소령은 움찔하며 멈춰 섰다.

"나는 미군 장교입니다. 소령님은 한국군을 수습해 나와 함께 적군을 막으셔야 하겠습니다."

"나는 당신 명령을 들을 이유가 없소. 당신은 미군 아니오?"

"이것저것 따질 시간이 없습니다. 나는 방금 부사단장으로부터 무슨 일이 있어도 여기에서 한국군을 제지하라는 명령을 받았습니다."

영옥은 한국어와 영어를 반반씩 섞어 말했는데 소령은 영옥의 말을 이해는 했으나 끝까지 들으려 하지 않았다. 영옥은 뒤에 있는 탱크들을 가리키며 말했다.

"보다시피 저것들은 아군 탱크입니다. 적군이 와도 우리 탱크들이 잘 보일 것이므로 함부로 공격하지 못할 것입니다. 겁내지 않아도 됩니다."

"……."

소령은 말없이 탱크들을 쳐다봤다.

"내 요청은 소령님이 후퇴하는 한국군을 추슬러 탱크 바로 뒤쪽 산중턱에 방어진을 쳐달라는 것입니다. 그래야 한국군이 안전하게 후퇴할 수 있습니다. 이대로 우리가 여기를 떠나면 다리는 곧바로 적군 수중에 떨어지게 됩니다."

사실 영옥도 싱크 부사단장이나 맥캐프리 연대장의 우선적 관심이 미군의 안전한 후퇴에 있다는 것을 알았지만 한국군의 안전한 후퇴를 먼저 언급했다. 잠자코 영옥의 얘기를 듣던 소령이 고개를 끄덕였다.

소령은 후퇴하는 한국군을 세우기 시작했다. 소령의 제지를 모른 채 지나가는 무리도 있었지만 많은 병사들이 소령의 부름에 응했다. 멈춰선 한국군은 금방 150명 정도로 불어났다. 영옥은 소령과 함께 탱크 소대 뒤에 있는 산 중턱으로 한국군을 데려가 방어 진지를 구축하기 시작했다. 뒤이어 뛰어오던 한국군은 탱크 다섯 대가 늘어선 가운데 한국군이 방어진을 갖추는 모습을 보자, 금방 공포에서 벗어나 질서를 되찾기 시작했다. 누가 불러 세운 것도 아닌데 자발적으로 방어진에 가담하는 병사들도 있었다. 그들의 대화와 몸짓으로 봐서 많은 병사들이 소령의 부대가 아닌 듯했으나 한국군은 소령의 지시를 잘 따랐다.

 방어진이 갖춰지는 것을 보고 영옥은 다시 탱크가 있는 곳으로 내려왔다. 여전히 많은 한국군이 지나갔으나 영옥은 더 이상 이들을 제지하지 않았다. 소령이 데리고 있는 정도면 충분히 다리를 지킬 수 있다는 계산이었다.

 이 순간 한국군 보병은 참으로 든든한 존재였다. 영옥이 일부러 시야가 트인 공터를 골라 탱크들을 배치했지만 그것은 지금 같은 상황 전개를 전제로 한 도박이었을 뿐 그런 곳에서 보병 없이 적의 공격을 받는다면 잘 해야 몇십 분 버티는 것이 고작이었을 것이다. 앞으로는 계곡과 다리가 있고, 뒤로는 산으로 막혀 평지라고는 탱크들을 세워둔 공터와 소양강을 따라 난 좁은 도로가 전부인 지형에서 탱크는 마음대로 움직일 수가 없었다. 지형상 적의 보병 1개 중대만 와도 흩어져 공격할 것이 뻔하기 때문에 버틸 수가 없다. 여기에서 보병 없이 탱크 다섯 대만으로 적을 제압한다는 것은 도저히 불가능한 일이었다.

한국군 보병과 미군 탱크로 합동 방어진을 갖춘 영옥은 곧 나타날 적군을 기다렸다. 그러나 몇 시간이 지나도 적은 오지 않고 후퇴하는 한국군 대열만 계속 지나갔다. 아마도 적이 다리 너머 산까지 다가왔다면 탱크와 보병의 합동 방어진을 보고 공격을 포기했거나, 아니면 공격 방향을 아예 다른 곳으로 택한 것이 아닌가 영옥은 추측했다. 북한군으로서는 인제 동쪽에서 이미 무너진 한국군을 추격하며 그쪽으로 남진하는 것이 훨씬 쉬울 것이었다.

적을 기다리는 동안 영옥은 서쪽에서 북을 향해 계속 발사되는 포성을 들을 수 있었다. 중공군의 공격 방향인 미군 7사단 작전지역이었으므로 미군이 적을 향해 계속 포를 쏘고 있음을 알 수 있었다. 그러나 동쪽으로부터는 전혀 포성을 들을 수 없었다. 동쪽은 한국군 5사단 작전지역이었고, 더 동쪽은 한국군 3사단 작전지역이었다. 아마도 장비가 턱없이 부족했던 한국군이 이미 포탄이 바닥났거나 아니면 완전히 무너졌기 때문일 것이다.

얼마 후 연대본부에서 무전 연락이 왔다. 위기를 넘겼으니 함께 다리를 지키고 있는 한국군과 같이 철수하라는 지시였다. 그동안 어론리에 있던 연대본부는 하루 전 소양강을 건너 북으로 이동해 음양리로 옮긴 상태였다.

후퇴, 또 후퇴

나흘 후 아몬드 군단장이 전선을 시찰하기 위해 다시 연대를 방문했다. 소양강 도하를 앞두고 며칠 전 실시했던 검열과 달리 이번에는

10분 만에 전선 시찰을 마친 아몬드 군단장은 7사단에 '무명의 선'까지 후퇴하라는 명령을 내렸다.

한글 지명이 익숙지 않았던 미군들은 공격 또는 후퇴를 하는 목표선을 정하면서 여러 지명을 동서로 연결해 '캔사스 선(Kansas Line)'이니 '앨러배머 선(Alabama Line)'이니 하는 이름을 붙였는데, '무명의 선'도 그중 하나였다. 중요 전선으로 정해 놓고도 이름을 붙이지 않아 아무 이름이 없는 전선이라는 의미에서 그렇게 부르기 시작한 '무명의 선'은 중동부 전선에서는 소양강 남쪽을 지나 설정돼 있었다.

이에 따라 31연대도 다음 날 후퇴하기 시작했는데 연대는 어론리를 지나 더 남쪽으로 광탄리까지 후퇴했다. 광탄리는 음양리에서 16킬로미터나 서남쪽에 있었다.

"왜 이렇게 멀리까지 후퇴해야 합니까?"

영옥이 연대장에게 물었다.

"지금 여기에서 싸우면 중공군에 훨씬 유리해 우리가 패할 가능성이 많다. 그렇지만 우리가 우세한 기동력을 이용해 신속히 후퇴하면 중공군은 추격 과정에서 병참선과 통신선이 갑자기 길어져 중간에 포기할 수밖에 없다. 포기하지 않고 끝까지 우리를 추격한다면 중공군은 조직적으로 움직일 수 없다. 우리는 일단 신속하게 멀리 물러났다가 전열을 갖춰 다시 공격에 나설 것이다."

그렇지만 실제 상황은 연대장이 얘기했던 대로 전개되지는 않았다. 미군 7사단이 후퇴해 다시 전열을 갖췄을 때 미군 지휘부는 중공군의 공격으로 심한 타격을 입은 미군 2사단보다는 흥남 철수 후 몇 달 동안 부대를 재정비하며 힘을 비축한 7사단이 더 잘 싸울 것으로 보고, 두 사단의 위치를 바꿔 2사단이 있던 곳으로 7사단을 보내고 2사단은 7사단이 있던 곳으로 불러들였다. 그러나 중공군은 이 같은 미군의 움직임을 간파했는지 7사단 대신 2사단을 다시 집중 공격해 2사단은 4개 대대가 궤멸되는 큰 타격을 다시 입었다.

한국군이 무질서하게 후퇴한 것을 놓고 미군 장교들이 불평을 해 댔다. 개중에는 비아냥거리는 자도 있었다. 화장터 골짜기에서 허겁지겁 후퇴하는 한국군을 보고 마음이 아팠던 영옥은 비아냥거리는 장교를 돌아보며 꾸짖었다.

"한국군은 무기도 형편없고 제대로 훈련도 받지 못했다. 그 상태라면 어느 나라 군대도 마찬가지다. 미군은 적어도 2차대전에서 싸웠던 경험자들이라도 불러모을 수 있지만 한국군은 그나마도 할 수가 없다. 겁도 나고 무기도 없다면 너라고 이 자리에 남아 있겠나?"

"아닙니다."

"한국전쟁 초기에 미군도 마찬가지였다. 그때 미군이나 지금 한국군이나 마찬가지다. 그래도 지금은 연대장님이나 나 같은 2차대전 경험자들이 너희를 이끌고 있으니 다행인 줄 알고 더 이상 쓸데없는 소리 마라."

한국군 5사단이 소양강에서 패퇴한 주된 원인은 한국군 35연대와 5연대의 무기력한 후퇴 때문이었다. 35연대는 원래 5사단 소속이고 5연대는 7사단 소속이지만 중공군 1차 춘계 공세를 맞아 5사단으로 배속된 부대였다. 영옥이 화장터 골짜기 다리를 성공적으로 지켜낸 후 35연대는 부대를 재편성해 다시 전투에 나섰다. 5연대 역시 마찬가지였다. 특히 5연대는 싸우기만 하면 패하고 총소리만 들어도 도망간다고 해서 '왔다갔다 연대'라는 오명까지 붙었지만, 이 무렵 부임한 한국군의 맹장 채명신 중령이 연대장이 되면서 전혀 다른 모습을 보이기 시작했다.

후에 영옥의 미군 31연대와 명신의 한국군 5연대는 바로 옆에서 어깨를 나란히 하고 싸우면서 두 사람은 깊은 전우애를 맺게 된다.

"우리는 툴루즈요"

5월로 접어들면서 유엔군 지휘부는 10군단 소속인 미군 7사단과 9군단 소속인 미군 2사단의 위치를 맞바꿨다. 7사단의 작전지역이 중부전선으로 옮겨지자 31연대도 지평리를 향해 움직였다. 부상자들을 데리고 있는 의무 중대와 탱크 중대가 선두에 서고 3대대가 후미를 맡은 행군 대열은 한밤이 돼서야 목적지에 도착했다.

31연대는 사단 예비대가 돼 병사들이 휴식을 취하면서 서서히 다시 북으로 움직이기 시작했다. 여러 방향으로 정찰대를 보내도 적의 모습이 보이지 않더니 14일 정찰대가 북한강을 넘자 사정이 달라졌다. 정찰대가 북한강을 넘기만 하면 예외없이 적의 강력한 저항에 부딪쳤다. 중공군이 작전상 의미가 있는 전선을 어딘가 설정하고 있으며, 그 전선이 북한강을 지나고 있다는 뜻이었다.

이미 며칠 전부터 8군 사령부에서 넘겨주는 정보나, 7사단 왼쪽에서 함께 북상 중인 한국군 6사단이 넘겨주는 정보도 심상치 않았다.

8군 사령부는 4월 12~30일 한국 전선 전체에서 남쪽을 향하는 것으로 확인된 공산군 차량이 3만 864대로, 이 가운데 2322대가 공습이나 포격으로 파괴되고 2만 2185대가 남쪽으로 향했다고 알려 왔다. 게다가 4월 29일에서 5월 3일 사이 중공군의 움직임은 작년 중공군이 한국전쟁에 개입한 이래 가장 활발하고 전체 병참 수송량은 전 기간에 비해 35퍼센트 감소했다고 분석했다. 이에 대해 8군 사령부는 중공군이 대작전을 앞두고 나름대로 충분한 병참을 확보한 것으로 결론을 지었다.

"소에게 밟히든 말에게 밟히든 들풀에게는 마찬가지"

한국군 6사단도 한국군 1개 중대와 중공군 2개 중대가 격렬한 전투를 벌였으며, 이 과정에서 포로 2명을 잡았는데 이들이 "2차 공세가 시작되고 있다"고 진술했다고 정보를 넘겨왔다.

한국군 6사단은 수상한 소년 한 명을 잡아 심문해 보니 나이가 11세로 독극물을 갖고 있었는데 자기 임무가 "유엔군 후방의 식수를 오염시키는 것과 유엔군 암호를 알아 오는 것이며 이 지역에 나 같은 애들이 많다"고 털어놨다고 전해 왔다. 미군 31연대 소속 편의대도 15~16세 소년 한 명이 수상해 심문해 보니 북한군 스파이였는데 그 소년은 "이곳에 나 같은 애들이 세 명 더 있다"고 밝혔다고 전해 왔다.

한국전쟁에서 어린 소년들을 스파이로 이용하기는 유엔군도 마찬가지였다. 유엔군은 이들을 '블루보이(Blue Boy)'라는 암호명으로 불렀다. 편의대는 북한군 스파이 한 명을 더 잡았는데 미군 7사단 정보참모부가 발행한 통행증까지 갖고 있었다. 그는 자기가 갖고 있던 통행증이 한국 경찰에게 돈을 주고 산 것이라고 말했다.

중공군은 병참을 확보하고 대공세 준비를 마쳤다고 하지만 근본적으로 보급도 엉망이고 사기도 낮은 것 같았다. 한국인 피난민은 이 달 초 가평에 중공군이 약 2만 명 집결한 것을 봤는데 배가 고파 우는 병사들도 많았다고 전했다. 며칠 전 잡힌 중공군 포로는 "우리는 한국에서 죽고 싶지 않다. 유엔군의 공습으로 굶주리고 있다. 항복하고 싶지만 장교들 때문에 하지 못한다"고 진술했다.

중공군이 미군이나 한국군 복장을 하고 있다는 정보도 들어오고 북한강을 따라 중공군의 움직임이 활발해지면서, 정찰대를 북한강 너머 남쪽 깊숙이 내려보내기 시작했다.

연대장과 영옥은 중공군이 접촉을 피하고 있는 것은 철수하는 것처럼 보이려는 위장전술이라는 데 의견을 모으고 곧 대대적 공세가 있을 것이라고 분석했다. 중공군은 상대가 이동 중이거나 방어 진형을 갖출 시간이 없을 때 공격하기를 좋아하고 야간 공격을 선호하므로, 이번 달의 경우 일몰부터 일출까지 달이 떠 있는 5월 18~21일을 최대한 이용하면서 보름달이 뜨는 20일을 반드시 포함시킬 것이라는 결론도 내렸다.

사단 역시 비슷한 분석에 입각해 20일 이전에 중공군이 공격해 올 것이니 만반의 태세를 갖추라고 지시를 보내왔다. 7사단장 페렌보 소장은 연대본부로 직접 전화를 걸어 "언제라도 적의 공세가 있을 수 있다. 주 방어선 북쪽의 민간인을 모두 소개하라"고 명령했다.

페렌보 소장의 전화가 있은 후 사단본부로부터 다시 지시가 내려왔다. 주민들이 떠나고 없는 빈집을 다시 수색해 남아 있는 요와 이불을 몽땅 태우라는 내용이었다. 중공군이 민가에서 구한 요나 이불을 철조망에 대고 넘어오기 때문이었다. 남아 있는 요와 이불을 태운다는 것은 주민들이 다시 집에 돌아왔을 때 당장 깔고 덮을 것이 없다는 의미였다.

작전지역에서 주민 소개의 기본 원칙은 원래 주민이 아닌 사람들은 전부 소개시킨다는 것이었다. 한국인들은 피난을 가다가 어느 지역으로 흘러들어도 원래 주민이 아니기 때문에 그곳에 남지 못해 끝없는 떠돌이 신세가 될 수밖에 없었다. 전투가 임박한 경우에는 모든 주민을 소개시키는 것이 원칙이었다.

그러나 병사들은 작전지역에 남아 있는 민간인을 소개시키는 데 그치지 않고 농가까지 불태우기 시작했다. 필라델피아 출신으로 한국전쟁이 일어나리라고는 상상도 못하고 자원입대했다가 인천상륙작전 때 한국전쟁에 투입된 빌 퀸 일병도 자기 손으로 농가 몇 채에 불을 붙였다. 미군들이 한국군 카투사나 한국 경찰의 협조를 얻어 "민간인은 작전지역을 떠나고 농가도 없애야 한다"고 이해를 구하면 순순히 말을 듣는 주민들도 있었지만, 대부분 "집을 버리고 떠날 수 없다"고 버텼다. 그런 경우에는 강제로 끌어낸 후 집을 불태웠다.

농가들은 초가집이라 불을 붙이면 삽시간에 타올랐다. 농가가 불에 탈 때면 한국인들은 어머니 아버지를 외치며 울부짖었다. 미군들이 그렇게 했던 것은 게릴라들을 두려워해서였다. 이 때문에 식량으로 사용될 만한 것들도 전부 없앴다. 집을 태우는 일은 미군이 중공군과 접촉해 다시 전투가 벌어질 때까지 계속됐다.

전투 지역에서 민간인 문제는 참으로 어려운 문제였다. 31연대는 피난민 문제를 링컨 스테이거몰트 중위가 책임자로 있는 대민업무과에서 방첩대(CIC)와 한국 경찰의 협조를 얻어 처리했다. 한국전쟁 중에 민간인들이 겪어야 했던 비참한 생활상은 2차대전 때 이탈리아나 프랑스에서보다 훨씬 더 참혹했다. 한국전쟁에서 민간인들이 더 비참했던 이유는 단기간에 광범위한 국토의 주인이 두 번이나 바뀌었기 때문이다. 전쟁 초기에는 북한군이 불과 2개월 만에 거의 남한 전역을 손에 넣었다가, 인천상륙작전 후에는 유엔군이 또 불과 2개월 만에 북한 전역을 손에 넣더니, 중공군 개입 후에는 역시 2개월 만에 다시 38선 이남으로 전선이 내려앉았던 것이다. 그 사이 서울만 해도 두 번씩이나 공산군의 수중에 들어갔다 나왔다.

북한강 일대 주민들이 겪는 고통도 참담했다. 스테이거몰트 중위의 보고서에 따르면 주민들은 1~2개월치 기본 식량은 비축하고 있었지만 전쟁으로 모두 소를 잃어 농사를 포기했으며 영양 상태가 아주 나쁘고 발진티푸스 환자들도 많았다. 대민업무과라고 하지만 그들이 할 수 있는 일은 기껏해야 피난민들에게 DDT를 뿌리고 약간의 쌀을 나눠줘 한국 경찰에 넘기거나 임시수용소로 보내는 것이 전부였다.

보고서에는 임시수용소에 수용된 피난민 여성 2명이 강간을 당했다는 내용도 있었다. 범인은 미군 병사였다. 이보다 며칠 전 입수된 정보 보고서에는 한국인 주민의 진술이라면서 중공군 여러 명이 마을로 들어와 소녀 한 명을 데리고 갔는데 그 소녀가 아직 돌아오지 않았다고 적혀 있었다.

북으로 올라가면서 두 손이 등 뒤로 묶인 채 머리에 총을 맞아 숨진 한국인 시신들이 종종 눈에 띄었다. 프랭크 와이즈 일병은 이 같은 시신 한 구의 이마에 미군이 중공군에게 투항을 권유하며 공중 살포한 전단이 붙어 있는 모습을 보면서, 아마도 중공군 병사들이 그런 전단을 소지하지 못하도록 중공군 지휘관들이 경고용 시범을 보여주기 위해 그렇게 했을 것이라고 생각했다.

이 무렵 정보참모였던 영옥은 작전지역을 정찰하다가 아직 피난을 떠나지 않고 있던 노인과 이야기를 나눌 기회가 있었다. 영옥이 이번에는 한국말로 물었다.

"이곳 주민들은 공산주의를 지지합니까, 아니면 민주주의를 지지합니까?"

"우리는 들풀이오. 어제는 소가 밟고 지나가더니 오늘은 말이 밟고 지나가는군. 소에게 밟히든 말에게 밟히든 들풀에게는 마찬가지요."

영옥은 그날 이후 한국을 떠날 때까지 주민들에게 어느 쪽을 지지하는지 결코 다시 묻지 않았다.

결코 웃을 수 없는 장난

31연대는 중공군과 접촉하기 위해 적이 있을 만한 방향으로 장거리 수색대를 보냈다. 나쁜 날씨로 도로가 망가져 차량 이용은 엄두도 낼 수 없었기 때문에 수색은 대부분 걸어서 해야 했다. 도로 상태가 나빠 식량이나 탄약도 공수를 받아야 했다.

헝가리계 이민 2세인 존 코백 중위가 이끄는 A중대 2소대는 장거리 수색에 나섰다가 산 정상까지 올라가기는 했지만 병사들이 너무 지친 나머지 모두 참호를 파지 않고 맨땅에서 자고 있었는데, 어떻게 알았는지 중공군이 포격을 가해 왔다. 그렇지만 병사들은 어차피 죽을 목숨 이래도 죽고 저래도 죽을 것이라 포기한 듯 그대로 잠에 곯아떨어졌다.

코백 중위는 그때까지만 해도 적의 포탄이 떨어지는데 참호도 파지 않고 그냥 맨땅에서 잠을 청할 수 있으리라고는 꿈도 꾸지 않았지만 실제 그런 일이 벌어졌다. 이날 밤 코백 중위의 수색대가 단 한 명의 사상자도 없이 다음 날 새벽을 맞은 것은 기적이었다.

연대로 복귀한 코백 중위는 북한강을 따라 조금씩 북으로 올라가다가 강을 끼고 난 도로의 모퉁이를 도는 순간 온몸에 전율을 느꼈다. 중공군 수백 명이 미군의 공습을 받아 숯더미로 변해 있었던 것이다. 네이팜탄의 위력을 처절하게 실감한 장면이었다. 특히 충격적이었던 것은, 중공군 한 명이 마치 앉아서 하늘을 향해 애원을 하다가 네이팜탄을 맞고 즉사한 것 같은 장면이었다. 새까맣게 타버린 그의 몸은 상체가 약간 뒤로 기울어져 있고 두 팔은 앞으로 뻗어 있는데 까맣게 타버린 손가락 사이로 하얀 물체가 선명했다. 앞서 가던 미군이 럭키 스트라이크 한 개비를 꽂아 놓고 간 것이 틀림없었다. 그 미군은 장난삼아 그렇게 했는지 모르지만 코백 중위는 결코 웃을 수 없었다.

전쟁에서 또 다른 악몽은 아군 사이에 교전이 벌어지는 것인데, 이는 한국전쟁에서도 심각한 문제였다. 이 같은 아군끼리의 오인 공격은 한국군과 한국군, 미군과 미군, 또는 한국군과 미군 사이에서도 벌어졌다.

프랭크 와이즈 일병은 이 무렵 북으로 올라가면서 중부전선의 산 위에 포진해 있던 한국군이 산 아래로 지나가는 한국군을 중공군으로 오인하여 공격하는 바람에 한국군 부대 50~60명을 순식간에 잃는 장면을 목격했다. 코백 중위가 인천상륙작전 직후 육로를 따라 부산으로 남하하면서 처음 경험한 기관총 총격도 미군의 것이었다.

한국군과 미군 사이도 마찬가지였다. 종군기자 찰스 와이젠버그가 한국군과 미군의 공조 체제를 취재하기 위해 중부전선에 있던 한국군 포병 중대에 갔을 때였다. 산 아래로 탱크들이 열을 지어 지나가는데 포병중대의 한국군 장교들이 차트를 꺼내들고 탱크 행렬과 차트를 번갈아 보며 무언가 심각하게 얘기를 주고받았다. 한국군 장교들이 둘러서서 바라보던 차트는 유엔군 사령부가 제작한 피아 식별용 국기가 그려진 차트였다. 많은 나라가 유엔군으로 한국전쟁에 참전하고 있었기에 각 나라의 국기를 알아볼 수 있도록 제작된 것이었다.

그런데 차트와 탱크를 번갈아 보던 한국군 장교들의 표정에 긴장과 당혹감이 교차하고 있었다. 탱크에 꽂힌 깃발이 중공이나 북한의 국기가 아닌 것은 분명했지만 그렇다고 차트에 나와 있지도 않았다. 그 때문에 한국군 포병 장교들은 발포 여부를 놓고 심각하게 고민하고 있었다.

깃발은 빨간 바탕에 굵은 파란색 직선 두 개가 X자 모양으로 교차하고 파란색 직선 위에는 흰색 별 13개가 그려져 있었다. 한국군 장교들은 부대에 비상을 걸고 병사들에게 포격 준비 명령을 내리긴 했지만 막상 발포 여부를 결정하지 못하고 있었다. 그 깃발은 1860년대 남북전쟁 당시의 남군이 전투에서 사용하던 남군기였다. 성조기가 '스타스 앤드 스트라입스(Stars and Stripes)'라고 불리는 데 반해 이 남군기는 '스타스 앤드 바스(Stars & Bars)'라고 불리는 것으로, 탱크 부대가 미국 남부에서 동원된 어느 사단 소속인 듯 장난삼아 꽂아 놓은 것이었다. 당연히 남군기가 유엔군 사령부가 배포한 차트에는 없었을 것이므로 한국군 장교들로서는 당황할 수밖에 없었던 것이다.

이 남군기는 요즘도 미국에서 심심찮게 구경할 수 있지만 당시 한국군 장교들이 그것을 모르는 것은 당연했다. 이 일은 다행히 군사고문으로 나와 있던 미군 장교가 그 깃발이 남군기라고 설명해 포격하는 사태가 벌어지는 일은 피했지만, 자칫하면 한국군 포병대가 미군 탱크부대를 공격할 수도 있었던 위험한 순간이었다. 한국전쟁의 혼란 속에 벌어진 웃지 못할 코미디였다.

작전참모 직무대행

31연대가 북으로 올라가며 중공군과의 접촉이 잦아지자, 연대장은 작전참모였던 윌리엄 클락 소령이 입안해 오는 작전을 두고 영옥에게 집요하게 질문을 던졌다. 그러던 어느 날 연대장이 전선에서 돌아오자 클락 소령이 다음 날 작전 개요에 대해 설명하기 시작했다. 클락 소령의 설명이 끝나자 연대장이 몇 가지 부분에 대해 생각이 좀 다르다면서 수정하라고 지시했다.

다음 날 저녁 클락 소령이 내일 작전 개요에 대해 설명을 마치자, 연대장이 옆에 있던 영옥을 보며 물었다.

"너라면 어떻게 하겠느냐?"

영옥이 간단히 자기 생각을 말하자 연대장은 다시 클락 소령에게 고개를 돌리고 말했다.

"이것은 이렇게 고치고 저것은 저렇게 고치고······."

연대장의 지시 내용은 원래 클락 소령의 의견과 영옥의 의견을 절충한 것이었다.

이날 밤 늦게 연대장이 다시 영옥에게 카드나 한 판 하자며 자기 막사로 오라고 했다. 영옥이 연대장의 막사에 도착하자 연대장은 이날 저녁 클락 소령이 설명했던 작전 개요 이야기를 다시 꺼냈다.

"클락 소령의 작전 개요에 대해 어떻게 생각하나?"

"괜찮은 것 같았습니다."

"너라면 처음부터 어떻게 했겠느냐?"

영옥은 연대장의 이번 질문이 심상치 않은 의미를 담고 있다는 것을 직감했다. 영옥의 계급은 대위였고 공식 직함은 정보참모였다.

"작전은 제 소관이 아닙니다."

"만약 네 소관이라면 어떻게 했겠느냐고 묻는 거야."

영옥이 자기 의견을 보다 자세히 말하자, 연대장은 왜 그렇게 하고 싶으냐고 꼬치꼬치 물었다. 영옥이 이유를 설명하자 연대장이 말했다.

"앞으로 클락 소령을 도와 그가 작전을 수립할 때 네 생각을 좀 반영토록 하지 그래?"

"그는 소령이고 오랫동안 작전참모로 계셨습니다. 작전 문서라면 뒤에서부터 작성해도 정확히 작성하실 것입니다."

"그렇지. 그라면 눈을 감고도 작전 문서를 만질 수 있다. 서류 다루는 것은 나보다 더 나아. 아무도 그가 만든 작전 문서에서 결함을 찾지 못할 거다. 문법적으로나 규정상으로나 그의 작전 문서는 완벽한 것이 사실이다. 그러나 그 완벽 속에 감춰진 진짜 문제는 전투에 대해 아이디어가 없다는 거야."

"제가 없던 지금까지는 어떻게 하셨습니까?"

"그동안 봤다시피 내가 매일 전선 시찰을 나갔다 저녁에 돌아오면 클락 소령이 작전 개요를 설명하지. 내가 수정 지시를 내리지만 사실은 내가 처음부터 다시 작전을 짜다시피 했는데 나도 너무 피곤하고 일이 너무 많다. 조용히 생각해 보니 네 작전이 나보다도 낫더군. 앞으로 정보참모 일을 보면서 작전참모 일도 겸하라. 오늘 저녁에는 클락 소령의 입장을 생각해 그의 의견과 네 의견을 절충하는 선에서 마무리었지만 다음부터는 네가 작전을 짜고 클락 소령이 문서화하도록 해라."

"지시대로 하겠습니다. 그렇지만 이렇게 하는 것이 원칙적으로 옳지는 않다는 것을 연대장님과 제가 알고는 있어야 할 것 같습니다."

"너무 걱정하지 마라. 곧 직함 문제도 해결하겠다."

연대장이 직접 언급하지는 않았지만 직함 문제를 해결하겠다는 말에는 나름대로 구상이 담겨 있었다. 연대 작전참모는 소령 직급이었기 때문에 연대장은 영옥을 소령으로 진급시켜 연대 작전참모로 기용하려는 것이었다.

이때부터 영옥은 연대 정보참모로 있으면서 사실상 작전참모도 겸하게 됐다. 연대든 사단이든 군단이든, 전시에는 가장 중요한 두 참모가 작전참모와 정보참모다. 그때만 해도 아직 미국은 유색인을 동등한 인간으로 대우하지 않던 시절이어서 유색인 대위가 백인 연대의 정보참모로서 작전참모까지 겸한다는 것은 미군을 통틀어 생각도 할 수 없는 일이었다. 연대장이 영옥에게 보여준 신임은 통념을 뛰어넘는 절대적인 것이었다.

영옥은 연대장의 지시대로 클락 소령의 작전 수립을 돕기 시작했다. 연대장으로부터 무슨 얘기가 있었던 것이 분명한 듯 두 사람이 협의해서 작전을 짜는 것이 아니라 주로 영옥이 말을 하면 클락 소령이 내용을 문서화하는 식이었다. 처음에는 메모 형식으로 영옥의 작전 개요를 연대장에게 설명하고 연대장의 동의가 있은 후 문서화하던 클락 소령은 곧 방식을 바꿔 매일 저녁 연대장에게 설명하기 전에 아예 작전 문서로 만들기 시작했다. 영옥이 이유를 묻자 클락 소령이 웃으며 답했다.

"뭐 기다릴 필요가 있나? 며칠 지켜보니 네 생각을 연대장님이 고치는 경우가 거의 없더군. 있다 하더라도 지엽적이고. 그러니 괜히 시간만 낭비할 이유가 없다는 거지."

곧 직함 문제도 해결하겠다던 연대장은 17일자로 영옥을 연대 작전참모 직무대행으로 공식 발령을 냈다. 곧 UN군의 대대적인 총반격이 이뤄지고 중부전선에서 31연대가 중요한 역할을 맡게 된다는 것을 알고 있던 연대장이 결전을 앞두고 영옥을 연대 작전참모로 쓰기 위한 절차를 밟은 것이었다.

다음 날 31연대는 미 해병 5연대의 작전지역을 인수하면서 해병대가 보유하고 있던 탄약까지 인수했다. 19일이 되자 사단본부로부터 내일 새벽 5시를 기해 공격을 개시하라는 명령이 내려왔다.

제5부

부활하는 김영옥 신화

38선에 부활하는 신화

7사단은 5월 20일 새벽 5시를 기해 일제히 다시 공격에 나서기로 돼 있었다. 31연대로서는 장진호 전투 이후 사실상 처음으로 치르는 대규모 전투였기 때문에 영옥도 신경을 곤두세웠다. 연대는 한 달 전 회심의 일전을 위해 칼을 갈며 소양강을 건넜지만, 중공군 춘계 공세로 전 유엔군 부대에 후퇴 명령이 떨어지면서 한 달을 더 기다렸던 참이었다.

영옥은 전날 밤 10시 30분, 각 대대에 연락해 공격에 따른 세부지침을 재확인했다.

"1대대는 B중대 수색에 반드시 탱크를 동원할 것, 2대대는 현 위치를 고수하면서 3대대의 공격 지원에 만전을 기할 것, 3대대는 I중대를 선두로 정각 5시부터 2대대 지역을 통과해 공격을 개시할 것……."

영옥은 공식적으로는 작전참모 직무대행이었으나 작전참모가 자리를 비웠기 때문에 직접 공격 지시를 내릴 수 있었다. 이날 공격은 1대대에 배속된 한국인 편의대원 2명이 아군 지뢰밭에 잘못 들어가 부상을 입었을 뿐 순조롭게 진행됐다. 문제는 그 다음 날이었다.

22일 공격은 1대대가 선봉에 서기로 돼 있었다. 이날 아침 맥캐프리 연대장은 갑작스레 사단본부의 연락을 받고 사단으로 들어갔고 부연대장과 작전참모는 작전이 시작되기 직전에 일본으로 단기 휴가를 떠나고 없어 영옥이 연대의 전투를 총괄해야 했다.

재앙의 시작

문제는 1대대의 선봉에 섰던 A중대가 엉뚱한 곳을 공격하면서 시작됐다. A중대 2소대장 존 코백 중위는 어제 봤던 장면을 아직도 머리에서 지우지 못한 채 중대장 해럴드 윌리키 대위의 명령을 기다리고 있었다.

어제 중대는 북한강 북쪽에 있는 돌고개를 지나고 있었다. 계곡에는 초가집이 여기저기 있었는데 특이하게도 몇몇 집에 농부들이 아직 살고 있었다. 코백 중위로서는 인천상륙작전 이래 지금까지 이런 경우를 본 적이 없었다. 어느 지역이나 군대가 진주하면 민간인은 소개됐는데 아직 주민들이 남아 있었던 것이다. A중대는 탱크들을 앞세우고 전진했는데 탱크들은 마치 탱크 포만으로 전쟁을 끝내기라도 하려는 듯 끊임없이 포를 쏘며 앞으로 갔다. 잠시 후 병사들이 계곡을 건너자 참호를 파고 다음 명령을 대기하라는 지시가 떨어졌다.

코백 중위가 소대원들을 데리고 참호를 파기 위해 열심히 삽질을 하다가 허리를 펴는 순간 주민으로 보이는 한국인이 소년 한 명을 가슴에 안고 지나갔다. 농부의 가슴에 안긴 소년은 열 살쯤 돼 보였는데, 아버지인 듯한 한국인의 일그러진 얼굴에 번져 있는 고통은 참으로 보기에도 가슴 아팠다. 코백 중위는 왠지 그 소년이 미군이 쏜 탱크 포에 맞아 죽었을 것 같다는 생각이 들었다. 어쩌면 중공군의 포격에 맞았을지도 모르는 일이었다.

잠시 후 윌리키 대위로부터 무전이 들어왔다.

"오늘 공격 목표는 337고지다. 2소대를 데리고 어제 건넜던 계곡을 다시 건너 길을 돌아 337고지 앞에 있는 고지를 먼저 점령하라."

중대장이 먼저 점령하라고 명령한 고지는 코백 중위가 있던 곳으로부터 1킬로미터 정도 북쪽에 있었다. 윌리키 대위는 사람도 좋고 용감한 장교였지만 지도를 읽는 데는 빵점이었다. 코백 중위는 자기 상관의 이런 문제점을 잘 아는 터라 소대를 이끌고 목표 지점으로 움직이기에 앞서 지형을 외우려고 많은 시간을 보냈다.

아침 일찍 소대를 이끌고 이동한 코백 중위는 이렇다 할 저항 없이 윌리키 대위가 명령했던 고지를 점령했다. 마침 대대본부에서 도착한 참모 한 명도 2소대가 점령한 곳이 윌리키 대위가 지시했던 곳이라는 점에 동의했다.

11시가 되자 윌리키 대위가 나머지 중대를 끌고 나타나더니 다짜고짜 "2소대는 중대 후미에 붙어라"고 하면서 중대를 이끌고 이동하기 시작했다. 여름 문턱에 선 중부전선은 울창한 숲으로 덮이기 시작해 중대의 행군 대열은 숲 속으로 사라졌다.

30분 넘게 중대를 이끌고 가던 윌리키 대위가 갑자기 행군을 멈추더니 소대장들을 소집했다. 포병 관측장교 스티브 포켄베리 중위, 1소대장 탐 워커 중위, 3소대장 워드 소위, 2소대장 존 코백 중위까지 모두 모이자 윌리키 대위가 선언했다.

"눈앞에 보이는 산이 337고지다. 먼저 포격을 가한 후 곧바로 공격에 돌입한다."

중대장이 목표를 잘못 알고 있다는 것을 알아차린 코백 중위가 이의를 제기했다. 그러나 윌리키 대위는 코백 중위의 말을 일축한 채 포병 관측장교인 포켄베리 중위에게 337고지를 포격해 보라고 지시했다. 포켄베리 중위가 지도를 꺼내 좌표를 읽으며 포격 지시를 보내자 곧이어 105밀리미터 곡사포 네 발이 오른쪽에 있는 다른 산으로 떨어졌다. 중대장이 공격하겠다는 산은 337고지가 아닌 것이 더 분명해졌다.

그래도 윌리키 대위는 포켄베리 중위가 좌표를 잘못 불렀다며 앞에 있는 산으로 포격을 유도하라고 명령했다. 앞에 있는 산으로 포격을 유도하는 데만 30분이 더 흘렀다.

포격에 이어 A중대는 공격에 들어갔으나 다행인지 불행인지 그곳에는 아무도 없었다. 그러나 잘못된 목표를 점령한 윌리키 대위는 대대본부를 호출하더니 "337고지를 점령했다"고 보고했다.

그러나 이 보고는 재앙의 시작이었다. 중공군은 337고지에 있었고, A중대가 엉뚱한 곳을 공격하는 동안 337고지 협공에 나섰던 B중대는 공격에 실패하고 물러나 있었다. 그러던 차에 A중대가 337고지를 점령했다는 잘못된 보고를 받은 대대본부는 B중대를 불러 "A중대가 고지를 점령했으니 그곳으로 합류하라"고 지시했다. 아군이 점령했다는 얘기를 듣고 마음놓고 337고지로 다시 오르던 B중대는 기다리고 있던 중공군의 공격을 받아 중대장이 중상을 입는 등 커다란 타격을 입었다. 설상가상으로 C중대 역시 포격을 받았는데 아군의 포격이었다.

영옥은 연대본부로 들어오는 전황 보고를 믿을 수 없었다.

"A중대 통신 두절…… B중대 중공군 매복으로 고전…… C중대 아군 포격 받는 중……."

영옥은 무전기로 1대대장을 호출했지만 응답이 없었다. 이번에는 1대대 작전참모였던 조 칸미 대위를 무전으로 불렀다. 칸미 대위는 얼마 전까지 연대본부에 있으면서 함께 카드도 하며 지내다가 이번 작전을 앞두고 1대대 작전참모로 내려갔기 때문에 영옥도 잘 알고 있었다. 2차대전 때 유럽에서 독일군을 상대로 싸웠다는 공통분모를 갖고 있던 영옥과 칸미 대위는 그 며칠 사이에 아주 가까워졌다. 칸미 대위의 말이라면 믿을 수 있었다. 그렇지만 칸미 대위와도 교신이 되지 않았다. 무슨 일이 벌어지고 있다는 것을 직감한 영옥은 즉시 연대본부를 떠났다. 길이 좋지 않기 때문에 대대본부까지 가는 데 무려 세 시간이나 걸렸다. 정확히 말하자면 연대본부와 대대본부 사이에는 길이라고 부를 만한 것조차 없었다.

1대대가 전방 지휘소로 사용하는 텐트에 도착한 영옥은 대대장 커밋 메이슨 중령을 찾았지만 메이슨 중령은 없었다. 영옥이 계속 대대장의 소재를 다그치자 처음에는 말을 않던 대대참모들이 결국 털어놨다.

"대대장은 전투가 시작될 때 샤워하러 가서 아직 돌아오지 않았습니다."

영옥은 기가 차서 말이 나오지 않았다.

'전투가 벌어졌는데 대대장이 샤워하려고 자리를 비우다니……

샤워장은 30킬로미터나 후방에 있는데……'

대대본부는 그때까지도 A·B·C 중대의 위치조차 파악하지 못하고 있었다. 미군 보병대대는 3개 소총 중대와 1개 중화기 중대로 구성됐으니 소총 중대가 전부 실종됐다는 의미였다. 전투 중에 이런 경우가 생기면 최악의 시나리오는 3개 중대가 이미 전멸 또는 와해됐거나 그렇게 되기 일보 직전이다.

그때 칸미 대위가 전방에서 지프를 몰고 나타났다. 칸미 대위는 머리와 팔에서 피를 흘리고 있었는데 치명적 중상은 아니지만 경상도 아니었다. 영옥이 물었다.

"어떻게 된 거냐?"

"지금 337고지에서 오는 길이다. A중대가 점령했다고 윌리키 중대장이 보고했던 곳인데 A중대는 없었고 나도 놈들의 총격을 받아 이 꼴이 됐다."

"내가 연대를 떠나면서 탱크 중대를 총출동시켰으니 곧 도착할 거다. 탱크 16대가 있으면 어떻게 해볼 수 있을 거야. 당장 중대들을 찾아야 돼."

영옥이 칸미 대위에게 중대들의 위치 파악을 종용하고 있을 때 텐트 뒤쪽에서 지프 소리가 났다. 메이슨 중령이었다. 메이슨 중령은 밖에 세워진 영옥의 지프 번호를 보고 영옥이 와 있다는 것을 알고는 텐트로 뛰어들면서 소리를 질렀다.

"무슨 일이냐? 김 대위가 왜 내 대대본부에 와 있어?"

"1대대에 심각한 문제가 생겼습니다."

"그게 무슨 말 같지 않은 소리야?"

"제가 틀렸을지도 모르겠습니다. 그렇지만 연대본부로 들어온 보고만 보면 1대대에 심각한 문제가 생긴 것 같습니다. 지금 A·B·C 중대가 어디 있는지 아십니까?"

"그게 너하고 무슨 상관이야!"

"상관이 있습니다. 대대장님의 소총 중대들은 지금 어디 있습니까?"

"내가 너한테 그런 얘기를 해줘야 될 이유가 없어."

"도대체 지금까지 어디 계시다 오는 길입니까? 대대의 공격 개시 시각이 오전 9시였지요? 지금이 오후 3시입니다. 그 여섯 시간 동안 어디서 뭐 하고 계셨습니까? 대대가 전투를 벌이는데 대대장이 자리를 뜨다니, 직무유기 아닙니까!"

"네가 뭔데 직무유기니 마니 하는 거야! 네가 상관할 일이 아냐!"

"샤워하러 가셨다면서요?"

"……."

"지금부터 제가 소총 중대들이 어디 있다고 생각하는지 설명하겠습니다. 부대를 모두 찾아야 합니다."

영옥은 메이슨 중령에게 지금까지 파악된 상황을 설명했다.

"네가 잘못 생각한 거야. 1대대는 아무 문제가 없어!"

"어떻게 하시겠습니까?"

"아무 문제도 없는데 어떻게 하긴 뭘 어떻게 해? 그냥 있는 거지."

"대대장님은 A중대를 찾으십시오."

"야, 너 대위 주제에 지금 나한테 명령하는 거야? 그렇게는 못해. 연대장님은 돌아오셨나?"

"어디 계신지 아직 모릅니다. 제가 연대를 떠나는 순간까지 무전 연락이 닿지 않았습니다."

영옥은 칸미 대위 쪽으로 얼굴을 돌리며 말했다.

"조, 부상당했다는 것은 알지만 아주 심하지는 않잖아. 대대 작전 참모인 네가 누구보다 이곳 지형을 잘 알 테니 네가 C중대를 찾아라. B중대는 내가 찾지."

"그렇게 하지."

"C중대는 옆에 있는 우리 해병대와 그 앞에 있는 중공군 사이, 여기 어딘가 있을 거야."

영옥은 지도를 가리키며 칸미 대위에게 설명했다. C중대가 아군 포격을 받고 있다는 보고를 염두에 둔 계산이었다. 1대대 작전지역으로 아군 포격이 있었다면 연대 오른쪽에 있던 미 해병대일 가능성이 제일 높았다. 영옥이 다시 메이슨 중령을 돌아보며 말했다.

"대대장님은 A중대를 찾으십시오. A중대가 목표를 잘못 알고 327고지를 점령했다고 보고를 해왔다면 A중대는 지금 그리 위험하지 않은 곳에 있을 것입니다."

"나는 안 해!"

영옥 자신이 B중대를 찾겠다고 한 것은 중공군의 공격을 받은 것으로 보고된 B중대를 찾는 것이 제일 위험했기 때문이었다. 아군 포격을 받은 것으로 보고된 C중대를 찾는 일이 그 다음으로 위험했기에 칸미 대위에게 C중대를 찾도록 한 것이었다. 그래도 메이슨 중령은 계속 고집을 부렸다.

영옥이 텐트를 나와 지프를 2~3미터쯤 움직였을 때 메이슨 중령이 뛰어나오더니 다시 소리쳤다.

"너 어디 가는 거야?"

"방금 얘기했던 그대로 하는 것입니다."

"야, 나는 중령이고 이것은 내 대대야! 내가 대대장이란 말이야! 네가 뭔데 콩 놔라 팥 놔라 하는 거야. 너 지금 당장 여기를 떠나! 이건 명령이야! 말 안 들으면 군법회의에 넘길 거야!"

"네, 대대장님은 중령이고 저는 대위입니다. 그러나 저는 지금 연대 작전참모 직무대행으로 여기 와 있으며 연대장님 이름으로 지시하고 있습니다. 대대가 수습되기 전까지는 이곳을 떠날 수 없습니다. 아까 이쪽으로 오실 때 계곡으로 탱크 중대가 오는 것을 보셨지요? 제가 연대를 떠날 때 출동 명령을 내렸습니다."

"너 지금 어떤 일이 벌어지는지 잘 보고 있지! 네가 증인이야!"

메이슨 중령이 칸미 대위를 돌아보며 소리쳤다.

"대대장님, 모든 게 엉망이 됐습니다. 이제 무어라 하셔도 상관없습니다. 당장 무슨 조치를 취하지 않으면 대대는 돌이킬 수 없는 타격을 입게 됩니다. 저는 김 대위의 지시를 따를 것입니다. 제 눈에도 지금 김 대위는 연대장님을 대신해 명령을 내리고 있습니다."

칸미 대위는 대답을 하면서 벌써 영옥 쪽으로 움직이기 시작했다. 칸미 대위까지 자기 지프에 몸을 싣자 메이슨 중령이 다시 소리를 질렸다.

"기다려! 나도 A중대를 찾으러 가겠다!"

영옥이 337고지 근처에서 B중대를 찾아냈을 때 병사들은 공포를 넘어 공황 상태에 있었다. 중공군의 매복에 걸려 중대장 알프레드 앤더슨 중위가 중상을 입었다는 것까지만 알 뿐 살았는지 죽었는지조차 모르고 있었다. 병사들은 그대로 있어야 하는지 후퇴해야 하는지 모른 채 우왕좌왕하고 있었다. 영옥은 장교 한 명을 찾아 지시했다.

"두려워 말라. 곧 이쪽으로 탱크 16대가 오는 것이 보일 것이다. 우리 탱크다. 5대는 이쪽으로 배치되고 나머지는 산 아래 평지를 가로질러 배치될 것이다. 병사들을 수습해 저쪽 남쪽 언덕에 진을 친 다음 무전으로 나머지 병사들을 모두 그쪽으로 모아라. 곧 A중대도 찾아 이쪽으로 데려 오겠다. 모든 것이 잘 될 것이다."

한국전쟁 때만 해도 통신기가 발달하지 않아 연대참모였던 영옥의 무전기로는 위로는 사단본부, 아래로는 대대장과 대대 작전참모와만 교신할 수 있을 뿐 중대장이나 소대장들과는 교신할 수 없었다. 때문에 영옥은 B중대장이나 소대장들에게 직접 지시를 내릴 수 없었다.

영옥이 말을 마칠 때쯤 산 아래쪽에서 요란한 굉음과 먼지가 일면서 탱크들이 일렬종대로 다가오기 시작했다. 어둠이 깔리기 시작했지만 아직은 육안으로 식별할 수 있을 정도였다. 연대가 보유한 탱크 중대를 몽땅 한 곳에 투입하는 것은 도박이었다.

하지만 영옥은 2차대전 때의 경험으로 미루어 먼저 병사들이 심리적으로 안정돼야 빨리 사기를 회복한다는 것을 알고 있었다. 근처 어딘가 중공군이 숨어 있겠지만 중공군도 16대나 되는 탱크를 상대로 무모한 전투를 걸어 오지는 않을 것이었다. 영옥은 탱크 중대장에게 탱크들을 어디에 어떻게 배치하라고 구체적으로 지시했다.

한 시간쯤 B중대와 함께 하면서 중대를 수습한 영옥은 칸미 대위를 무전으로 불렀다.

"C중대는 어떻게 됐나?"

"찾았다. 네가 예측한 그곳에 있었다."

"지금 그쪽으로 가겠다. 탱크들이 도열해 있는 곳을 지나 그쪽으로 갈 테니 너도 C중대장을 데리고 그쪽으로 오라."

영옥이 탱크들을 반쯤 지날 무렵 반대쪽에서 칸미 대위가 C중대장 맥코이 대위를 데리고 나타났다. 영옥은 맥코이 대위에게 지시했다.

"너희 중대의 행군 방향이 틀렸으니 모두 이쪽으로 데려와 여기 탱크들 옆에 참호를 파고 대기시켜라."

영옥이 맥코이 대위에게 후속 지시를 마칠 무렵, 메이슨 중령으로부터 무전이 들어왔다.

"메이슨 중령이다. A중대를 찾았다. 네가 있는 곳으로 데려가는 중이다."

밤이 너무 깊었다고 생각한 영옥은 A중대장 윌리키 대위와 계속 무전연락을 하면서 A중대의 배치 상황을 점검했다. 그 사이 C중대도 영옥이 있는 곳으로 와서 참호를 파기 시작했다. 잠시 후 다시 윌리키 대위로부터 무전 연락이 왔다.

"방금 B중대와 접촉했습니다."

다시 B중대에 연락해 A중대와 접촉했다는 것을 확인한 영옥의 입에서 안도의 한숨이 흘러나왔다. 시계를 보니 11시였다.

잠시 후 메이슨 중령도 칸미 대위와 영옥이 있는 곳으로 왔다. 셋은 대대본부로 돌아왔다. 텐트로 들어가자, 메이슨 중령이 먼저 얘기를 꺼냈다.

"김 대위, 미안하다. 아까 했던 얘기는 본의가 아니었다. 연대장님한테 오늘 일에 대해 함구해 준다면 나도 김 대위가 내 명령을 무시하고 멋대로 대대를 지휘한 사실에 대해 입을 다물겠다."

"그러시지요. 어떤 일이 있었건 그건 연대장님과 대대장님 사이의 문제지 대대가 안전하기만 하면 저는 개의치 않습니다."

영옥은 칸미 대위가 위생병으로부터 응급조치를 받는 것을 보면서 흘리듯 말했다. 응급조치가 끝나고 위생병이 자리를 뜨자, 영옥도 텐트를 나와 차에 올랐다. 영옥의 운전병이 텐트를 향해 세워진 지프를 돌리려고 막 후진하는 순간, 뒤에서 다른 지프 한 대가 미친 듯 다가오더니 귀청이 찢어질 듯한 브레이크 소리를 내며 부딪칠 듯 차를 세웠다. 깜짝 놀란 영옥이 고개를 돌려 보니 지프가 완전히 서는 것을 기다리지도 않고 누군가 뛰어내렸다. 뒤 차의 헤드라이트가 너무 강해 처음에는 누군지 몰랐지만 뛰어내린 사람은 맥캐프리 연대장이었다.

용수철처럼 뛰어내린 연대장은 텐트 안으로 들어가면서 앞 차에서 고개를 돌려 자기를 바라보고 있는 영옥에게 말했다.

"영, 따라 들어와라."

연대장은 텐트로 들어서면서 물었다.

"무슨 일이 있었나? 사단본부에 있을 때 연대에 이상이 생겼다는 보고를 받았다. 무슨 일인지 정확히 알아야겠다."

"아무 일도 없었습니다."

메이슨 중령이 대답했다.

"그게 무슨 소리야? 아무 일 없었으면 왜 김 대위가 여기 있어! 사단본부로 들어온 보고는 다 뭐야! 무언가 일이 있었다는 말이야. 무슨 일이 있었나? 사단에서도 연대에서도 보고를 받고 왔다. 그래도 너희들 입을 통해 직접 들어야겠다."

영옥이 낮에 연대본부에서 1대대에 이상이 생겼다는 보고를 받았을 때 즉시 사단에 연락해 연대장을 찾아 보고하도록 조치했기 때문에 연대장은 보고를 받자마자 연대로 돌아오는 길이었다.

"뭐, 얘기가 부풀려진 거지 사실은 별일 아닙니다. 지금은 모든 것이 제대로 됐습니다."

메이슨 중령이 대답했다. 그러자 연대장이 칸미 대위에게 다시 물었다.

"무슨 일이 있었나?"

맥캐프리 중령과 칸미 대위는 2차대전 때 유럽에서 함께 싸운 오래된 사이였다. 캔사스 주 출신으로 미국 본토에 있던 칸미 대위를 한국으로 불러들인 장본인도 바로 맥캐프리 중령이었다. 맥캐프리 중령은 31연대를 맡으면서 전투 경험이 많은 장교들을 불러모았는데, 칸미 대위도 그 중 한 명이었다. 맥캐프리 중령은 칸미 대위가 도착하자 연대본부에 며칠 근무시키며 신속히 상황을 파악하도록 한 후 1대대 작전참모로 내보낸 것이었다.

"솔직히 말씀드리겠습니다. 앞으로 어떻게 되든 개의치 않습니다. 사실 저 역시 오늘 대대에 발생한 일에 대해 누구 못지않게 책임이 있습니다. 여기서 작전을 짠 장본인도 저고, 모든 일이 제가 있는 동안에 발생했습니다."

칸미 대위는 모든 일을 사실대로 보고했다. 맥캐프리 연대장이 이번에는 영옥에게 물었다.

"조의 설명이 모두 사실인가?"

"그렇습니다."

그러자 연대장은 다시 메이슨 중령에게 물었다.

"이들 말이 사실이 아니라고 할 수 있나?"

"모두 과장된 것이고 사실과 다릅니다."

메이슨 중령은 여전히 거짓말을 계속했다. 그만큼 사안이 심각했기 때문이었다. 연대장이 마음만 먹으면 메이슨 중령은 군법회의감이었다.

"……"

연대장은 갑자기 아무 말도 하지 않았다. 연대장은 머릿속으로 메이슨 중령과 대면하던 모습을 떠올리고 있었다. 그날은 맥캐프리가 연대장이 된 직후 1대대에 북으로 이동하라고 처음 명령했던 날이었다. 명령을 내린 후 대대를 살펴보기 위해 오후에 전선 시찰을 나간 맥캐프리는 장교 한 명이 모는 지프 한 대가 남쪽으로 달려오는 것을 봤다. 차를 세운 맥캐프리가 물었다.

"나는 신임 31연대장이다. 귀관은 누군가?"

"1대대장입니다."

"뭐야? 대대가 지금 최전방에 나가 있는데 대대장이 부대를 비워? 어디 가는 거야?"

"샤워도 할 겸 자러 갑니다."

"뭐가 어째? 다시는 오늘 같은 일이 없도록 하라."

며칠 후 맥캐프리는 다시 1대대를 시찰했다. 아침 안개가 걷히기를 기다려 1대대의 공격대기선으로 가보니 병사들은 아무도 없는데 갑자기 북쪽에서 기관총탄이 날아들기 시작했다. 맥캐프리가 100미터가량 뒤로 물러나는 순간, 이날 아침 자기가 왔던 길로 지프 한 대가 달려왔다. 지프에 탄 사람은 이번에도 메이슨이었다.

"아니, 공격대기선에 너의 소총 중대가 있어야 하는 것 아냐? 어찌 된 건가?"

"글쎄, 저도 그들이 어디 있는지 모르겠습니다. 오늘 아침에 이동한 것 같은데 아무도 저를 깨우지 않았습니다."

맥캐프리 중령은 더 이상 아무것도 묻지 않은 채 돌아서서 텐트를 나오며 영옥의 팔을 잡아끌었다.

"따라와. 밖으로 나가자."

둘이 텐트 밖으로 나가자 연대장이 영옥에게 말했다.

"영, 이건 우리 둘 사이 얘기다. 너는 지금부터 1대대 작전참모로 여기 남아라. 형식적으로 보면 연대 정보참모에서 대대 작전참모가 되니 좌천처럼 보일지 모른다. 그렇지만 실제로는 영전이다. 내 마음속에서는 네가 이제부터 대대장이기 때문이다. 내일 아침 6시부터 대대를 지휘하라. 단 1분 전이라도 안 된다. 정각 6시부터다."

"……."

"그렇지만 네가 지금 대위라는 것이 문제다. 미 육군에서 대위는 대대장이 될 수 없다. 그러니 신참 소령 한 명을 물색해 명목상 대대장으로 보낼 것이다. 그렇지만 그는 어디까지나 얼굴마담이고 진짜 대대장은 너다. 그에게도 모든 것을 주지시켜 놓겠다. 1대대를 맡아라."

"알겠습니다."

"이렇게 하는 이유가 있다. 그런 얼굴마담 없이 그냥 너를 대대장 직무대행으로 앉혀 놓으면 대대장 자리가 비어 있다는 소문이 날 거야. 어느 장군이라도 그것을 알게 되면 자기가 봐주고 싶은 소령 누군가를 대대장으로 심을 것이 뻔하다. 나는 너를 대대장으로 앉히고 싶다."

연대장은 벌써 많은 것을 계산하고 있었다. 당시 미 육군 인사규정에 따르면 전쟁터에서 대대장 노릇을 한 달만 한 소령은 자동적으로 중령으로 진급하게 돼 있었다. 누구든 전장에서 큰 잘못 없이 대대장을 지내면 대령까지의 진급은 보장된 것이나 다름없었다. 전장에서 연대장을 지낸 대령에게 별이 손바닥 안에 있는 것과 마찬가지였다. 그러니 대대장이나 연대장 자리가 비면 치열한 연줄 싸움이 벌어졌다. 출세를 좇는 인간의 속성은 어디나 마찬가지였다.

맥캐프리 중령은 출중하고 튼 인물이었다. 그는 직접 입에 담지는 않았지만 영옥을 소령은 물론 중령까지 고속으로 진급시키려고 마음먹고 있었다. 연대장이 다음 날 아침 6시를 강조했던 이유는 모든 일을 마무리할 시간이 필요했기 때문이었다.

맥캐프리 중령은 연대본부로 돌아가자마자 사단장 페렌보 소장과 부사단장 싱크 준장에게 전화를 걸어 자신의 조치에 대해 납득을 구하고 얼굴마담 노릇을 할 소령 한 명을 찾아 보내 달라고 부탁했다. 그 사이 영옥은 연대장의 지시대로 1대대에 그대로 남았다.

맥캐프리 중령이 떠나자 메이슨 중령이 말했다.

"연대장한테 말하지 않은 데 대해 감사한다. 앞으로 어떻게 될지 모르겠지만 연대장 말이 김 대위가 대대를 지휘한다 했으니 그리 되겠지. 어쨌든 내가 여기 있는 한 나는 중령이고 귀관은 대위지만 김 대위의 명령은 무엇이든 뒷받침하겠다."

구만산 전투

다음 날 미군 31연대는 한국군 해병대 작전지역을 인수하고 공세를 계속했다. 대대의 공격 목표는 구만산이었다. 구만산은 홍천강 북쪽의 북방면 원수골에 있는 해발 332미터인 산으로 거기서 15킬로미터만 더 북쪽으로 가면 춘천이었다. 공격 개시 시각은 아침 7시였다. 이미 5시에 잠을 깨 지도를 바라보며 생각에 잠겨 있던 영옥은 시계가 정각 6시를 가리키는 것을 보고 자리에서 일어났다.

영옥은 본부 중대장 막사를 찾아 잠들어 있는 클로드 맥체스니 대위를 깨웠다. 갑자기 잠을 깬 맥체스니 대위가 머리끝까지 화가 나서 버럭 소리를 질렀다.

"야, 너 누구야?"

"김영옥 대위다. 연대장님 명령에 따라 지금부터 내가 대대를 지휘한다."

"무슨…… 먼저 대대장님한테 확인부터 해야겠습니다."

맥체스니 대위는 15분쯤 있다가 돌아왔다.

"도대체 무슨 영문인지 모르겠지만 맞는 말 같군요. 제가 어떻게 했으면 좋겠습니까?"

"최단시간 내에 중대를 소집시키고 서둘러 병사들에게 아침을 먹여라. 공격 개시 시각이 7시란 말이야."

"벌써 6시가 넘었는데 그것은 불가능합니다."

"나도 알아. 할 수 있는 데까지 해봐."

"준비가 끝나면 12시는 될 겁니다."

"무슨 소리야? 훨씬 빨리 할 수 있어. 당장 나가 병사들을 소집하고 취사 준비도 시키면서 다른 장교들도 모아. 아침을 제대로 갖춰 먹어야 하나? 대충 때워!"

영옥의 닦달에 대대는 부산하게 움직였다. 마침내 선봉을 맡은 C중대가 공격대기선에서 대형을 갖췄다. 오전 9시 43분이었다. 연대로부터 하달된 공격 개시 시각보다 2시간 43분이나 늦어 있었다. 영옥은 무전기로 연대본부를 호출했다.

"2분 후 공격에 돌입합니다."

영옥은 공격에 앞서 급한 대로 동원할 수 있는 야포와 박격포는 모두 동원해 실제로 필요하다고 생각하는 양보다 훨씬 많이 포격을 가하도록 했다. 병사들을 안심시키기 위한 조치였다. 이날 아침에는 유달리 안개가 짙어 걱정했으나 시간이 지나자 시야가 많이 좋아졌다.

포격에 이어 공격에 나선 C중대의 공격 상황을 쌍안경으로 지켜보는 데 누군가 조용히 곁에 다가와 앉았다. 메이슨 중령이었다.

"어떻게 돼가나?"

"잘 되고 있는 것 같습니다. 공격이 예정보다 더디지만 공격 자체가 늦게 시작됐습니다. C중대는 곧 작전 1, 2단계를 지날 것이고 두 시간 정도 지나면 고지를 점령할 것입니다."

"……"

"……"

"영, 어제 일은 미안하게 됐다. 나도 연대장이 조만간 나를 직위해제한다는 것을 알고 있다. 빠르면 오늘일 수도 있겠지. 언제가 되든 내가 대대장으로 있는 한 영의 전투 지휘를 받쳐 주겠다."

"……"

"솔직히 말하지만 영이 나 대신 이 일을 하고 있어 다행이다. 나는 일선 지휘관이 못 돼. 2차대전에 참전하긴 했지만 사단본부에서 서류만 만졌지 한 번도 일선에 있어 본 적이 없다. 한국전쟁이 나로서는 사실상 첫 전투지. 북한에서 나의 무용담은 모두 헛소리야. 전부 내가 조작한 거지."

영옥이 아무 대꾸 없이 쌍안경으로 C중대를 좇는 동안 메이슨 중령은 고백을 계속했다.

"영이 전투 지휘에 바쁘다는 것을 잘 안다. 내가 영을 얼마나 믿는지 보여주기 위해 지금부터 나는 대대본부로 돌아가 있겠다."

메이슨 중령은 이 말을 뒤로하고 자리를 떴다. 영옥이 메이슨 중령을 본 것은 이때가 마지막이었다.

잠시 후 연대장 맥캐프리 중령이 유선전화로 영옥을 찾았다.

"수 분 내로 메이슨 중령의 직위를 해제할 것이다. 전투 경험은 전혀 없고 사람은 아주 좋은 소령 한 명을 찾았으니 곧 그를 대대장으로 보내겠다. 잘 지낼 수 있을 거다. 어제 말한 대로 그는 형식상 대대장이고 실질적 지휘는 네가 하는 것이다. 그에게도 그렇게 일러 놨다. 아마 내일이나 돼야 부임할 것이다."

연대장이 말한 인물은 어빙 워든 소령이었다. 워든 소령은 부임하자마자 영옥을 찾았다.

"연대장님으로부터 지시가 있었다. 모든 얘기를 들었으니 아무 부담 없이 대대를 이끌라."

맥캐프리 연대장은 대대 작전참모였던 칸미 대위를 연대 정보참모로 불러들이고 영옥을 대대 작전참모로 발령함으로써 공식 인사를 마무리했다. 중상을 입고 후송된 B중대장에 대한 후속 인사도 있었다. 어느 대대의 대대장, 대대 작전참모, 중대장 한 명을 한꺼번에 바꾸는 것은 미군에서는 좀처럼 보기 힘든, 대단히 과격한 인사였다.

반격으로 전환하기는 했지만 유엔군도 내부적으로는 진통을 겪고 있었다. 이 무렵 한국군도 군단 하나가 해체되는 치욕적인 기록을 남겼다. 한국군 3군단이 현리 일대에서 공격을 받고 힘없이 무너지면서 무질서하게 후퇴하자 화가 난 밴플리트 8군 사령관이 아예 군단 자체를 없애 버린 것이었다.

구만산 전투는 영옥의 예상대로 두 시간 정도 계속되다가 정오 무렵 C중대가 구만산을 점령하는 것으로 끝났다. 영옥의 지휘 아래 들어온 1대대가 기록한 첫 승전이었다. 부상자가 8명 발생했지만 전사자는 한 명도 없었다.

이날 31연대는 정보수집 요원으로 중공군에 배치됐던 북한군 4명을 포로로 잡았는데 이들은 15~22세로 "우리 또래인 남자 8명, 여자 5명이 중공군 4사단에 함께 배치됐다. 1개 중대에 한 달에 쌀 한 자루가 배급되며 마지막 배급은 꼭 한 달 전에 있었다. 중공군은 배가 고파 사기가 엉망"이라고 털어놨다.

정반대의 두 미군 중령

메이슨 중령과 맥캐프리 중령은 한국전쟁에 참전했던 미군 장교로, 서로 반대편에 있는 인물이었다.

메이슨 중령의 이름은 커밋 메이슨이었지만 머리카락이 붉은색이라 '레드(Red)'라는 별명으로 불렀는데 장진호 전투에서 용감히 싸웠다고 해서 은성무공훈장까지 받았으나 사실 그의 전공은 날조된 것이었다. 어느 나라나 어느 사회나 무능하고 무책임하면서도 눈속임에 능한 인물이 있게 마련으로 미군 역시 마찬가지였다. 그는 부하의 안전이나 자신의 임무 같은 것은 아랑곳하지 않고 오로지 자신의 영달에만 관심이 있던 비겁한 거짓말쟁이였다.

1대대 수습을 마친 맥캐프리 연대장은 메이슨 중령을 군법회의에 넘기려 했으나 사단장 페렌보 소장이 그를 본토로 돌려보내는 선에서 사건을 마무리지었다. 당시 미군은 지휘관이 부하들의 생명을 대거 희생시키지 않는 한 군법회의까지 보내진 않는다는 것을 일종의 불문율로 삼고 있었다.

메이슨 중령이 군법회의까지 가지 않았던 더 중요한 이유는 엉겁결에 한국전쟁을 맞았던 미군이 그만큼 엉망이었기 때문이다. 메이슨 중령이 군법회의에 회부되고 그 사실이 널리 알려지면, 그런 군인에게 은성무공훈장까지 주고 중령 진급에 대대장까지 시킨 사실을 두고 비난이 일 것이 불 보듯 뻔해 미군으로서는 누워서 침 뱉는 꼴이었다.

맥캐프리 중령은 2차대전이 일어나던 1939년 웨스트포인트를 졸업하고 임관 6년 만에 스물일곱 살의 나이로 대령까지 초고속으로 진급했다가 종전 후 군축 과정에서 나이에 비해 계급이 너무 높다는 이유로 다시 중령으로 내려앉은 인물이었다. 당시 미군 장교의 계급에는 임시 계급과 영구 계급 두 가지가 있었는데, 규정에 따라 임시 계급은 언제나 영구 계급으로 환원될 수 있었다. 맥캐프리는 임시 계급은 대령까지 진급했으나 영구 계급은 중령이었던 것이다.

맥캐프리 중령은 그의 경력이 말해 주듯 비상한 인물이었다. 인종차별이 합법적이던 시절에 그가 유색인 대위 한 명을 얻기 위해 백인 소령 두 명을 내준 것이나 영옥에게 연대 정보참모와 연대 작전참모 직무대행을 겸임시킨 것에서 볼 수 있듯, 그는 유능할 뿐 아니라 부하를 쓸 때도 통념을 뛰어넘어 오직 능력을 중시했다. 그는 31연대장에 취임한 직후 직접 지프를 몰고 가다가 피난길에 나선 할머니·딸·손녀 등 한국 여성 3대를 만나자, 자기 지프에 태워 안전하게 후방까지 데려다 주고 다시 부대로 귀대할 만큼 마음도 따뜻한 인물이었다.

맥캐프리가 임관 6년 만에 대령까지 진급했던 것은 2차대전이라는 시대적 상황도 있었지만 맥아더의 명령에 따라 인천상륙작전을 실제로 수행한 장본인인 아몬드 장군의 배려에 힘입은 바 컸다. 아몬드 장군은 2차대전 당시 100대대/442연대가 독일군이 북이탈리아에 설정한 주방어선인 '고딕 라인'을 돌파하던 바로 그때 북이탈리아에 있던 92사단장으로 있었는데, 이미 그때부터 맥캐프리를 총애해 그를 사단 부참모장으로 데리고 있다가 참모장 자리가 비자 곧바로 참모장에 임명했던 것이다. 사단 참모장은 대령 보직이었기 때문에 맥캐프리는 즉시 대령으로 진급했다.

맥아더의 중대한 실책

미군들은 이처럼 누가 누구를 각별히 아끼고 보직 관리까지 해줄 때 그렇게 아낌을 받는 사람을 '페어헤어드 보이(fair-haired boy)'라 부른다. 아몬드는 맥아더의 페어헤어드 보이였고, 맥캐프리는 아몬드의 페어헤어드 보이였다. 영옥은 한국전쟁에서 맥캐프리와 인연을 맺은 후 그의 페어헤어드 보이가 됐다.

다른 분야도 마찬가지겠지만 군에서 그것도 전시에 중요한 작전을 결행할 때는 작전 자체를 치밀하게 짜는 것도 중요하지만, 그 작전을 성공적으로 완수할 적임자를 선정하는 것 또한 그 못지않게 중요하다.

맥아더는 인천상륙작전을 결행하기로 마음을 굳히고 이를 수행할 부대로 일본에서 10군단을 급조하면서 참모장으로 데리고 있던 아몬드 소장을 10군단장에 임명했다. 맥아더는 아몬드에게 인천상륙작전을 맡기면서 군단 참모든 예하 부대 지휘관이든 필요한 사람은 전 미군에서 아무나 데려다 쓰도록 했다.

이때 아몬드 소장은 맥캐프리를 군단 부참모장으로 지목했다. 이로 인해 미국 본토에 있던 맥캐프리 중령은 인천상륙작전을 코앞에 두고 태평양을 날아와 가까스로 상륙작전에 합류했다. 스물일곱 살에 대령까지 올라갔고 2차대전이 끝나고 미군이 군을 줄이는 과정에서 나이가 너무 어리다는 이유로 다시 중령으로 내려앉았던 맥캐프리는 이때부터 다시 아몬드의 오른팔이 돼 함경도까지 갔다가 흥남 철수 후 미군이 진용을 재편할 때 31연대장이 됐다.

아몬드가 맥캐프리를 31연대장에 앉힌 것도 진급을 염두에 둔 보직 관리 차원이었다. 당시 미군은 인사규정을 바꿔 군단장이라도 부하를 적당히 대령으로 진급시킬 수 없었기 때문에 아몬드는 맥캐프리를 대령으로 진급시키고 앞으로 장군도 될 수 있도록 연대장이 되게 했던 것이다. 아몬드의 의도대로 맥캐프리는 영옥이 구만산 전투를 승리로 이끌던 날 다시 대령으로 진급했다.

미군들이 말하는 페어헤드 보이는 어느 사회에나 있게 마련이지만, 맥아더와 아몬드의 관계는 한국전쟁에 결정적 영향을 미쳤다. 이로 인해 어느 정도는 한국 현대사를 바꿨다고 말할 수 있다. 정확히 말하면 맥아더의 지나친 아몬드 총애는 한국으로서는 행운과 불행이 뒤범벅된 복잡한 운명의 씨앗이었다.

맥아더는 인천상륙작전을 위해 아몬드를 10군단장에 임명하면서도 극동사령부 참모장 자리를 그대로 유지하게 했는데, 이것이 문제였다. 당시 한국에 주둔한 미군 총사령관은 8군 사령관인 워커 중장이었다. 오늘날 서울에 있는 워커힐은 그의 이름을 딴 것이다. 따라서 주한미군이라는 테두리에서 보면 사령관인 워커 중장이 10군단장인 아몬드 소장의 상관이었으나 극동사령부라는 테두리에서는 참모장인 아몬드 소장이 워커 중장의 상관이었다. 일사불란한 지휘 체계가 생명인 군으로서는 있을 수 없는 명령 계통이었다.

이로 인해 워커 중장은 아몬드 소장이 껄끄러울 수밖에 없었고, 자연히 10군단에 대한 워커 중장의 지휘권에 문제가 생겼다. 5성 장군으로 미군에서는 황제로 군림하던 맥아더 장군의 페어헤어드 보이였던 아몬드 소장도 고분고분 워커 중장의 지휘를 받으려 하지 않았다. 그러니 한국전쟁을 수행하는 유엔군의 3개 축인 미군 1·9·10군단이 상호 보완하며 유기적으로 작전한다는 것은 불가능했다.

이러한 상황은 인천상륙작전이 성공적으로 끝나고 유엔군이 북진을 시작하면서 누구도 예측하지 못하던 비극으로 다가왔다.

인천상륙작전에 성공한 유엔군은 38선을 넘어 북진하면서 미군 1·9군단에게는 서부전선의 주축을, 10군단에게는 동부전선의 주축을 맡게 하고 그 사이에 한국군을 배치했다. 미군이 한국군에 비해 장비도 우수하고 기계화돼 있으므로 미군의 기동력을 최대한 활용한다는 전략적 고려가 있었다지만, 미군이 험난한 산악지대를 기피했기 때문이었다는 것이 더 솔직한 이유였다.

그리고 그 뒤에는 워커와 아몬드의 갈등이라는 커다란 이유가 있었다. 두 미군 사이에 배치된 한국군은 워커와 아몬드가 직접 부딪히지 않도록 하는 완충지대였던 셈이다.

이 점은 북진 당시 유엔군 지휘부가 저지른 가장 중대한 실책이었다. 한국전쟁에 개입한 중공군 지휘부는 이와 같은 약점을 간파해 1950년 11월 25일부터 12월 24일까지 밀어붙임으로써 유엔군이 대패하고, 결국 38선 이남으로 전선이 다시 밀려 내려가며 서울을 넘겨주는 중요한 원인이 됐다. 중공군은 2차 공세에서 무기나 훈련이 미군보다 훨씬 뒤떨어졌던 한국군부터 집중 공격해 하룻밤에 한국군 7사단과 8사단을 제물로 삼고 전선을 동서로 가르며 밀고 내려왔다.

이로 인해 한국전쟁은 2년 반이나 더 끌면서 끝없이 피를 요구했다. 유엔군의 북진 대형이 서해안에서 낭림산맥까지는 미군 1군단과 미군 9군단, 낭림산맥은 국군 2군단, 낭림산맥에서 동해안까지는 미군 10군단과 국군 1군단으로 짜진 것도 이 때문이다. 군사적인 면에서는 참으로 뼈아픈 맥아더의 실책이었다.

이로 인해 두만강까지 올라갔던 미군 7사단도 결국 엄청난 피해를 입으면서 가까스로 흥남을 거쳐 탈출, 영옥이 합류했을 때까지 그 후유증에서 벗어나지 못하고 있었다. 구만산 전투를 하루 앞두고 1대대에 발생했던 해프닝도 그 연장선에서 나온 것이었다.

영옥이 1대대를 맡았을 때 병사들 사이에는 만성적 패배감이 만연해 있었다. '장진호 신드롬'이라고 불러도 될 만큼 병사들은 중공군에 대해 단단히 겁을 먹고 있었다.

병사들은 두 부류였다. 하나는 인천상륙작전과 북진에 참가해 함경도까지 갔던 고참들이었고, 다른 하나는 신병들이었다. 그런데 고참들은 전투 경험은 있었지만 장진호에서 중공군에 참패해 중공군을 두려워했다. 그러자 고참의 영향을 받게 마련인 신병들도 중공군에 대한 두려움이 매우 컸다. 전장에서 적에 대한 공포는 전염병 같은 것으로 별것 아닌 패배에도 일단 사기가 떨어지면 걷잡을 수 없는 나락의 구렁텅이로 빠져든다.

영옥은 정보참모로 있을 때 연대본부로 접수되는 정보보고서를 훑어보면서 중공군 역시 2차대전 승리의 주역으로 무기나 장비가 자기들보다 훨씬 좋은 미군을 두려워하고 있으며 사기도 아주 낮다는 것을 알고 있었다. 그러나 그런 것들은 병사들에게 말로 납득시킬 수 있는 것이 아니었다.

실체가 없는 '종이부대'

인천상륙작전이 맥아더의 군사적 천재성 덕분에 성공한 것은 사실이었지만, 영옥이 맡은 7사단 31연대 1대대의 경우만 봐도 한국전쟁 초기 미군이 얼마나 엉망이었는지 금세 알 수 있었다.

전쟁이 터졌을 때 1대대는 문서상으로만 존재해 미군들이 흔히 '종이부대'라고 부르는, 실체가 없던 부대였다. 보병 연대는 3개 대대로 구성되는데 31연대의 경우는 아예 대대 하나가 없었던 것이다. 31연대가 속한 7사단 전체를 봐도 상황은 마찬가지였다. 원래 미 육군 7사단은 1차 세계대전 중에 창설돼 독불 국경지대에 투입됐으며, 2차 세계대전 때는 태평양에서 일본군과 싸우다 종전을 맞았다. 전쟁이 끝나고 한반도에 남아 있는 일본군을 무장해제시킨다는 명목으로 미국과 소련이 38선 남북으로 각각 군대를 보냈을 때 미국이 남한에 보낸 군대가 바로 7사단이었다. 7사단은 남한의 군정군으로 있다가 대한민국 정부가 수립되자 이듬해 일본 홋카이도로 이동해 있던 중 한국전쟁을 맞았다.

전쟁이 나고 미군이 개입하면서 주일미군이 먼저 동원됨에 따라 7사단은 극동사령부 예비사단으로 남아 한국에 파견된 부대에 보충병력을 제공해 주면서 병력이 격감했다.

맥아더가 인천상륙작전을 구상하고 이를 위해 일본에서 미군 10군단을 급조하면서 7사단을 포함시켰을 때 7사단 병력은 정원의 50퍼센트에도 못 미쳤다. 그러자 극동군 사령부는 31연대 1대대 같은 종이부대를 실체화하기 위해 인력동원에 급급했고, 미군만으로 병력 충원이 힘들자 한국 정부로부터 한국 길거리에서 마구잡이로 잡아들인 장정 8652명을 넘겨받아 카투사라는 이름으로 병력을 채웠다. 그러니 7사단은 말이 미군이지 사실은 미군과 한국군으로 이뤄진 연합부대였다.

이렇게 해서 다시 한국으로 온 7사단은 한국전쟁에서 너무 많은 피를 흘렸기 때문에 나중에 이승만 대통령으로부터 민요 아리랑을 선물로 받아 사단가로 부르고 다녀 '아리랑 사단'이라는 별명도 얻게 되지만 그것은 나중 얘기였다.

1대대가 실체화될 때도 훈련다운 훈련은 엄두도 내지 못하고 후지산 훈련장에서 병력이 도착하는 대로 정원이나 채우기에 급급했으며, 이렇게 충원된 미군 병사들이나 한국군 카투사는 제대로 훈련도 받지 못한 채 상륙함으로 쓸려 넣어졌다. 미군 병사들조차 바다에 떠 있는 상륙 선단에서 며칠씩 헤매다 소속 부대를 찾곤 했다.

프랭크 와이즈 일병은 17세가 되던 생일날 아무것도 모르고 자원입대한 지 3개월 만에 한국전쟁이 터지자 일본으로 보내져 1대대로 배속돼 인천상륙작전에도 참가하고 함경도까지 갔다. 그러나 입대 직후 기본 군사교육을 받으면서 대검이나 수류탄은 구경조차 하지 못했다.

2차대전 승리로 오만해진 미군은 미군이라는 이름만으로도 세계 어느 나라 군대의 도전도 잠재울 수 있다고 착각하고 있었는지 모른다. 당시 미국은 18세부터 징집을 시작했으나 17세가 되면 보호자의 동의를 얻어 자원입대할 수 있었다. 이 때문에 17세도 안 된 소년들이 출생증명서를 위조해 입대하는 경우도 많아 한국전쟁에 동원된 미군 병사들 가운데는 16세 소년도 많았다.

탑골 전투

영옥에게는 병사들의 패배 의식과 공포를 없애는 것이 발등의 불이었다. 대대를 맡은 첫날 구만산 전투에서 C중대를 선봉에 세워 승리감을 맛보게 한 영옥은 다음 날 전투에서는 A중대를 선봉에 세웠다.

공격 목표는 구만산에서 서북쪽으로 4킬로미터 지점에 있는 탑골을 반원처럼 둘러싼 세 개의 산으로, 셋 중에서 가장 남쪽에 있는 산봉우리가 우선적인 목표였다. 이 산은 해발 364미터이기 때문에 364고지라는 이름이 붙여졌는데 그렇게 높지도 않고 중요한 전략적 의미가 있는 요충도 아니었다. 그러나 유엔군이 일제히 총반격을 해오자마자 대대 지휘부를 물갈이한 1대대나, 그렇게까지 해서라도 장진호 신드롬에서 벗어나려고 몸부림치는 31연대로서는 중요한 의미가 있는 전투였다.

병사들은 어제 전투에서 C중대의 공격을 앞두고 정교하게 포격 지원이 이뤄진 것에 대해 신기해하면서도 우연으로 여기고 있었다. 메이슨 중령이 대대장으로 있던 시절에는 본 적이 없던 장면이었다.

영옥의 대대 왼쪽에서는 한국군 11연대 1대대가 아침 10시께 장촌리 일대에서 중공군과 교전을 벌이고 있다는 보고가 미군 7사단 본부를 통해 연대본부로 전달됐다.

낮 12시 45분, A중대가 364고지로 다가서는 순간 제일 앞에 있던 소대가 갑자기 포격을 받기 시작했다. 중공군도 포격을 가하기 시작했지만 선두 소대에 떨어지고 있는 것은 아군의 포탄이었다. 전장에서 적군의 포격을 받으면 병사들은 공포에 떨게 마련이지만 아군의 오인 포격을 받게 되면 병사들이 느끼는 심리적 공포가 훨씬 더 심해진다. 병사 몇 명이라도 후퇴하기 시작하면 모두 허둥대는 바람에 순식간에 전열이 무너지면서 상황이 삽시간에 걷잡을 수 없게 된다. 포탄은 선두 소대 중앙에 정확히 떨어지고 있었다.

미군 중대의 전형적인 공격 대형은 선두 소대 소대장이 제일 앞에서 2~3명쯤 뒤처진 위치에서 소대의 공격을 이끌고 선두 소대 바로 뒤에서 중대장이 전체 중대를 지휘하는 것이다. A중대도 이 대형을 취하고 있어 포격을 받기 시작했을 때 중대장 윌리키 대위 뒤에 있던 병사들이 뒤돌아 뛰는데, 앞에 있던 윌리키 대위로서는 이들을 제지할 도리가 없었다. 머리 위로 포탄이 날아드는 판이니 윌리키 대위도 당황할 수밖에 없었다. 영옥은 중대의 공격을 지켜보기 위해 정보참모와 통신병을 데리고 중대의 중간쯤에 있었다.

아군 포격으로 갑자기 부상자가 발생하며 공격 대형이 무너지고 병사들이 명령도 없이 후퇴하기 시작하자, 영옥은 반사적으로 몸을 튕겨 포탄이 작렬하는 곳을 향해 뛰어나갔다. 영옥은 반대 방향으로 달려오는 병사들을 정지시키려 했으나 이미 넋을 잃은 병사들의 귀에는 아무 말도 들리지 않는 듯했다. 영옥은 즉시 오른손으로 권총을 빼 맨 앞에서 뛰어오는 병사를 향해 겨누고 왼손으로 멈추라는 시늉을 하면서 소리를 질렀다.

"후퇴하는 자는 즉결처분하겠다."

사실 영옥은 혼돈의 와중에서 혹시라도 실수로 권총이 발사되지 않도록 공이를 뒤로 젖히지는 않았다. 콜트 45는 공이를 뒤로 젖히지 않아도 방아쇠를 당길 수 있지만, 그렇게 하려면 의식적으로 힘을 주고 방아쇠를 당겨야 했다. 하지만 그런 것까지는 모르는 병사들은 영옥의 권총 앞에 멈춰 섰다. 병사들은 아직 영옥이 누구인지도 몰랐고, 극도로 혼란한 상황이었지만 백인이 아닌 장교는 영옥 하나밖에 없었기에 쉽게 병사들의 눈길을 끌기도 했을 것이다.

"당황하지 마라. 이 포격은 우리 것이다. 곧 포격이 멈출 테니 후퇴하지 마라."

영옥은 병사들을 다독거렸다. 갑자기 포탄이 터지는 순간 포성의 방향을 듣고 오인 포격이라는 사실을 직감한 영옥은 앞으로 뛰어나가면서 이미 포병 연락장교에게 즉시 포격을 멈추게 하라고 명령했던 터였다.

그렇지만 영옥이 병사들을 멈추게 했을 때는 이미 1차 포격이 끝난 시점이어서 부상자가 여러 명 발생한 뒤였다. 영옥은 우선 병사들에게 더 이상 아군 포탄이 그들에게 떨어지지 않을 것임을 납득시켜야 했다.

"중공군이 포를 쏘고 있지만 보다시피 아직 정확하지 않다. 산 위에 있는 중공군과는 아직 거리가 멀어 소총 사정거리에서도 벗어나 있다. 흥분하지 마라. 내가 너희와 함께 있겠다. 이미 우리 포병대에 포격 중지를 지시했지만 너희 앞에서 다시 확인하겠다."

영옥은 다시 포병대에 연락해 원래 공격을 지원하기로 돼 있던 포대가 조준을 잘못했는지, 아니면 다른 포대에서 발포한 것인지 확인시켰다. 확인 결과 원래 A중대의 공격을 지원하기로 돼 있던 연대 포병중대의 곡사포 하나가 조준을 잘못한 것으로 밝혀졌다.

원래 계획은 1차 포격 다음에 상황에 따라 추가 포격을 하는 것이었는데 포격 중지 요청이 포대에 전달됐을 때는 이미 1차 포격을 끝내고 추가 포격 명령을 기다리던 중이었다. 선두 소대에 105밀리미터 곡사포 다섯 발이 떨어진 뒤였다.

영옥은 부상자들을 후송시킨 후 대열을 정비하고 포대에 연락해 원래 목표를 향해 다시 포격을 가하게 했다. 적에게 타격을 가하는 효과도 있었지만 병사들에게 또다시 아군 포탄이 머리 위로 떨어지지 않는다는 것을 보여주는 것도 중요했다. 영옥은 평정을 되찾은 병사들을 독려해 다시 공격에 나섰고 40분 후 고지는 A중대의 수중에 떨어졌다.

364고지 전투는 40여 분 만에 끝났지만 이렇게 시작된 탑골 전투는 중공군의 반격으로 다음 날까지 계속됐다. 탑골 전투에서 미군 31연대의 상대는 중공군 538연대로 중공군은 2차 춘계 공세 때 내려보냈던 주력을 북한강 이북으로 철수시키기 위한 시간을 벌기 위해 적극적으로 지연전을 펼치고 있었다. 중공군은 전날에 이어 이날도 영옥의 1대대에 패하자 갑자기 날카로워지는 1대대의 예봉을 꺾으려는 듯 364고지 전투가 있은 지 세 시간 만에 A중대 하나만을 표적으로 1개 대대를 투입하기도 했다. 그러나 탑골 전투의 승자는 결국 영옥의 1대대였다.

다음 날 오전 탑골 전투가 1대대의 승리로 끝났다는 최종 보고를 받은 맥캐프리 연대장은 인사참모를 불렀다.

"구만산 전투와 탑골 전투를 승리로 이끈 김 대위에게 훈장을 줘야겠다. 내용은 뭐라고 써도 상관없으니 김 대위가 반드시 은성무공훈장을 받을 수 있도록 멋지게 서훈추천서를 작성하라."

맥캐프리 대령의 의도대로 영옥에게는 은성무공훈장이 수여됐다.

한국전쟁에서 받은 첫 훈장이었고, 은성무공훈장으로는 이탈리아에서 받은 것에 이어 두 번째였다.

사실 맥캐프리 대령은 영옥이 한국인 유격대를 이끌고 수행한 장거리 정찰 덕택에 적군 위치를 정확히 파악한 점, 전멸될 위기에 놓였던 중대를 구한 점, 방태산까지 넘어 한국군 3군단과 성공적으로 접촉한 점 때문에 충분히 훈장감이라 생각했다.

그러나 당시 분위기로 봐서 한국인 유격대를 이끈 공적에 미군이 훈장을 주게 하려면 군소리하는 자들이 너무 많을 것이라 생각해 서훈을 추진하지 않았다. 그 후 영옥이 소양강에서 화장터 골짜기 다리를 지켜 한국군과 미군이 체계적으로 후퇴해 반격에 나설 수 있는 기회를 마련했을 때는 더더욱 훈장을 주고 싶었으나 기회를 놓쳤다.

이 때문에 맥캐프리는 영옥이 연대본부에 근무할 때 군이 이 얘기를 꺼내 "네게 훈장을 빚지고 있다. 적당한 기회를 기다리고 있다"고 했는데 탑골 전투로 은성무공훈장을 준 것이었다.

청병산 전투

탑골 전투가 있던 날 밤 8시경, 맥캐프리 연대장이 다시 전화를 걸어 왔다.

"내일 아침 신동면에 있는 청병산을 공격하라."

"청병산은 2대대 작전지역 아닙니까?"

"그렇긴 하지만 청병산이 해발 652미터의 준봉에 일대의 산세도 험해 2대대만으로는 힘들 것이니 너희 대대가 도와주라."

"알겠습니다."

"2대대가 남쪽에서 북쪽으로 공격할 것이니 너희도 2대대와 같은 방향에서 공격하는 것이 좋겠다."

"……."

"왜 대답이 없나?"

영옥이 아무 대답을 하지 않자 연대장이 다시 물었다. 연대장으로부터 공격 지시가 떨어지는 순간, 영옥의 눈은 벌써 지도로 옮겨가 있었다.

"제 생각에는 그보다는 서쪽에서 동쪽으로 공격하는 것이 좋겠습니다."

"그래? 그렇게 생각한다면 그렇게 해."

구만산 전투는 C중대, 탑골 전투는 A중대에 각각 선봉을 맡겨 승리감을 맛보게 했던 영옥은 이번 청병산 전투의 선봉은 B중대에 맡기기로 작정했다. 청병산 전투까지 승리하면 각 소총 중대가 골고루 승리의 주역이 되는 것이어서 병사들의 사기가 올라갈 것이 분명했다. 이를 위해 승전 분위기를 이어가는 것이 중요한데 소총 중대장 세 명 가운데 영옥이 개인적 능력을 가장 잘 파악하고 있는 사람은 B중대장 찰스 론스포드 중위였다. 론스포드 중위라면 믿을 수 있었다. 론스포드 중위는 중대장이 된 지 이틀밖에 되지 않았지만 지도도 정확히 읽었고 영옥의 의중도 정확히 알 것이었다.

론스포드 중위는 서른한 살로, 영옥보다 한 살 아래였다. 사병으로 입대해 일본의 진주만 기습 당시 미 육군 최연소 중대 선임하사가 돼 있었던 그는 남태평양에서 일본군과 싸웠다. 전쟁이 끝나고 장교 임관 제의를 받았으나 부사관 직무가 마음에 든다며 임관을 거부하다가 인천상륙작전에 참가한 후 장교가 됐고, 미군 7사단과 한국군 사단을 연결하는 연락장교로 있기도 했다.

연대장이 메이슨 중령을 해임하고 영옥에게 1대대를 맡기면서 연대 내에서 아무 장교나 두 명을 데려가도 좋다고 했을 때 영옥이 망설이지 않고 지명한 두 명 가운데 한 명이 연대 수색소대장이던 론스포드 중위였다. 영옥이 론스포드 중위를 지명하자 연대장은 신음 소리까지 내며 아쉬워하면서도 즉시 1대대로 발령을 냈다.

B중대장이 된 론스포드 중위는 중대가 구만산에서 중공군의 공격을 받고 무기와 통신장비까지 버리고 후퇴했다는 사실을 알고는 그 길로 B중대 전원을 구만산으로 보내 팽개치고 온 무기와 장비를 거둬 오게 할 만큼 강단이 있었다.

영옥은 전방 전투지휘소를 삼포리와 대평리 사이에 두었는데, B중대는 그로부터 서북쪽으로 2킬로미터 정도 떨어진 소산골에 나지막이 솟아 있는 작은 산인 219고지에 있었다. 영옥은 론스포드 중위에게 지도가 없다는 것을 알고 직접 B중대로 가기로 마음먹었다. 한국전쟁이 일어난 지 1년이 돼가고 있었지만 최전방 중대장이 지도 한 장 없이 싸우고 있는 것이 미군의 현주소였다.

지프를 타고 가면 어딘가 있을 중공군이 소리를 들을 수 있어 B중대까지 걸어가기로 작정하고 운전병만 데리고 대대본부를 나섰다. 연대의 명령을 받고 공격 작전을 구상하는 데 그럭저럭 한 시간이 흘러간 듯 시계는 9시를 지나 이미 사방에는 어둠이 내려 있었다. 영옥의 운전병이 카빈총을 메고 무전기까지 챙겨 영옥과 함께 대대본부를 나서는 것을 본 하우스보이 최 소년도 잽싸게 자기 숙소로 뛰어가 카빈총을 들고 나오더니 영옥을 따라나섰다. 최 소년의 카빈은 병사들이 준 것이었다. 최 소년은 미군 병사들이나 한국군 카투사들에게 사격을 배워 총도 제법 쏠 줄 알았다.

영옥이 있던 산과 론스포드 중위가 있던 산 사이에는 좁고 긴 평지가 있었는데, 이곳을 따라 팔미리와 수동리를 연결하는 도로가 지나고 있었다. 영옥은 이 도로 주변에는 병력을 배치하지 않았다. 거기까지 병력을 배치하면 대대가 너무 엷게 포진돼 적의 공격을 받으면 쉽게 무너질 위험이 있었다.

산을 내려온 일행은 왼쪽으로 방향을 틀어 1킬로미터 가량 걸었다. 곧 팔미리와 수동리를 잇는 도로가 나타날 것이었다. 그 순간 어둠 속에서 인기척이 느껴졌다. 영옥은 권총을 빼면서 조용히 말했다.

"쉿! 아무 소리도 내지 말고 여기 있어라."

운전병과 최 소년을 정지시킨 영옥이 발소리를 죽이며 뛰다시피 걸어 30미터쯤 떨어진 도로까지 가 길 옆으로 몸을 숨겼다. 영옥의 오른손에 쥐어져 있는 권총은 여차하면 그대로 발사될 수 있도록 공이까지 뒤로 젖혀져 있었다.

소리는 북쪽에서 들려왔는데, 어둠 속에서 점점 커지며 영옥을 향해 다가왔다. 가만히 들어 보니 누군가 중국어로 부르는 노래였다. 어둠 속으로 사라진 영옥이 걱정스러웠는지 그 사이 다가와 영옥의 양옆을 호위하고 선 운전병과 최 소년도 즉시 상황을 파악하고 소리가 나는 곳을 향해 카빈을 겨냥했다.

"지시가 있을 때까지 발포하지 말라."

영옥은 운전병과 최 소년에게 나지막한 목소리로 지시했다.

잠시 후 사람의 모습이 나타났다. 인기척의 주인공은 중공군 병사였는데 무서움을 쫓으려는 듯 노래를 부르며 내려오고 있었다. 중공군 병사가 혼자 이 길을 따라 내려오는 것으로 봐서 남쪽 어딘가에도 중공군이 있는 것이 틀림없었다. 중공군 병사는 소총을 어깨에 메고 손에 무언가를 들고 있었는데 무엇인지는 정확히 보이지 않았다. 아무것도 모른 채 노래를 부르며 내려오던 중공군 병사는 불과 3~4미터 앞에 와서야 영옥 일행을 발견하고는 까무러칠 듯 놀라더니 어깨에 멘 소총을 잡아당겼다.

'탕, 탕!' 어둠 속에서 두 발의 총성이 잇따라 울렸다.

총성은 최 소년의 것이었다. 중공군 병사가 소총을 끄집어내리는 것을 보고 그대로 있으라는 영옥의 지시를 어기고 방아쇠를 당겼던 것이다. 그러나 총탄은 허공으로 날아갔다. 옆에 있던 최 소년이 발포하려는 것을 감지한 영옥이 최 소년이 들고 있던 카빈의 총구를 공중으로 밀어젖혔기 때문이었다. 최 소년은 영옥을 쳐다봤고 그 순간 중공군 병사는 자기가 왔던 방향으로 뒤돌아 죽을 힘을 다해 도망치기 시작했다.

최 소년의 사격을 방해하고 적병이 그대로 도망치도록 놔두는 영옥을 이해할 수 없어 운전병이 물었다.

"왜 그러십니까?"

"아니다. 그냥 두자."

영옥은 최 소년의 원망 어린 눈빛을 모른 체하면서 두 발의 총성이 중공군을 자극하지 않았기만 바라며 말했다.

"서두르자. 일단 B중대로 가자."

이미 31연대는 중공군과 밀착해 연일 교전을 벌이고 있어 언제라도 다시 전투가 벌어질 수 있었다. 운전병이나 최 소년은 알 수 없었지만 영옥은 인기척의 주인공이 중공군 병사 한 명이라는 사실을 확인하고 그를 살려 보내기로 결정할 때까지 비록 짧은 순간이었지만 많은 생각을 했다.

'중공군 병사 한 명을 더 죽인다고 대세가 달라지지 않는다. 만일 총을 쏜다면 정확히 한 방에 사살해야 한다. 그렇지 못하면 부상만 입히게 되는데 그가 치명상을 입어 다시 회생할 수 없는 상태라면 고통을 덜어주기 위해 한 발을 더 쏴야 한다. 회생할 수 있는 정도의 중상을 입힌다면 부상병을 포로로 잡아야 한다는 얘기가 되는데, 그렇게 되면 그를 들쳐 업고 대대본부로 다시 돌아가야 한다. 그렇게 되면 내일 공격을 앞두고 론스포드 중위와 작전계획을 의논할 수가 없다. 그를 들쳐업고 B중대까지 갔다가 다시 대대본부까지 돌아갈 수는 없는 노릇이다. 행보가 너무 늦어져 그 사이 적의 공격을 받을 수도 있고, 적의 공격을 받지 않아도 시간이 너무 지체되면 제때 응급처치를 해줄 수도 없다.

결국 선택은 단순히 총을 쏘느냐 마느냐가 아니라 반드시 그를 죽이느냐 마느냐이다. 굳이 그를 죽이고 싶지도 않다. 만일 경상만 입히는 것으로 끝나 그가 자기 진영으로 돌아간다면 중공군이 공격해 올 수도 있다. 무엇보다 총성으로 중공군을 자극해 원치 않는 교전에 말려들고 싶지 않다. 어둠 속에서 일어난 총성이 미군을 자극하지 말라는 법도 없다. 대대본부나 B중대의 미군들이 총성이 일어난 방향으로 무조건 총을 쏘지 않는다는 보장도 없다. 물론 확인되지 않은 총성을 두고 발포하지 않는다는 것이 미군의 원칙이고 야간 사격의 경우에는 이 원칙이 더 중요하게 취급된다.

그러나 지금 미군 병사들은 아직도 장진호 전투의 후유증에서 벗어나지 못했고 신병도 너무 많아 이탈리아나 프랑스에서 함께 싸우던 100대대 병사들과는 다르다. 다시 북쪽으로 도망간 중공군 병사가 부대로 돌아가 "도중에 동양인 미군 장교가 지휘하는 적군을 만나 되돌아왔다"고 보고해도 중공군 지휘관으로서는 그의 말을 믿기 어려울 것이다. 총탄에 맞아 실제로 피를 흘리는 상황이라면 얘기가 또 다를지 몰라도. 설사 중공군 지휘관이 그 병사의 말을 믿어도 그들로서는 적이 미군인지 한국군인지, 병력은 얼마나 되는지, 정확한 위치는 어디인지를 알 수 없어 섣불리 공격에 나서지 못할 것이다.'

영옥은 B중대로 발걸음을 재촉하면서 무전기로 론스포드 중위를 호출했다.

"방금 총소리는 우리 대대 하우스보이 최 소년의 것이니 신경쓸 것 없다. 나, 내 운전병, 최 소년 이렇게 셋이 곧 너희 중대 구역으로 들어가니 사격하지 마라."

영옥은 론스포드 중위에게 다음 날 공격 계획을 자세히 일러주고 B중대를 떠났다. 영옥이 대대본부로 돌아와 보니 연대장에게 전화가 걸려왔다는 메모가 남겨져 있었다. 영옥이 연대본부로 전화를 걸자 연대장은 단단히 화가 나 있었다.

"너, 도대체 이 깜깜한 밤중에 뭐 한다고 혼자 여기저기 나다니는 거야? 사방에 중공군이 득실거리고 있다는 것 모르나?"

"알고 있습니다. 방금 전에도 한 명 만났습니다."

영옥이 웃으면서 대충 어떤 일이 있었는지 설명하자, 연대장은 더욱 화를 냈다.

"지금 무슨 소리를 하는 거야? 지금부터 이유 여하를 막론하고 그런 식으로 혼자 다니지 마라! 어디를 가든 먼저 나한테 보고하고 다니란 말야!"

영옥이 적군을 살려 보냈다는 얘기는 삽시간에 대대본부에 쫙 퍼졌다. 최 소년이 한국군 카투사를 만날 때마다 말했고, 운전병도 미군들에게 말했기 때문이었다.

"적을 살려 보냈다는데 사실입니까?"

정보참모, 통신참모, 본부 중대장, 중화기 중대장이 약속이나 한 듯 영옥을 만나면 질문을 던졌다. 영옥이 간단히 설명해 주면 그에 대한 대답도 준비된 것처럼 비슷했다.

"미치셨군요. 저희는 본부 밖으로 나가신 것도 몰랐습니다. 그 밤에 혼자 밖에 나가시다니 미치지 않고서야 어디……."

두 장교의 미친 짓

다음 날 B중대는 영옥의 지시대로 서쪽에서 동쪽으로 청병산 공격에 나섰다. 어제 저녁 영옥에게서 공격 방향을 바꾸겠다는 얘기를 들은 연대장은 더 이상 말하지 않고 영옥의 소신대로 1대대를 지휘하도록 놔뒀다. 그렇지만 연대장은 이번에는 영옥이 잘못 계산하고 있다고 생각했다.

B중대가 영옥의 계획대로 공격에 나서기 위해서는 원래 연대에서 내려온 공격대기선을 서북쪽으로 3킬로미터 정도 이동해야 했다. 오전에 새로운 공격대기선으로 부대를 이동시킨 영옥은 대대참모들을 대동하고 선봉 중대의 뒤에서 공격을 지켜봤다. B중대는 불과 사흘 전 메이슨 중령이 대대장으로 있을 때 A중대장 윌리키 대위의 잘못된 보고를 받은 대대본부의 지시에 따라 마음놓고 구만산으로 오르다가 중공군의 공격을 받고 많은 사상자를 내고 패퇴해 사기가 엉망이었다.

청병산은 낙타 등처럼 봉우리가 두 개 있는데 공격이 시작될 때 중공군은 남쪽에 있는 봉우리 정상에 진을 치고 있었다. 론스포드 중위가 이끄는 B중대가 공격을 시작했을 때 중공군은 남쪽에서 공격해 오는 2대대를 향해 사격을 하느라 정신이 없었다. 그러다 갑자기 B중대가 서쪽 능선을 타고 모습을 드러내자 당황했다. 이어 남쪽 봉우리로 포탄이 떨어지자 그대로 북쪽 봉우리로 철수했다. 이 때문에 B중대는 총 한 방 쏘지 않고 남쪽 봉우리를 점령할 수 있었다.

B중대가 3.5킬로미터나 되는 능선을 타고 남쪽 봉우리 정상으로 접근하자 북쪽 봉우리로 철수해 이미 진용을 정비한 중공군이 총격을 가해 왔다. 그러자 병사들은 일제히 능선을 버리고 산비탈로 뛰어내

려 몸을 피하더니 능선 아래에 머리를 박은 채 방아쇠를 당기기 시작했다. 적군을 보지도 않고 쏴대는 총탄은 모두 허공으로 날아갔다. 중대장 론스포드 중위가 병사들에게 능선으로 다가서라고 독려하는 모습이 보였으나 누구 하나 꼼짝하지 않았다.

그러자 론스포드 중위는 혼자서 남쪽 봉우리로 이어지는 능선으로 오르기 시작했다. 곧 능선에 오른 론스포드 중위는 중공군의 총격에도 아랑곳하지 않고 우뚝 서서 팔짱을 꼈다. 중대 뒤에서 공격을 지켜보던 영옥은 순간적으로 론스포드 중위의 의도를 간파하고 자신도 쏜살같이 능선을 타고 남쪽 봉우리로 달렸다. 그 사이 론스포드 중위는 팔짱을 낀 채 천천히 능선 위를 걸었다. 뒤이어 도착한 영옥도 팔짱을 낀 채 론스포드 중위와 보조를 맞춰 천천히 능선 위를 걷기 시작했다. 론스포드 중위가 걸어다니면서 계속 병사들을 독려했다.

"너희들, 머리를 처박고 어떻게 총을 쏘나? 적을 보고 총을 쏴야 맞힐 것 아냐? 능선 위로 눈이라도 올려놔야 제대로 총을 쏠 것 아니냐고?"

"너무 위험합니다."

"그렇게 위험하면 나나 김 대위님은 어떻게 아직도 살아 있나?"

영옥은 일부러 웃음까지 띠고 론스포드 중위와 병사들의 대화를 지켜봤다. 자신들의 총격을 비웃듯 적군 장교 두 명이 팔짱을 낀 채 능선 위를 걸어다니는 모습에 당황했는지 중공군 일부는 산 아래서 비탈을 따라 공격해 오는 2대대를 향해 총을 쏘기도 하고 일부는 영옥과 론스포드 중위를 향해 총을 쏘았지만 총알은 계속 둘을 비켜 날아갔다. 동양인인 영옥은 중키에 체구도 작았지만 론스포드 중위는 노르웨이계로 바이킹의 후예답게 키도 180센티미터가 훨씬 넘고 체격도 우람해 눈에 띄는 표적이었다. 그렇지만 미군 병사들이 흔히 하는 말을 빌리면 이날 중공군 탄환에는 둘의 군번이 적혀 있지 않았다.

한동안 두 사람이 그러고 있자 양심의 가책을 느꼈는지 B중대원 두 세 명이 조심스레 능선 위로 머리를 내밀고 총을 쏘기 시작했다. 그러자 론스포드 중위는 이번에는 능선에 털썩 주저앉더니 주머니를 뒤적거려 무언가를 꺼냈다. 미군들의 최전선 전투식량인 K레이션이었다. 중공군은 계속 총을 쏘아 댔지만 론스포드 중위는 그대로 앉아 K레이션을 까먹었다. 잠시 후 다른 병사들도 일제히 능선에 머리를 내밀고 총을 쏘기 시작했다. 그러자 중공군은 사격을 멈추고 도망가기 시작했다.

북쪽 봉우리에 있는 중공군은 2개 소대 병력쯤 돼보였는데 후퇴하기 위해서는 남쪽 봉우리에서 불과 100미터도 안 되는 지점을 한동안 통과해야 했다. 그래도 미군 병사들은 단 한 명의 중공군도 맞히지 못했다. 팔짱을 낀 채 능선 위를 왔다 갔다 하던 영옥과 론스포드 중위를 중공군 수십 명이 맞히지 못한 것도 기적이었지만, 미군 150명이 소총에 기관총까지 미친 듯 쏘아 대고도 100미터 거리에 있는 수십 명의 적군을 단 한 명도 맞히지 못한 것 또한 기적이었다. B중대는 아직 병력이 모자라 원래 정원의 3분의 2에 지나지 않은 120명 정도였으나 이때에는 후속 중대의 선두 소대까지 합세해 남쪽 봉우리의 미군 병력은 150여 명으로 불어 있었다. 론스포드 중위는 그런 병사들을 보면서 노발대발했다.

"도대체 너희도 군인이냐? 적이 총을 쏘지도 않고 등을 보이며 도망가 위험도 없다. 그것도 이렇게 가까운 거리에 있는데 어떻게 단 한 명도 맞히지 못하나?"

그런 병사들을 바라보며 영옥이 소리내 웃었다. 그러자 론스포드 중위가 대들다시피 영옥에게 소리 질렀다.

"뭐가 그리 우스우십니까?"

"생각해 보라. 이게 코미디 아니고 뭐냐? 150명이 바로 눈앞에 있는 적 50명을 향해 미친 듯 총을 쏘는데 단 한 명도 맞히지 못하다니, 웃지 않을 수 있나?"

"……."

"그래도 오늘 전투는 아주 값지다. 병사들은 이런 근접전 끝에 중공군이 도망가는 것을 처음 경험했고 고지도 두 개나 탈환했다. 그것도 단 한 명의 사상자도 없이. 승리감에 젖어 마치 왕이라도 된 것 같지 않나? 앞으로 병사들은 적에 대한 공포에서 벗어날 것이다."

이날 교전에서 전사자는 중공군 한 명이었다. 그는 다른 중공군과 함께 도망갔다가 무언가를 잃어버리고 놓고 간 듯, 되돌아와 주워 다시 돌아가다가 병사들이 쏜 총탄에 맞았다.

전투가 끝난 후 병사 한 명이 신기한 듯 영옥과 론스포드 중위의 군복을 검사했다. 영옥의 군복에 난 총탄 구멍만 세 개였고 론스포드 중위의 군복에는 더 많았다.

영옥과 론스포드 중위의 미친 짓은 삽시간에 모든 부대로 퍼졌다.

둘의 광기는 또 다른 신화의 탄생이었다. 병사들 마음속에 영옥과 론스포드 중위는 불사조가 돼 날기 시작했다. 병사들은 자기들이 생명을 맡기고 있는 두 장교에게 무한한 신뢰를 보냈다.

이날 전투는 영옥의 말대로 중요한 전환점이었다. 구만산 전투, 탑골 전투에 이어 연전연승이었고 병사들은 자기들 앞에서 중공군이 등을 보이고 도망치는 상황을 눈으로 처음 봤다. 영옥이 맡은 이후 나흘간 대대의 피해는 전사 2명, 부상 46명이었다. 매일 전투가 벌어지고 특히 탑골 전투가 치열했던 것을 생각한다면 참으로 적은 피해였다. 병사들이 중공군에 대한 공포를 떨쳐 버리자 사기가 올라가기 시작했다. 전장에서 사기란 떨어질 때는 바닥을 모르고 떨어지지만 한번 올라가기 시작하면 하늘 높은 줄 모르고 올라가는 법이다.

한국 지형에 맞는 전투 방식 개발

1대대가 두 봉우리를 점령하고 전투를 끝낼 때까지 2대대는 산중턱에도 오르지 못하다가 결국 공격로를 포기하고 서북쪽으로 이동해 1대대가 택했던 공격로를 따라 1대대에 합류했다. 전투 결과를 보고받으면서 2대대도 결국 영옥이 택한 공격로를 따라갔다는 얘기를 들은 맥캐프리 연대장은 고개를 설레설레 흔들며 웃으면서 내뱉었다.

"당할 수가 없군. 역시 영이 옳았어."

이날 영옥이 택한 공격로가 연대장과 달랐던 것은 단순한 방향의 문제가 아니었다. 웨스트포인트 출신의 엘리트 장교였던 맥캐프리 대령은 미군의 전통적 전투 방식에 익숙해 있었던 것이고, 2차대전 때 이탈리아에서 산악전을 치렀던 영옥은 그때 경험을 바탕으로 한국 지형에 맞는 전투 방식을 적용한 것이었다.

그때까지 미군은 독립전쟁, 미·멕시코전쟁, 미·스페인전쟁, 1차대전, 2차대전을 모두 승리를 이끈 무패의 군대로서 나름대로 전통과 자부심을 가진 전투 방식을 갖고 있었다. 그런데 이들 전쟁은 모두 근본적으로 유럽과 미국의 대평원에서 치러진 것이었다. 보병의 전투 방식이 한국의 지형에 맞지 않았던 것이다.

미 육군의 기본적 편제는 부대 3개를 묶어 상급 부대를 만들고 그 상급 부대 3개를 묶어 그보다 높은 상급 부대를 만드는 식이었다. 말하자면 중대 3개를 묶어 대대를 만들고, 대대 3개를 묶어 연대를 만들고, 연대 3개를 묶어 사단을 만드는 식이다. 물론 대대의 경우에는 중화기 중대가 별도로 있고 연대의 경우에는 탱크 중대나 수색 소대 등이 별도로 있긴 하지만 기본 편제는 그런 식이다. 이 같은 편제를 갖춘 미군은 전투를 하게 되면 전통적으로 앞에 있는 지역을 오른쪽과 왼쪽으로 나눠 두 부대에 배정하고 나머지 한 부대를 예비대로 삼아 유사시에 대처한다.

연대의 경우를 예로 들면 연대는 3개 대대를 거느리므로 오른쪽은 1대대, 왼쪽은 2대대가 맡고 3대대는 예비대로 남겨 휴식도 취하면서 비상시에 대비하는 것이다. 이렇게 분할된 각각의 지역은 공격 작전이 진행 중이면 '존(zone)'이라 부르고 수비 작전이 진행중이면 '섹터(sector)'라 부른다. 청병산 전투를 앞두고 연대본부는 평소의 작전대로 전투 지역을 '존'으로 나누고 공격 명령을 내렸다. 그러자 2대대 역시 평원 전투처럼 병사들이 옆으로 늘어서는 진형으로 산 아래서 비탈진 산을 오르며 공격하기 시작해 결국 실패했던 것이다.

그러나 영옥은 이 같은 미군의 전통적 전투 방식이 이탈리아의 산악지대에는 맞지 않는다는 것을 2차대전을 거치며 이미 알고 있었다. 이탈리아와 지형이 비슷한 한국에서도 마찬가지였다. 영옥은 한국처럼 산세가 험한 나라에서는 가파른 산비탈을 거슬러 올라가는 대신 능선을 따라 공격해야 한다고 판단했다. 한국 산의 능선은 아주 좁아 능선을 따라 공격할 경우 기껏해야 병사 두세 명, 많아야 서너 명밖에 동시에 옆으로 늘어설 수 없는 문제점이 있지만 그것은 방어하는 적군도 마찬가지였다. 적군 역시 능선을 벗어나 산비탈에까지 넓게 병사들을 포진시킬 수는 없었다. 적어도 기동전이 계속되는 동안에는 그랬다.

영옥은 병사들이 적군에게 다가가 본격적으로 근접전을 벌이게 하는 것도 좋아하지 않았다. 병사들이 근접전 거리로 들어가기 전에 먼저 적군에게 궤멸적인 타격을 입히는 것이 옳은 방법이었다.

휴전선 60킬로미터 북상의 주역

이날 저녁 8시쯤 연대 작전참모 윌리엄 클락 소령이 영옥을 찾더니 다음 날 작전지시를 내렸다.

"오늘 밤 대대를 금대리 부근으로 이동시켜 내일 아침 수안산에 있는 중공군을 공격하라. 공격 개시 시각은 오전 8시 30분이다."

지시를 받으며 지도를 바라보던 영옥은 연대본부의 지시에 뭔가 이상한 점이 있다는 것을 금방 알았다. 일대의 지형과 중공군 위치로 볼 때 그 같은 지시는 정상적으로는 내려질 수 없는 것이었다. 대대가 있는 팔미리에서 그 시간에 금대리로 이동해 아침 8시 30분에 공격을 시작하려면 서쪽으로 흐르다 거의 90도 방향으로 꺾여 남쪽으로 흐르는 북한강을 따라 대대를 이동시켜야 하는데, 그 지역 전체는 여전히 중공군 수중에 있었다.

"벌써 저녁 8시인데 이 밤중에 어디를 통해 금대리까지 부대를 움직여 내일 아침 8시 30분에 공격을 하란 말입니까?"

"현 위치에서 남쪽으로 내려왔다가 서쪽으로 가면 중공군을 우회할 수 있지 않나?"

위험한 도박, 밤의 행군

팔미리에서 남쪽으로 내려오는 길을 찾아 홍천강까지 가서 서쪽으로 강을 따라 가다가 홍천강이 북한강을 만나면 다시 북한강을 따라 북쪽으로 가라는 얘기였다. 연대본부에서 클락 소령과 함께 근무하면서 그가 평면 지도를 입체적으로 보는 데 약하다는 것을 알고 있는 영옥은 연대장을 바꿔 달라고 요청했다. 수화기 반대편의 목소리가 맥캐프리 대령으로 바뀌자 영옥이 물었다.

"공격 계획이 어느 정도 확정된 것입니까?"

"100퍼센트 확정된 것이다."

"알겠습니다. 그러나 방금 클락 소령님이 권하는 행군 경로는 현실적으로 말이 안 됩니다."

"그러면 어떻게 하고 싶으냐?"

"아직 모르겠습니다. 생각을 좀더 해봐야겠습니다."

연대장과 교신을 끝낸 영옥은 계속 지도를 바라보며 골똘히 생각에 잠겼다.

'연대본부가 행군 경로를 그렇게 권하는 이유는 중공군 때문이다. 북한강에서 북쪽의 계관산으로 이어지는 지역에는 중공군이 있는 것이 확실하고 북한강 남쪽인 남면의 산악지대에도 아직 중공군이 남아 있을 가능성이 높다. 계관산은 불과 며칠 전 중공군이 한국 전선 전체에 걸쳐 2차 춘계 공세를 감행할 때 가평 지역의 본거지로 삼았던 곳이고, 남면의 산악은 그때 중공군이 대부대를 보내온 곳으로, 밀려드는 중공군을 저지하기 위해 유엔군도 연일 대대적 공습을 가했던 곳이다. 모르긴 몰라도 아직도 남면의 산악에는 중공군이 남아 있을 것이다.

그러나 연대본부가 권하는 행군 경로를 따라 오늘 밤 안으로 부대를 금대리 부근까지 이동시켰다가 내일 아침 8시 30분에 공격을 시작한다는 것은 절대로 불가능하다. 지금 부대가 주둔하고 있는 팔미리에서 홍천강까지 가는 것도 결코 만만한 일이 아니다. 게다가 홍천강은 원래 유달리 구불구불한 데다 소면을 지날 때는 굴곡이 한층 심해져 전체 행군 거리가 대충 눈짐작만으로도 60킬로미터는 넘을 것이다.

그렇다면 아무리 강행군을 해도 오전에 공격을 시작할 수 없다. 오후에 공격을 시작했다가 중공군의 저항이 완강하면 야간 전투로 이어지고 그럴수록 작전이 성공할 가능성은 낮다. 행군 거리가 너무 길면 병사들은 휴식은 고사하고 식사도 제대로 못해 자칫하면 허기와 피곤에 찌든 채 전투를 치러야 한다. 이미 병사들은 지난 5일 동안 하루도 쉬지 못하고 매일 격전을 치르고 있다.

전체 전황이라는 큰 그림에서 보면 유엔군은 공격하는 입장이고 중공군은 수세를 취하면서 다시 북으로 밀리는 상황이다. 이미 중공군은 공격적 전투를 피하기 시작했다. 미군이 북한강 남쪽 남면의 산악에 중공군이 있는지 없는지 확실히 모르는 이유는 이곳까지 정찰대를 보낼 만큼 병력이 충분하지 않기 때문인데 사정은 중공군도 마찬가지일 것이다. 중공군이 여기저기 산꼭대기에 진을 치고 있어도 산 아래까지 정찰대를 보내지는 않을 것이다. 게다가 유엔군은 공습을 제외한다면 아직 이곳의 중공군 진영까지 공격한 적이 없어 중공군은 안심하고 있을 것이다.'

영옥은 이탈리아에서 로마 해방전을 앞두고 연합군이 적정에 목말랐을 때 독일군 포로를 잡아오기 위해 적진으로 들어가던 때와, 한국에 처음 도착해 한국인 유격대를 이끌고 방태산을 넘어 한국군 3군단과 접촉한 후 부대로 돌아오면서 적진 사이로 흐르는 방태천을 따라 돌아오던 때를 떠올렸다.

곧 여름이었지만 중부전선의 산악에 들이치는 바람은 밤이면 더욱 거세졌다. 불과 며칠 전 보름을 넘긴 달은 여전히 밝았지만 이날은 짙은 구름이 떠 있어 어둠이 더했다. 영옥은 대대참모와 중대장들을 소집한 후 지도를 가리키며 설명했다.

"방금 연대본부로부터 명령이 있었다. 우리는 오늘 밤 금대리 부근으로 이동했다가 내일 아침 8시 30분 수안산에 있는 중공군을 공격한다. 적이 아직도 남면의 산악지대에 남아 있는지에 대해서는 확실한 정보가 없으나 십중팔구 그럴 것이 분명하다. 혹시 적이 없어도 보다시피 이곳에는 고깔봉·갈봉·봉화봉·차방산 등이 버티고 있고 길도 없어 도저히 하룻밤에 통과할 수 없다. 그렇다고 적을 피해 남으로 우회하면 공격 시각을 지킬 수 없고 너무 공격이 늦어지면 전투가 어렵게 된다."

"……"

"공격 시각에 맞추기 위해 지금부터 우리는 적진을 뚫고 행군한다. 즉시 여기서 철수해 우선 이 길을 따라 북한강으로 가서 강이 나타나면 강을 따라 서쪽으로 간다. 강촌, 백양을 지나 굴봉산 북쪽을 통과하면 잠시 후 북한강은 남으로 흐른다. 우리도 계속 강을 따라 남으로 간다. 목표는 이곳, 금대리 부근이다."

"……"

영옥의 입에서 적진을 가르는 야간 행군 지시가 떨어지자, 대대참모들과 중대장들의 얼굴에 당황하는 기미가 스쳐갔으나 모두 침묵을 지킨 채 영옥만 쳐다봤다.

"북한강 북쪽에는 중공군이 있는 것이 확실하고 남쪽 산악에도 중공군이 있을 수 있으니 전 부대는 행군 중에 절대로 소리를 내서는 안 된다. 최대한 조용하고 신속하게 행군하라. 지프 세 대를 제외한 모든 차량과 탱크는 지금 즉시 출발해 남으로 가서 홍천강을 만나면 강을 따라 서쪽으로 중공군을 우회하라. 내일 아침 공격대기선에서 만난다. 나머지 부대들은 일렬종대로 행군하되 간격을 최대한 좁힌다. 남게 되는 지프 세 대는 싣고 있는 모든 장비를 남으로 먼저 떠나는 차량에 넘겨주고, 헤드라이트를 끄고 행군 대열 뒤에서 따라온다."

탱크와 다른 차량들이 서둘러 출발하자 영옥은 곧바로 행군 명령을 내렸고, 대대는 일렬종대로 어둠에 묻혀 적진 30킬로미터를 관통하는 밤의 행군을 시작했다. 유엔군의 재반격이 시작됐지만 아직 이곳까지 이르지는 못해 중공군이 방심하고 있을 것이며 이로 인해 설마 적군이, 그것도 대대 병력이 사전 포격도 없이 그들 사이로 비집고 들어올 것이라고는 생각지 못하기를 바라는 위험한 도박이 시작된 것이다.

한동안 행군을 계속하는데 자정 무렵 연대장으로부터 무전이 들어왔다. 연대본부의 권고대로 행군했다면 당연히 통과해야 하는 지점에서 대대를 기다리고 있던 클락 소령이, 행군에 앞서 남쪽으로 먼저 출발한 차량들로부터 대대가 적진을 통과하기로 했다는 얘기를 듣고 연대장에게 보고했던 모양이었다. 목소리만 들어도 연대장이 단단히 화가 나 있다는 것을 알 수 있었다.

"지금 위치가 어디냐?"

"남도 근처를 지나고 있습니다."

"뭐? 벌써 남도라고? 도대체 지금 뭐 하는 거냐? 왜 거기 있나? 너, 지금 적진에 있다는 것 알고 있나?"

"알고 있습니다."

"알고 있어?"

"아침 8시 30분에 공격을 시작해야 한다고 명령을 받았습니다. 공격시각에 맞추려면 이 길만이 유일한 방법입니다."

"뭐야? 그렇다고 전 부대를 데리고 적진으로 들어가? 너, 도대체 제 정신이 아니구나. 그럴 것 같으면 차라리 공격 시각을 늦춰 달라고 할 것이지. 지금 그걸 말이라고 해?"

"너무 걱정 마십시오. 중공군이 귀찮게 하는 일은 없을 겁니다."

"뭐라고? 이거 한두 번도 아니고, 너 정말 나를 바보로 만드는 데 타고난 재주가 있구나."

"그만 교신을 끄는 게 좋겠습니다."

무전 교신이 상황을 더 위태롭게 할 뿐이라는 것을 알고 있는 연대장도 더 이상 다른 소리를 하지 않았다. 맥캐프리 대령은 역시 판단이 아주 빠른 사람이었다. 자신에 찬 영옥의 답변을 듣고 곧 화를 누그러뜨리고 무전을 껐다.

미군 작전지도에 남도로 표시된 곳은 오늘날의 남이섬이었다. 부대가 남도를 통과하고 있다는 것은 이미 행군 구간의 80퍼센트 이상을 지나 목표까지는 불과 5킬로미터 정도를 남겨두고 있다는 얘기였다. 맥캐프리 대령이 영옥으로부터 남이섬 일대를 통과하고 있다는 보고를 받고 깜짝 놀랐던 이유는 미군 보병부대가 행군 훈련을 받을 때 완전 군장을 하고, 시간당 평균 4킬로미터를 주파하는 것을 전제로 훈련을 받았기 때문이었다. 그렇지만 영옥은 2차대전 때의 경험으로 특수훈련을 받지 않은 병사들도 비상시 처음 몇 시간은 시간당 평균 7킬로미터의 행군도 소화해 낸다는 것을 알고 있었다. 이 때문에 영옥은 행군 지시를 내리면서 4시간에서 4시간 30분 정도면 될 것이라고 계산했던 터였다.

그날 밤도 바람이 세차게 불어 병사들의 군화 소리는 바람 속에 묻혔다. 천우신조인 듯 밤은 그대로 흘러갔고 선두는 잠시 후 북한강을 건너 금대리로 다가서고 있었다. 별일이 없다면 잠시 후 후미도 도착할 것이었다. 그 정도면 공격을 앞두고 병사들이 쉴 수 있는 시간도 제법 남아 있었다.

"병사들을 쉬게 하고 중대장들은 새벽 5시에 집합하라."

말이 쉬는 것이지 병사들은 그때부터 참호를 파고 추위와 싸우며 새우잠으로 때워야 했다. 늦게 도착하는 행렬 후미는 그나마 그 정도 시간도 없었다. 그렇지만 총성 한 발 울리지 않고 전 부대가 무사히 적진을 통과했다는 사실 하나만으로도 충분히 위안을 삼고도 남았다.

새벽에 중대장들이 모이자 영옥은 아직 걷히지 않은 어둠을 헤치며 다시 북한강을 건너 어제 지도에서 전투지휘소를 설치할 장소로 미리 봐뒀던 445고지로 오르기 시작했다. 445고지는 북한강을 사이에 두고 수안산과 마주한 산으로 수안산에서 동남쪽으로 4킬로미터 정도 떨어져 있었다. 공격 목표가 잘 보이는 곳으로 올라가 함께 육안으로 모든 것을 확인하고 작전계획을 점검하기 위해서였다.

일행이 산 위로 오르자 동이 터오기 시작했다. 산은 해발 401미터인 수안산보다 44미터나 높아 적의 움직임을 직접 눈으로 보면서 전투를 지휘하기에는 안성맞춤이었다.

아직 중대장 개개인의 능력과 장단점을 충분히 파악할 시간이 없었던 영옥은 지도를 보면서 작전계획을 설명하는 대신 일일이 손가락으로 가리키며 공격 목표를 설명하고 세부 작전까지 확인시켜 주었다. 이날 전투의 선봉을 맡은 A중대장 윌리키 대위가 방향감각이 약하다는 것을 유념해 어디서 공격을 시작하고 어떤 방향으로 공격해야 하는지 주지시키면서 25미터를 전진할 때마다 무전으로 보고하도록 주의시켰다.

8시 30분. 원래 연대본부가 지시한 공격 개시 시각이 되자 영옥은 지체없이 공격 명령을 내렸다. 어젯밤 부대가 적진을 관통하는 밤의 행군에 성공했을 때 이번 전투도 이미 판가름났다고 믿었던 영옥의 확신대로 전투는 계획대로 전개돼 대대는 오전 중에 수안산을 점령하고 작전을 마무리했다. 영옥도 전날 야간 행군이 위험부담이 큰 모험이라는 사실을 잘 알고 있었지만, 승리를 위해서는 때로 위험도 감수하고 과감한 결단도 내려야 했다. 그리고 그 같은 결단은 항상 지휘관의 몫이었다.

승전의 비결

이날 승전은 연대본부의 권유를 물리치고 결행한 행군이 토대가 됐지만 그것은 간접적인 이유였고 보다 직접적인 이유가 있었다. 그것은 한국전쟁에서 어느 유엔군 부대도 채용하지 않은 독특한 방식으로, 이날 전투부터 적용하기 시작한 공격 방식이었다.

전날 쏟아지는 적탄에도 아랑곳않고 론스포드 중위와 함께 팔짱을 끼고 능선 위를 걸어서 청병산 전투를 승리로 이끌었던 영옥은 전투가 끝난 후 중대장들을 소집했다.

"모든 병사들에게 오렌지색 포판을 적당한 크기로 잘라 하나씩 지니고 다니게 하라. 앞으로 선봉에 서는 병사들은 그렇게 자른 포판을 등에 부착하고 공격에 나선다."

포판이란 전투기나 포병 정찰기가 지상에 있는 아군을 적으로 오인해 폭격이나 포격을 유도하지 않도록 일선 부대가 지상에 깔아 두는 직사각형 모양의 널빤지 같은 것으로 공군이 지상군에 배포한 것이었다. 이 식별용 포판은 한 개가 가로 3미터, 세로 60센티미터 크기로 특수한 형광성 화학물질이 첨부돼 낮이나 밤이나 하늘 높은 곳에서도 볼 수 있도록 제작됐는데, 여러 색으로 만들어져 필요에 따라 몇 개를 연결해 깔기도 했다. 이 포판이 깔려 있으면 그곳까지는 아군이 진출해 있으므로 포판의 남쪽은 공격하지 않는 식이었다. 영옥은 이 중에서 오렌지색 포판을 적당한 크기로 잘라 공격에 나설 때 등에 부착하도록 한 것이었다. 선두가 이 포판을 등에 부착하고 있으면 병사들이 어느 선까지 진출했는지 멀리서도 정확히 알 수 있었다.

영옥의 지시가 병사들에게 전해지자, 병사들은 포판을 등에 달면 적군 눈에도 쉽게 띄어 그것은 곧 자살 행위라며 거세게 반발해 반란이 일어날 정도였다. 사실 장교들도 영옥이 그 같은 지시를 내리는 이유를 설명하자, 당시 미군의 주포인 105밀리미터나 155밀리미터 곡사포가 그 정도로 정밀 포격을 할 수는 없다며 반대했다.

그렇지만 영옥은 이미 2차대전 때 프랑스에서 이 방식으로 아군 피해를 최소화하면서 전투를 성공적으로 이끈 경험이 있었다. 원래 이 아이디어는 브뤼에르 전투에 참가한 한 일본계 병사가 낸 것이었다. 숲으로 공격해 들어가는 선두 부대를 위해 뒤에서 야포 지원을 조절하던 영옥의 쌍안경 안으로 한 병사의 등에서 무언가 밝은 물체가 들어왔다. 그 덕분에 영옥은 야포 지원을 훨씬 정교하게 이끌 수 있었다. 전투가 끝나자마자 그 병사를 찾아 확인해 보니 뒤에 있는 대대 지휘부가 자기 위치를 보다 쉽게 알도록 오렌지 포판을 잘라 메고 있었다고 설명했다. 이후 프랑스 전투에서 영옥은 항상 이 방식을 적용했고 실제로 성과도 아주 좋았다.

좋은 아이디어란 계급과는 무관한 것이다. 아무리 말단 부하의 것이라도 좋은 아이디어라면 빨리 채택할수록 병사들의 희생을 줄일 수 있다. 상관이 그렇게 되려면 스스로 계급 의식으로부터 해방돼야 하는데 그것은 결코 쉬운 일이 아니었다.

"포판을 등에 붙이면 적도 쉽게 볼 수 있다는 주장은 얼른 생각하면 그럴 것 같지만 실제 전투 상황에서는 그렇지 않다. 병사들이 공격 중에 등을 보이고 도망가지만 않는다면 문제가 되지 않는다. 병사들이 고지를 공격할 때 적군이 위에 있어 얘기가 다를 것 같지만 그것도 문제가 되지 않는다. 아군이 계획된 공격을 할 때는 최일선 공격조가 적군의 소총이나 기관총 사정거리에 진입하기 훨씬 전부터 지원 포격을 하기 때문이다. 105밀리미터나 155밀리미터 곡사포의 정밀도 문제에 대해서도 다른 생각이 있으니 너무 걱정 마라."

영옥이 말한 다른 생각이란 105밀리미터와 155밀리미터 곡사포의 정밀도 문제를 보완하기 위해 직사포를 동원하는 것이었다. 대공포였다. 중공군도 공군을 동원하기 시작했지만 중공군 전투기들은 38선 부근까지는 날아오지 않았기 때문에 유엔군 대공포부대는 개점휴업 상태였다. 영옥은 사단과 군단 소속 대공포부대로부터 '보퍼'와 '쿼드 50'을 빌려 왔다.

보퍼란 40밀리미터 구경의 대공포인데 원래 스웨덴의 보퍼사 제품으로 2차대전 당시 라이선스 계약을 맺고 미국에서 생산돼 최고의 경대공포로 명성을 날렸던 무기였다. 미군들은 이 대공포를 제조회사 이름을 따라 보퍼라 불렀는데, 한국전쟁에 와서는 2문을 붙여 한 문씩 번갈아 가면서 연속적으로 발사하도록 개선돼 '쌍둥이 보퍼'라는 뜻으로 '트윈 보퍼(Twin Bofor)'라 불렀다. 기관포 한 개가 1분에 120발씩 발사하는 트윈 보퍼는 실탄 한 발의 무게만 0.9킬로그램으로 화력이 막강했다. 게다가 고공 3,300미터 이상 날아가는 비행기도 요격할 수 있도록 제작돼 사정거리도 길고 정확해 멀리서도 공격에 나선 병사의 10미터 앞까지 지원 사격을 해줄 수 있었다. 한국 중부전선이나 중동부전선처럼 산이 밀집돼 두 산의 간격이 가까운 지형에서는 한쪽 산꼭대기에 갖다놓으면 건너편 산에 있는 표적을 충분히 공격할 수 있었다.

쿼드 50이란 0.5인치 구경의 기관포 4개를 한데 묶어 차량에 탑재해 역시 저공비행을 하는 항공기를 격추시키기 위해 제작된 대공포였다. 기관포 4개가 1분당 2300발을 퍼부었는데, 네 발마다 한 발씩 예광탄까지 들어 있어 탄도까지 알 수 있는 무기였다. 쿼드 50도 지상전에서 3,000미터 정도는 충분히 공격할 수 있었다.

한국 중부전선이나 중동부전선에서의 전투는 근본적으로 고지 쟁탈전이었다. 한국이나 이탈리아나 프랑스나 고지 쟁탈전이란 일정한 패턴을 갖게 마련이었다. 고지를 공격하는 입장에서는 먼저 공군이나 포병을 동원해 고지에 폭격이나 포격을 퍼붓고 보병이 돌격해 고지를 지키는 적과 근접전을 벌였다.

이 때문에 보병이 얼마나 적에 가까이 접근했을 때 폭격이나 포격을 중단하느냐가 매우 중요했다. 너무 일찍 중단하면 고지의 참호에 숨어 고개를 박고 있던 적이 고개를 들고 아군을 공격해 오고, 너무 늦게 중단하면 아군과 적군의 거리가 너무 가까워져 아군이 희생될 수 있기 때문이었다. 그래서 방어하는 입장에서는 적군의 포격이 진행되는 동안에는 참호 속에 틀어박혀 있다가 포격이 끝나거나 탄착점이 참호 뒤로 이동하면 고개를 들고 공격해 오는 적군을 향해 총을 쏘기 시작했다. 그러므로 공격하는 입장에서는 지원 포격이 없어지는 순간부터 적군의 집중 사격에 노출돼 사상자가 속출하곤 했는데, 이때가 제일 위험한 순간이었다.

따라서 아군의 피해를 줄이기 위해서는 이 노출 시간을 최소화하는 것이 무엇보다 중요했다. 심지어 아군 포격으로 아군이 한두 명 희생되는 순간까지 지원 포격을 계속함으로써 결과적으로 피해를 더 줄일 수 있다고 여겼다. 문제는 바로 이것이었다. 아군의 지원 포격으로 아군을 희생시키지 않으면서 지원 포격을 최대화해 병사들이 적의 화기에 노출되는 시간을 최소화하는 것은 병사들의 생사와 전투의 승패를 가르는 요소였다. 영옥이 직사포인 트윈 보퍼와 쿼드 50을 고지 쟁탈전에 동원한 것도 바로 이 노출 시간을 줄이기 위해서였다.

병사들이 공격에 나서면 먼저 곡사포인 105밀리미터와 155밀리미터로 지원 포격을 한다. 곡사포를 사용하는 지원 포격은 제일 앞에서 공격하는 병사들의 약 30미터 앞까지 떨어뜨려 줄 수 있지만, 그렇게 하려면 포병이 훈련이 잘 돼 있고 보병 역시 훈련도 잘 돼 있으면서 용감해야 했다.

영옥은 이 거리를 50미터로 유지해 오렌지 포판을 등에 멘 병사들과 적의 거리가 50미터로 줄어들면 곡사포를 멈추고 트윈 보퍼와 쿼드 50이 사격을 시작하도록 했다. 두 대공포의 정확성 덕택에 중공군은 병사들이 10미터 지점에 접근하는 순간까지 고개조차 들 수 없었다. 그 정도면 선두 공격조의 수류탄 투척 거리에 충분히 들어가는 거리였다.

하늘을 향해 쏘게 돼 있는 대공포를 가져와 발사 각도를 낮춰 지상전에 사용한다는 아이디어는 2차대전 때 독일군에게 배운 것이었다. 영옥은 로마 해방전을 치르면서 독일군이 미군의 쿼드 50에 해당하는 20밀리미터 대공포를 지상전에서 위력적으로 사용하는 장면을 똑똑히 지켜봤다. 영옥도 이후 이탈리아와 프랑스 전투에서 독일군을 상대로 쿼드 50과 포퍼를 지상전에 사용해 톡톡히 효과를 봤다.

적에게 배운다는 것도 실제로는 사고의 유연성이 없으면 잘 되지 않는다. 보병대대가 사단이나 군단의 대공포부대로부터 대공포를 빌려온다는 것을 일반 미군들은 상상하기 어려웠다. 실제로 영옥이 대공포부대에 대공포를 빌려 달라고 요청하는 것을 보고 많은 장교들은 영옥이 무언가 잘못 알고 있다고 생각했다. 대공포부대 역시 "적기도 없는데 무슨 대공포냐?"며 처음에는 거부했다.

그러나 영옥이 집요하게 요청하자 결국 대공포를 내줬다. 수안산 전투에서는 대대 전체를 위해 트윈 보퍼 두 대와 쿼드 50 두 대를 투입했지만 이후부터는 중대 하나당 트윈 보퍼 두 대와 쿼드 50 두 대를 배정했다.

영옥은 여기서 한 걸음 더 나아갔다. 당시 미군은 2차대전 때와 마찬가지로 통상적으로 1개 보병연대가 1개 포병대대의 지원을 받도록 돼 있었다. 보병연대는 보병대대 3개로 구성되고 포병대대는 포병중대 3개로 구성됐다. 따라서 1개 보병대대는 1개 포병중대의 지원을 받았다. 31연대의 지원을 맡았던 57야전포병대대 역시 마찬가지였다.

영옥은 포병연락장교를 따로 불렀다.

"우리 대대를 위해 포격 지원을 요청할 때는 내가 시키는 대로 하라."

"……?"

"너는 지금부터 내가 말하는 내용을 좋아하지 않을 게 분명하지만 말을 하겠다. 포격 지원을 요청할 때는 반드시 군단 포병대와 군사령부 포병대에도 요청해라."

"대대 작전에 군단이나 군사령부 포병대에 지원을 요청하라니 말이 안 됩니다."

"지금 교육시키거나 상의할 여유가 없다. 지금은 전쟁 중이고 우리는 이겨야 한다. 여러 소리 말고 내가 시키는 대로 하든가 아니면 대대를 떠나라."

"저는 대대에 파견된 포병연락장교입니다. 대대를 떠날 수는 없습니다."

"다시 말하지만 내가 시키는 대로 하든가 아니면 대대를 떠나야 한다."

"떠난다면 돌아가 포병대대장님께는 뭐라고 보고합니까?"

"그건 네 문제다. 나는 다른 포병연락장교를 요청하겠다."

"그렇게 하신다면 저로서는 좌천이나 다름없습니다. 부대로 돌아가 할 말이 없습니다."

"그러면 내가 시키는 대로 하면 될 것 아닌가."

"정말 그래도 됩니까?"

"그렇다. 일단 내가 시키는 대로 두 번만 해보라. 그 다음에도 내 방식이 마음에 들지 않으면 그때 가서 다시 얘기하자. 그렇지만 먼저 내 말대로 해야 한다."

영옥의 지시대로 10군단 포병대와 8군 사령부 포병대에 포격 지원을 요청한 포병연락장교가 놀라며 소리를 질렀다.

"믿을 수 없습니다. 군단 포병대도 군사령부 포병대도 포격을 해준답니다. 그것도 포병대대를 하나씩 동원해서. 포병대대 두 개면 108문입니다. 제가 쓸 수 있는 연대 포병중대의 18문까지 합치면 126문입니다."

군단이나 군사령부 포병이 지원에 나서면 상황이 근본적으로 달라졌다. 1대대는 다른 미군 대대가 동원하는 포병 화력에 비해 수십 배를 동원하는 셈이었는데, 이 모든 것이 이미 이탈리아 전선에서의 경험 덕택이었다. 지휘관이 부지런하면 연대에 없는 해결책을 사단에서 찾고, 사단에 없는 해결책을 군단에서 찾고, 필요하다면 군사령부까지 올라갈 수도 있었다. 병사들의 목숨이 달린 판에 적당한 선이란 처음부터 없으며 동원할 수 있는 화력은 최대한 동원한다는 것이 유럽에서나 한국에서나 영옥의 신조였다. 실제로 영옥은 한국전쟁에서 1대대 작전에 포병대대를 6개까지 동원한 일도 있었다.

영옥이 포병을 활용하는 방법도 근본적으로 달랐다.

일반적으로 미군 보병 지휘관들은 포병 지원을 요청할 때 공격 시간과 보병의 전진 속도를 예상해 연대 포병중대가 보유한 야포 18문 전체를 하나의 단위로 보고 포대 전체의 포격 시간과 지점을 미리 정해 놓고 있다가 보병의 이동에 맞춰 포격을 가하거나 중단시키려 했다. 그렇지만 일단 전투가 시작되면 적의 반응에 따라 보병의 전진 속도가 빨라지기도 하고 늦어지기도 해 이상적으로 정밀하게 포격을 유도한다는 것은 참으로 어려운 일이었다.

그러나 압도적 수의 대포를 확보한 영옥은 공격 지역을 바둑판처럼 촘촘히 나눠 각 지점을 포격할 포대를 미리 정하고 각 포대의 포격 순서도 미리 정하는 등 공격작전을 아주 정교하게 짰다. 그렇게 하면 전투가 시작된 후 동일한 포대가 어느 지점을 포격한 다음, 또 다른 지점을 포격하기 위해 대포의 발사 각도를 조정하지 않아도 됐다. 촌각을 다투는 절체절명의 순간에 여러 포대가 순서대로 동원돼 지원 포격이 계속 이어지도록 했던 것이다.

탱크 역시 마찬가지였다. 7사단은 1개 탱크대대를 거느리고 있었지만 보병대대가 공격에 나서면서 탱크 지원까지 요청하는 경우는 사실 많지 않았다. 이 같은 현상이 발생한 가장 큰 원인은 보병대대장들이 어떻게 탱크를 쓸 수 있는지 잘 몰랐기 때문이었다. 이로 인해 사실상 탱크가 남아돌다시피 해 필요할 때 언제나 탱크를 가져다 쓸 수 있었다.

영옥이 수안산 전투를 앞두고 적진을 관통하는 위험한 야간 행군을 단행한 것은 무엇보다 아침 8시 30분을 공격 개시 시각으로 못박은 연대본부의 지시 때문이었지만, 그것만이 이유의 전부는 아니었다. 중공군이 주간 전투보다 야간 전투를 선호했기 때문에 야간 전투는 되도록 피하는 것이 상책이었다. 이 때문에 1대대를 맡고 지금까지 치른 구만산 전투, 탑골 전투, 청병산 전투 모두 오전 중에 시작해 낮에 끝냈다. 이날의 수안산 전투 역시 마찬가지였다. 언뜻 보면 이 같은 전투 일정에 따른 차이는 별것 아닌 것 같지만 매일 전투가 계속되는 상황에서 전투 시간대가 가져오는 현실적 차이는 엄청났다.

맥캐프리 연대장 역시 이 점을 잘 알아 보통 아침 7~9시를 공격 개시 시각으로 정해 작전명령을 하달했으나 실제로 2·3대대의 경우는 이 시각에 맞춰 공격을 시작하는 경우가 드물었다.

대대는 연대로부터 내려온 작전명령에 따라 전투를 하는데 연대의 공식적인 작전명령은 원칙적으로 문서로 하달됐다. 문제는 이 문서가 항상 저녁 8시나 돼야 내려온다는 것이었다. 다른 대대들이 저녁 6시나 돼야 작전을 끝냈기 때문에 연대본부로서는 아무리 서둘러도 그럴 수밖에 없었다.

밤 8시나 돼서 연대의 공식 명령을 받은 대대는 그때부터 분석을 시작해 나름대로 작전을 짜고 모든 것을 다시 문서화해야 했으므로 중대장들은 새벽 3~4시가 돼야 작전명령서를 전달받았다. 중대장들은 그 문서에 입각해 다시 소대장들에게 지시를 내리는데 이 모든 것이 깜깜한 밤중에 이뤄져 아무것도 육안으로 확인할 수 없었다. 거기다 소대장이나 중대장들도 잠을 자고 아침도 먹어야 하기 때문에 아무리 연대본부가 아침 7~9시를 공격 시각으로 정해도 실제로 대대가 전투에 나서는 시각은 빨라야 아침 11시나 그 후가 됐다. 그렇게 되면 작전은 저녁 6시까지 계속되는 경우도 많고, 무엇보다 공격 자체가 체계적으로 되지 않아 시간을 오래 끌거나 아니면 중간에 포기하는 일이 많았다.

그러나 영옥의 대대는 연대본부의 지시대로 이른 아침에 공격을 시작해 대체로 오전 중에 작전을 끝냈다. 짧은 시간에 임무를 완수한다는 것은 그만큼 사상자가 적다는 의미였다. 사상자가 적을수록 병사들은 더 용감해지고 사상자가 없는 만큼 신병을 받을 필요도 없어 경험 있는 병사들을 그대로 유지할 수 있었다. 일찍 작전을 마쳤기 때문에 병사들은 다음 날 작전을 앞두고 충분히 휴식을 취할 수도 있었다.

어떤 고지를 점령하면 보통 다음 명령은 정면에 있는 두 고지 가운데 하나를 점령하라는 것이었다. 실제 어떤 명령이 떨어질지 몰라도 적어도 한 개에 대해서는 완벽히, 다른 한 개에 대해서는 어느 정도 작전을 짤 수 있었는데 대부분 명령은 예상대로 내려왔다.

영옥은 그날 작전이 끝나면 항상 정보참모, 중대장, 포병연락장교까지 대동하고 평균 두 시간씩 다음 날 작전 지역을 관찰하고 실물과 지도를 비교해 공격 계획을 짜고는 포병이나 탱크부대와 사전 협력을 긴밀히 취해 뒀다. 이 모든 것이 오후 2~3시쯤 이뤄지기 때문에 대낮에 모든 것을 육안으로 확인했고 포병연락장교는 실험 포격까지 마쳤다. 중화기 중대장은 박격포나 기관총 조준 연습까지 시켰다. 따라서 오후 3~4시면 소대장들도 다음 날 임무가 무엇인지 정확히 숙지했다.

저녁 6시쯤 영옥이 대대본부로 돌아가 저녁을 먹고 브리핑을 마치면 8시쯤 연대로부터 작전명령이 내려왔다. 일단 문서로 된 공식 명령을 받으면 다시 분석하고 낮에 구두 지시를 해뒀어도 다시 모든 것을 문서로 만들어야 했기 때문에 영옥은 밤 12시가 넘어야 잠자리에 들 수 있었다. 그러나 실제 전투를 수행할 중대장·소대장이나 병사들은 이미 모든 것을 숙지한 채 휴식을 취하고 있었다.

　이처럼 영옥은 하루 서너 시간 잠자기도 힘들었고, 그나마 걸려 오는 비상전화로 잠에서 깨어나야 하는 일이 비일비재했다. 전쟁터에서 책임 있는 지휘관이 되려면 개인 시간이란 하루에 단 5분도 있을 수 없었다.

휴전선 60킬로미터 북상의 주역

영옥의 리더십 아래 1대대는 완전히 면모를 일신해 구만산 전투, 탑골 전투, 청병산 전투, 수안산 전투를 연일 승리로 장식하면서 '무적의 부대'로 떠올랐다. 1대대를 앞세운 31연대는 한국전쟁에서 사실상 중공군의 마지막 총공세로 남게 되는 2차 춘계 공세를 저지하는 데 성공한 유엔군의 재반격을 인도하는 견인차가 됐다. 유엔군은 5월 27일 모든 전선에서 일제히 38선을 다시 넘었는데, 영옥이 이끄는 1대대는 이때 38선을 가장 먼저 돌파한 유엔군 보병부대였다.

　밀고 밀리던 한국전쟁에서 유엔군이 38선을 넘은 것은 세 번이었다. 첫 번째는 인천상륙작전 후 북진 때였고, 두 번째는 1·4 후퇴 후 서울을 다시 뺏겼다 수복하면서 취했던 방어적 공세 때였으며, 세 번째이자 마지막이 바로 이때였다.

　인천상륙작전 직후 처음 38선을 돌파할 때와는 달리 유엔군은 두 번째와 세 번째 38선 돌파 때는 커다란 정치적 의미를 두지 않았으나 영옥의 감회는 남달랐다. 아버지의 나라에서 전쟁이 터졌다는 소식에 군복을 다시 입던 순간, 이승만 대통령을 꼭 만나 보라던 어머니, 워싱턴의 해군 전략정보언어연구소에서 전투 장교로 한국에 오겠다고 우기던 일, 한국으로 보내 달라고 싱글스 대령을 설득하던 밤, 도쿄 극동군 사령부에서 한국어 시험에 일부러 떨어졌던 일, 부산역의 고아들, 소양강에서 무너져 내리는 한국군을 막던 다리, 겁에 질린 병사들을 독려하기 위해 목숨을 내놓고 걷던 청병산의 능선, 수안산 전투를 앞두고 단행한 밤의 행군이 그야말로 주마등처럼 스치고 지나갔다. 길지 않은 시간이었지만 많은 우여곡절을 거쳐 미군 대대를 이끌고 38선을 넘고 있는 것이었다.

한국에서 전쟁을 총지휘한 미 8군 사령부는 그날그날 전황을 종합해 매일 전선 지도를 새로 작성했다. 이 전선 지도에는 군·군단·사단·여단·연대의 위치만 기록할 뿐 대대 위치까지는 전부 기록하지 않는 것이 원칙이었다. 그러나 5월 31일자 8군 사령부 전선 지도는 중부전선에서 가장 북쪽으로 진격해 있는 김영옥 대대의 위치를 기록해 두고 있다.

이탈리아에서 태어나 프랑스로 이어졌던 영옥의 신화는 이렇게 한국에서 다시 재현되기 시작했다. 이를 바탕으로 영옥은 완곡한 U자의 밑 부분처럼 남으로 내려앉은 중부전선을 60킬로미터나 북상시켜 U자를 뒤집어놓은 듯 오늘날 휴전선이 중부전선에서 북으로 돌출하게 하는 주역이 된다.

영옥이 대대를 이끌고 중부전선에서 가장 북쪽으로 진격해 있던 1951년 5월 31일 현재 미군 31연대의 인적 구성을 보면 미군이 3522명, 연락장교 6명과 한국군 카투사 466명을 합친 한국군이 472명, 최전선으로 탄약이나 식량을 운반하고 사상자를 후송했던 한국인 민간인 노무자가 500명, 한국인 유격대가 약 100명이었다. 따라서 전체 약 4500명 가운데 미국인과 한국인의 비율은 대략 3대 1이었다. 그러므로 이 시기 미군 31연대는 말이 미군이지, 엄밀히 말하자면 한미연합군이었다.

38선을 다시 넘은 유엔군은 계속 공세를 퍼부었다. 31연대가 화천에 도착하면서 화천~금화 도로의 한쪽 끝이 유엔군 수중에 떨어지고 유엔군이 금화를 향해 공격을 계속하자, 중공군의 저항이 지금까지와는 비교되지 않을 정도로 거세졌다.

한국전쟁 발발 당시 북한군도 평강~철원~금화로 연결되는 철의 삼각지대를 통해 군대를 보내왔고 중공군이 춘계 공세를 감행할 때도 마찬가지였다. 반대로 유엔군도 평양으로 가려면 반드시 이곳을 먼저 손에 넣어야 했는데 공산군 입장에서는 이곳을 유엔군에 내준다는 것은 다음 전투를 평양에서 하겠다는 것이나 다름없었다. 철의 삼각지대는 그만큼 중요한 전략 요충이었다.

피로 물드는 전선

유엔군 선봉으로 38선을 돌파한 영옥의 1대대는 화천을 거쳐 북으로 중공군을 계속 압박했다. 전선이 철의 삼각지대로 북상할수록 중공군의 저항도 눈에 띄게 강해져 6월로 접어들어서는 하루에 1킬로미터도 전진하기 힘들었다. 산이란 산에서는 매일 처절한 전투가 벌어져 중부전선의 산야는 아군이고 적군이고 할 것 없이 젊은 병사들이 흘린 피로 물들어 갔다.

전선이 오르락내리락하면서 민간인들의 생활도 한없이 피폐해졌다. 집이라는 집은 모두 파괴돼 성한 것이 한 채도 없었다. 그 와중에 어디서 구해 오는지 주민들은 그래도 식량만은 그런 대로 갖고 있어 당장 굶어죽을 정도는 아니었다. 연대 대민업무과는 주민들에게 쌀·옥수수·소금·생선 등을 배급했지만 어떤 주민들은 굴이나 은신처에 숨어 좀처럼 밖으로 나오려 하지 않았다. 연대는 심리전 요원들을 파견해 이들에게 "동굴에서 나와 남으로 가라"고 설득했지만 끝까지 고집을 부리는 주민도 많았다. 한국인의 고향에 대한 집착은 미군들로서는 쉽게 이해할 수 없는 것이었다.

하루는 연대 위생병이 어디선가 생후 여덟 달밖에 안 된 갓난아이 한 명을 데려왔다. 대민업무과가 아이의 부모를 찾기 위해 노력했으나, 부모를 찾지 못하자 아이를 춘천의 피난민보호소로 보냈다. 또 한 명의 전쟁고아가 생기는 순간이었다. 며칠 후에는 어느 쪽이 쏜 포탄이었는지는 모르지만 포탄 파편에 맞은 민간인 세 명이 실려와 치료를 받고 역시 춘천의 피난민보호소로 보내졌다.

이 무렵 31연대 본부를 발칵 뒤집어 놓은 비극적인 사건이 발생했다. 화천댐 바로 남쪽에 있는 용암리라는 작은 마을에서 미군 병사 세 명이 한국 여성 둘을 집단 강간하는 사건이 벌어진 것이다. 그것도 보통 강간 사건이 아니라 사건 직전에 이를 목격하고 피해자들을 보호하려던 한국 남성 세 명을 모두 살해한 집단 살인강간사건이었다.

얼마 전 연대장 맥캐프리 대령이 3개 대대를 각각 따로 집합시켜 일장훈시와 함께 강간범을 군법회의에 회부하면서 "유사 사건이 일어나면 지위 고하를 막론하고 총살형에 처하겠다"고 으름장을 놓은 지 불과 달포 만에 다시 터진 것으로, 이번에는 민간인들까지 같이 살해한 사건이었다. 이 사건은 현지 주민이 연대 대민업무과에 신고해 알려지게 됐다.

사건을 보고받은 연대장은 노발대발하면서 반드시 범인들을 색출하라고 명령하고 수사의 공정성을 위해 일부러 한국 경찰까지 개입시켰다. 그러나 매일 계속되는 전쟁의 와중에 종적을 감춘 범인을 색출하기란 쉬운 일이 아니었다. 한국 경찰까지 동원됐지만 피해자들은 범인을 지목하지 못했고, 결국 사건은 미궁에 빠지고 말았다.

파일드라이버 작전

38선을 넘어 북한으로 들어간 1대대는 이 무렵 화천 북방 산악지대에서 발원해 북한강으로 흘러드는 마현천을 왼쪽으로 끼고 북상하면서 전투를 벌이고 있었다. 중공군은 유엔군의 북상을 막기 위해 영옥이 한국전쟁에서 처음 봤을 정도로 강력한 포격을 가해 왔다.

중공군의 강한 저항에 공격이 지체되자, 유엔군은 5일부터 '파일드라이버 작전(Operation Piledriver)'에 돌입해 공격에 다시 박차를 가했다. 이로 인해 영옥의 1대대는 화천~금화 도로 서쪽으로 작전지역을 옮겨 노적봉 북쪽에서 화천~금화 도로를 오른쪽으로 끼고 올라가며 이어지는 산악에서 전투를 벌이게 됐다.

중공군은 철의 삼각지대에서 전력을 재정비할 시간을 벌기 위해 필사적으로 유엔군의 북상을 지연시켰다. 자연히 전투는 치열해졌고 갈

수록 근접전이 벌어졌다. 1대대도 81밀리미터 박격포탄과 수류탄이 바닥나기 시작해 추가 탄약 보급이 있을 때까지 박격포 발사량을 하루 15발로 제한하라는 지시가 내려왔다. 박격포탄도 그렇지만 수류탄이 바닥나기 시작했다는 것은 그만큼 근접전을 치르고 있다는 얘기였다. 미군도 수류탄 투척 훈련을 받을 때는 가능하면 멀리 던지도록 훈련받지만 그것은 훈련소에서 자세를 마음대로 취할 수 있을 때 얘기고, 실전에서는 무언가 물체 뒤로 몸을 숨긴 채 적탄을 피해 가며 던지기 때문에 10미터를 던지기도 어려웠다. 실전에서 수류탄은 거리 문제보다는 동굴이나 참호 같은 곳에 숨은 적을 상대로 사용하는 경우가 많았다. 그러니 수류탄이 바닥난다는 것은 숨을 곳이 많은 적을 상대로 밀착해 싸우고 있다는 얘기이기도 했다.

영옥은 부하들의 희생을 줄이기 위해 안간힘을 썼지만 계속되는 전투로 1대대에도 매일 사상자가 발생했다. 7일에도 전사가 셋, 부상이 열 명이었다. A중대장 윌리키 대위도 이날 노동리에서 동굴을 수색하다가 숨어 있던 중공군이 쏜 기관단총에 여섯 발이나 가슴에 총탄을 맞고 전사했다. 북한강에서 소년의 시신을 가슴에 안고 슬픔에 젖어 있던 한국인 농부를 보고 마음 아파했던 A중대 2소대장 코백 중위도 같은 전투에서 중상을 입고 후송됐다. 코백 중위를 맞힌 적탄은 철모 가운데 그려진 중위 계급을 뚫고 두개골 상단을 깨뜨리며 지나가 1밀리미터만 더 낮았어도 그 역시 전사자 명단에 오를 뻔했다. 1대대는 아니었지만 영옥이 한국에 처음 와 이끌었던 한국인 유격대를 원래 조직하고 훈련시켰던 스막 중위도 하루 전 부상당했다가 결국 목숨을 잃었다. 8일에도 전사가 넷, 부상이 열 명이었는데 전사자 한 명은 한국군 카투사였다.

사실 영옥 자신도 사흘 전 파일드라이버 작전이 시작되던 날 하회역 일대 산악에서 박격포에 기관총까지 동반한 중공군의 집중사격을 받고 죽을 고비를 넘겼다. 이탈리아에서 몬테 카시노 전투를 치를 때 독일군 저격수의 총 끝에 놓여 운명의 여신에게 모든 것을 맡겨야 했던 상황이 재현된 것 같았다.

오인 포격으로 사상자 속출

노동리 전투에서 윌리키 대위가 전사하고 코백 중위까지 부상당하던 날 오후, 영옥은 1대대를 이끌고 계속 북으로 올라가면서 화천~금화 도로 너머로 안타까운 장면을 봐야 했다. 이번에는 바로 오른쪽에서 싸우던 2대대가 미군기의 공격을 받아 사상자가 속출했다.

2대대는 명재를 안고 있는 산악에서 싸우고 있었다. 2대대는 이날 새벽 31연대의 예봉을 꺾으려는 듯 2대대 하나만을 표적으로 여명을 앞두고 공격해 온 중공군 1개 연대를 맞아 아침 늦게까지 전투를 치른 터였다. 어떤 부대 하나만을 표적으로 정해 압도적 병력으로 압살하는 것은 중공군이 자주 쓰는 전법이었다. 영옥의 1대대가 유엔군의 공격을 이끄는 선봉 부대로 떠오르자 며칠 전에는 화천 바로 북쪽에서 영옥의 1대대만을 목표로 대병력을 보내와 치열한 전투를 치러야 했는데 이번에는 2대대가 표적이었던 모양이다.

아침에 있었던 중공군의 공격을 막아내기는 했지만 중공군이 계속 앞을 막자 2대대는 공군의 지원을 요청했다. 저녁 6시를 조금 앞두고 요란한 폭음과 함께 미 공군 F-80 전투기 1개 편대가 남쪽에서 모습을 드러냈다. 이 시간에 공군이 공습할 것이라고 미리 통보를 받았던 영옥은 별다른 생각 없이 공습 장면을 바라보며 행군을 재촉했다.

그런데 공습을 위해 제일 먼저 급강하한 1번기가 네이팜탄을 쏘는 순간 문제가 발생했다. 네이팜탄은 앞과 뒤에 있는 걸림 장치에 의해 전투기 아래 장착돼 있다가 조종사가 폭탄 투하 버튼을 누르면 두 걸림 장치가 동시에 풀리면서 지상 목표물을 향해 앞으로 나가며 발사되게 돼 있었다. 그런데 1번기가 네이팜탄을 쏘는 순간 뒤의 걸림 장치는 풀렸지만 앞의 걸림 장치가 늦게 풀려 폭탄이 잠시 전투기에 대롱대롱 매달려 있다가 투하됐다. 그러자 네이팜탄은 예정된 만큼 앞으로 발사되지 않고 표적보다 훨씬 남쪽으로 떨어졌는데 그 지점이 공교롭게도 2대대 G중대가 있는 곳이었다. 물론 1번기 조종사는 그러한 상황을 알 수 없었다.

당시 미 공군 편대는 지상 표적을 공격할 때 별도 지시가 없을 경우, 뒤따르는 2·3·4번기는 편대장인 1번기가 공격하는 표적을 무조건 공격하도록 돼 있었다. 자연히 뒤따라 강하한 2·3·4번기는 G중대를 겨냥해 네이팜탄을 퍼부었는데 이번에는 아무 문제 없이 폭탄이 투하됐다. 2대대로서는 적을 공격해 달라고 불러들인 아군기가 자기들을 공격한 셈이었다. 멀리서 날아오는 F-80 편대를 반기던 G중대는 한순간에 쑥밭이 되고 말았다.

사실 영옥은 공습이 있기 전에 공군으로부터 전투기들이 동쪽에서 서쪽으로 날아가며, 다시 말해 오른쪽에서 왼쪽으로 날아가며 폭격을 해도 좋으냐고 허가 요청이 왔을 때 거부했다. 1대대가 바로 오른쪽에 있는 2대대보다 앞으로 나와 있는 상황이기 때문이었다.

그런 상황에서는 2대대 앞을 가로막고 있는 중공군과 영옥의 1대대는 오른쪽에서 날아오는 전투기 조종사의 입장에서 보면 같은 직선상에 있으면서 1대대가 중공군보다 더 멀리 놓이게 된다. 하늘 높이 고속으로 날아드는 조종사로서는 지상의 아군과 적군을 육안으로 구별할 수 없어 지상의 아군이 터뜨려 주는 신호탄을 보고 아군인지를 확인해 그곳은 폭격하지 않는 것이 원칙이었다.

그러나 그것은 결코 말처럼 쉽지 않았다. 그뿐 아니라 날아드는 전투기 입장에서 볼 때 아군과 적군이 동일선상에 있으면서 아군이 더 멀리 있을 때는 투하된 폭탄이 원래 표적으로 삼았던 적군을 맞히지 못하고 조금 더 멀리 날아가면서 곧바로 아군을 폭격할 수도 있었다. 실제로 영옥은 2차대전이나 한국전쟁에서 그런 상황을 심심찮게 목격했기 때문에 근접전에서는 되도록 공군의 지원을 받지 않으려 했다.

공군은 폭격에 앞서 공습 방향에 대해 육군과 협의하는 것을 원칙으로 삼았다. 그런데 이날은 서쪽에서 동쪽으로 날아가며 폭격하는 시나리오에 대해서 물어 오지 않았다. 아마도 1대대 서쪽에 있던 부대가 싫다고 했기 때문이었을 것이다. 전투기는 폭격을 위해 지상으로 내려올 때 속도를 떨어뜨려야 하므로 폭격에 임박할수록 속도도 낮아지고 적과의 거리도 가까워져 대공사격에 취약해졌다. 이 때문에 공군은 아군 쪽에서 날아와 적을 폭격한 다음 기수를 높이면서 기체를 틀어 최대한 신속하게 적진 상공에서 빠져나가려 했다. 결국 나머지 유일한 폭격 방향은 남쪽에서 날아드는 것이었다.

이처럼 육군이 공군의 공습 방향을 문제삼았던 이유는 오인 폭격을 피하기 위해서였는데, G중대가 오인 폭격으로 직격탄을 맞은 것이었다. G중대는 영옥이 한국인 유격대를 데리고 장거리 정찰을 나갔을 때 내린천에서 북한군 매복에 걸려들기 직전에 구출했던 바로 그 중대였다.

아군에 의해 아군이 희생되는 오인 사격, 오인 포격, 오인 폭격은 실제 전장에서는 끼고 살 수밖에 없는 애물단지였다.

위기를 모면한 맥캐프리 연대장

9일에도 유엔군은 모든 전선에서 공세를 계속했다. 화천 북쪽의 유엔군 공격 대형은 화천~금화 도로를 기준으로 약간 서쪽엔 미군 32연대, 약간 동쪽엔 한국군 7연대가 있었고, 영옥이 속한 미군 31연대는 그 둘 사이에서 도로를 끼고 북으로 올라가며 싸우고 있었다.

이날 영옥의 대대가 부여받은 임무는 노동리에서 사방거리를 지나 산양리에 이르는 4킬로미터 구간을 손바닥 보듯 내려다보는 두 개의 산봉우리를 오후 3시까지 장악하는 것이었다.

영옥의 대대는 이때쯤에는 치밀한 작전과 강력한 화력 지원을 바탕으로 수행되는 영옥의 독특한 공격 방식에 익숙해져 있었다. 긴급 공수로 탄약을 확보한 1대대는 이날 전투도 예정보다 네 시간이나 앞당겨 오전 11시께 끝내고 전장 정리에 나서 두 시간 만에 중공군의 반격에 대비한 수비 진형까지 완전히 마쳤다. 이때 연대본부에서 영옥을 찾았다.

"541고지를 점령해 줄 수 있겠나?"

"거기는 오늘 작전계획에는 들어 있지 않은 것으로 알고 있습니다."

"알고 있다. 그래도 그렇게 해줄 수 있겠나?"

"알겠습니다."

541고지는 1대대가 방금 점령한 산들에서 금화가 있는 서북쪽으로 2.5킬로미터 정도 떨어진 또 다른 산이었다.

영옥은 알았다고 대답은 했지만 공격을 미뤘다. 아직 공격 준비가 되지 못한 것도 문제였지만 공격에 성공해도 좌우의 아군에 비해 1대대만 단독으로 튀어나와 적진 속으로 너무 깊이 들어가게 되는 것이 더 큰 문제였다. 이미 지금도 오른쪽에 있는 3대대의 진격이 늦어져 대대의 오른쪽 측면이 3킬로미터나 적에 노출돼 있는데, 541고지까지 점령하면 그것이 더 늘어나게 되는 것이다. 그렇게 되면 동쪽 서쪽 북쪽이 모두 적에게 노출돼 3면이 포위되면서 자칫하면 퇴로마저 끊어질 염려가 있었다.

영옥이 주변 상황이 호전되기를 기다릴 겸 공격 준비도 할 겸 일부러 시간을 끌자 연대본부가 다시 영옥을 찾았다. 아까만 해도 사정조로 얘기하던 연대본부는 이번에는 왜 빨리 공격에 돌입하지 않느냐고 성화를 부렸다. 영옥은 곧 공격을 시작한다고 대답했지만 여전히 시간을 끌었다. 그 사이 영옥은 포병연락장교에게 지시했다.

"이번 전투는 완전히 상황이 다르다. 사단·군단·군사령부 포병에 모두 연락해 지원 포격을 최대한 확보하라. 각각 포병대대를 2개씩 배정해주면 6개다. 중간에 멈추지 말고 6개를 확보할 때까지 최선을 다하라. 541고지를 점령하는 순간 우리는 3면이 적에게 포위된다. 이번에는 중공군이 틈을 주지 않고 반격해 올 것이다. 확보하는 지원 포격은 이때를 대비해서도 충분히 남겨야 한다. 중공군은 반드시 541고지 서쪽과 북쪽 사이 어딘가에서 반격해 올 것이니 아예 지금 좌표까지 불러 주고 포격 준비를 마치게 하라."

포병연락장교에게 지시를 마친 영옥은 탱크 중대장 윌리엄 밀러 대위를 찾았다. 보병대대는 탱크 중대와 직접 교신이 되지 않아 중간에 한 다리를 거쳐야 했다.

"빌, 연대본부에서 541고지를 공격하라고 한다. 지형을 보니 공격은 반드시 산양리에서 시작해야 하는데 거기까지 탱크를 좀 보내줄 수 있겠나?"

영옥은 그 상황에서 탱크가 산양리까지 온다는 것이 얼마나 위험한지 잘 알고 있었다. 탱크들이 지나야 하는 도로 오른쪽에서 싸우고 있는 3대대가 아직도 명재 바로 북쪽에서 교전을 벌이고 있어 탱크가 보병 지원도 없이 그보다 북쪽으로 올라갔다가 중공군의 바주카포 매복에 걸리면 끝장이었다. 그렇다고 영옥이 보병을 보내줄 수 있는 형편도 아니었다.

"영, 걱정 마라. 지금 당장 보내마."

1대대가 단독 작전에 들어가야 한다는 것을 알고 밀러 대위는 흔쾌히 영옥의 요청을 수락했지만 그 역시 이것이 얼마나 위험한 임무인지 잘 알고 있었다. 퇴각하는 중공군은 시간을 벌기 위해 마현천에 세워진 다리란 다리는 모두 폭파했고 화천~금화 도로에도 장애물을 설치해 탱크가 산양리까지 올라오는 것 자체도 쉬운 일이 아니었다. 이 때문에 밀러 대위는 자기가 직접 탱크들을 이끌고 산양리까지 왔다. 일렬종대로 산양리에 도착한 탱크들은 541고지를 향해 일제히 포신을 돌린 후 영옥의 공격 신호를 기다렸다.

영옥이 탱크와 야포가 지원 준비를 마친 것을 확인하고 포격 지시를 보내자, 밀러 대위가 탱크들에 발포 명령을 내렸다. 포격은 산 아래에서 시작돼 차츰 위로 옮겨졌다. 때맞춰 포병들이 쏘아 대는 곡사포탄도 서서히 산꼭대기로 옮겨갔다.

영옥은 541고지를 바라보며 A중대에 공격 명령을 내렸다. 탱크와 곡사포의 엄청난 화력 지원을 바라보며 능선을 타고 공격을 시작한 A중대 선두 소대가 산중턱을 지나자 탱크가 먼저 포격을 멈췄다. 탱크는 발사 각도에 제한이 많아 그 이상 높은 지점을 포격할 수 없었다. 영옥은 선두 소대가 산꼭대기로부터 50미터 지점에 이르는 것을 보고 곡사포를 멈추게 했다. 그 순간 대기 중인 트윈 보퍼와 쿼드 50이 불을 뿜기 시작했다. 트윈 포퍼 2대와 쿼드 50 두 대가 토해내는 대공포탄만 1분에 5천 발 가량 되었다. 이제는 모든 것이 병사들도 익숙해져 있는 정해진 수순이었다.

A중대가 산꼭대기에 오르자, 50미터 뒤에서 따라오며 A중대를 받치고 있던 C중대도 가세했다. 영옥은 공격을 앞두고 C중대장 맥코이

대위에게 재차 강조했었다.

"A중대의 공격 거리가 1킬로미터를 넘으니 너희는 A중대 후미에서 50미터 거리를 유지했다가 A중대가 꼭대기를 점령하면 즉시 가세하라."

영옥이 맥코이 대위에게 A중대와의 거리를 50미터로 유지하라고 지시한 이유는 A중대가 산꼭대기에 오를 때면 병사들의 탄약이 바닥나 있을 것이기 때문이었다. 당시 미군 보병이 일반적으로 몸에 지니는 탄약은 병사가 겁에 질려 계속 방아쇠를 당긴다면 20분 정도 버틸 수 있는 양이고, 경험이 많은 병사라면 전투가 치열할 경우 한 시간 정도 버틸 수 있었다. 영옥은 A중대가 541고지 아래 공격대기선에서 공격을 시작해 꼭대기를 점령하는 데까지 한 시간 정도 걸릴 것으로 보고 C중대에 지체없이 가세하라고 했던 것이다.

그 순간 중공군이 반격해 오기 시작했다. 중공군은 마치 미리 짜둔 시나리오에 따라 후퇴했다가 공격하는 듯 이번에도 압도적 병력으로 반격해 왔다. 아침에 점령한 산에서 전투를 지휘하던 영옥의 쌍안경에 보이는 선두 공격조만 200명은 넘는 듯했다. 방금 산꼭대기를 점령하고 한숨 돌리던 A·C 중대 병사들은 중공군이 너무 많은 것을 보고 긴장하는 듯했다. 방금 전 선두에 섰던 A중대 병사들은 이미 탄약도 바닥나 있었다.

중공군의 고함 소리가 커지고 이를 보고 있던 A·C 중대 병사들의 얼굴에 공포가 번지는 순간, 천지가 다시 포성으로 진동하기 시작했다. 중공군의 반격을 예상해 좌표까지 넘겨주고 대기시켜 놓았던 곡사포들이 일제히 포문을 연 것이다. 포격은 5분간 계속됐다. 서북쪽에서 북쪽으로 이어지는 541고지 뒤편이 순식간에 포연과 먼지로 뒤덮였다. 잠시 후 포연이 걷히자 그 많던 중공군은 거짓말처럼 자취를 감추고 없었다. 중공군은 후퇴하면서 전사자를 수습해 갔는지 포격에 모두 산화했는지 사라지고 없었다. 중공군은 전사자의 시신을 적에게 넘기지 않기 위해 최선을 다하는 것으로 정평이 나 있어 미군들도 이 점에서는 중공군을 높이 평가했다.

이날 영옥 부대 왼쪽에서 싸우던 32연대도 목표를 점령하고 보니 중공군 전사자의 시신만 70구 있었는데 다수가 지면 가까이 낮게 매장돼 있었다고 사단본부에 보고해 왔다. 중공군은 82밀리미터 박격포 여러 문과 포탄도 많이 버리고 갈 정도로 황급히 철수하면서도 전우들의 시신을 그렇게나마 묻어 주고 떠났던 것이다.

잠시 후 영옥은 대대 지휘부와 함께 541고지로 올라갔다. 541고지 전투는 그렇게 막을 내렸다. 영옥은 시계가 2시 55분을 가리키는 것을 보면서 무전기로 연대본부를 호출했다.

"방금 541고지를 점령했습니다."

"고맙다, 영. 고마워. 이 고마움을 앞으로 영원히 간직할 것이다."

영옥은 연대장이 수고했다는 말 대신 고맙다고 말하는 것이 좀 이상했지만 대수롭지 않게 생각하고 무전기를 껐다. 그리고 평소와 마찬가지로 다음 날 공격 작전을 세우려고 대대 지휘부와 함께 산을 내려와 공격 목표가 잘 보이는 지점으로 이동했다.

대대 지휘부라면 보통 두세 명이나 서너 명을 연상하기 쉽지만 실전에서는 20명이 넘는 경우도 많았다. 대대장, 작전참모, 정보참모, 소총 중대장 3명, 중화기 중대장, 포병연락장교만 참가해도 8명인 데다 모든 장교가 자기 통신병을 데리고 다녔다. 대대장, 작전참모, 정보참모, 중화기 중대장, 포병연락장교의 통신병은 2명씩이니 통신병만 13명이어서 이들만 합해도 21명이었다. 포병연락장교의 무전기는 더 무거웠기 때문에 그의 통신병은 너덧 명이 되기도 하고 경우에 따라 상급 부대의 포병연락장교나 탱크부대 장교, 그리고 그들의 통신병까지 가세할 때도 있었다. 거기에 유선전화용 전선을 설치하는 통신병까지 합하면 숫자는 눈덩이처럼 불어났다.

541고지는 두 개의 능선이 토끼 귀처럼 북쪽과 동북쪽으로 각각 1킬로미터쯤 길고 완만하게 이어지며 낮아지다가 갑자기 경사가 급해지면서 평지로 연결됐다. 평지 위로 지혜동이라는 작은 마을이 있고 마을 가운데로 화천~금화 도로가 지나갔다. 541고지에서 북으로 이어지는 일대 지형을 잘 보기 위해서는 토끼의 양쪽 귀 끝까지 가야 했으므로 영옥 일행은 발걸음을 재촉했다. 이때 연대본부가 다시 무전기로 영옥을 찾았다.

"김 대위, 조금 전에 연대장님께 541고지를 점령했다고 보고했을 때 왜 연대장님이 고맙다고 하셨는지 아나?"

"모릅니다."

"오늘 자칫했으면 연대장님이 군복을 벗을 뻔했는데 김 대위가 구해드렸기 때문이다."

"무슨 말씀이십니까?"

"사실 오늘 연대 전투지휘소에 군단장님이 전선 시찰을 나오셨다.

당연히 사단장님도 와 계셨지."

군단장이란 9군단장 윌리엄 호그 중장을, 사단장이란 7사단장 페렌보 소장을 말하는 것이었다.

"……."

"그런데 알다시피 어제에 이어 오늘도 3대대의 진격 속도가 너무 늦지 않았나. 3대대의 진격 속도가 늦자 군단장님이 바로 왼쪽에 서 있던 사단장님께 '3대대가 502고지를 점령하기로 돼 있는 예정 시각이 언제라고 그랬지?' 하고 다시 묻는 것 아니겠어? 당연히 사단장님이야 이미 지났다고 사실대로 답했지. 그때가 2시 40분이었지. 그 말을 들은 군단장 이 양반이 사단장님께 '앞으로 20분 안에 3대대가 목표 고지를 점령하지 못하면 연대장을 직위해제하라'고 하더군. 자기 바로 오른쪽에 서 있는 연대장님께는 눈길 한 번 주지 않고 말이야."

"……."

"뒤에 서 있던 우리도 등에 식은땀이 나더군. 아직도 3대대는 격전을 치르고 있는데 3대대가 20분 안에 502고지를 점령한다는 것은 말도 안 되는 얘기였거든. 한마디로 연대장님의 군복을 벗기겠다는 말이었지."

"그런 일이 있었습니까?"

"사실 군단장님은 연대 전투지휘소에 도착하자마자 3대대의 502고지 점령 예정 시각을 물어 사단장님이 처음 답변했을 때도 예정 시각까지 3대대가 고지를 점령하지 못하면 연대장을 직위해제하라고 했었거든. 그런데 우리가 3대대 상황을 보니 도저히 안 되겠더라구. 그래서 아까 김 대위한테 오늘 1대대의 작전 목표에도 없던 541고지를 점령해 줄 수 있겠느냐고 부탁했던 거였지."

"그렇게 된 거였군요."

"그래. 3대대 왼쪽에 있는 너희 1대대나 너희 왼쪽에 있는 32연대 1대대도 오전 중에 임무를 완수했고, 3대대 오른쪽에 있는 한국군 7연대 2대대도 정오에 임무를 완수해 전선이 북상하고 있는데 3대대만 처져 더 빨리 진격하지 못하니 화가 났겠지. 사실 541고지를 점령하라고 말할 때 우리도 1대대에 미안했지만 그 수밖에 없었지. 그런데 김 대위가 기대 이상으로 잘 해줬다. 김 대위가 541고지를 점령했다고 보고해 온 것이 2시 55분이었지 않나. 불과 5분 전이었단 말이야."

"이제는 괜찮습니까?"

"괜찮은 정도가 아냐. 연대장님이 김 대위의 보고를 전하자 군단장님은 소리를 지르고 기뻐하더니 연대장님께 축하한다며 악수까지 하고 언제 3대대 일이 있었냐는 듯 곧바로 자리를 뜨시더군. 그 양반 참…… 김 대위 덕분에 체면이 선 사단장님도 마찬가지였고."

연대장이 휘하 부대의 전적이 부진해 전투 중 직위해제된다면 그것만으로 예편되지는 않겠지만 장군 진급은 물 건너간 것이었다. 웨스트포인트 출신으로 전도가 창창했던 맥캐프리 대령으로서는 그 이상 치욕이 없었을 것이고, 대쪽 같은 그의 성격으로 봐서 스스로 옷을 벗었을 것이다.

이 무렵 미군 7사단의 오른쪽에서 어깨를 맞대고 싸우던 한국군 6사단도 눈부신 활약을 보이고 있었다. 이날 한국군 7연대 2대대는 수리봉 남쪽에 있는 887고지를 재탈환하고 수리봉 자락에 1개 중대를 보내 수리봉 공격 준비를 하고 있었다. 그 오른쪽에 있는 7연대 1대대는 벌써 수리봉 동쪽을 지나 수리봉을 포위할 태세였다. 한국군 7연대라면 작년 10월 26일 초산을 점령하고 압록강까지 돌진해 한국전쟁 당시 한-만 국경에 도달한 최초의 부대라는 기록을 남기면서 압록강 물을 수통에 담았던 바로 그 연대로, 이로 인해 '초산부대'라는 별명까지 붙은 부대였다. 압록강에 가장 먼저 도착했던 한국군 사단과, 두만강에 가장 먼저 도착했던 미군 사단이 바로 옆에서 함께 싸우는 셈이었다. 한국군 7연대 1대대는 이날 중부전선에서 싸우던 유엔군 9군단을 통틀어 영옥의 미군 31연대 1대대를 제외하고 가장 북으로 전진한 대대였다.

피투성이가 된 영옥

연대본부와 교신을 끝낸 영옥은 예정대로 미리 봐뒀던 장소로 가서 대대 지휘부와 함께 지도와 실제 지형을 대조하고 내일 작전계획을 의논했다. 특별한 상황이 없다면 내일 공격 목표는 둘 중 하나일 것이 분명했다. 공격 방향이 동북쪽이라면 화천~금화 도로 건너편에서 지혜동을 내려다보는 667고지일 것이고, 공격 방향이 서북쪽이라면 도로 이편에서 신월동을 내려다보는 637고지일 것이다.

영옥은 연대의 공격 방향으로 봐서 도로 건너편에 있는 667고지일 확률이 더 높다고 보고 이 가능성을 전제로 한 공격 시나리오를 더 치밀하게 의논하고 다른 경우의 시나리오를 어느 정도 의논한 후, 대대본부로 돌아오기 위해 다시 산꼭대기를 향해 걷기 시작했다.

예정에도 없던 전투까지 치르느라 새벽부터 조금도 쉴 틈이 없었는데 내일 준비까지 대강 마쳤다고 생각하니 갑자기 피곤이 엄습해 왔다. 모두 마찬가지였다. 누군가 좀 쉬었다 가자는 제안을 하자, 다들 기다렸다는 듯 맞장구를 쳤다. 피곤했던 영옥도 흔쾌히 받아들였다.

대대 지휘부는 장교고 사병이고 가릴 것 없이 모두 땅바닥에 앉거나 누운 채 짧은 휴식을 즐겼다. 영옥도 대대장 워든 소령이 누운 땅바닥 근처에서 적당한 공간을 찾아 등을 대자 이내 졸음이 몰려왔.

그 순간 하늘에 비행기 두 대가 날아가는 것이 보였다. 둘 다 미군기로 한 대는 200~250미터, 다른 한 대는 2,000~2,500미터 상공에서 선회하고 있었다. 낮게 뜬 비행기는 31연대 포병정찰기여서 괜찮았지만 높이 뜬 비행기가 왠지 거슬렸다. 그것 역시 포병정찰기였는데, 영옥은 몸을 틀어 포병연락장교를 불렀다.

"저 비행기들 말이야, 둘 다 아군기 아냐? 여기서 도대체 뭐 하는 거야?"

"아래 것은 우리 연대 정찰기입니다."

"알아. 위 것도 포병정찰기 아냐? 쟤들은 여기서 저렇게 높이 날 권한이 없다는 것 모르나? 혹시 우리를 때리려는 거 아냐?"

"그럴 리 없습니다. 포판도 깔아 뒀습니다."

"그런데 왜 우리 위에서 계속 맴도는 거야? 상당히 거슬리는데……."

"자기들 일이 있겠지요. 위에 있는 정찰기도 아래 있는 우리 정찰기가 보일 것입니다. 보십시오. 벌써 정찰기와 교신하고 있지 않습니까?"

영옥과 말을 주고받는 사이 통신병을 시켜 정찰기를 호출한 포병연락장교가 정찰기 조종사와 교신하기 시작했다. 그 모습을 보고 눈을 붙인 영옥은 이내 코까지 골며 잠들었다. 그렇지만 이들의 휴식은 오래가지 않았다. 잠시 후 포탄이 떨어지기 시작했기 때문이었다.

우박처럼 퍼붓는 155밀리미터 곡사포탄은 남쪽에서 날아오고 있었다. 아군의 오인 포격이었다. 포격은 541고지 꼭대기와 토끼의 두 귀 끝의 중간지점을 겨냥해 약 2분간 집중적으로 퍼붓다가 갑자기 멈췄다. 포병연락장교의 포격 중지 요청이 전달됐던 것이다. 그렇지만 때는 이미 늦었다. 그 사이 포격은 대대 지휘부를 제물로 삼켰던 것이다. 영옥과 워든 대대장을 포함한 많은 장병들이 피투성이가 되어 나뒹굴었다. 1대대 지휘부가 아군의 오인 포격을 받아 사상자가 많이 발생했으며, 영옥과 워든 대대장도 중상을 입고 목숨이 위태롭다는 소식은 곧바로 연대본부로 보고됐다.

맥캐프리 연대장은 믿을 수 없는 소식에 경악했다.

'오인 포격으로 1대대 지휘부가 쑥밭이 됐다니⋯⋯ 거기다 영까지 중상을 입고 사경을 헤매다니⋯⋯.'

그 순간 이것저것 따질 겨를이 없던 맥캐프리 대령은 즉시 페렌보 사단장에게 상황을 보고하고 헬기를 띄워 달라고 요청했다. 영옥이 사단의 보물이라는 것을 익히 알던 페렌보 소장도 경악하기는 마찬가지였다. 절체절명의 순간이 흐르고 있음을 직감한 페렌보 소장은 "군

사령부 의무부대를 대라"고 부관에게 명령하면서 생각했다.

'김 대위라면 불과 한 시간 전에 호그 군단장이 31연대장의 직위해제를 들먹이며 나까지 난처하게 만들었을 때 극적으로 상황을 반전시켰던 장본인 아닌가?'

곧이어 부관이 8군 사령부 의무부대가 연결됐다며 수화기를 건네왔다.

"나, 7사단장 페렌보 소장이다. 지금 즉시 구급용 헬기를 띄워 줘야겠다."

페렌보 소장은 상황을 간략히 설명하고 사고 지점 좌표를 불렀다. 그러자 저쪽에서 난색을 표했다.

"사단장님, 곤란합니다. 거기라면 조종사들이 가려 하지 않을 겁니다."

"지금 무슨 소리 하는 거야?"

"사고 지점이 적진 속으로 깊이 파고들어가 있다는 말씀입니다. 비무장에 속도도 느린 의무부대 헬기가 가기에는 너무 위험합니다. 무엇보다 541고지라면 해발 541미터라는 얘긴데 그 정도면 공기가 부족해 구급용 헬기가 착륙은 하겠지만 이륙할 수 있다는 보장이 없습니다. 이 때문에 조종사들이 가려 하지 않을 것이라는 말씀입니다."

"야, 이 새끼야! 무슨 핑계가 그렇게 많아! 띄우라면 무조건 띄워! 가서 중상자들을 데려오되 피투성이가 돼 있는 소령 한 명과 대위 한 명부터 먼저 후송시키란 말이야! 알겠어? 이 둘은 무슨 일이 있어도 데려와야 돼! 너희가 헬기를 보내는 동안 부상자들은 최대한 산 아래로 후송되고 있을 테니까 그렇게 알고, 지금 당장 띄워!"

페렌보 소장은 웬만해서는 부하들에게 거친 말을 입에 담지 않는 사람이었다.

들것에 실린 중상자들이 산중턱에 이를 무렵 헬기가 날아왔다. 영옥은 양쪽 다리에 모두 파편을 맞았다. 오른쪽 다리는 파편이 무릎 오른쪽 위를 맞히면서 왼쪽으로 뚫고 나갔고, 왼쪽 다리는 무릎과 발목에 파편을 맞아 피를 너무 많이 흘리고 있었다. 워든 소령 역시 오른쪽 광대뼈를 맞힌 파편이 왼쪽 턱밑으로 관통하는 중상을 입고 피를 많이 흘리고 있었다.

영옥과 워든 소령이 아직 살아 있으며 헬기로 후송됐다는 보고를 받은 맥캐프리 연대장은 페렌보 사단장에게 이번 오인 포격 사건만은 반드시 조사해 책임자를 처벌해야 한다고 주장했다. 페렌보 사단장도 단단히 화가 나 있던 터라 즉시 수용해 8군 사령부가 조사에 착수, 곧 진상이 드러났다.

오인 포격을 가한 부대는 9군단 소속 555포병대대였다. 영옥이 휴식에 들어가면서 마음에 걸린다고 했던 두 비행기 가운데 높게 떠 있던 정찰기는 군단 포병 것이었다. 영옥의 염려를 들은 포병연락장교는 연대 포병 정찰기와는 교신했으나 무전기 주파수가 다르기 때문이었는지 위에 떠 있던 군단 포병 정찰기와는 교신할 수 없었다.

군단 포병 정찰기는 1대대 지휘부 북쪽에 식별용 포판이 깔려 있는 것을 보기는 했으나 당시 9군단의 전선 상황을 볼 때 1대대 지휘부는 송곳처럼 아군 전선에서 약 6킬로미터나 북쪽으로 튀어나와 있어 도저히 아군이라고 믿을 수 없었다. 정찰기는 적군이 눈을 속이기 위해 아군용 포판을 깔아둔 것으로 판단하고 적군이라고 군단에 보고했다.

정찰기로부터 좌표를 넘겨받은 555포병대대는 타격을 최대화하기로 마음먹고 'VT 타입(Variable Time Type)' 포탄을 사용하기로 결정했다. VT 타입이란 일반 포탄처럼 포탄이 착지하면서 폭발하지 않고 포탄이 목표 지점에 도달할 때까지 체공 시간이 정확히 계산돼 목표 지점 상공에서 폭발함으로써 수많은 파편을 지상에 뿌리기 때문에 보병에게는 그야말로 악몽 같은 존재였다. 일반 포탄은 터지면 땅바닥에 엎드려 피하려고 애를 쓰기라도 한다지만 VT 타입 포탄은 만나지 않는 것이 최선이었다.

포격은 중지 명령이 내려질 때까지 2분간 계속되면서 25발 가량 퍼부어졌다. 그런데 여기서 군단 포병은 원칙을 지키지 않았다. 미군은 사단·군단·군사령부 포병이 포격할 때는 포격 지점을 작전지역으로 하는 보병연대와 반드시 사전에 협의하도록 돼 있었다.

부대 이름이 '555'라 해서 '트리플 니클(Triple Nickel)'이란 별명이 붙은 이 포병대대는 평소 포병연락장교나 관측장교가 불러 주는 포격 지점 보다 거리가 못 미치는 포격으로 악명이 높던 부대였다. 그러나 일이 잘못되려고 그랬는지 이때 포격만큼은 자로 잰 듯 정확했다.

555포병대대는 8군 사령부 조사팀에 당시 1대대 지휘부가 9군단 전선에서 6킬로미터나 북으로 돌출해 있었다고 밝혔으나 이것은 정찰기 조종사가 계산을 잘못했거나 아니면 조사에 답하면서 과장한 것이었다. 그때 영옥 일행은 미군 31·32연대와 한국군 7연대로부터 부대에 따라 2.5~4킬로미터 정도 북으로 전진해 있었다.

　조사가 끝나고 진상이 드러나자 맥캐프리 대령도 페렌보 소장도 포병대대장을 처벌해야 한다고 주장했으나 호그 군단장이 움직이지 않았다. 문제가 된 포병대대가 군단 소속이기 때문에 포병대대장을 강하게 문책할수록 자기의 지휘 책임도 그만큼 더 인정하지 않을 수 없기 때문이었다.

　1대대의 다음 날 공격 목표는 영옥이 예상했던 대로 화천~금화 도로 동쪽에서 지혜동을 내려다보는 667고지였다. 대대는 아침부터 공격에 돌입했지만 부상자만 18명 내고 후퇴했다. 유엔군의 재반격이 시작되고 영옥이 지휘하는 동안 단 한 번도 패한 적이 없던 1대대는 이날 처음으로 패했다. 최고의 선봉장을 잃고 1대대의 예기가 꺾인 31연대는 그 다음 날 사단 예비연대가 돼 전선을 17연대에 넘겨주고 뒤로 물러났다.

오사카 병원

헬기로 옮겨진 영옥은 응급치료소에서 출혈을 막는 비상조치만을 받고 즉시 부산에 있는 야전병원으로 옮겨졌다. 의료진이 영옥의 상처를 감고 있는 붕대를 자르는 순간 갑자기 피가 다시 흘러나오면서 영옥은 정신을 잃고 사경을 헤매기 시작했다. 의료진은 도무지 어떻게 손을 써야 할지 몰랐다. 의료진은 서둘러 붕대를 다시 감고 영옥을 비행기에 태워 일본 오사카 외곽에 있는 병원으로 후송했다.

오사카 병원에서 처음 영옥을 진찰한 군의관은 한동안 아무 말도 하지 않았다. 영옥이 참을 수 없는 고통으로 인해 모르핀을 너무 많이 맞아 밤인지 낮인지도 구별하지 못했기 때문에, 그가 무슨 말을 했더라도 기억할 수 없었을 것이다.

"다리를 잘라야 할지 모릅니다"
"상태가 너무 나쁩니다. 신경과 근육이 여기저기 너무 많이 잘렸고 속으로 피를 너무 많이 흘렸어요. 무릎에는 아직도 커다란 파편이 박혀 있고 다른 데도 파편 조각이 너무 많아 감염이 아주 심해요. 오른쪽 다리를 잘라야 할지도 모르겠습니다."

"……."

"……."

"자르지 않을 가능성은 없습니까?"

"있긴 하지만……."

"……?"

"너무 감염이 심해 재래식 의술로는 도저히 불가능하고……. 이건 좀 미친 것 같지만 그래도 이 방법 하나밖에 없을 것 같습니다. 사실 나는 존 홉킨스 대학 출신인데 우리 대학에서는 김 대위 같은 환자들이 다리를 잘라야 하는 것을 막기 위해 새로운 실험을 해왔습니다. 아직 확실한 결론이 나 있지는 않으나 그래도 상당히 희망적입니다."

"……."

"식염수 주머니를 환부에 밀착해 소독하는 것입니다. 어느 정도 소독이 되면 상처 부위를 열고 들어가 다시 소독할 것입니다. 지금 같아서는 안으로 들어갈 수 없습니다. 다시 말씀드리지만 성공한다는 보장은 없고 실패하면 다리를 잘라야 합니다."

"……."

"설사 처음에 이 방법이 성공해도 끝까지 다리를 구하려면 김 대위가 내 지시를 잘 따라야 하고 엄청난 노력을 기울여야 합니다. 우선 파편이 뚫고 지나간 오른쪽 허벅지에서 무릎 아래까지 식염수 주머니를 붙여 상처 부위를 소독하면서 하루 이틀 두고 볼 것입니다. 상태를 봐서 1차 수술을 하고 그로부터 일주일쯤 지나 다시 경과를 보고 절단 여부를 결정하겠습니다."

군의관은 앞으로 어떻게 치료할 것인지 자상하게 설명하면서 치료를 시작했다. 새 방법이 주효했는지 얼마 후 수술을 하고 다시 식염수 주머니를 부착했다.

수술 후 첫 이틀 동안은 간호장교가 30분마다 들어와 식염수 주머니를 새 것으로 갈아 주었다. 이틀이 지나자 1시간 30분 만에 한 번씩 들어오더니 며칠이 지나자 "앞으로는 2시간 30분마다 들어올 것"이라고 말했다. 영옥은 상태가 좋아지고 있기 때문일 것이라고 추측하면서 어쩌면 다리를 자르지 않아도 될지 모른다는 희망을 갖기 시작했다. 다리 절단을 심각히 고려해야 하는 상황이라면 군의관이나 하다못해 간호장교라도 더 자주 들러 볼 것이었다. 군의관이 하루에 한 번씩 찾아오면서 희망은 현실이 됐고, 영옥은 그들 덕분에 다리를 보존할 수 있었다. 그렇게 정성을 기울이던 군의관이 어느 날 어렵게 말했다.

"다리를 자르지 않아도 되겠습니다. 그러나 다시 걷기는 힘들 것입니다."

"……."

"미안합니다. 우리도 최선을 다했지만……."

"나는 다시 걸어야 합니다. 반드시 다시 걸을 것입니다."

영옥이 오사카 병원에서 이들을 만날 수 있었던 것은 실로 행운이었다. 군의관뿐 아니라 간호장교들도 자타가 공인하는 명문 존 홉킨스 의대 병원 의료진이었다.

미국은 한국전쟁이 장기화하자 예비역 군의관과 간호장교를 현역으로 소집했는데, 당시 오사카 병원은 존 홉킨스 의료진을 옮겨놓다시피 했다. 덕택에 영옥은 세계 최고의 의료진을 만날 수 있었다. 그때 일반 육군 병원에서 평범한 의료진을 만났더라면 분명히 다리를 잘라야 했을 것이다.

그러나 오른쪽 다리 절단 여부를 놓고 고민하면서 다리를 구하기 위해 심혈을 기울였던 의료진은 상대적으로 부상 정도가 약했던 왼쪽 다리에는 그만큼 신경을 쓰지 않아 다른 군의관이 집도했는데, 첫 수술을 잘못해 여러 차례 후속 수술을 거듭했지만 잘 치료되지 않았다. 상대적으로 부상 정도가 약했다고는 하지만 왼쪽 다리도 파편이 발목을 관통하면서 신경을 절단해 그 통증은 말로 다 표현할 수 없을 정도였다.

일본 여성 간호보조원

오사카 병원의 간호보조원들은 일본 여성들이었다. 미군 예비역 간호장교들이 소집됐지만 전투가 치열해지고 부상자가 늘자 의료진이 턱없이 부족했다. 상황이 점점 나빠지자 일본 의료진까지 동원됐지만, 여전히 손이 딸려 간호보조원들에 대한 의존도가 높을 수밖에 없었다.

이들은 간호사 교육을 받을 시간이 없었던 탓에 철저한 분업 방식으로 훈련받아 한 사람이 한 가지 일만을 했다. 한 사람이 지나가면서 양치질을 시켜 주면 다음 사람은 지나가면서 세수를 시켜 주고, 또 그 다음 사람은 몸을 씻겨 주고, 그 다음 사람은 혈압을 재는 식이었다.

상태가 호전된 환자들에게는 군의관이 간호장교를 대동하고 하루 한 번만 찾아왔고 나머지는 이들이 처리했다.

영어를 한 마디도 못하던 이들은 약 20명이 한 조가 돼 움직였는데 영옥이 한국계라는 것을 알고 놀라면서 미군 사이에 한국인 장교가 있다는 사실이 신기한 듯 한결 친절하게 대해 줬다. 수술을 받고 양쪽 다리에 온통 깁스를 한 채 침대에 누워 꼼짝도 못하고 있어야 하는 영옥에게 틈틈이 찾아와 이것저것 세심하게 챙겨 주는 일본 여성 간호보조원들은 참으로 고마운 존재였다.

그렇게 2주 반쯤 지나자, 영옥은 휠체어를 타고 바깥 공기를 쐴 수 있을 정도로 회복됐다. 바깥 공기를 마시고 싶으면 간호보조원들이 밀어 주는 휠체어를 타고 병동 밖으로 나갔는데, 이들은 깔깔거리며 휠체어를 밀어 주면서 '이치, 니, 산, 시……' 같이 하나부터 열까지 셈하는 말이나 인사말 같은 간단한 일본말을 가르쳐 주곤 했다.

존 코백 중위

오사카 병원에 있던 부상자들은 모두 한국 전선에서 후송된 부상자들이었는데, 어느 날 젊은 중위 한 명이 찾아와 경례를 붙이며 인사를 했다.

"31연대 1대대 소속 존 코백 중위입니다. 알아보시겠습니까? 상처는 좀 어떠십니까?"

"미안하지만 알아보지 못하겠군."

코백 중위는 A중대 소속으로 영옥이 부상당하기 3일 전 윌리키 대위가 전사했던 노동리 전투에서 중상을 입었는데 그 역시 오사카로 후송돼 치료를 받고 있었다.

코백 중위는 헝가리계 이민자의 3남3녀 중 둘째 아들로 펜실베이니아 주 세인트 클레어에서 태어나 영옥처럼 이민 2세였다. 그는 펜실베이니아 군사대학을 졸업하고 소위로 임관한 지 열흘 만에 한국전쟁이 터지자 인천상륙작전을 시작으로 한국전에 참전했던 22세의 젊은이였다. 10군단의 이원상륙작전에 따라 함경도까지 간 후 중공군의 참전으로 전세가 뒤집히면서 가까스로 생명을 건졌다가 다시 중상을 입고 치료를 받고 있었다.

"퇴원하면 어떻게 하실 겁니까?"

퇴원하면 미국으로 돌아갈 것인지 아니면 한국으로 다시 갈 것인지를 묻는 것이었다.

"한국으로 다시 가고 싶네."

"저도 마찬가지입니다. 원대복귀하시면 분명 대대장이 되실 텐데 제게 중대를 주실 수 있겠습니까?"

중대장을 시켜 달라는 얘기였다.

"대대장이 된다면 그렇게 하지."

영옥은 이미 함경도에서 동성무공훈장을 받았던 코백 중위가 용감하면서도 유능한 지휘관 재목이라는 것을 알 수 있었다. 솔직한 태도도 마음에 들어 자기가 대대장이 될 경우 중대장을 시켜 주겠다고 약속했다.

그렇게 2주쯤 흐르자 휠체어에서 일어날 수 있게 된 영옥은 다음부터는 목발을 사용하기 시작했다. 상태가 호전되자 군의관이 자꾸 외출을 내보냈고 버스나 기차로 도쿄나 교토 등 여기저기를 돌아다니다 병원으로 돌아가면 군의관이 매번 상태를 점검했다. 그렇게 8월이 지나갈 무렵, 군의관이 드디어 퇴원 얘기를 꺼냈다.

"이제 퇴원해도 됩니다. 미국으로 돌아갈 수 있도록 하겠습니다."

"아닙니다. 한국으로 돌아가고 싶습니다."

한국전쟁은 아직도 계속되고 있었고, 영옥이 부상당해 전선을 떠났을 때 유엔군은 다시 전열을 가다듬고 승기를 되찾고 있었다. 그 상태로 한국을 떠날 수는 없었다. 게다가 직업군인으로서 커리어를 관리하고 싶은 희망도 있었다. 입원해 있는 동안 맥캐프리 대령도 계속 편지를 보내와 소령으로 진급도 시켜 주고 대대장으로 임명할 테니 한국으로 돌아오라고 종용하던 터였다. 중상을 입은 워든 대장은 어차피 한국으로 돌아갈 수 없는 처지였다. 워든 소령은 파편이 광대뼈를 뚫고 들어와 턱밑을 지나는 관통상을 입었으면서도 어떻게 턱은 고스란히 보존했는지 자신도 군의관도 이해할 수 없을 지경이었다. 워든 소령은 결국 미국으로 후송된 다음에도 몇 년 더 병원 신세를 져야 했다.

부상으로 놓친 진급

사실 영옥은 541고지에서 중상을 입지만 않았어도 1주일쯤 뒤에는 소령으로 진급하게 돼 있었다. 맥캐프리 대령은 영옥에게 1대대를 맡기면서 진급 수속을 밟기 시작해 소령 진급과 동시에 대대장으로 임명할 계획이었다. 이를 위해 사전준비까지 이미 마친 상태였다.

미군에서는 막 진급한 소령이 전쟁터에서 대대장이 되는 것은 불가능에 가까웠다. 단순한 경험의 문제가 아니었다. 당시 미군의 인사규정은 전장에서 1개월간 대대장을 지낸 소령은 자동적으로 중령 진급을 보장했다. 인사규정이 전장에서 대대장을 지낸 소령이나 중령의 대령 진급까지 보장하지는 않았지만 큰 잘못이 없으면 대령 진급도 거의 보장된 것이나 다름없었다. 나아가 전쟁이 벌어지고 있는 시기에 소령이나 중령으로 있으면서 대대장을 맡지 못하면 장군이 되기 어려웠다.

이 때문에 대대장 자리가 비면 언제라도 치열한 연줄 싸움이 벌어질 수 있었다. 이론적으로는 연대장이 대대장을 마음대로 임명할 수 있었지만 어느 장군이 보직 관리를 해주고 싶은 페어헤어드 보이가 있으면 당연히 대대장에 앉히려 했다. 1개 보병사단에 보병대대장 자리는 9개뿐인데 소령과 중령은 수십 명이니 경쟁이 치열할 수밖에 없었다. 장군이라 해도 자신의 직속 부대가 아닌 부대에서 누군가를 대대장에 앉히려면 중장은 돼야 했고 소장만 해도 쉽지 않았다.

이 같은 상황을 누구보다 잘 아는 맥캐프리 대령은 영옥을 소령으로 진급시키자마자 대대장에 임명하기 위해 싱크 부사단장, 페렌보 사단장, 하지 군단장은 물론 밴 플리트 8군 사령관에게까지 미리 양해를 구해 놓았다. 중공군의 2차 춘계 공세 이후 유엔군이 재반격에 성공해 중부전선의 지도를 바꾼 31연대의 기여도, 그것이 1대대의 활약에 힘입은 바 크다는 사실, 그런 1대대를 사실상 지휘한 사람이 영옥이라는 사실을 익히 알고 있던 이들은 맥캐프리 대령의 계획을 흔쾌히 받아들였다. 갓 진급한 신참 소령을 대대장에 임명하는 일을 8군사령관의 동의까지 구할 필요는 없었지만 예의상 그런 것이었다. 그만큼 소령을 달자마자 대대장에 임명되는 것은 파격이었다.

그런데 당시 미군의 인사규정은 진급 대상자가 부상을 당해 후송되면 수속을 중단했다가 부상자가 다시 근무를 시작하면 서류 처리를 처음부터 다시 시작하게 돼 있었다. 이 때문에 일본에서 그대로 미국으로 돌아가면 모든 것을 원점에서 다시 시작해야 했다. 비록 대대 작전참모라는 직함을 가지고 실제로 대대장 역할을 했다고 해도 그것은 문서상으로 남는 공식적인 것은 아니었다.

541고지에서 부상을 당하지 않았다면 영옥은 6월 중순쯤 소령으로 진급하고 대대장이 돼 7월 중순이면 중령 진급을 위한 서류 처리에 들어가 지금쯤 중령이 돼 있었을 것이다. 실제로 맥캐프리 연대장이 영옥에게 1대대를 맡기기 위해 대대 작전참모로 앉히던 날, 원래 그 자리에 있다가 영옥에게 자리를 내주고 연대 정보참모가 됐던 칸미 대위만 해도 그 사이 소령으로 진급해 1개월간 대대장을 한 후 중령으로 진급했다.

그러나 영옥은 부상 때문에 아직 대위였다. 그뿐 아니라 운이 없으려 그랬는지 영옥이 오사카 병원에서 퇴원하는 때를 전후해 미군은 전장에서 1개월간 대대장을 지낸 소령의 자동적인 중령 진급을 보장하는 인사규정을 폐지했다. 한국전쟁에서의 부상은 그 자체만으로도 불운이었지만 진급과 관련해서는 참으로 절묘한 순간에 찾아온 불운이었다.

다시 한국으로

오사카 병원을 떠난 영옥은 8월 27일 한국으로 다시 돌아왔다. 오사카에 있는 동안 한국에서는 휴전회담이 시작돼 전쟁은 교착 상태로 빠져들어 전선은 두 달 전 영옥이 부상당할 때와 크게 달라진 것이 없었다. 그의 연대본부는 지혜동에 있었다. 지혜동은 영옥이 부상당했던 산 바로 아래에 있는 마을이었다.

연대는 인천상륙작전과 함께 한국전에 참전해 그 달 15일로 한국전 참전 1주년을 맞기 때문인지 사람들도 많이 바뀌어 있었다. 한국전쟁에서 미군은 점수제를 적용해 전방 근무자는 한 달에 4점, 후방 근무자는 3점을 얻어 36점을 채우면 한국을 떠날 자격을 줬다. 이 때문에 전방 장병들은 9개월, 후방 장병들은 1년이 지나면 교체되는 것이 원칙이었다.

휴전회담 영향인 듯 분위기도 많이 달라져 어딘지 모르게 느슨해져 있었다. 이 시기에 유나이티드프레스 종군기자로 한국전쟁을 취재했던 밥 깁슨의 증언을 보면 휴전회담이 시작된 직후 미군의 분위기가 얼마나 달라졌는지 쉽게 알 수 있다.

영옥이 오사카에 있을 때 깁슨 기자는 17연대와 함께 있었다. 어느 날 갑자기 수염을 기르기 시작한 연대장 빌 퀸 대령이 느닷없이 전 부대원을 집합시키더니 자기 수염을 어루만지며 17연대는 오늘부터 모두 '핸들 바 머스태쉬'를 길러라"고 명령했다. 17연대는 영옥이 한국으로 올 때 원래 가기로 돼 있던 바로 그 부대였다. 당시 미군 병사들은 대부분 18~20세였고 더러는 16~17세도 있어 그 나이에 잘 나지도 않는 수염을 모양까지 갖춰 기른다는 것은 쉬운 일이 아니었다. '핸들 바 머스태쉬(handlebar moustache)'란 한국에서는 카이저 수염으로 더 잘 알려져 있는 모양의 콧수염이다. 휴전회담이 시작되면서 전투다운 전투가 없어지자 병사들의 최악의 적은 권태라는 것을 알고 있던 퀸 대령이 병사들의 권태를 막으려고 만들어낸 코미디였다.

드디어 소령으로 진급

영옥이 귀대 신고를 하자, 맥캐프리 대령은 죽은 피붙이가 다시 살아온 듯 기뻐하면서 바로 인사참모를 불렀다.

"일단 김 대위를 연대 정보참모로 발령내고 진급 수속도 즉시 다시 밟아라. 진급 수속은 처음부터 다시 시작하지 말고 중단됐던 곳에서 재개하고 최대한 신속히 처리하라. 사단본부에는 내가 따로 얘기할 테니 걱정하지 마라."

맥캐프리 대령이 영옥의 진급부터 챙긴 것은 자신이 다음달 1일자로 미국으로 돌아가게 돼 있기 때문이었다. 맥캐프리 연대장은 후임 연대장이 자기처럼 영옥을 챙길지 어쩔지 몰라 소령 진급만이라도 확실히 해두려고 닷새밖에 남지 않은 연대장으로서의 권한을 최대한 활용하려 했다. 맥캐프리 대령은 이번에는 영옥을 돌아보며 계속했다.

"지금이라도 1대대를 다시 내줄 수 있지만 아직 몸이 좋지 않으니 우선 여기 있으면서 몸부터 회복하라. 보직은 연대 정보참모지만 일은 신경쓸 것 없다. 오직 몸만 챙겨라."

영옥은 가끔씩 들려오는 포성을 들으며 걷기도 하고 뛰기도 하면서 다시 전장으로 흡수되기 시작했다. 다음 날 연대장은 영옥의 공식 직함을 1대대 부대대장으로 바꿨다. 치밀한 두뇌의 소유자였던 맥캐프리 대령은 영옥에게 먼저 부대대장을 맡겨 직접적인 지휘 책임 없이 대대를 다시 파악하면서 체력 회복에 전념할 수 있도록 배려했다.

연대장이 영옥의 진급을 서두르면서 1대대 부대대장으로 공식 발령을 내자, 영옥이 곧 1대대장이 될 것이라는 소문이 파다하게 퍼졌다. 그러자 고참 위관 장교들이 영옥을 찾아와 영옥 밑에서 중대장을 하고 싶으니 중대장 자리가 나면 자기를 써달라고 청했다.

체구는 그다지 크지 않지만 타고난 강골에다 이미 오사카 병원에서 어느 정도 회복기를 보낸 영옥은 하루가 다르게 체력을 회복했다. 영옥은 작전지도에 해발 1,073미터로 31연대가 장악하고 있는 지역에서 가장 높게 표시된 적근산을 골라 스스로 체력을 시험했다. 아직 몸이 완쾌되지 않았기 때문인지, 산비탈이 가파르기 때문인지 적근산은 올라가는 것보다 내려오는 것이 더 힘들어 처음 시도할 때는 몇 번이나 앉아서 쉬어야 했다. 세 번째 산행에서 쉬지 않고 내려올 수 있게 되었는데 마침 9월 1일자로 소령 진급 명령이 내려왔다. 연대장이 인사참모에게 지시한 지 엿새 만이었다.

당시 미국 사회는 2차대전 전보다는 약간 나아졌다고 하지만 그래도 철저한 인종차별 사회였다. 미국의 대표적 보수 집단인 미군에서 아시아계 이민 2세가 영관 장교가 된다는 것은 고도의 정치적 제스처가 아니고는 불가능한 시절이었다.

이 때문에 영옥의 소령 진급은 나름대로 의미가 있는 일이었다. 영옥보다 앞서 2차대전 때 아시아계가 소령이 된 전례가 있긴 했지만 손가락으로 꼽을 정도였다. 영옥은 민권운동가도 사회혁명가도 아니었지만 미국 주류 사회에서 제대로 대접받지 못하던 아시아계로서, 또 한국계로서 소령 진급이 어떤 의미가 있는지 잘 알고 있었다.

영옥이 맥캐프리 연대장에게 진급 신고를 하자, 연대장은 마치 자신이 진급한 것처럼 축하해 주었다. 그는 원래 이날 한국을 떠날 예정이었으나 후임자의 보직이 하루 전 갑자기 9군단 작전참모로 변경되면서 연대장 근무도 연장돼 한국에 더 머물게 됐다.

연대장에게 진급 신고를 마친 영옥이 주파리에 설치된 1대대 본부에 도착하자 대대장 제이콥슨 소령이 반가이 맞았다. 사람도 좋고 유능한 행정가였으나 전장의 지휘관은 아니었던 제이콥슨 소령은 스스로도 그것을 잘 알고 있었다. 대대장 자리에서 벗어나고 싶던 차에 사실상 대대장 후임자인 영옥이 도착하자 그는 누구보다 반갑게 맞아 주었다.

중공군의 야습

그날 오후 대대본부에서 작전회의가 열렸다. 방금 부임한 영옥은 회의 내내 침묵을 지켰다. 그 사이 휴전회담 때문에 전선은 소강 상태로 접어들었고 이렇다 할 전투가 없었기 때문인지 일선 대대의 작전회의였지만 긴장감이 두 달 전보다 눈에 띄게 떨어져 있었다. 회의는 작전참모 라이스 대위의 브리핑이 골자였고 제이콥슨 대대장은 라이스 대위의 계획을 그대로 허가하는 선에서 마무리되고 있었다.

회의가 끝나기 직전 영옥이 입을 열었다.

"라이스 대위, 그런데 중화기 중대의 박격포 위치가 일선 중대와 너무 멀지 않나? 이런 포진이라면 혹시라도 중공군이 공격해 오면 방어하기가 만만치 않을 것 같은데……."

"김 소령님, 두 달 동안 병원에 계셨다고 들었습니다. 오늘 대대로 오셨으니 아직 이곳 실정을 잘 모르지 않습니까? 저는 두 달 동안 여기 있었습니다. 괜찮다면 제 생각대로 하도록 내버려두시지요."

라이스 대위는 갑자기 소령 계급장을 달고 나타난 유색인 상관이 꽤나 언짢은 듯 불쾌한 표정을 감추지 않았고 말투도 자못 건방졌다. 영옥은 그렇게 하라고 말할 뿐 더 이상 아무 말 하지 않았다. 그날 작전회의는 그것으로 끝났다.

그런데 한동안 잠잠하던 중공군이 하필 그날을 골라 야음을 타 공격해 왔다. 새벽 2시 30분이었다. 중공군의 공격은 후동리까지 엷게 배치된 B중대로 집중됐다. 처음 2개 소대만으로 탐색전을 벌이던 중공군 병력은 20분 만에 1개 대대로 불어났다. 76밀리미터 박격포탄 10

발이 중대본부를 때리고 있다며 빗발치듯 철수 명령을 내려 달라고 요청하던 B중대는 결국 진지를 버리고 후퇴하기 시작했다.

이때 B중대장은 이미 론스포드 중위가 아니었다. 청병산 전투에서 팔짱을 낀 채 적탄 속을 걸으며 병사들을 독전했던 론스포드 중위는 영옥이 오사카 병원에 있는 동안 연대본부로 차출돼 미국으로 돌아가려고 대기 중이었다. 론스포드 중위의 한국 근무가 36점을 훨씬 넘어 언제라도 귀국 명령이 내려질 수 있는 조건이 되자, 그의 리더십과 인물됨을 아끼던 맥캐프리 대령이 그를 개죽음당하게 하고 싶지 않다며 조금이라도 안전한 연대본부로 불러들였던 것이다. 휴전회담이 시작되자 맥캐프리 대령은 론스포드 중위뿐 아니라 훗날 미군을 이끌 재목이라고 판단되는 위관 장교가 36점을 채우고 미국으로 돌아가겠다고 결정하면 죄다 연대본부로 불러들여 전선으로 나다니지 못하도록 했다.

B중대가 진지를 버리고 후퇴하고 있다는 보고가 들어오자 영옥은 함께 있던 로드 린도우 대위를 데리고 대대본부를 나섰다. 잠시 후 어둠 저편에서 100여 명의 미군이 무리지어 나타났다. 무너진 B중대가 대대본부까지 후퇴하고 있는 것이었다. 작전회의에서 자신이 조언한 대로 중화기 중대의 박격포를 B중대에 좀 더 가까이 배치했더라면 상황이 훨씬 나았겠지만 이미 엎지른 물이었다. 그렇더라도 B중대장이 좀 더 결연히 대처했다면 그렇게까지 되지는 않았을 상황이라고 판단한 영옥은 함께 있던 린도우 대위에게 지시했다.

"즉시 B중대에 탄약을 다시 보급해 주고 네가 B중대를 지휘하라."

영옥은 린도우 대위를 이날 낮에 처음 봤지만 그가 2차대전 참전 경험도 있고 유능한 장교라는 것을 금방 알 수 있었다. 영옥이 후임 대대장이 된다는 것이 기정사실로 돼 있는 상황에서 영옥의 이 말은 곧 B중대장을 해임시키겠다는 얘기였다. 영옥은 린도우 대위에게 B중대를 포진시킬 위치를 일러주고 중화기 중대의 위치도 재조정하면서 신속히 전선을 수습했다. B중대 중대본부보다 더 전방에 배치돼 있던 1소대가 후퇴하지 않고 있는 것이 그나마 다행이었다.

어느 정도 상황을 수습한 영옥이 대대본부로 돌아가려고 다시 다리동을 지나는 순간 어둠 사이로 헬기 한 대가 내려앉았다. 소양강을 연상시키듯 이번에도 부사단장 싱크 준장이었다.

"영이로구나. 오랜만이다. 진급을 축하한다. 몸은 괜찮은가?"

"괜찮습니다. 안녕하셨습니까?"

"언제 대대로 왔나?"

"어제 왔습니다."

"상황은 어때?"

"아직 잘 모르겠습니다. 지금 막 B중대를 다시 산으로 올려보냈습니다. 대대본부로 가시겠습니까?"

"아니, 어디 가서 커피나 한 잔 하지."

영옥과 함께 대대 식당으로 들어간 싱크 준장은 더 이상 전황에 대해서는 묻지 않은 채 커피를 앞에 놓고 오사카 병원 얘기며 이런저런 얘기를 나누더니 일어나려 했다.

"이제 대대본부로 가보시겠습니까?"

"아니, 네가 여기 있는 것을 봤으니 이제부터 1대대에 대해서는 걱정하지 않겠다. 지난날처럼 잘 해주기 바란다."

싱크 준장을 태운 헬기는 요란한 프로펠러 소리를 내며 다시 어둠 속으로 사라졌다. 날이 샌 후 1대대는 A중대를 보내 어젯밤 B중대가 물러난 고지를 다시 점령했다. 전날 작전참모 라이스 대위가 중화기중대에 대한 영옥의 제안을 거부하는 것을 그대로 놔뒀다가 낭패를 당한 제이콥슨 대대장은 이번에는 영옥의 권고를 받아들여 즉시 B중대장을 린도우 대위로 바꿨다.

중공군의 간헐적 공세는 이틀 후까지 계속되다 다시 수그러들었지만 이날 전투로 1대대에 발생한 전사자만 16명, 부상자는 26명이었다. 그렇다고 전선의 변화가 있는 것도 아니었다. 한국전쟁은 쌍방이 군사적 완승을 목적으로 총력을 투입하는 기동전이 아니라 휴전이라는 장밋빛 희망 속에 끝없이 피를 흘려야 하는 진지전으로 변해 가고 있었다.

병사들은 휴전회담이 시작됐다는 소식에 한 달이면 전쟁이 끝나 곧 집으로 돌아갈 것으로 기대했으나 휴전회담은 벌써 넉 달째로 접어들었고 전투는 계속됐다. 병사들은 이번 크리스마스도 한국에서 보낼지 모른다고 생각하기 시작했다.

전장에서 대대장이 된 최초의 유색인 장교

10월 22일 미군 7사단은 다시 10군단 소속으로 바뀌면서 작전지역도 중부전선에서 중동부전선으로 바뀌었다. 지난 보름간 다시 사단 예비

연대가 돼 전선에서 벗어나 있던 31연대에도 이동 명령이 떨어졌다. 목적지는 문등계곡이었다.

맥캐프리 대령은 연대가 전선으로 재배치되자 즉시 영옥을 1대대장에 임명했다. 어차피 예정된 수순이었다. 맥캐프리 연대장은 부대대장이던 영옥이 자연스레 대대를 지휘하도록 하면서 제이콥슨 대대장의 체면이 상하지 않도록 세심하게 배려했다. 이 때문인지 맥캐프리 연대장의 명령이 문서로 공식화된 것은 10월 31일이었다. 이로써 영옥은 실제 전장에서 대대장이 된 미국 역사상 최초의 유색인 장교가 됐다.

인종차별이 법적으로 인정되던 시절의 미국에서 유색인이 실제 전장에서 대대장이 됐다는 사실은 소령 진급보다 훨씬 중요한 의미가 있었다. 개인적으로 보면 전쟁터에서 대대장을 지낸다는 것은 직업군인으로서 엘리트 장교의 대열에 합류하는 것이었고, 대과가 없으면 적어도 대령까지는 진급할 수 있다는 뜻이었다. 그러나 영옥의 경우는 그보다 훨씬 더 깊은 의미가 있었다.

미국은 전통적으로 귀족이 장교가 되는 유럽 문화의 연장선상에 있고, 근본적으로 무를 중시하는 전사 문화를 가진 나라였다. 2차대전 때 일본계 2세들로 100대대를 편성할 때도 미군 지휘부는 처음엔 일본계를 대위까지 진급은 시켜도 중대장으로 임명하는 것은 꺼렸다. 물론 일본계 이민자들의 충성심을 의심한 것도 이유 중 하나였다. 그러나 보다 중요한 이유는 백인만이 실전에서 중대급 이상을 지휘할 수 있다는 뿌리 깊은 인종 편견 때문이었다.

말이나 관념이 아니라 실력과 행동이 결과를 정의한다는 점에서 전쟁터보다 더 솔직한 곳은 없다. 미군은 2차대전 전까지만 해도 미국에서 인종차별이 가장 심한 곳이었으나 전쟁을 거치면서 입장이 바뀌기 시작했다. 군대에서 유색인의 지위와 사회에서 인종 평등의 확산은 서로 영향을 주고받으면서 유기적으로 진보했다. 이 현상을 가장 명쾌하게 증명해 준 것이 미국의 이민 정책이다.

미국은 이민의 국가이기 때문에 이민 정책은 국가의 기초를 설계하는 가장 중요한 정책 가운데 하나다. 미국은 경제발전을 위한 값싼 노동력을 얻기 위해 유색인들을 받아들였으나 백인의 기득권을 지키기 위해 시대에 따라 유색인 이민 문호를 조절했다. 아시아계 역시 마찬가지였다.

미국은 1850년 무렵부터 아시아계 이민을 받아들이기 시작하다가 이들의 영향력이 커질 조짐이 보이자 1882년 중국인 이민부터 금지하더니 1924년 아시아계 이민을 완전히 금지했다. 당시 미국의 식민지였던 필리핀만 예외였다. 캘리포니아 주는 이보다 앞선 1913년 외국인 토지소유 금지법을 제정해 외국인의 토지 소유를 막았는데 표적은 아시아계였다. 토지를 소유하면 자본을 축적할 수 있기 때문이었다. 이 법은 미국 시민이 될 자격이 없는 사람은 토지를 소유할 수 없도록 규정했는데, 아시아계 이민 1세는 미국 시민이 될 수 없었다.

그러다 2차대전에서 중국과 연합국으로 싸우게 되자 중국에 이민 문호를 개방한 것이 1943년, 인도는 1946년, 한국과 일본에 대해서는 1952년에 와서야 이민 문호를 다시 열었다. 문호를 개방했다고 하지만 실제로 이민이 허용되는 숫자는 생색내기 수준이었다. 그렇지만 1952년 개정된 법으로 아시아 이민 1세도 미국 시민이 될 수 있었다. 시민이 될 수 있다는 말은 투표권이 있다는 말로, 그래야 크건 작건 정치적 목소리를 낼 수 있었다. 물론 영옥의 활약과 희생만으로 이 모든 것이 이뤄진 것은 아니다. 그러나 오랜 세월을 두고 영옥이나 다카하시 같은 사람들의 활약과 희생이 차곡차곡 쌓여 이 모든 것이 이뤄진 것만은 부정할 수 없다. 이민의 국가이면서도 인종차별을 법적으로 인정하는 미국에서 조국도 없는 한국계 2세로 태어난 영옥은 피와 능력으로 미국 역사를 다시 쓰게 했다.

그렇지만 실전을 치르면서 영옥이나 다카하시 대위를 비롯한 아시아계가 작전참모나 중대장으로서 훌륭한 자질을 입증한 덕분에 2차대전이 끝났을 때는 유색인도 유능한 지휘관이 될 수 있다는 것은 이미 검증된 사실이 됐다. 아시아계는 전쟁을 거치면서 소령까지 올라가긴 했으나 그래도 중요한 보직은 대대 작전참모나 중대장까지만 허용됐다. 영옥 역시 이탈리아나 프랑스에서 여러 차례 대대를 지휘했지만 공식 직함은 어디까지나 대대 작전참모였다. 프렌치 리비에라에서 사실상 점령군 사령관 역할을 했을 때도 마찬가지였다.

7사단 소속이 다시 바뀌고 31연대에도 이동 명령이 떨어지던 날 밤, 제이콥슨 대대장은 영옥과 단둘이 남았을 때 진솔하게 심정을 털어놨다.

"김 소령이 부대대장으로 오고 중공군의 야습이 있던 날, 참으로 많은 것을 배웠다. 앞으로 지휘관이 되라는 제안이 오면 거절할 것이다. 나한테는 맞지 않아. 많은 병사들의 생사를 가르는 결정이 너무 괴롭다."

얼마 전 중령으로 진급한 제이콥슨 대대장과 작별 인사를 나눈 영옥은 다음 날 12시 40분 대대를 이끌고 문등계곡을 향해 출발했다. 그 길로 그대로 달리면 금강산이었다.

한국의 가을과 감나무

한국의 가을 산야는 참으로 아름다웠다. 31연대가 사단 예비연대가 됐을 때 대대가 주둔해 있던 전연동 일대도 그랬지만, 특히 화천 저수지에서 문등계곡으로 이어지는 동부전선의 모든 산과 계곡은 울긋불긋한 단풍으로 덮여 눈이 부실 정도로 화려했다.

피사 해방전을 치르면서 단 한 명의 사상자도 없이 아르노 강을 건널 때 하와이 셔츠를 연상시키는 화려한 이탈리아 셔츠를 입은 일본계 미군 병사들이 점점이 수놓았던 이탈리아의 가을도 아름다웠지만, 한국의 가을은 아름다우면서도 왠지 그것과 또 달랐다. 그때는 스물여섯 살이었고 지금은 서른둘이라는 나이 때문인지, 아니면 한국인의 피가 흐르고 있기 때문인지 포연을 헤치고 찾아든 한국 가을의 아름다움에는 어딘가 깊은 슬픔이 배어 있었다.

수입천을 따라 북으로 가면서 곳곳에 보이는 감나무들도 이탈리아 가을에는 없는 것이었다. 감나무에는 잘 익은 것으로 보이는 감들이 다닥다닥 붙어 마치 누군가 불이라도 질러 놓은 듯했다.

감나무를 보면 어머니 생각이 났다. 감을 유난히 좋아하는 어머니는 땡감이라도 시중에 나오면 반드시 너덧 개씩 사서는 볕이 잘 드는 창틀에 가지런히 놔두고 익혔다. 어릴 때는 어머니 몰래 그런 감을 먹다가 야단을 맞기도 했다. 주황색으로 바뀐 감을 가운데 두고 온 가족이 둘러앉아 떠들고 웃으며 나눠 먹던 순간은 어려운 생활 속에서도 참으로 행복한 순간이었다. 지금 미국은 밤이어서 어머니는 잠들어 있겠지만 내일 아침이면 어김없이 새벽 기도를 하고 다시 가게 문을 열 것이었다.

그 사이 내린 어둠을 뚫고 영옥을 태운 지프는 이목정을 지나고 있었다. 1킬로미터만 더 가면 대대본부를 설치하기로 예정해둔 곳이었다.

'부녀자 겁탈은 군법 최고형으로'

영옥이 오사카 병원에서 돌아오자마자 바로 알게 됐지만 휴전회담이 시작된 후 부대는 많이 변해 있었다. 전쟁이 끝나는 것인지 계속되는 것인지 분명치 않자, 장교들은 승리에 대한 집념을 접었고 병사들은 방황하고 있었다. 자연히 사기도 떨어져 있었다. 그러면서도 전투는 시도 때도 없이 벌어졌다.

대대장이 된 영옥으로서는 대대 지휘부를 개편하고 떨어진 장병들의 사기를 끌어올리는 일이 급선무였다. 영옥은 작전참모부터 갈아치웠다. 얼마 전 작전참모 라이스 소령도 영옥이 대대장이 되는 것을 보고 전출을 원했다. 영옥은 맥캐프리 연대장과 협의해 작전참모를 교체하고 중대장들도 바꾸기 시작하면서 대대 병력을 교대로 집합시켰다. 맥캐프리 연대장이 지켜보는 가운데 영옥은 간단히 훈시를 마치며 강조했다.

"한 가지 확실히 해둘 것이 있다. 절대로 양민에게 피해를 줘서는 안 된다. 특히 부녀자 겁탈 행위는 결단코 용서치 않겠다. 반드시 군법 최고형으로 다스릴 것이다. 이것은 나의 방침일 뿐 아니라 여기 계신 연대장님의 방침이기도 하다. 지금은 전쟁 중이고 너희는 실탄이 장전된 무기를 갖고 있다. 따라서 어떠한 변명도 용납되지 않을 것이다."

그리고는 농담 삼아 덧붙였다.

"너희들, 이제 평균 스무 살쯤 됐지? 그 나이면 인생의 단맛은 대충 다 봤을 거고 앞으로는 쓴맛을 볼 날이 훨씬 많을 거다. 그러니 지금 죽는다고 너무 애석해할 것 없다. 해산!"

부대를 해산시키는 순간 갑자기 기관총탄이 날아들기 시작했다. 연대장을 비롯해 일제히 비탈로 몸을 피했지만 영옥은 일부러 한 손가락에 건 모자를 빙글빙글 돌리며 고무줄놀이하는 소녀처럼 박자까지 맞춰 뛰며 산등성이를 내려왔다.

사기를 올리려면 밖으로 적에 대한 공포를 없애는 것도 중요하지만 서로 알고 이해해야 일체감도 형성되고, 상벌도 공정해야 했다. 포상의 불공정은 사기 저하의 직접적 요인이었다. 전투 중에 용감히 싸워 죽거나 다치는 병사가 그에 상응하는 평가를 받지 못하는 경우가 너무 많았다. 전투 중에 누가 무슨 일을 했는지 일일이 챙긴다는 것은 불가능하고 일단 지나가면 과거를 되살리기 어려웠다. 훈장도 실제로 누가 얼마나 용감히 싸웠느냐보다 서훈추천서를 얼마나 잘 쓰느냐에 따라 결정되는 경우가 많았다. 계급에 따른 인플레이션도 있었다. 같은 행위도 사병이나 초급 장교가 하면 동성무공훈장이 되고 고급 장교가 하면 은성무공훈장이 되는 식이다.

영옥은 인사참모 유진 맥코이 대위를 불렀다. 맥코이 대위는 영옥이 오사카 병원으로 가기 전까지 C중대장으로 있던 인물이었다.

"사병들 중에 글재주가 있는 사람을 한 명 골라 보라."

그러자 인사참모가 몇 명의 신상 서류를 가져왔다. 대학에서 신문방송학을 전공하다가 입대해 대대본부 통신병으로 있던 톰 시헌 상병도 그 중 한 명이었다. 영옥은 시헌 상병을 불렀다.

"너는 지금부터 대대 기자가 된다. 기자로서 네 임무는 두 가지다.

첫째, 병사들 속으로 들어가 일상에 묻혀 있는 흥밋거리를 찾아 〈베어 팩츠〉에 싣는 것이다. 둘째, 그 과정에서 용감히 싸웠거나 모범적인 일을 한 병사가 있을 때는 그가 훈장을 받을 수 있도록 반드시 문서로 남겨라. 그럴 때는 증인의 서명도 받아야 한다. 장교들도 그렇지만 특히 병사들을 반드시 챙겨라."

〈베어 팩츠(*Bear Facts*)〉는 31연대가 발행하는 연대 신문이었다. 훗날 시인이 된 시헌 상병은 글도 잘 쓰는 데다 성실해 1대대 장병들 얘기가 연대 신문에 나가는 횟수가 부쩍 늘어 어떤 때는 1대대 얘기로 도배하다시피 했다. 연대 신문뿐 아니라 사단 신문인 〈아워글래스(*Hourglass*)〉나 미군 신문인 〈스타스 앤드 스트라입스(*Stars and Stripes*)〉에 나오는 횟수도 많아져, 자연히 1대대 장병들이 훈장을 받는 일이 늘었다. 원래 미군 대대에는 시헌 상병 같은 보직이 없었으나 1대대 사례가 성공적이자 다른 대대들도 이를 따라하기 시작했다.

부하들과도 정보 공유

영옥이 부하들과 정보를 최대한 신속히 공유하기 위해 사용한 방법은 무모할 정도였다. 영옥은 군수참모와 통신장교를 불렀다.

"지금부터 내가 불러 주는 장비를 재주껏 신속히 구하라. 고성능 마이크, 스피커, 발전기, 앰플리파이어……."

그러한 장비 덕분에 대대본부에 근무하는 장병들은 스피커를 통해 흘러나오는 대대본부와 연대본부 사이의 교신을 실시간으로 듣게 됐다. 대대본부 근무자들은 영옥과 맥캐프리 연대장의 교신을 들으며 무슨 일이 어떻게 벌어지고 있는지 소상히 알게 돼, 영옥이 어떤 지시를 내리면 무엇 때문에 그런 지시를 내리는지 정확히 알 수 있었다. 어떤 때는 연대참모들조차 연대장이 내린 지시의 배경과 의도를 정확히 알기 위해 1대대 대대본부로 물어 올 정도였다.

당시 미군 보병대대는 규정상 독자적으로 발전기를 가질 수 없었으나 전쟁터에서 교본보다 중요한 것은 승리였다. 교신은 물론 영어로 이뤄지고 스피커도 중공군이 들을 수 없는 거리에 설치돼 이로 인한 피해를 입지는 않을 것이고 비밀 사항이면 스피커 스위치만 내리면 됐다. 실제로 중공군이 이 교신을 들어 1대대에 피해를 준 일은 없었다. 지휘관이 무슨 생각을 하고 있고 전체 상황이 어떻게 전개되는지 부하들이 정확히 알수록 대대가 하나의 단위로서 유기적으로 기능하고 결과적으로 전투력이 올라간다는 믿음에서 취한 조치였다.

소모적 전투의 싹을 없애다

영옥이 대대 재편에 박차를 가하고 있을 때 맥캐프리 연대장이 전화를 걸어 왔다.

"영, 부탁 하나 들어줄 수 있겠나?"

"말씀하십시오."

"얼마 전 연대에 대위 한 명이 새로 왔다. 프레드릭 헤이트라고 하는데 이 친구가 연대본부가 아니라 일선 소총 중대로 가고 싶어한다. 내가 연대 부정보참모를 시켜 보니 똑똑하고 사람도 괜찮더군. 집안도 좋은데 굳이 최전방 소총중대장을 하고 싶다는 것을 보니 정신도 제대로 박힌 것 같고. 전투 경험이 없는 것이 흠이긴 한데……. 어때? 이 친구를 1대대로 보낼 테니 하는 거 봐서 괜찮으면 중대장을 시켜 줄 수 있을까?"

"그렇게 하겠습니다."

헤이트 대위의 배속 신고를 받으면서 영옥이 물었다.

"굳이 일선 소충중대장을 하고 싶다고? 여기는 최전방이다. 듣자 하니 전투 경험도 없다는데 무섭지 않나?"

"무섭지 않습니다."

"그래?"

그렇지만 영옥은 지금까지 말은 거창하게 하고도 막상 실탄이 난무하면 공포에 떠는 장교를 한두 명 본 것이 아니었다. 영옥은 우선 헤이트 대위를 정보참모로 있게 하면서 한동안 지켜봤다.

맥캐프리 연대장이 중대장 얘기를 꺼낸 것은 A중대장 자리가 비게 돼 영옥이 마땅한 중대장을 물색 중이라는 것을 알고 있기 때문이었다. A중대장으로 있던 제리 라우어는 믿음직했으나 대대가 문등리로 이동하기 3주 전쯤 9군단장 전속 부관으로 뽑혀 떠나게 돼 적임자를 찾고 있었던 것이다. 내심으로는 오사카 병원에서 중대장을 시켜 달라고 청했던 코백 중위를 눈여겨보고 있었으나 그는 중위를 단 지 1년도 안 된 터였다.

헤이트 대위는 정보참모 일에도 충실하면서 틈만 나면 전선에 나가 병사들과 어울렸고 병사들도 헤이트 대위를 잘 따르는 것을 보고 영옥은 그를 A중대장으로 임명했다.

그때 문등리 지역은 남쪽에는 미군 31연대가 있었으나 북쪽에는 문등계곡을 경계로 서쪽에는 중공군이 있고 동쪽에는 북한군이 있었다. 이로 인해 연대의 왼쪽을 맡은 영옥의 1대대는 중공군과 대치하고 오른쪽을 맡은 2대대는 북한군과 대치하는, 좀 이상한 상황이었다. 그런데 2대대와 북한군의 거리가 너무 가깝다 보니 며칠에 한 번씩은 꼭 전투가 벌어져 사상자가 발생했다.

1대대는 수입천의 지류로 동서로 흐르는 내동천을 사이에 두고 중공군과 대치하고 있었다. 내동천 남쪽에 있는 1대대는 장군봉을, 북쪽에 있는 중공군은 642고지를 각각 주 진지로 삼아 서로 마주보고 있었다. 642고지는 닭의 벼슬처럼 굴곡이 있어 산꼭대기에서 동남쪽으로 뻗은 능선이 서서히 낮아지다 높아지고 다시 낮아지다 높아져 해발 500미터의 봉우리를 이룬 후 다시 급격히 낮아지며 평지로 이어졌다.

원래 중공군은 산꼭대기와 그 뒤쪽에만 있었는데 영옥의 대대가 이곳으로 오기 직전에 산꼭대기에서 동남쪽 봉우리로 연결되는 산등성이 1킬로미터를 따라 S자를 두세 개 연결한 모양으로 꾸불꾸불하게 새 참호를 만들었다.

장군봉에 올라 쌍안경을 대는 순간 영옥은 새 참호가 눈엣가시라는 것을 직감했다. 내동에서 문등리로 이어지는 지역을 병풍처럼 감싼 산악을 끼고 포진한 미군의 북쪽 끝과 중공군 새 참호의 남쪽 끝 사이의 거리가 1킬로미터에 불과했다. 남북으로 흐르는 수입천과 동서로 흐르는 내동천이 양측을 갈라놓고 있긴 하지만 보병이 쉽게 건널 수 없는 장애물은 아니었다. 어느 쪽이든 마음만 먹으면 쉽게 전투가 벌어질 수 있었다. 그것도 대대나 연대가 동원돼 피차 어느 정도 상대의 공격을 예측할 수 있는 커다란 전투가 아니라 소대나 중대가 동원되는, 규모는 작지만 인명피해는 피할 수 없는 소모적 전투였다.

물러날 수도 없고 그렇다고 뚜렷한 군사적 목적도 없이 인명피해만 강요하는 소모적 전투를 원치 않았던 영옥은 새 참호를 없애고 양측의 거리를 원래대로 벌려 놓아야 그런 소모적 전투가 되풀이되는 것을 피할 수 있다고 결론을 내렸다.

영옥은 헤이트 대위를 불러 공격 명령을 내리면서 덧붙였다.

"공격은 반드시 아침 안개가 걷히기 시작할 때 개시해야 한다. 벌써 11월이라 아침 안개가 아주 짙다. 일출과 함께 기온이 오르면 안개도 본격적으로 피어오른다. 이른 아침에 안개가 피어오르기 전에 시야가 트였다고 공격을 개시했다가 공격이 지체되면 곤란하다."

너무 일찍 공격을 시작했다가 속전속결로 끝내지 못한 채 안개로 뒤덮이면 상황이 급해도 포병 지원을 요청할 수 없었기 때문이었다. 지휘관들 중에는 이런 것들을 무시하는 사람이 많았으나 영옥은 전투에 임할 때는 사소한 것까지 세세히 챙겼다. 미국인들은 소심할 정도로 미주알고주알 챙기는 사람을 빗대 '콩알을 세는 사람'이라 하는데, 전투를 앞둔 영옥은 언제나 그런 사람이었다.

수입천 동쪽 문등계곡에 있던 A중대는 4일 이른 아침 계곡에 낮게 깔려 있는 안개를 연막탄 삼아 수입천을 건너 공격대기선으로 이동한 후, 기온과 함께 떠오른 안개가 걷히자 공격에 들어갔다. 영옥이 쌍안경으로 전투를 좇고 있던 장군봉에서도 박격포와 기관총이 계속 불을 뿜었다. 사방을 훤히 내려다볼 수 있는 장군봉의 대대 관측소에 자리 잡은 앤드루 드렌컨 중위의 중화기 중대가 A중대의 공격을 돕기 위해 뿜어내는 지원 화력이었다.

중공군도 개인 화기는 물론 야포·박격포·기관총을 A중대에 집중시키며 거세게 저항했다. 양측 모두 상당한 사상자가 발생했다. 이 무렵 유엔군은 휴전회담 성사를 위해 공격작전에서는 지원 포격 규모를 엄격히 제한하고 있어 A중대는 지원 포격을 제대로 받을 수 없었다.

A중대가 남쪽 산봉우리를 넘기도 전에 많은 병사들이 적탄에 맞고 나뒹굴었다. 그런 순간이 되면 삶과 죽음은 이미 인간의 손을 떠나 있었다. 작렬하는 포화를 무릅쓰고 공격을 이끌던 선두 소대가 남쪽 산봉우리를 넘어 642고지로 연결되는 새 참호를 파괴하며 반쯤 올라갔을 때 영옥의 미간에 가벼운 경련이 일었다. 헤이트 대위가 쓰러지는 모습이 영옥의 쌍안경에 잡혔던 것이다. 옆에 있던 무전병이 쓰러진 헤이트 대위에게 무전기를 건네는 것으로 봐서 죽은 것 같지는 않았다.

헤이트 대위가 무전기를 통해 무어라고 말하는 모습이 보였지만 영옥의 무전기가 잠잠한 것으로 봐서 헤이트 대위는 부중대장이나 소대장들에게 지시를 내린 것 같았다. 당시 중대장들은 대대장과 교신하는 무전기와 부중대장이나 소대장들과 교신하는 무전기를 따로 갖고 다녔다.

헤이트 대위가 무전기에 대고 무언가 말하자, 중대 후미에 있던 장교 한 명이 갑자기 능선을 헤치며 치달아 올라갔다. 미군들은 장교 철모 뒤에는 흰 막대기가 세로로 그려져 있고, 부사관 철모 뒤에는 흰 막

대기가 가로로 그려져 있는 반면, 일반 사병의 경우는 아무 표시도 없어 멀리서 철모 뒤만 봐도 계급을 대충 알 수 있었다. 능선을 헤치고 뛰어 올라가는 장교는 부중대장 존 코백 중위였다. 미군 중대는 전투를 할 때 중대장은 선두 소대 바로 뒤에서 전투를 이끌고 부중대장은 중대 후미에 처져 있도록 돼 있어 코백 중위는 후미 소대와 함께 있었다.

전투에서는 지휘관이 전사하거나 중상을 입으면 병사들의 사기가 급속히 떨어지기 쉬웠다. 중대 전투 역시 마찬가지였다. 병사들의 인기가 높은 중대장일수록 그런 현상은 더 심한데, 이날 A중대가 바로 그런 경우였다. 이럴 때 효율적이고 신속한 비상조치가 없으면 중대는 그대로 무너지게 마련이었다.

헤이트 대위는 쏜살같이 나타나 한쪽 무릎을 세워 앉으며 부상을 확인하는 코백 중위에게 가쁜 숨을 몰아쉬며 어렵게 말했다.

"지금부터…… 네가…… 이끌라."

지휘권을 넘겨받은 코백 중위의 활약은 영옥도 두고두고 잊지 못할 만큼 인상적이었다.

코백 중위는 병사 한 명에게 부상당한 중대장을 들쳐업고 산을 내려 가게 한 뒤 이리 뛰고 저리 뛰면서 중대를 이끌었다. 사방에서 터지는 포탄과 퍼붓는 총탄에도 불구하고 한 손으로 병사의 등을 토닥거리며 다른 한 손으로 그에게 사격 표적을 가리키기도 하고 중상자가 생기면 빠짐없이 후송을 시켰다. 임관한 지 1년 반밖에 안 된 초급 장교라는 것을 믿지 못할 정도로 642고지 정상을 향해 냉철하게 중대를 이끌던 코백 중위가 무전병으로부터 수화기를 넘겨받는 모습이 들어오더니, 이번에는 영옥의 무전기가 울렸다.

"대대장님, 더 이상은 무리입니다. 철수 명령을 내려 주십시오."

"그래, 그 정도면 됐다. 철수하라."

중대가 공격을 멈추고 철수하기 시작하자, 중공군은 마지막 한 발까지 쏘겠다는 듯 화력을 총동원해 공세를 퍼부었다. 이로 인해 공격할 때보다 철수하면서 더 많은 희생자가 발생했다. 그렇지만 코백 중위는 중대 후미를 지키며 전사자와 부상자를 한 명도 남기지 않고 내려보내고 자신은 마지막으로 산을 내려오며 철수를 마무리했다.

이 전투로 A중대는 전사 4명, 부상 50명이라는 커다란 피해를 입었다. 헤이트 대위가 미처 설명하지 않아 코백 중위는 이 같은 희생을 치르고도 중대가 임무를 완수하지 못한 것으로 알고 심한 자책감에 빠졌다. 그러나 영옥이 후퇴 명령을 내렸을 때 A중대는 이미 소기의 임무를 달성한 뒤였다.

영옥은 이날 전투에 앞서 반드시 중공군의 새 참호를 제거하고 중공군을 642고지에 있던 원래 위치로 쫓아내겠다고 결심을 굳히고, 이를 위해 A중대에 이어 B·C중대도 교대로 투입할 예정이었다.

코백 중위는 이날 활약으로 동성무공훈장을 받았다. 북진 당시 함경도에서 중공군과 싸우면서 받은 것에 이은 두 번째 동성무공훈장이었다. 나중에 대령으로 예편한 코백 중위는 그때를 회상하면서 이렇게 말했다.

"우리 중대가 공격에 투입되기 전날, 대대장이던 김 소령님이 중대 시찰을 나왔다. 같이 적진을 관측하고 있는데 갑자기 중공군의 포탄이 날아들기 시작했다. 모두 바닥에 엎드리거나 숨을 곳을 찾아 피했는데 대대장은 더 앞으로 나가더니 꼿꼿이 선 채 쌍안경으로 어디서 포탄이 날아오는가를 확인했다. 다음 날 공격을 앞두고 중공군의 대포 위치를 측정하고 있는 것이었다. 여기저기 포탄이 터지는 와중에 서 있는 사람은 대대장 한 사람뿐이었다. 그는 포격이 끝날 때까지 몸을 숨기지 않고 적진을 관측했다. 우리는 사기가 올라갈 수밖에 없었다."

영옥이 전투를 총괄했던 장군봉의 관측소는 사방으로 시야가 트여 중공군과 북한군까지 한눈에 볼 수 있는 데다 관측소가 요새처럼 만들어져 한국 정부 요인과 유엔군 지휘부, 한국 전장을 찾은 외국 지도자들의 고정적인 전선 시찰 장소가 되고 있었다. 이 때문에 산 밑에서 관측소까지 귀빈용 차량이 다닐 수 있는 도로까지 닦였다.

이날 전투는 이 도로가 중간쯤 닦였을 때 벌어졌는데, 전투 후 곧 도로가 완성되자 영옥은 이 도로를 이용해 M4 셔먼 탱크 2대를 산 위에 배치했다. 미군들 사이에서 '이지 에잇(Easy Eight)'이라는 별명으로 불리던 셔먼 탱크 2대를 옮겨놨다는 말은 1킬로미터 정도 거리에 서라면 가공할 명중률에 10센티미터 가량의 장갑도 뚫을 수 있는 76밀리미터 포탄 130발을 항상 대기시켜 놨다는 말이었다.

중공군은 이후에도 파괴된 참호를 복구하려고 여러 번 시도했다. 하지만 참호를 다시 만들려는 시도만 있으면 어김없이 셔먼 탱크가 불을 뿜어 결국 영옥의 대대가 문등리를 떠날 때까지 중공군은 참호를 다시 만들지 못했다. 이에 따라 영옥의 대대도 문등리를 떠날 때까지 이날 같은 전투를 다시 하지 않아도 됐다.

이미 한국전쟁은 유엔군과 공산군 양측 모두 어느 한쪽의 일방적인 군사적 승리를 포기한 채 기동전에서 진지전으로 급속히 전환되고 있었다. 이에 따라 양측은 지역에 따라 38선 남쪽 또는 북쪽에서 대치한 채 제한된 전투를 반복하면서 전체적으로는 장기적인 교착 상태에 들어갔다.

한국전쟁이 갖고 있는 또 하나의 아이러니는 어느 한쪽이 일방적인 군사적 승리를 목표로 총력을 다해 상대를 공격하는 기동전보다 휴전회담을 염두에 두고 협상 테이블에서 보다 유리한 입장에 서기 위해 벌였던 진지전에서 훨씬 더 많은 인명피해가 발생했다는 것이다. 영옥이 642고지 공격 명령을 내린 것도 중공군이 새 참호를 발판으로 끊임없이 소모적 전투를 걸어 올 것이 분명했기에 아예 그럴 가능성을 없애기 위해서였다.

이날 미군과 중공군이 공방전을 벌였던 642고지 일대는 영옥이 문등계곡을 떠난 다음에도 유엔군과 공산군이 대치하다 그대로 휴전을 맞은 듯 당시 미군 지역은 남한으로, 중공군 지역은 북한으로 남아 있다. 642고지는 그때의 격렬한 포격으로 산 높이가 낮아졌는지 최신 지도에는 638고지로 표기된 채 군사분계선이 남쪽 산등성이를 가르며 지나고, 영옥이 전투를 지휘했던 장군봉 관측소는 오늘날에는 비무장지대 안에 들어 있는 한국군 GP로 바뀌어 태극기와 유엔기가 휘날리고 있다.

헤이트 대위

헤이트 대위는 윈스턴 처칠 영국 수상의 외가 쪽으로 조카뻘 되는 인물이었다. 처칠 수상의 어머니는 미국인이었다. 헤이트 집안은 대대로 이어지는 미국의 섬유 재벌로, 집안의 영향력이 미국은 물론 대서양을 건너 유럽 상류 사회에도 미치고 있었다. 이날 전투로 머리에 중상을 입은 헤이트 대위가 부산항에 떠 있는 스웨덴 병원선으로 후송돼 수술을 받자, 로버트 러베트 미 국방장관이 직접 병원장에게 전화를 걸어 안부를 확인할 정도였다.

헤이트 대위는 2차대전 때는 미군과 프랑스군을 연결하는 연락장교로 있었는데 그것도 아버지의 영향력 때문이었다. 그가 한국전쟁에서 최전방까지 온 것은 그의 고집 때문이었다. 2차대전 당시 아버지 때문에 연락장교로 후방에서 안전하게 지냈다는 사실을 불명예스럽게 생각했던 헤이트 대위는 한국전쟁으로 오기 위해 가족 몰래 펜타곤으로 찾아가 한국행 수속을 밟았다. 이를 알게 된 아버지가 한국으로 가지 못하게 하자 "이번에도 아버지가 손을 써 한국으로 가지 못하게 되면 언론에 모든 사실을 공개하겠다"고 엄포를 놔 고집을 관철시켰다. 헤이트 대위는 31연대로 왔을 때에도 연대장이 연대본부에 남으라고 했으나 더 일선으로 보내 달라고 고집을 부려 영옥의 대대로 왔다가 중상을 입었다.

한국전쟁에서 죽거나 다친 세계 지도자들의 친인척은 처칠의 친척인 헤이트 대위 말고도 여럿 있었다. 중국 마오쩌둥 주석의 아들이나 밴플리트 주한유엔군 사령관의 아들도 한국에서 목숨을 잃었다. 아이젠하워가 미국 대통령으로 당선된 순간, 그의 아들 존 아이젠하워 중령도 한국에서 싸우고 있었다. 한국전쟁이 냉전시대 1라운드에 벌어진 강대국들의 각축장이었음을 또 다른 각도에서 보여주는 대목이다.

영옥은 642고지 전투로 헤이트 대위가 중상을 입어 A중대장 자리가 비자, 오사카 병원에서 약속했던 대로 코백 중위를 중대장으로 임명했다.

달라진 한국군

그 사이 한국군도 많이 바뀌었다. 전쟁을 거치면서 불과 1년 남짓 되는 기간에 한국군이 얼마나 바뀌었는지는 31연대 소속으로 한국전쟁에 참전한 두 미군의 증언에서도 극명히 드러난다.

"한국군은 쥐새끼 같은 존재다. 총소리만 나면 감쪽같이 사라졌다가 밥 짓는 냄새만 나면 어디서 나타나는지 모여든다."

31연대 소속으로 인천상륙작전에 참가해 함경도까지 갔다가 중공군의 개입으로 고전을 치르며 후퇴하던 한 미군 병사가 1950년 겨울 함경도에서 쓴 편지에 나오는 대목이다. 이 편지는 미국 메릴랜드 주 칼리지파크에 있는 미국 정부기록보존소에 보관된 31연대 전투상보에 삽입돼 지금도 그대로 보존돼 있다.

그러나 이와 정반대되는 증언도 있다.

"1951년 어느 여름날 밤 중공군이 압도적 병력을 앞세워 우리 바로 왼쪽에 있는 한국군을 공격해 왔다. 우리도 공격을 받았지만 옆에 있는 한국군이 더 문제였다. 한국군에 대한 공격은 어느 높은 산에 포진한 한국군 중대로 집중됐는데, 공격하는 중공군이 방어하는 한국군의 몇 배는 된다는 보고가 들어왔다. 나는 당연히 한국군이 버티지 못할 것으로 보고 촉각을 곤두세웠다. 한국군이 무너지면 우리도 왼쪽 허리가 적에 노출돼 위험해지기 때문이었다. 계속 총소리가 들렸고 전투는 밤새 계속됐다. 날이 샌 다음 보고가 들어오는데 결국 중공군이 물러나 전투는 한국군의 승리로 끝났지만 한국군 장교 전원이 전사했다는 것이었다. 그런 상황이라면 사실 한국군이 후퇴하더라도 아무도 탓할 수 없었을 텐데 한국군은 끝까지 물러서지 않았다. 솔직히 그때까지만 해도 나 역시 한국군을 미덥지 않게 여겼으나 그날 이후 완전히 생각을 바꿨다. 그날 이후 나는 한국군과 한국인에 대해 최대의 존경심을 갖게 됐으며, 지금도 마찬가지다."

이와 같은 증언을 한 사람은 다름아닌 맥캐프리 연대장이다. 증언에 나오는 전투는 한국군 2사단 32연대의 734고지 전투. 한국군 중대는 32연대 2대대 7중대, 어느 날 밤이란 1951년 9월 1일 밤이다. 영옥이 부대대장으로 1대대에 합류해 즉석에서 B중대장을 갈아치우며 무너진 B중대를 수습하던 바로 그날이다. 734고지는 오사카 병원에서 돌아온 영옥이 체력을 회복하기 위해 오르내리던 적근산에서 불과 3킬로미터 북쪽에 있는 산으로 일대 중공군의 중요한 움직임을 훤히 볼 수 있는 요지였다.

밤 8시부터 다음 날 아침까지 계속된 이 전투에서 7중대는 인해전술로 밀고 오는 중공군을 맞아 중대장 김영국 중위를 포함해 모든 장교가 전사하고 마지막 남은 6명만이 증원군인 6중대가 도착할 때까지 싸우며 끝까지 버텨 결국 중공군을 격퇴시켰다. 이날 한국군의 분전은 외신을 타고 나가 달라진 한국군의 모습을 국외에도 널리 알렸으며, 32연대 7중대에는 한국 대통령 표창, 미국 대통령 표창, 유엔군 사령관 감사장이 줄줄이 수여됐다.

맥캐프리 대령은 후에 중장으로 예편했는데 그의 아들도 육군대장 출신으로 아버지와 자신에 이어 아들까지 3대가 웨스트포인트 출신이다. 미국의 전형적인 무인 가문인 셈인데, 맥캐프리 대령의 이 증언은 훗날 한국전쟁이 끝난 지 반세기가 돼가던 시점에서 남긴 것이다.

영옥이 한국군의 명장 채명신과 깊은 전우애를 맺은 곳도 문등리였다. 영옥이 미군 31연대의 좌익을 맡은 1대대 대대장으로 있고 명신이 미군 31연대 바로 왼쪽에 있던 한국군 연대 연대장으로 있을 때였다.

미군은 얼마 전부터 캔맥주를 보급품으로 지급하기 시작했는데 당시만 해도 캔맥주는 일반 한국인으로서는 구경하기조차 힘든 희귀품이었다. 영옥은 보급품으로 나온 캔맥주 박스들을 지프에 싣고 틈틈이 한국군 부대로 명신을 찾아갔다. 바로 옆 미군 대대 대대장이 재미동포 2세라는 것을 알게 된 명신도 영옥과 통성명을 한 후 영옥이 오면 백년지기가 온 것처럼 반갑게 맞았다.

대낮에 독일군 진영으로 침투해 잡아온 포로로 로마 해방을 앞당겼던 영옥과, 한국군 유격대를 이끌고 몇 개월씩 적의 후방을 휘젓고 다녔던 명신은 한눈에 서로를 알아봤다. 전선에서 함께 나눌 것이라고는 캔맥주 몇 통밖에 없었지만 두 사람의 전우애는 그렇게 깊어 갔다.

이렇게 맺어진 이들의 전우애는 12년 후 박정희 대통령 시절 청와대 경호와 수도 방어 체계를 놓고 오랫동안 계속된 한·미 양국간의 첨예한 외교적 마찰을 잠재우고 오늘날 청와대 경호와 서울 방어 체계의 모태가 되는 중요한 공헌으로 이어진다.

제6부

영원한 인도주의자

많은 사람들의 바람과 달리 휴전회담은 계속 끌어 한국전쟁이 두 번째 겨울을 맞았을 때 맥캐프리 연대장이 한국을 떠나게 됐다. 2차대전 때 싱글스 대대장이 그랬듯, 한국전쟁에서 인연을 맺은 맥캐프리 연대장 역시 끔찍이도 영옥을 아꼈다. 곧 자신이 한국을 떠난다는 것을 알고 있던 맥캐프리 대령은 영옥을 연대본부로 불러 이런저런 것들을 화제로 올리다가 마음먹었던 얘기를 꺼냈다.

특별무공훈장을 사양하다

"영, 네가 우리 연대에서 중요한 역할을 하고 있다는 것은 오래전부터 알았지만 사실 네가 부상당하기 전까지만 해도 그렇게까지 중요한 역할을 하고 있었다는 것은 잘 몰랐다. 네가 부상당한 후에도 다른 참모나 중대장들은 변하지 않았는데 당장 다음 날부터 대대가 완전히 딴판이었다."

"……"

"솔직히 나는 그때까지만 해도 그게 누구든 단 한 명이 부대 전체에 그렇게 많은 차이를 가져올 수 있다는 것을 몰랐다. 우리 연대가 성공적일 수 있었던 이유도 따지고 보면 다 너 때문이었다. 다른 사람은 어떨지 몰라도 나만은 그것을 안다."

"……"

"그래서 하는 얘긴데, 특별무공훈장을 줄 테니 받아라."

특별무공훈장(DSC)은 미국 무공훈장으로서는 명예무공훈장에 이어 두 번째 높은 것으로 주한미군사령관이 직권으로 줄 수 있는 가장 높은 무공훈장이었다.

명예무공훈장은 워싱턴에서 심사하고 대통령이 서명해야 하므로 주한미군사령관이 추천한다면 거부되지는 않겠지만 심사만 하는 데도 많은 시간이 걸릴 것이었다. 특별무공훈장도 연대장이 주고 싶다고 해서 아무한테나 마음대로 줄 수 있는 것은 아니었으나 사단장이나 군단장도 영옥의 공적을 잘 알고 있어 맥캐프리 연대장이 서훈추천서를 제출하기만 하면 될 것이었다. 영옥은 중위 시절 이탈리아에서 로마 해방전을 앞두고 적진에 들어가 포로를 잡아온 공로로 한 번 받았던 훈장이었다.

"사양하겠습니다."

"뭐라고?"

"사양하겠다고 말씀드렸습니다."

"뭐야? 너, 정말…… 남들은 받지 못해 안달인데, 뭐? 특별무공훈장이 싫다고? 내 평생 특별무공훈장을 받지 않겠다는 군인은 처음 봤다. 도대체 왜 싫다는 거야?"

"훈장은 벌써 받을 만큼 받았습니다. 특별무공훈장도 이탈리아에서 받은 적 있습니다. 더구나 지난번에 은성무공훈장도 하나 주시지 않았습니까. 훈장을 하나 더 받는다고 더 용감한 군인이 되는 것도 아닌데 괜히 그런 것까지 신경 쓰실 것 없습니다. 아무튼 감사합니다."

"영, 너는 불세출의 군인이지만 아직 군을 잘 모른다. 너는 장교후보생 출신 아니냐. 나는 너를 알기에 네가 어디 출신이라도 상관없지만 육군 전체가 다 그런 것은 아니다. 특별무공훈장을 받아두면 앞으로 많은 도움이 될 것이다."

"그런 것은 아무래도 괜찮습니다. 정히 훈장을 주시려거든 제 부하들에게나 주십시오."

맥캐프리 대령이 말한 영옥의 출신 얘기는 영옥이 장교후보생학교를 나와 임관한 것을 두고 하는 말이었다. 당시 미군에서 장교가 되려면 사관학교를 나오거나, 대학에서 ROTC를 하거나, 장교후보생학교를 나와야 했다. 사병으로 전쟁터에서 현지 임관하는 경우도 있었지만 그리 많지 않았다. 사관학교, ROTC, 장교후보생 세 가지에도 사실상 서열이 있어 장교후보생 출신은 고급 장교가 되기 어려웠고 특히 장군이 되는 것은 거의 불가능했다. 이 같은 현상은 베트남전을 거치면서 개선됐으나 한국전쟁 때까지만 해도 그렇지 못했다.

맥캐프리 연대장은 영옥이 확실한 장군감이라고 보면서도 유색인이라는 사실과 장교후보생 출신이라는 사실이 걸림돌이 될 것으로 보고 먼 앞날을 위해 특별무공훈장을 주려고 했던 것이다. 그러나 영옥이 한사코 거부하자 맥캐프리 대령은 영옥의 의사를 존중해 그대로 한국을 떠났다.

눈길에서 주운 아이

그 해 겨울 크리스마스에 대대 군목으로 있는 샘 닐 대위가 대대본부로 영옥을 찾아왔다. 닐 대위는 장난기 어린 얼굴로 웃음을 머금고 잠시 영옥을 바라보더니 말을 꺼냈다.

"대대장님은 한국계시지요?"

"그렇습니다. 그런데 왜 갑자기……?"

갑자기 웬 핏줄 타령인가 싶어 영옥은 닐을 쳐다보며 다음 말을 기다렸다. 영옥은 닐이 계급은 대위였으나 나이도 다섯 날이나 많고 군목이었기 때문에 예를 갖추면서도 친형을 대하듯 친근하게 대하던 터였다.

닐 대위는 예비군으로 있다가 한국전쟁이 터지자 재소집돼 영옥이 오사카 병원에 있을 때 31연대로 와 있었다. 닐은 목사였던 아버지처럼 신학교수로 있던 중 2차대전이 치열해지자 병역면제 대상임에도 군목으로 자원해 유럽으로 갔다가 독일군 최후의 대공세로 유명한 발지 전투에서 포로가 돼 종전을 맞았다. 닐은 포로수용소에 있으면서도 자작곡으로 포로들을 격려했던 낙천주의자로 한국에서도 항상 최일선에서 병사들과 함께 지냈다. 전투가 벌어지면 전선에서 포성을 늘 끼고 살았던 탓에 30대 중반임에도 이미 청력의 일부를 한국에서 잃은 인물이다.

잠시 뜸을 들이던 닐 대위가 말을 이었다.

"오늘 부대원들이 길에서 우연히 전쟁고아 한 명을 본 모양입니다. 열한 살이라는데 전쟁통에 부모를 모두 잃었답니다."

"……"

"그래서 그 애를 데리고 왔답니다."

"……"

영옥은 즉각 뭐라 말하지 않았지만 닐 대위가 무엇을 원하는지, 왜 한국계 운운했는지 금방 알 수 있었다. 고아를 돌봐주고 싶어 영옥의 허가를 받으러 온 닐 대위가 영옥이 한국과 맺고 있는 인연의 끈을 밉지 않게 당기고 있었던 것이다. 닐은 아무 반응을 보이지 않는 영옥이 무슨 생각을 하고 있는지 몰랐지만, 닐의 입에서 나온 전쟁고아라는 말은 벌써 영옥을 부산역으로 데리고 갔다.

눈 덮인 부산역, 기차를 가운데 두고 양쪽에 도열해 손을 내밀고 서 있던 아이들, 이리 몰리고 저리 몰리는 아이들 사이로 기차에 오르던 순간, 객실에 쌓여 있던 C레이션을 뜯어 아이들에게 나눠주던 일, 아이들이 승강구 쪽으로 몰리지 않도록 깡통을 여기저기 멀리 던지던 일, 전선으로 떠나는 기적 소리, 깡통 한 개를 움켜쥐고 좋아하던 창 너머 아이들…….

"부대원들이 소년의 이름을 지미라고 붙였답니다."

허공에서 날아온 것 같은 닐 대위의 말이 영옥을 깨웠다. 결정은 이미 내린 상태였다. 영옥과 닐 대위는 지미를 돌보는 방법에 대해 구체적으로 의논하기 시작했다. 고아를 돕는 것도 좋지만, 그렇다고 일선 전투부대에 그 나이의 아이를 놔둘 수는 없었다. 역시 지미를 어느 고아원에 데려다 주고 양육비를 지원하는 방법이 최고였다. 영옥은 나가는 닐 대위를 불러 거듭 강조했다.

"반드시 부대원 전체의 의견을 물어 그들이 원한다는 전제 아래 그들이 원하는 방식으로 해야 합니다. 절대 명령으로 처리할 문제가 아닙니다. 장교들은 개입하면 안 됩니다."

닐 대위는 다음 일요일 예배 시간에 장병들에게 지미 얘기를 꺼냈다. 크리스마스에 지프를 타고 가던 1대대 장병들이 눈으로 뒤덮인 길에서 그를 발견한 얘기부터 어떻게 해주기 바란다는 얘기까지 간략했지만 감동적인 호소였다.

영옥의 지시대로 장교들은 빠진 상태에서 회의가 열렸고, 닐 대위로부터 병사들의 결론을 전해 들은 영옥은 그렇게 하라고 허가했다. 그 결론이란 우선 지미에게 적당한 고아원을 찾아 주고 재정지원을 한다는 것이었다. 장병들은 1인당 50센트씩 내기로 했다. 고아원을 찾기 위해 대대 대표단이 만들어졌는데, 단장만 닐 대위였을 뿐 역시 장교들은 제외됐다. 이들은 상급 부대와 감리교 단체를 수소문해 몇 개의 후보 고아원을 정했고 일일이 현장 답사까지 마친 끝에 맡길 곳을 결정했다. 다름 아닌 일제강점기에 서울 용산 삼각지 근처에 세워져 해방 후에도 헐리지 않고 있던 일본 신사에 있는 경천애인사였다.

감리교인 장시화 목사가 세운 경천애인사는 이미 미군에는 어느 정도 알려져 '18번 고아원'으로 불리던 곳이었다. 같은 감리교인 레너드 앤더슨 목사가 담당 목사로 감리교단의 감독권에 들어 있다는 점도 경천애인사로 정하게 된 요인 중 하나였다.

한국의 고아원 운영 실태를 알아보니 전쟁고아를 돌본다는 명목으로 고아원을 세워 놓고 재정지원을 받아 착복하는 일이 많다는 것을 알게 됐기 때문이다. 경천애인사는 최선의 선택이었으나 재정이 너무 빈약했다. 닐 대위가 현장조사단을 이끌고 그곳을 답사했을 때 이미 고아들이 192명이나 수용돼 있어 세 끼 밥도, 겨울옷도 만만한 문제가 아니었다.

전장에 꽃피는 사랑

첫 지원금 145달러를 주면서 지미를 경천애인사에 맡기고 돌아온 닐 대위와 토머스 크로커 중사로부터 실상을 전해 들은 병사들은 미국의 가족들에게 편지를 썼다. 잠시 후 가족들로부터 옷이나 장난감이 배달되기 시작했다. 닐 대위는 미국의 교회 조직을 통한 재정지원을 호소하기도 했다.

영옥은 장병들이 자발적으로 고아원을 돕는 것을 보면서 보다 지속적인 재정지원 방법을 생각했다. 미군은 얼마 전부터 군수품으로 캔맥주를 지급하기 시작했는데 영옥은 전투 부대로서는 술의 양이 너무 많다고 생각하고 있었다. 영옥은 군수참모를 불렀다.

"맥주 보급량이 너무 많으니 보급량의 반을 버려라. 처분 방법은 알아서 하고 앞으로 이 문제에 대해서는 보고할 필요도 없다."

자연히 1대대로 나오는 캔맥주 50퍼센트가 경천애인사 지원 품목에 들어갔다. 영옥 자신도 2차대전이 끝난 후 담배를 끊었는데 장병들 가운데도 담배를 피우지 않는 사람이 많았다. 장병들은 남아도는 담배 역시 지원 품목에 넣었다. 캔맥주나 양담배는 정기적으로 나오는 군수품이면서도 암시장에서 인기가 높아 경천애인사로 가는 지원이 급증, 재정이 탄탄해졌다.

대대는 현금·캔맥주·담배 같은 것은 감리교단을 통해서 지원하도록 했지만 군수품으로 나오는 초콜릿이나 캔디는 직접 고아원에 전달했다. 경천애인사로 가는 장병들이 초콜릿이나 캔디를 너무 많이 가지고 가는 것을 보고 영옥은 "아이들 이빨이 상하니 초콜릿이나 캔디는 일정량만 주고 나머지는 교단이 처분해 현금으로 지원하도록 하라"고 지시하기도 했다.

경천애인사에 대한 장병들의 지원으로 영옥은 일석이조의 효과를 볼 수 있었다. 영옥은 고아원 지원에 대한 의사결정 때와 마찬가지로 대대의 지원금과 지원 물품 전달에서도 장교들은 제외시켰다. 지원금과 지원 물품을 전달하는 병사들로서는 전선을 떠나는 서울 나들이였다. 모범 사병들에게는 며칠씩 외박과 함께 경천애인사를 다녀오는 특전이 주어졌기 때문에 장병들은 자기 순서를 학수고대했다. 전장을 떠나 교단에 들러 지원금과 지원 물품을 내려놓고 초콜릿·캔디·장난감·야구공·야구클럽·악기 등을 지프에 가득 싣고 고아원을 방문한 장병들은 고아들과 함께 노래도 부르고 야구 경기도 했다.

이 같은 일은 전쟁고아들에게도 좋은 일이었지만 장병들의 정서 순화에도 도움이 됐다. 딱딱한 정훈교육 없이도 전쟁의 목적이 장병들의 무의식 깊은 곳에 심어졌고, 장병들은 고아원을 돕는다는 사실에 대해 무한한 자부심을 느꼈다. 목표가 분명한 군대는 사기가 높을 수밖에 없다는 점에서 1대대의 경천애인사 지원은 고아원과 1대대가 서로 도움을 주고받는 관계로 발전했다.

한국전쟁에서 일선 전투부대로서 고아원 한 곳을 특정해 재정지원을 했던 유엔군 부대는 영옥의 부대가 유일했는데, 이로 인해 경천애인사는 당시 서울에서 가장 재정적 뒷받침이 견고한 고아원 가운데 하나가 됐다.

하남시 선린신용협동조합 이사장을 지낸 문관욱 씨나 서울 시흥동 시온산교회 최문경 목사의 부인 조영자 씨 같은 사람들이 1대대와 경천애인사의 인연을 바탕으로 전쟁고아라는 설움을 딛고 성실한 사회인으로 성장한 인물들이다. 이들은 반세기 후 영옥이 재미 한인사회를 위한 봉사활동으로 한국 정부로부터 국민훈장 모란장을 받으면서 "한국전쟁에서 보살폈던 고아들을 보고 싶다"고 했던 말을 연합뉴스 로스앤젤레스 특파원이 한국으로 타전한 뉴스를 보고 영옥과의 인연을 확인해 주었다.

"어느 겨울 어머니 등에 업혀 피난길에 나섰다가 폭격을 만나 다른 가족과 이웃은 모두 죽고 혼자 살았어요. 눈으로 덮인 길에 쓰러져 있는 어머니를 흔들며 울고 있는데 멀리서 미군들이 오더군요. 이들이 안아 데려간 곳이 경천애인사였습니다. 군인들이 하모니카를 나눠주며 하모니카 부는 법을 가르쳐 주던 기억이 납니다. 그 군인들 덕분에 살아남을 수 있었습니다. 그분께 참으로 감사합니다."

"서울에 살다가 인천상륙작전을 앞두고 폭격으로 부모와 막내동생을 잃고 5남매가 뿔뿔이 흩어지면서 한국 경찰에 의해 경천애인사로 보내겼습니다. 미군들에게 여러 가지 영어 노래를 배웠던 기억이 납니다."

앞은 조영자 씨, 뒤는 문관욱 씨가 눈물 속에서 토해낸 얘기다. 이들의 삶을 송두리째 뒤흔들었던 비극의 또 다른 얼굴은 이들 모두 미군기의 폭격으로 부모를 잃었다는 사실이다. 한국전쟁이 가져온 운명의 아이러니였다.

이들 가운데 조씨는 음대를 나왔고 문씨는 대학에서는 수학을 전공했지만 서라벌예술고 재학 시절까지만 해도 성악가가 되는 것이 꿈이었다니 이들의 음악적 소양이 경천애인사에서 하모니카를 불면서 꿈틀댔는지도 모른다.

경천애인사는 한때 전쟁고아들을 500명 가량 수용했다고 하니 이곳에서 전쟁고아라는 설움을 딛고 새 삶을 일군 사람들은 그보다 훨씬 많을 것이다. 이들 가운데 다수가 화가·음악가·목사·교수·과학자·사업가 등으로 자라났으며, 미군 부대와의 인연 때문인지 현재 미국에서 활동하고 있는 사람들도 많다.

영옥이 대대장으로 있으면서 고아원을 방문한 것은 한 번뿐이나 말끔하게 옷을 입고 자신을 맞던 고아들의 모습을 그는 아직도 잊지 못한다. 장병들의 고아원 지원이 한국계 대대장의 존재를 의식한 것이 아니도록 신경 썼던 영옥의 희망대로 1대대의 경천애인사 돕기는 영옥이 한국을 떠난 후에도 계속됐다. 31연대에서 한국 근무를 마치고 미국으로 돌아간 미군들은 영옥을 만나면 하나같이 경천애인사 소식을 전했다.

그러나 영옥은 1950년대 중반에 접어들면서 더 이상 경천애인사 소식을 듣지 못했다. 경천애인사가 사찰 소유권을 둘러싼 소송의 와중에 없어지고 원생들도 북한산 교양원을 비롯한 여러 고아원으로 흩어졌기 때문이었다. 고아들로서는 또 다른 고난의 시작이었는데, 당시 경천애인사가 있던 자리에는 오늘날 삼각지 천주교회가 들어서 있다.

협의 삼각지대

1952년 여름, 전쟁은 3년째로 접어들고 있었다. 처음에는 한 달이면 충분할 것 같았던 휴전회담도 2년째를 맞았으나 종착역은 보이지 않았다. 군사분계선을 어디로 긋느냐는 문제로 옥신각신하던 휴전회담은 이 문제가 어느 정도 윤곽이 잡히자, 이번에는 전쟁포로 송환 문제를 놓고 또다시 지루한 설전을 계속했다. 유엔군은 포로 개인의 자유의사를 존중해 반공포로는 송환하지 않는다는 입장이었던 반면, 공산군은 반공포로란 있을 수 없으므로 일괄적으로 교환해야 한다는 입장이었다.

바보들의 전쟁

휴전회담이 타결되길 기다리며 대치하는 동안 양측은 한반도의 허리를 동서로 가로지르는 각자의 전선을 난공불락의 진지로 연결했다. 어느 쪽이든 상대가 점령한 산 하나를 뺏으려면 엄청난 희생을 치러야 했다. 유엔군이나 공산군이나 어느 한쪽도 군사적으로 상대를 굴복시킬 수 없는 상황에서 한국전쟁은 군사적 전쟁에서 정치적 전쟁으로 변해 있었고, 휴전회담의 진전에 따라 전투는 치열해지기도 하고 수그러들기도 했다. 휴전회담은 전쟁을 끝내기 위한 것이었지만 회담에 진척이 없으면 전투가 치열해지곤 했다. 매일 발행되는 연대 신문이나 사단 신문은 그래도 휴전회담 소식을 꼬박꼬박 주요 뉴스로 다뤘지만 병사들은 더 이상 눈길을 주지 않았다.

이때쯤 중부전선 최고의 전략 요충인 철의 삼각지대는 유엔군 점령 지역과 공산군 점령 지역으로 나뉘어 있었다. 삼각형의 북쪽 끝인 평강은 중공군이 장악하고 있었고 서쪽 끝인 철원에서 동쪽 끝인 금화까지는 유엔군이 장악하고 있었다. 미군 7사단이었다.

31연대는 4월 말부터 작전지역이 변경돼 금화로 옮겨와 있었다. 부대이동이 있은 후 달포가 지날 무렵 맥캐프리 대령에 이어 31연대장이 된 노엘 칵스 대령이 부연대장 말로 중령을 대동하고 2대대의 탱크포 사격을 직접 지휘하다가 중공군이 쏜 박격포로 둘 다 중상을 입었다.

칵스 대령이 중상을 입고 후송되자 '제이드 스리(Jade 3)'가 신임 연대장으로 온다는 통보가 날아왔다. 제이드 스리는 10군단 작전참모를 부르는 암호명이었다. 이로 인해 31연대는 로이드 모세스 대령을 신임 연대장으로 맞게 됐다. 연대장 교체는 어느 전쟁에서나 흔히 있는 일이어서 당시는 아무도 몰랐지만 모세스 대령의 31연대장 취임은 불과 몇 달 후 한국전쟁에 적지 않은 영향을 미쳤다. 교착 상태가 장기화하면서 한국전쟁이 군사적으로 결정적 승리도 결정적 패배도 없는 전쟁으로 변해 가자, 장군이 되고 싶은 미군 고급 장교들이 한국전쟁을 자신들의 진급을 위한 발판으로 이용하기 시작했기 때문이다.

한국전쟁을 악용하는 미군 장교들

영옥이 웨스트모어랜드 대령을 만난 것도 이때였다. 모세스 대령이 신임 31연대장이 된 다음달 미군 187공수연대가 갑자기 7사단에 배속돼 철의 삼각지대로 이동해 왔다. 한국 전선 곳곳에서 활약하면서 많은 희생자를 냈던 187공수연대는 전선이 안정되자 후방으로 물러나 대구에서 쉬고 있었는데, 미국 본토에서 육군전쟁대학 교수로 있던 웨스트모어랜드 대령이 연대장이 되면서 갑자기 전선으로 다시 온 것이었다. 그러자 미군들 사이에서는 이렇다 할 전선의 변화도 없는 상황인데 187공수연대가 갑자기 철의 삼각지대로 온 것은 미군 지휘부가 순전히 웨스트모어랜드 대령의 경력을 관리해 주기 위한 것이라는 얘기가 떠돌았다.

웨스트모어랜드 대령은 군내 후원자가 많긴 했으나 전쟁터에서 일선 연대를 지휘한 경력이 없다는 것이 장군 진급에 걸림돌이 되고 있었다. 그는 맥캐프리 대령보다 웨스트포인트 3년 선배로, 두 사람 모두 2차대전 덕택에 임관한 지 몇 년 만에 대령까지 진급했으나 종전 후 감군 과정에서 중령으로 계급이 내려앉았다.

전선으로 다시 온 187연대는 금화에 있는 영옥의 미군 31연대와, 철원에 있는 미군 32연대 사이에 끼어 샌드위치처럼 배치됐다. 그러니까 31연대 왼쪽에 187연대가 있고 그 왼쪽에 32연대가 있는 양상이었다.

새로운 진형이 짜지면 아군끼리의 연결을 확실히 하기 위해 인접한 두 부대의 지휘관들은 정확히 어느 지점에서 두 부대가 연결될 것인지를 정했다. 그런데 그때 31연대와 187연대는 31연대 1대대와 187연대 2대대를 통해 서로 연결됐기 때문에 두 대대의 대대장들이 실제 접촉점을 합의해 결정해야 했다.

187연대의 본진이 도착하기 앞서 선발대로 2대대가 먼저 금화에 도착했기 때문에 영옥과 2대대장은 두세 시간 동안 함께 전선을 돌아보며 접촉점을 찾았다. 2대대장은 2차대전 때 사병으로 참전했다가 현지 임관으로 장교가 되어 중령이 된 사람으로 실전 경험이 아주 풍부한 인물이었다. 그 덕분에 영옥과 2대대장은 어렵지 않게 접촉점에 합의하고 악수를 나눈 후 헤어졌다.

접촉점은 영옥의 대대 중에서 가장 북쪽으로 배치된 병사들의 위치보다는 남쪽이었고, 원래 공수연대 2대대가 자리잡으려 했던 위치보다는 북쪽으로 두 곳의 중간쯤이었다. 그러면 중공군이 공격해 와도 두 대대가 모두 연결돼 있어 더 안전하고 어느 하나가 지나치게 위험부담을 안지 않아도 되는 공평한 지점이었다.

그날 저녁 모세스 연대장이 전화를 걸어 왔다.

"너희가 합의한 지점이 웨스트모어랜드 대령의 마음에 들지 않는 모양이다. 웨스트모어랜드 대령을 한 번 만나 보는 게 어때?"

"그거야 대대장들의 전결 사항 아닙니까?"

"거 참, 말귀를 못 알아듣는군. 내일 다같이 만날 테니까 그리 알아."

다음 날 모세스 31연대장, 웨스트모어랜드 187연대장, 영옥, 187연대 2대대장 넷이 어제 영옥과 2대대장이 합의한 접촉점에서 다시 만났다. 넷은 어제 영옥과 2대대장이 밟았던 과정을 다시 반복했다. 접촉점을 원래 영옥의 대대에서 가장 적에게 가까이 있는 곳으로 할 경우, 원래 187연대가 주둔하려 했던 곳으로 할 경우, 어제 영옥과 2대대장이 합의한 곳으로 할 경우를 놓고 각각의 경우에 따른 장단점을 하나씩 짚어 나갔다. 이때 영옥은 상당히 놀랐다. 웨스트모어랜드 대령이 비상한 두뇌를 가진 떠오르는 별이라는 평판을 익히 들었는데, 이 날 그가 두 연대의 접촉점을 자기가 원하는 지점으로 해야 하는 이유를 설명했지만 어느 한 가지도 군사적으로는 타당성이 없었기 때문이었다.

영옥의 눈에 그는 아마도 명성과 달리 실제로는 보병 전투에 대해 전혀 모르거나, 아니면 자기 경력 관리만 소중할 뿐 병사들의 안전은 안중에도 없는 인물로 보였다. 토론이 끝나자 웨스트모어랜드 대령이 옆에 있는 2대대장을 돌아보며 물었다.

"우리 연대가 원래 계획대로 좀 더 뒤로 물러나는 것이 더 낫다고 생각하지 않나?"

"아닙니다. 저는 여전히 어제 김 소령과 합의한 접촉점이 좋다고 생각합니다."

모세스 대령과 웨스트모어랜드 대령의 어조에서 무언가 사전 교감이 있었음을 느낄 수 있었으나 2대대장은 소신을 굽히지 않았다. 그러자 이번에는 모세스 대령이 영옥에게 물었다.

"김 소령은 어때? 합의 내용을 바꿀 의사가 없나?"

"없습니다."

협의는 그것으로 끝났고 넷은 각자의 부대로 돌아갔다. 다음 날 새벽 서너 시쯤 모세스 연대장이 영옥에게 다시 전화를 걸어 왔다.

"김 소령, 어제 접촉점 말인데 내가 웨스트모어랜드 대령과 다시 얘기했다. 접촉점을 웨스트모어랜드 대령이 원하는 곳으로 하기로 했으니 그렇게 알고 접촉점을 바꾸도록."

"그렇다면 그 지시를 문서로 해주십시오. 만에 하나 중공군이 공격해 우리가 무너질 경우, 연대장님과 웨스트모어랜드 대령님의 합의 때문에 그렇게 됐다는 것을 분명히 해두고 싶습니다."

결국 두 연대의 접촉점은 웨스트모어랜드 대령의 뜻대로 됐다. 이에 따라 남쪽으로 내려앉은 187연대는 더 안전하게 됐으나 북으로 나가 있는 31연대, 특히 1대대는 왼쪽 측면이 중공군에 노출돼 더 위험해졌다. 다행히 중공군이 공격해 오지 않아 아무 일 없었지만 그 경우 1대대는 불필요한 희생을 감수할 수밖에 없었다.

영옥은 이 일을 겪으면서 웨스트모어랜드 대령이 그의 소원대로 장군이 될 것이라고 생각했다. 이와 함께 그가 자신을 위해 언제라도 부하들을 희생시킬 수 있는 인물이라는 것도 알았다. 31연대의 병사들도 넓게 보면 모두 자기 부하였다. 그래도 웨스트모어랜드 대령은 자기 부대인 187연대는 챙겼다. 피해를 보는 쪽은 어디까지나 31연대였다. 궁극적으로는 유엔군 전체가 피해를 보겠지만 그것은 31연대장 책임이었다.

모세스 연대장이 웨스트모어랜드 대령과 타협했던 이유는 그 역시 장군 진급을 위해 웨스트모어랜드 대령의 환심을 사고 싶었기 때문이다. 둘은 계급은 같았지만 군내 영향력은 하늘과 땅 차이였다. 이미 웨스트모어랜드 대령이 앞으로 떠오를 미군의 별들 가운데 한 명이라는 것은 알 만한 사람들은 다 알고 있었다. 실제로 187공수연대는 이 일이 있은 지 불과 2개월 만에 일본으로 철수했고, 한국전쟁에서 일선 연대장을 지낸 경력으로 웨스트모어랜드 대령은 곧 준장으로 진급했다.

사실 그는 한국전쟁이 터지기 훨씬 전에 이른바 '로켓 리스트(Rocket List)'에 이름이 올라 있었던 것으로 훗날 알려졌다. 로켓 리스트란 2차대전이 끝난 이듬해 아이젠하워 미국 육군참모총장이 2차대전 때부터 그때까지 발군의 활약상을 보인 젊은 고급 장교 10명의 명단을 제출하라고 인사참모부장에게 지시해 작성된 명단이었다. 원래 아이젠하워 장군의 지시가 12명이라는 얘기도 있고 15명이라는 얘기도 있어 실제 몇 명이었는지는 확실치 않지만 웨스트모어랜드 대령은 결국 대장까지 올라갔고 베트남전에서 주월미군 사령관을 지내기도 했다.

모세스 대령의 야심

187연대와 접촉점을 찾는 과정에서 웨스트모어랜드 대령의 환심을 사기 위해 부하들의 희생 가능성을 기꺼이 감수했던 모세스 대령의 야심은 결국 재앙을 불러왔다. 그 재앙의 씨앗은 그해 여름 어느 날 모세스 대령이 영옥을 찾아왔을 때 이미 자라고 있었다.

영옥을 찾아온 모세스 연대장은 '파파산(Papa San)'에서 남으로 뻗어 나온 삼각고지를 바라보며 물었다. 파파산은 미군들이 오성산에 붙인 이름으로, 근처 산 가운데 가장 높은 오성산이 '아버지 같은 산'이라는 의미였다. 삼각고지는 미군들이 598고지, 파이크스 봉, 제인 러셀 고지라고 각각 이름 붙인 오성산의 줄기인 세 개의 봉우리가 역삼각형 모양을 이루고 있는 고지군이었다.

"김 소령, 쌍둥이 고지 공격을 어떻게 생각하나?"

즉시 연대장의 내심을 읽은 영옥은 깜짝 놀랐다. 쌍둥이 고지는 삼각고지의 세 봉우리 가운데 파이크스봉과 598고지를 말하는 것이었다. 삼각고지는 금화에서 약간 동북쪽에 있어 금화에서 보면 세 봉우리가 다 잘 보이지는 않았고 맨 남쪽에 있는 598고지와 그보다 북쪽에 있는 파이크스봉이 잘 보였기 때문에 미군들은 두 봉우리만을 합쳐 쌍둥이 고지라고 불렀다.

연대장은 쌍둥이 고지 공격에 대해 영옥의 의견을 묻는 형식을 취했지만 사실은 영옥의 동의를 구하고 있었다. 모세스 대령이 데리고 있는 대대장 셋 가운데 실전 경험, 그것도 공격작전을 해본 실전 경험이 있는 대대장은 영옥뿐이었다. 짧은 질문이었지만 영옥은 모세스 대령의 야심을 알 수 있었다.

모세스 대령은 2차대전 참전 용사로 아주 용감한 군인이었다. 연대장으로 부임한 직후 금화 서쪽 탑골에 만들어진 새 진지를 시찰하다가 적의 공격으로 복부에 부상을 입은 적도 있고, 연대장이었지만 적진으로 침투하는 수색작전에 직접 가담한 적도 여러 번 있었다. 하지만 그는 웨스트포인트 출신이 아니었다. 모세스 대령은 사우스다코타 주립대학 ROTC 출신이었는데, 당시만 해도 미군에서는 웨스트포인트 출신이 아니면 전쟁터에서 연대를 지휘한 경력이 있어도 장군이 되기 어려웠다. 모세스 연대장은 대령을 달고 있긴 했지만 비교적 신참 대령인 데다 벌써 나이도 48세여서 별을 달 가능성이 거의 없었다.

그러나 그는 아주 야심만만한 군인으로, 장군이 되고자 했다. 군인이 장군이 되고자 하는 것은 당연히 있을 수 있는 일이지만, 그의 경우는 어떻게 운이 좋아 상부의 관심을 끈다면 모르겠지만 거의 불가능한 일이었다. 이 때문에 그는 31연대장으로 발령나자 하늘을 날 듯이 기뻐하며 L-17 연락기를 타고 10군단 사령부에서 7사단 본부로 45킬로미터를 날아올 때도 비행기가 없어도 될 뻔했다고 본인 스스로 말할 정도였다. 모세스 대령은 일선에서 자신의 능력을 입증할 수 있는 자리를 원했는데 최전선에서 중공군과 대치하고 있는 31연대장이 바로 그런 자리였다.

영옥의 대대는 금화에 배치된 지 벌써 여러 달이 지난 터라 영옥은 이곳 지형을 손금 보듯 알고 있었다. 미군은 중공군보다 낮은 지대에 포진하고 있기 때문에 쌍둥이고지 공격은 매우 어렵고 위험했다. 희생을 감수하고 두 고지를 점령해도 위치가 현재보다 적에 가까워지고 은폐물이 없어 적에 더욱 노출되는 까닭에 방어하기가 어려워져 실질적으로 얻을 수 있는 것이 없었다. 쌍둥이 고지에 머물 수 있으려면 나머지 세 번째 봉우리인 제인 러셀 고지도 점령해야 했다.

그런데 삼각고지를 모두 손에 넣는다 하더라도 삼각고지는 중공군이 점령하고 있는 해발 1,062미터나 되는 오성산으로 연결되고 삼각고지의 가장 높은 곳이 해발 598미터밖에 되지 않아 위험 속에 살아야 했다.

보다 근본적인 문제는 오성산을 넘으면 길이 그대로 평양으로 이어진다는 것이었다. 유엔군 입장에서 오성산 점령은 곧 평양을 공격할 의사가 있다는 표시였고, 공산군 입장에서 오성산을 유엔군에 내준다는 것은 다음의 진짜 전투는 평양 방어전이 되어도 좋다는 양보였다. 이 때문에 모세스 대령이 신임 연대장으로 오기 훨씬 전부터 영옥은 모세스 대령의 질문에 대한 답을 갖고 있었다.

이미 한국에 주둔하고 있는 미군의 대규모 군사작전은 워싱턴이 전부 결정하고 있었다. 그런데 워싱턴은 오래전부터 오성산 점령 같은 대규모 군사작전을 허가하지 않았고 앞으로도 마찬가지일 것이 분명했다. 그렇지 않았다면 작년 휴전협상이 시작되기 직전 유엔군이 중공군을 제압하며 군사적 우위를 다시 확보했을 때 유엔군의 북진을 막지 않았을 것이다. 1·4후퇴 후 재반격에 나선 유엔군이 인천상륙작전처럼 대대적 총공세를 취해 모든 전선을 평양~원산 선까지 북상시킨다는 야심적 북진 작전인 '압도작전(Operation Overwhelming)'도 이미 없었던 일로 됐다. 만약 워싱턴이 그 같은 대공세를 허용한다면 이야기가 다를지 모른다.

지지부진한 휴전협상을 이용해 중공군은 이미 재정비를 마쳤고 진지도 견고히 구축했기 때문에 중공군을 몰아내는 것은 쉬운 일이 아니었다. 평양을 목표로 전쟁을 한다면 한반도 모든 전선에 걸쳐 대공세를 취해야 할 것이고, 그런 상황이라면 얘기가 다르겠지만 단순히 눈앞에 보이는 고지 한두 개를 얻기 위해 무고한 병사들의 피를 흘리게 할 수는 없었다. 오성산 공격을 허락하지 않을 것이 확실한 워싱턴이 병력이나 장비를 증강시켜 주지 않을 것이란 점 또한 분명했다.

"좋은 작전이 아닙니다. 절대로 그렇게 하지 말아야 합니다. 첫째,

우리 위치보다 삼각고지는 불과 수십 미터밖에 높지 않지만 우리가 삼각고지를 공격하기 위해서는 먼저 우리 진지에서 산을 타고 내려갔다가 삼각고지를 향해 올라가야 합니다. 게다가 삼각고지 역시 능선이 너무 좁아 병사들을 옆으로 벌려 공격하기도 어렵습니다. 공격하는 과정에서 엄청난 사상자가 발생하게 됩니다. 둘째, 삼각고지는 1개 대대로는 점령할 수 없습니다. 2개 대대를 동원해도 안 될 것이며, 아마 연대 전체를 동원해도 어려울 것입니다. 셋째, 삼각고지를 점령한다 해도 오성산이 적의 수중에 있기 때문에 삼각고지에 머물 수 없습니다."

"……."

"오성산은 전략적으로 너무 중요하기 때문에 우리 7사단 전체를 동원해도 점령할 수 없습니다. 8군 사령부가 평양이나 더 북쪽을 목표로 하지 않는 한, 적군이 요새로 만들어 놓은 오성산에 대한 정면 공격은 쓸데없는 자살 행위입니다. 설사 평양이 목표라고 해도 오성산에 대한 정면 공격은 불가합니다. 오성산을 공격해야 한다면 우회해서 뒤에서 공격해야 하고, 지상군 2개 사단 이상을 투입해야 하고, 공군도 동원해야 합니다. 평양으로 갈 것이 아니라면 오성산은 건드리지 말아야 합니다."

"……."

"삼각고지 점령에 성공해도 우리는 다시 철수할 수밖에 없습니다. 그렇다면 처음부터 점령할 필요가 없습니다. 이미 지금도 적지 않은 사상자가 발생하고 있습니다. 그래도 현재는 적군보다 수십 미터밖에 낮지 않고 어느 정도 거리도 있으며 몸을 감출 수도 있습니다. 만약 삼각고지까지 간다면 적군보다 460미터 이상 낮아지고 거리도 좁혀질 뿐 아니라 은폐물도 없어져 병사들이 적의 화기에 그대로 노출됩니다. 연대장님께서 정말로 전진하기 원하신다면 정부 최고위층의 허가를 받아서 하셔야지 이런 식으로 하실 문제가 아닙니다. 준비된 적을 상대로 정면 공격을 해서는 절대로 안 됩니다. 2개 사단을 투입해도 목표를 달성할 수 없습니다."

"……"

"미국 정부와 군이 평양을 점령하기로 결정했다면 모르지만 평양 점령에 미치지 못하는 어떤 다른 목표라면 삼각고지 공격은 가치가 없습니다."

"……"

그러나 모세스 대령의 침묵은 동의를 뜻하는 것이 아니었다. 한동안 영옥의 반론을 잠자코 듣고 있던 모세스 대령은 미국 남북전쟁을 들고 나왔다.

"그랜트 대장은 끊임없이 적과 교전해 적에게 많은 출혈을 강요했다. 북군도 피를 흘렸지만 남군도 피를 흘릴 수밖에 없었지. 적군에게 1년간 교전을 강요하고 매주 많은 사상자가 내도록 하면 아군의 병력 자원이 풍부할 경우 적보다 수적 우위를 얻게 된다."

율리시즈 그랜트 대장은 남북전쟁 당시 북군 총사령관으로서 남북전쟁을 결국 북군의 승리로 이끌었던 명장으로 나중에 대통령까지 지낸 인물이다. 많은 미군 장교들은 유명한 장군들을 모방하려 했는데 모세스 대령은 그랜트 장군을 모방하려 하고 있었다.

"그랜트 장군은 전면적 승리를 원했습니다. 그것은 링컨 행정부가 원했기 때문입니다. 링컨 행정부는 전후 노예제도를 없애기 위해서는 남군을 완전히 제압하는 전면적 승리를 거둬야 했기 때문이지요. 남북전쟁 때는 휴전이 목적이 아니었습니다. 그러나 여기 한국에서 무제한적 병력 자원을 갖고 있는 쪽은 미군이 아니라 중공군입니다. 삼각고지를 점령하려면 중공군보다 미군의 피해가 더 커야 할 것이며, 그렇다 해도 우리는 삼각고지를 계속 지킬 수 없습니다. 결국 아무것도 얻는 게 없다는 말씀입니다. 어째서 계속 지킬 수도 없는 무언가를 얻기 위해 그 많은 피해를 감수하려 하십니까?"

"적의 병력 자원을 고갈시키기 위해서는 매일 적에게 교전을 강요해야 한다."

"그렇지만 남북전쟁 시절에는 남군에 병력 자원의 한계가 있었습니다. 남군은 신병이 모자랐지만 북군은 그렇지 않았습니다. 여기서는 우리가 남군 입장이고 중공군이 북군 입장입니다. 우리는 중공군 병력을 고갈시키지 못합니다. 남북전쟁 때 북군의 최종 목표는 남군을 완전히 패배시키는 것이었지만, 지금 미군의 최종 목표는 중공군이나 북한군의 완전한 패배가 아니라 유리한 협상입니다. 따라서 전쟁을 멈출 수 있습니다. 만약 미군이 완전한 승리를 원했다면 작년에 휴전협상이 시작됐을 때 우리의 북진을 막지 않아야 했습니다. 우리는 시기를 놓쳤고 그 후 적은 급속히 인원과 장비를 다시 증강시켰습니다."

이날 이후에도 모세스 대령은 영옥을 두세 번 더 찾아와 같은 화두를 던졌다. 그러나 둘의 대화는 언제나 팽팽한 평행선을 그렸을 뿐 좀처럼 견해차를 줄일 수 없었다. 연대장은 영옥의 마음을 바꾸려 노력했지만 영옥은 입장을 바꾸지 않았다. 세 번째로 모세스 대령이 다시 영옥을 찾아 같은 얘기를 꺼내자 영옥은 단호하게 말했다.

"연대장님, 이미 여러 번 말씀드렸습니다. 삼각고지 공격은 인명과 시간 낭비입니다."

영옥은 더 이상 다른 말을 덧붙이지 않았고 연대장도 이후 다시는 영옥에게 그 얘기를 꺼내지 않았다.

그러나 열흘쯤 후 영옥은 연대참모들이 삼각고지 공격작전을 수립하고 있다는 것을 알게 되었다. 영옥은 자신이 직접 공격작전 수립에 참여하지는 않았지만, 일단 작전이 수립되고 시행된다면 1대대가 투입될 것임을 짐작할 수 있었다.

한국을 떠나다

당시 영옥은 이미 한국을 떠날 수 있는 점수를 채우고도 남았다. 영옥은 작년 3월 한국에 온 이래 줄곧 전선에만 머물렀기 때문에 이미 작년 크리스마스 전에 36점을 채웠지만 한국을 위해 싸우겠다며 계속 남아 있는 상태였다. 맥캐프리 연대장의 후임으로 왔던 칵스 대령이 영옥에게 "계속 한국에 남아 나와 함께 있으면 중령으로 진급시켜 주겠다"고 했던 약속도 물론 잔류를 선택한 또 다른 이유였다.

그렇지만 이제는 상황이 근본적으로 달라지고 있었다. 더 있다가는 언젠가 목적도 없는 전투를 위해 병사들에게 공격 명령을 내려야 할 것이고, 그 명령을 받고 공격에 나선 많은 병사들이 다시는 돌아오지 못할 것이었다. 어차피 한국전쟁은 이제 어느 한쪽의 완전한 군사적 승리로 끝날 수 있는 것이 아니었다.

영옥이 한국을 떠나기로 결심하고 연대장을 찾아가 밝히자, 모세스 대령은 진급을 들고 나왔다.

"김 소령, 여기 남는다면 중령으로 진급시켜 주겠다."

"말씀은 감사합니다만 벌써 그런 약속을 들었는데 지켜지지 않았습니다. 앞서 약속했던 카스 대령님도 진급을 시켜 주기 싫어서 약속을 지키지 못한 게 아닐 것입니다. 이미 집으로 돌아갈 수 있는 시간도 반년 이상 지났습니다. 현재 한국에 남아 있는 대대장 가운데 한반도를 오르내리며 전투를 했던 대대장은 저 하나밖에 없을 것입니다. 지금까지 함께 싸웠던 많은 사람들이 벌써 한국을 떠나고 없습니다. 이제 저도 그만 떠나겠습니다."

영옥은 이미 육군 규정에 따라 본국 귀환을 요청할 권리가 있었기 때문에 모세스 대령은 영옥을 놓아 줄 수밖에 없었다.

9월 1일 금화를 떠난 영옥은 그 길로 일본으로 가는 비행기에 몸을 실었다. 비행기 아래로 점점 작아지는 아버지의 나라는 아직도 전쟁에 휩싸인 가슴 아픈 땅이었다.

쇼우다운 작전

영옥에게 주어진 전출명령서에는 다음 근무처가 조지아 주 포트 베닝에 있는 육군보병학교로 적혀 있었다. 육군보병학교 교관은 전쟁 영웅들에게 우선적으로 주어지는 요직으로 진급이 보장된 자리였는데, 영옥이 '쇼우다운 작전(Operation Showdown)'에 대해 얘기를 들은 곳도 이곳이었다.

쇼우다운 작전이란 미군 7사단과 한국군 2사단의 연합작전으로 한국군에서는 저격능선 전투로 더 잘 알려진 작전이다. 이 작전은 미군 1개 대대가 삼각고지를 점령하고 한국군 1개 대대가 삼각고지 동쪽에 있는 저격능선고지를 점령하는 것이 목표였다. 작전의 명칭은 31연대 작전참모 조지 웨어가 붙인 것으로 '과시' 또는 '격돌'을 뜻하는 명칭에서 엿보이듯, 자신감도 넘쳐 미군 1개 대대와 한국군 1개 대대를 동원해 삼각고지와 저격능선을 5일 만에 점령하는 것으로 돼 있었다.

영옥이 떠난 다음 모세스 대령은 삼각고지 공격작전 계획을 마무리해 상부에 보고했고, 미군 지휘부는 이를 검토하고 있었다. 이때 중공군은 자기들 나름대로 휴전협상에서 유리한 고지를 점령하기 위해 힘을 과시할 목적으로 10월 6일 철원 서북방 7킬로미터 지점에 있는 백마고지를 공격해 왔다. 한국전쟁에서 유명한 백마고지 전투의 시작이었다.

유엔군 휴전협상대표단 수석대표 해리슨 제독은 이틀 후인 8일 휴전협상 무기연기를 선언했다. 같은 날 도쿄에 있던 유엔군 사령관 마크 클라크 대장은 모세스 대령이 제출한 삼각고지 공격작전을 허락했다. 미군도 나름대로 휴전협상을 유리하게 이끌기 위해 힘을 과시할 필요가 있다고 판단한 것이었다.

이에 따라 10월 14일 미군 31연대는 삼각고지를 공격하기 시작했다. 쇼우다운 작전은 유엔군 사령부가 모세스 대령의 말만 듣고 전투를 벌인 것은 아니었으나 유엔군이 무력시위를 할 필요를 느끼고 있을 때 마침 준비된 작전계획이 있었고 백마고지 전투가 이 작전계획이 실행되도록 하는 촉진제가 됐던 것이다.

백마고지는 철의 삼각지대 바로 서쪽에 있고, 삼각고지는 철의 삼각지대 바로 동쪽에 있었다. 쇼우다운 작전의 당면 목표는 백마고지로 집중되는 중공군 전력을 분산시켜 9일째 분전하는 한국군 9사단을 돕는 것이었다. 백마고지에 있던 한국군 9사단은 중공군이 3개 사단이라는 압도적 병력을 앞세워 30여 차례에 걸쳐 계속해서 공격을 퍼부었지만 고지를 지키고 있었다. 쇼우다운 작전이 시작되자, 중공군도 다음 날 백마고지에 대한 공세를 중지하고 삼각고지에 대한 적극적 방어로 돌아섰다.

이 작전의 보다 근본적인 목적은 유엔군의 군사정책이 적극적 방어에서 적극적 교전으로 바뀌었음을 과시하는 것이었다. 이 같은 유엔군의 한국전쟁 수행 방침 변경은 휴전협상이 타결되지 않는 데 따른 좌절감에서 비롯된 것이었다. 쇼우다운 작전이 시작되자 백마고지 전투는 끝났지만, 대신 삼각고지 전투는 갈수록 치열해져 양측 희생자가 계속 늘어났다.

쇼우다운 작전은 신기할 정도로 모든 것이 영옥이 모세스 연대장의 공격 구상에 반대하며 주장했던 대로 진행됐다.

2개 대대만을 동원해 5일 만에 작전을 끝낸다는 원래 구상과는 달리 결국 2개 사단이 동원돼 42일간 계속되었고 유엔군과 공산군 양측에 엄청난 사상자를 냈다. 유엔군 사상자만 8000명으로, 작전을 앞두고 예상했던 사상자의 무려 40배에 달했다. 중공군 사상자도 1만 2000명이나 됐다. 영옥의 후임으로 새 대대장을 맞은 1대대도 공격 부대로 차출됐고 많은 사상자가 발생했다. 미군은 한때 삼각고지의 3분의 2이상을 점령했지만 계속 지켜낼 수 없었다. 이 국면에서 미군은 새 방안을 들고 나왔다. 10월 25일 9군단 사령부는 미군 7사단에 지시해 삼각고지 전투를 한국군 2사단에 넘기도록 했다. 이로써 쇼우다운 작전에 대한 미군의 직접 개입은 막을 내렸다.

문제는 쇼우다운 작전에 따라 미군의 삼각고지 공격에 때맞춰 한국군 2사단도 오른쪽으로 불과 2킬로미터 떨어진 저격능선을 공격하기 시작해 그곳에서도 치열한 전투가 벌어졌다는 것이다. 저격능선 전투였다. 전체 전선 상황, 중공군의 반격 의지, 양측의 전력을 고려할 때 저격능선 전투와 삼각고지 전투를 모두 한국군 2사단에 맡긴다는 것은 군사적으로 납득할 수 없는 것이었다. 당시 미군 9군단장은 소장이었고 9군단에 속한 한국군 2사단장은 중장이었으나 한국군은 유엔군 사령관의 이름으로 행사되는 합법적 작전권에 이의를 제기할 수 없었다.

마치 야구 경기에서 선발투수가 2대1로 리드한 채 5회까지 던지기는 했으나 구위가 떨어져 그대로 가면 패할 것이 분명하자, 선발투수의 기록을 관리해 주고 싶은 감독이 이미 며칠을 계속 던져 피곤에 찌든 구원투수를 다시 내보내는 셈이었다. 혹시라도 구원투수가 잘 던져 주면 선발투수가 승리투수로 남겠지만 구원투수가 잘못 던져 게임이 뒤집어지면 구원투수는 패전투수가 돼도 선발투수는 이기고 있는 게임을 넘겨줬다는 영광을 간직한 채 패전 기록을 남기지 않아도 되는 격이었다.

중공군은 그로부터 닷새 만에 한국군으로부터 598고지를 다시 회복하고 이틀 후 제인 러셀 고지도 다시 점령했다. 삼각고지에서는 그 뒤에도 공방전이 계속됐으나 11월 5일 9군단 사령부는 한국군 2사단에 삼각고지 전투를 끝내고 저격능선 전투에 전념하라고 지시했다. 이로써 삼각고지 전투는 중공군의 승리로 끝나고 저격능선 전투는 2주 이상 더 계속됐다.

결국 쇼우다운 작전이 끝난 후 삼각고지를 둘러싼 양측의 전선은 작전이 시작되기 전과 마찬가지였으며, 한국전쟁이 끝날 때까지 계속됐다.

그렇지만 모세스 대령 같은 이들은 삼각고지를 미군이 대부분 점령한 상태로 한국군에 넘겨줬다는 점을 내세워 쇼우다운 작전을 성공작으로 치부했다. 그러나 이 작전을 최종 허가했던 클라크 유엔군 사령관의 결론은 쇼우다운 작전이 성공작이 아니라는 것이었다. 모세스 대령 같은 이들은 실체는 외면한 채 실제로 중공군에 삼각고지를 다시 내준 것은 한국군이라는 점만 가지고 스스로 위안하며 핑계로 삼았다.

사실 이 같은 현상이 미군에만 있던 것은 아니었다. 한국군은 저격능선 전투가 한국군의 승리라며 승전기념비까지 세워두었다. 그러나 소련군은 쇼우다운 작전을 자세히 분석한 후 상감령 전역의 승자가 중공군이라는 기록을 남겼다. 상감령 전역이란 중공군이 삼각고지 전투와 저격능선 전투를 통틀어 일컫는 용어다. 승자와 패자가 확실하지 않은 전투나 전쟁에서 가능하면 자기에게 유리하게 해석해 명예로운 기록을 남기려는 것은 어느 군대나 마찬가지였다.

이 작전으로 미군 31연대는 또다시 궤멸적인 타격을 입었으나 연대장 모세스 대령은 그렇게도 원하던 별을 달았고 훗날 소장까지 진급했다.

쇼우다운 작전은 그 해 유엔군이 행했던 마지막 공격작전이었다. 그러나 이 작전으로 양측에 2만 명이라는 엄청난 사상자가 났다는 사실과 이즈음 연기된 휴전협상이 깊은 동면에 들어가 이듬해 봄에 가서야 재개됐다는 사실 사이에는 적지 않은 관계가 있을 것이다. 모세스 대령 같은 미군 지휘관들이 영옥 같은 이들의 견해를 좀 더 진지하게 들었더라면 한국전쟁은 더 일찍 끝났을지도 모를 일이다.

한국군 군사고문이 되어

영옥이 한국을 다시 찾은 것은 한국전쟁이 끝난 지 꼭 10년 만인 1963년 여름이었다. 이번에는 한국군 군사고문으로 온 것이었다. 영옥은 그 사이 미국 조지아 주 포트 베닝에 있는 육군보병학교 교관을 지낸 후 유럽 주둔군인 7군 사령부에 있는 동안 중령으로 진급해 있었다.

다시 찾은 한국

7월 초 서울에 있는 미군 군사고문단 본부에 도착해 다른 군사고문들과 인사를 나누는데 갑자기 전화벨이 요란하게 울렸다. 전화를 받은 장교가 영옥에게 걸려 온 전화라며 수화기를 건넸다. 영옥이 응답하는 순간 전화기가 쩌렁쩌렁 울렸다.

"이런 썅, 야, 이 미친 놈아, 너 도대체 거기서 뭐 하는 거야?"

영옥은 처음에는 다짜고짜 욕설을 퍼붓는 목소리의 주인공이 누구인지 몰랐으나 이내 알아차렸다. 8군 사령부 작전참모 멜 휴스턴 준장이었다. 한국전쟁 때 영옥이 처음 한국으로 와 7사단 본부에 도착했을 때 영옥을 한국군으로 오해해 욕설을 퍼부으며 작전과 텐트에서 내쫓았던 휴스턴 중령은 그 사이 장군이 되어 8군 사령부 작전참모로 있었다. 휴스턴 준장은 그때 자신이 쫓아냈던 동양계 대위가 미군의 전설적 전쟁 영웅이라는 것을 머지않아 알게 됐고, 한국전쟁에서도 계속되는 영옥의 신화를 보고 누구보다 영옥을 애지중지했다. 휴스턴 준장은 영옥의 답변을 기다리지도 않고 계속 퍼부었다.

"제기랄! 너, 네 자리가 어딘지도 몰라? 한국에 있으려면 길 건너 여기 8군 작전참모부에 있어야지, 도대체 거기가 어디라고 거기 있냔 말이야? 너 그렇게 안 봤는데 완전히 멍청이 아냐? 여기 있으면 네가 원하는 보직은 뭐든 줄 텐데. 너, 내가 가장 강력한 네 후원자 가운데 한 명이란 것 몰라? 이거 썅, 너무 화가 나서 말을 할 수가 있나. 야, 말도 제대로 못하겠으니 당장 이리 와! 5분 내로 당장 뛰어와!"

"감사합니다."

"감사고 뭐고 헛소리 그만 하고 당장 오라니까!"

"알겠습니다."

영옥이 수화기를 내려놓자 같은 방에 있던 장교들이 물었다. 휴스턴 준장이 하도 소리를 질러 스피커를 틀어놓은 듯했다.

"아니, 도대체 누구요? 화가 나도 아주 단단히 난 것 같던데······."

"멜 휴스턴입니다."

"멜 휴스턴이라면 8군 사령부 작전참모 말입니까?"

"예."

"그렇다면 더 화내기 전에 빨리 가보시오."

영옥이 사적으로 아무리 휴스턴 준장과 가깝다 해도 자기는 중령이고 그는 준장이었다. 영옥은 서둘러 8군 사령부로 갔다. 당시 군사고문단 본부와 8군 사령부는 둘 다 용산에 있었는데, 길 하나를 사이에 두고 마주 보고 있었다. 영옥은 바삐 서둘렀지만 작전참모 집무실을 찾느라 시간이 지체돼 막상 휴스턴 준장을 찾아갔을 때는 10분이 지나 있었다.

"오랜만에 뵙겠습니다. 반갑습니다."

"제기랄, 10분이나 지났잖아. 너무 화가 나 말도 제대로 안 나왔다. 지금도 마찬가지다. 너 말이야, 왜 여기로 오지 않은 거냐? 네가 마음만 먹었으면 여기서 작전장교를 할 수 있었을 텐데. 한국에서 가장 중요한 보직 가운데 하나가 8군 작전장교라는 것은 네가 누구보다 잘 알겠지? 그런데 뭐, 군사고문? 여기 앉아! 앉아서 어떻게 된 건지 사실대로 털어놔."

휴스턴 준장이 화를 내는 것은 영옥의 보직 때문이었다. 당시 미 육군에서는 어떤 영관급 보병 장교가 앞으로 별을 달 것인지를 가늠할 수 있는 세칭 '장군 코스'가 셋 있었다. 전장에서 대대장이나 연대장을 지내는 것, 보병학교 교관을 지내는 것, 주요 부대의 작전장교를 지내는 것이었다. 자신의 경력에 이 셋 중 하나도 없다면 장군은 꿈꿀 수 없었는데 영옥은 세 가지를 모두 갖고 있었다.

포트 베닝의 보병학교 교관은 실전 경험이 풍부한 장교들 중에서 엄선했는데, 영옥은 보병학교 교관으로 선발된 첫 아시아계 장교였다. 교관 근무를 마치고 독일에 있는 미 7군 사령부에 있을 때도 작전장교였다. 한국전쟁을 겪으면서 세계는 본격적인 냉전시대로 돌입해

서방 진영과 공산 진영은 각자 집단방위체제를 구성해 맞섰는데, 서방 진영의 주축은 북대서양조약기구(NATO)였고 공산 진영의 주축은 바르샤바조약기구였다. 유사시 NATO군의 주축은 미 7군이었기 때문에 7군 사령부 작전장교는 매우 중요한 보직이었다. 사실 영옥을 7군 사령부 작전장교로 불러들인 장본인도 휴스턴 준장이었다.

진급만 해도 그랬다. 한국전쟁에서 절묘한 시점에 중상을 입어 소령 진급이 두 달 반 늦어졌고, 그 사이 인사규정이 변해 중령 진급은 8년이나 늦어졌지만 그래도 특진이었다. 미군은 뛰어난 인재가 연공서열에 묶여 진급하지 못하는 것을 막기 위해 특진제도를 시행하고 있었다. 중령 진급자를 결정할 때 90퍼센트는 소령 진급 후 일정 기간이 지난 사람들 중에서 뽑고 나머지 10퍼센트는 아직 그 기간이 지나지 않았어도 유능한 소령들 중에서 뽑았는데, 영옥은 이 10퍼센트에 속해 진급했다.

한마디로 영옥은 어김없는 장군 코스를 걷고 있었다. 그런데 영옥이 갑자기 군사고문이 돼 나타나자 휴스턴 장군은 길길이 뛰었던 것이다. 군사고문단은 단장이나 부단장 정도를 제외하고는 엘리트 코스가 아니었던 것이다.

영옥은 휴스턴 준장에게 자초지종을 설명했다. 영옥이 군사고문이 된 것은 가족 문제 때문이었다.

"이것은 너의 미래를 위해서는 아주 큰 실수다. 군에서는 현재 보직이 미래를 결정한다. 네가 군사고문단에서 일을 잘 하지 못할 것이라는 얘기가 결코 아니다. 너는 어디 있건 네 몫을 할 것이다. 그러나 거기는 아무리 일을 잘 해도 여기와 같을 수 없다. 여기 있는 것과 거기 있는 것은 네 미래에 큰 차이가 있다. 내 밑에 있다면 인사고과도 최고로 줄 것이고 장군으로 추천도 할 것이다. 거기서는 아무리 일을 잘 해도 너의 상관들이 이미 1부 리그에서 밀려난 사람들이다. 물론 거기에도 대령도 많고 웨스트포인트 출신도 많다. 그렇지만 그 대령들 가운데 아무도 별을 달지 못할 것이고, 그들 자신도 그 사실을 잘 알고 있다. 그 때문에 그들은 타인에 대해 아주 비판적이다. 너는 이제 나쁜 인사고과를 각오해야 한다. 너의 그렇게 뛰어난 재능을 거기서 낭비하다니 한숨만 나온다. 앞으로 어떤 일이 벌어지든 나와 긴밀히 연락하라."

최 소년과의 재회

당시 한국은 5·16 이후 군정이 실시되면서 제3공화국 출범을 앞둔 어수선한 시기였다.

영옥은 8군에 설치돼 있는 메릴랜드주립대학 야간과정을 통해 한국을 체계적으로 배우려고 많은 노력을 기울였다. 어렸을 때 한글학교에 다녔고 한국전쟁이 터지고 군복을 다시 입을 때 정보장교로 선발돼 한국어 교육을 집중적으로 받기도 했지만 편하게 말할 수 있는 정도는 아니었다.

군사고문은 시간 여유가 있어 영옥은 한국어·한국사·한국 문화 공부를 열심히 했다. 메릴랜드대학 야간강좌에는 명망 있는 한국인 교수들이 많아 좋은 강좌도 많았다. 한국은 그때만 해도 경제가 상당히 어려워 대학 월급만으로는 먹고사는 것조차 만만치 않았던 교수들이 비교적 보수가 좋은 메릴랜드대학 야간강좌를 통해 부족한 수입을 보충했다.

그래도 명동 거리나 남대문 시장에는 항상 활기가 넘쳤다. 즐비하게 늘어선 과일 판매상들이 정성 들여 풍성히 쌓아올린 갖가지 과일을 보는 것은 커다란 즐거움이었다. 영옥 자신은 한국전쟁에서 입은 부상이 깨끗이 치료되지도 않았고 여기저기 신경이 절단된 왼쪽 발목의 고통은 특히 참기 힘들었지만, 아버지의 나라는 전쟁의 상처에서 서서히 벗어나고 있었다. 수많은 과일 중에서도 역시 감을 보면 각별한 느낌이 들었다. 한국전쟁 전에도 감은 어머니를 생각나게 하는 과일이었지만, 전쟁 때 동부전선을 아름답게 수놓은 감나무들을 본 다음부터 감은 어머니와 한국을 동시에 엮어 주는 과일이었다.

이때 영옥은 한국전쟁 때 하우스보이로 있던 전쟁고아 최 소년과도 다시 만날 수 있었다. 미국에서 알게 된 후 군사고문단에서 다시 만난 한국군 장교들이 최 소년 생각이 많이 난다는 영옥의 말을 듣고 수소문해 준 덕이었다.

한국 정부는 전쟁이 끝난 뒤 한국군 발전을 위해 우수한 젊은 장교들을 미국 군사학교로 계속 파견했는데, 가장 많이 보낸 곳이 영옥이 교관으로 있던 포트 베닝의 육군보병학교였다. 영옥은 4년간 교관으로 있었기 때문에 자연스레 많은 한국군 장교들과 교분을 맺었는데, 영옥이 군사고문으로 다시 한국에 왔을 때 이들은 이미 다수가 고급 장교가 돼 있었다.

전쟁통에 부모도 잃고 학교도 제대로 다니지 못했지만 성실하고 똑똑했던 최 소년은 10년 만에 의젓한 성인이 되었고, 유창한 영어 실력 덕분인지 서울에 설치돼 있던 유엔 기관에서 일하고 있었다. 최 소년은 전쟁의 폐허를 딛고 일어서는 한국의 모습을 상징적으로 보여주고 있었다.

한국군 전시동원계획 개편안

영옥이 군사고문으로 한국을 다시 찾은 지 얼마 되지 않아 해밀턴 하우즈 대장이 유엔군 사령관으로 부임했다. 그는 2년 전 미군 군사고문단장으로 있었는데 그 사이 대장으로 진급해 있었다. 하우즈 사령관은 부임하자마자 며칠 안 돼 군사고문단장으로 있던 앤시 소장을 찾았다.

"내가 군사고문단장 시절 지시했던 한국군 전시동원계획 개선책에 대해 브리핑하라."

한국에 또다시 전쟁이 터질 경우에 대비한 한국군 전시동원계획이 엉망이라는 것을 알고는 군사고문단장 임기 말년에 한국군 전시동원계획을 조사해 그 개선책을 보고하라고 지시했던 것을 두고 하는 말이었다.

사실 군사고문단은 하우즈 단장이 한국을 떠나자 그가 다시는 한국에 오지 않을 것으로 생각하고 그의 지시를 이행하지 않고 있었다. 그 사이 군사고문들도 대부분 교체돼 하우즈 사령관이 그 지시를 내렸을 때 군사고문단에 있던 미군들 가운데 아직 남아 있는 인물은 불과 몇 명 되지 않았다.

앤시 단장으로부터 하우즈 사령관이 브리핑을 기다린다는 말을 들은 군사고문들은 부랴부랴 조사에 착수했으나 이렇다 할 진전을 보지 못한 채 두세 달이 흘러갔다. 군사고문들은 앤시 소장에게 사정을 털어놨다.

"조사를 제대로 하고 개선책까지 내놓기 위해서는 1년은 필요합니다."

"안 돼. 하우즈 사령관에게 그렇게 보고할 수는 없다. 어떻게든 조사를 제대로 하여 개선책을 마련해 브리핑 준비를 하라."

군사고문단 작전참모는 결국 이 임무를 영옥에게 맡기며 말했다.

"이것이 사실상 불가능에 가까운 임무라는 것을 잘 알지만 어떻게든 끝내야 한다. 시간도 많이 줄 수 없다. 반드시 석 달 안에 브리핑을 해야 한다."

"그 시간 안에 과연 끝낼 수 있을지 모르겠습니다. 끝낸다 해도 얼마나 광범위하고 깊이가 있을지 모르겠습니다. 어쨌든 최선을 다해 보겠습니다만, 질문이 하나 있습니다."

"뭔가?"

"군사고문단 차원의 지원을 받을 수 있습니까?"

"그렇다."

그때까지 이 문제를 담당했던 미군 고문들은 개선책은 고사하고 동원계획조차 제대로 파악하지 못하고 있을 뿐 아니라 한국군과 효과적인 대화 채널조차 만들어 두지 못한 실정이었다.

영옥은 한국전쟁 후 육군보병학교 교관으로 있을 때 미국으로 유학 와 인연을 맺었던 한국군 장교들 가운데 영어를 잘하는 사람들을 수소문했다. 미국으로 유학 왔던 한국군 엘리트 장교들은 그 사이 다수가 대령이나 장군이 돼 있었다. 한국 육군본부로부터 이들의 도움을 얻을 수 있는 허가를 얻어 이들 중 대령 몇 명을 만나 상황을 설명하고 도움을 청하자, 모두 흔쾌히 수락했다.

영옥은 그들의 도움을 받아 한국 전역을 다니며 광범위하고 신속하게 조사에 착수했는데, 조사 결과 한국군은 전시동원계획을 갖고 있기는 했지만 사실상 없는 것이나 다름이 없었다.

예를 들어 전쟁이 일어나면 예비군을 다시 소집해야 하는데, 그러기 위해서는 정부가 전역 장병들의 소재지를 파악하고 있어야 했다. 그런데 장병들은 제대를 하면 대부분 고향으로 돌아가는 것이 아니라 일자리를 찾아 전국으로 흩어졌다. 정부는 전역 장병의 고향이나 그가 입대할 때의 주소지로 소집명령서를 보내게 돼 있었지만 소집명령서의 75~80퍼센트는 제대로 본인에게 전달되지 못했다. 이를 보완하기 위해서였는지 제대 군인은 전쟁이 터질 경우, 자기 고향에 가장 가까운 예비 사단을 찾아가 신고하도록 돼 있었다. 당시 한국군은 그 같은 예비 사단을 8개 갖고 있었다. 영옥은 이들 예비 사단을 하나도 빼놓지 않고 방문해 실태를 조사했다. 결론은 막상 전쟁이 터질 경우 그런 식으로 병력을 충원할 수는 없다는 것이었다.

한국군은 차량·탱크·야포 같은 장비 운영 방식도 엉망이라 다시 전쟁이 터진다면 어느 것 하나 제대로 운용될 수 있는 것이 없었다. 한국군뿐 아니라 미군 군사고문단도 한국군의 야포가 고장날 경우 어느 부대로 옮겨지고, 얼마 만에 고쳐져 어떻게 다시 원래 부대로 보내야 하는지, 차량이나 탱크는 몇 대나 온전하며, 몇 대가 수리를 받고 있는지 정확히 파악하지 못하고 있었다.

컴퓨터도 없는 시절에 인원·탄약·장비 등 전쟁 수행에 필요한 모든 사항을 망라하는 전시동원계획 개편안을 마련하는 것은 결코 쉬운 일이 아니었다. 영옥은 우여곡절 끝에 개선책을 마련하고 하우즈 사령관을 위한 브리핑 준비에 들어갔다.

한국전쟁 때 아몬드 군단장을 위한 브리핑을 앞두고 맥캐프리 연대장으로부터 혹독한 훈련을 받았던 영옥은 이후에도 여러 차례 굵직굵직한 브리핑을 한 탓에 이때쯤에는 브리핑에 익숙해 있었다.

그렇지만 하우즈 사령관은 예사 인물이 아니었다. 그는 탱크나 장갑차는 물론 헬기나 연락기도 직접 조종할 줄 알았다. 미 육군이 사용하는 모든 무기를 자유자재로 다뤄 보아 사격 시범에서 병사의 총기 조작이 미숙하면 즉석에서 시범을 보이며 그대로 하라고 말할 정도로 명석한 두뇌를 가진 군인이었다. 헬기 공격 부대라는 개념을 창안해 베트남전 때부터 미 육군이 지상전에서 대대적으로 헬기를 활용하게 된 것도 그의 아이디어였다.

하우즈 사령관은 당시 미군이 갖고 있던 최상의 카드 가운데 하나였다. 미군들은 그가 유엔군 사령관으로 다시 한국에 온 것을 보고 미국이 한국을 얼마나 중시하는지 다시 한 번 확인할 수 있었다. 미군들은 그 앞에 서면 오금이 저려 왔는데, 적당한 브리핑으로 눈속임을 하려 했다가는 스스로 무덤을 파는 것이나 다름없었다.

그런 하우즈 사령관은 브리핑에 관해 아주 엄격한 원칙을 갖고 있었다. 모든 브리핑은 한 시간에 끝내되 15분 브리핑, 10분 휴식, 다시 15분 브리핑이 있은 후 20분간 질의응답으로 마쳐야 했다. 그는 브리핑이 마음에 들지 않을 때는 그 자리에서 일어나 뒤도 돌아보지 않고 나가 버리는 것으로도 유명했다. 그런 일이 있고 나면 브리핑을 했던 사람은 다시는 하우즈 사령관에게 브리핑하는 것이 금지되거나 군을 떠날 때까지 브리핑을 위해 연단에 오르는 것 자체가 금지됐다.

영옥이 준비한 한국군 전시동원계획 개혁안은 한국 육군 전체를 아우르는 것으로 매우 치밀하고 아주 방대했다. 그때만 해도 해군·공군·해병대는 규모도 작고 자리도 아직 제대로 잡지 못해 전시동원계획도 육군 동원계획이 골자였다.

영옥이 하우즈 사령관에 앞서 앤시 군사고문단장에게 약식으로 브리핑을 하는 데만 한 시간 이상 걸리자, 앤시 소장은 고개를 가로저었다.

"너무 길다. 반으로 줄여라. 전·후반 각 15분, 도합 30분에 모든 것을 끝내야 한다."

"불가능합니다. 양이 너무 방대해 그 시간으로는 도저히 되지 않습니다. 사령관님께 두 시간을 요청해야 합니다."

"뭐? 하우즈 사령관이 두 시간 브리핑을 받았다는 얘기는 한 번도 들어 본 적이 없다. 사령부에서 허락해 주지 않을 거다."

"두 시간이 아니면 안 됩니다. 두 시간짜리 브리핑이 허락되지 않는다면 한 시간짜리를 두 번 하는 것이 어떻겠습니까? 사실 두 시간도 모자랍니다."

앤시 소장은 망설였지만 실제로 브리핑 시간을 두 시간으로 요청하자 하우즈 사령관은 흔쾌히 수락했다. 그는 브리핑 내용이 얼마나 복잡하고 방대한지 잘 알고 있었다.

브리핑 전날, 영옥은 자료를 정리하느라 새벽 3시가 되어서야 잠자리에 들었다. 영옥으로부터 최종 확인된 자료를 넘겨받은 차트 준비팀은 그때부터 차트를 만드느라 밤을 꼬박 새운 끝에 아침 9시에 작성을 마쳤다. 브리핑은 한국 육군본부 바로 옆 군사고문단 본부 브리핑 룸에서 실시됐는데, 70여 명을 채울 수 있는 브리핑 룸에 한국군은 없었으나 하우즈 사령관, 앤시 고문단장을 비롯해 한국에 와 있는 미군 고급 장성과 8군 사령부 주요 인물들은 모두 모였다. 브리핑 자체도 어려웠지만 절도 있는 영옥의 브리핑에 보조를 맞춰 각종 차트를 바꿔 제시하는 것도 보통 일이 아니었다.

브리핑 중간 부분에 이를 때까지 일사천리로 브리핑을 해가던 영옥이 갑자기 말을 끊고 새로 바뀐 차트를 유심히 바라보다가 하우즈 사령관에게 사과했다.

"사령관님, 죄송합니다만 차트에 한 가지 오류가 있습니다."

브리핑 룸을 가득 메운 미군들은 많은 숫자가 빼곡하게 들어찬 새 차트를 바라보며 어리둥절했지만 하우즈 사령관은 즉시 영옥의 말을 받았다.

"혹시 저 차트에 105밀리미터 곡사포 수와 155밀리미터 곡사포 수가 서로 바뀐 것 아닌가?"

"아닙니다. 숫자 자체가 잘못됐습니다."

"두 숫자의 자리가 서로 바뀐 것이 아니란 말이지?"

"아닙니다. 브리핑이 끝나는 즉시 확인해 다시 보고하겠습니다."

"알았다. 계속하라."

방 안을 가득 메운 미군들은 새 차트가 잘못됐다는 것을 아무도 모르고 있었으나 영옥과 하우즈 사령관만은 차트를 보는 순간 뭔가가 맞아떨어지지 않는다는 것을 즉시 간파했다. 하우즈 사령관은 복잡하고 방대한 브리핑 내용을 머릿속으로 정확히 따라가고 있었다. 영옥이 설명을 마치자 예정대로 하우즈 사령관은 많은 질문을 던졌다. 물으면 답하고 답하면 다시 묻는 과정이 끝나자, 하우즈 사령관이 자리에서 일어나더니 말했다.

"김 중령, 수고했다. 오늘 받은 브리핑은 지금까지 내 군 생활을 통틀어 제일 훌륭한 브리핑이었다."

짧게 치하를 마친 하우즈 사령관은 브리핑 룸을 떠나기 위해 몸을 틀면서 발걸음을 떼다가 다시 영옥에게 고개를 돌렸다.

"잠깐, 마지막으로 질문이 한 가지 더 있다. 이것은 쉬운 질문이다."

하우즈 사령관은 방향을 바꾸기 위해 내디딘 한쪽 발을 엉거주춤한 채로 간단한 질문 하나를 던졌다. 짧은 질문이었지만 영옥은 바로 답하지 못했다. 영옥은 답을 생각하기 위해 시선을 사령관에게 고정시킨 채 아무 말도 못하고 있었고, 하우즈 사령관은 그 자세 그대로 영옥의 답변을 기다리고 있었다. 그렇게 2분쯤 흐르자 브리핑 룸에는 팽팽한 긴장감이 감돌면서 누구 하나 숨소리도 제대로 내지 못했다. 초조해진 앤시 소장이 영옥에게 얼른 답변하라고 재촉하는 눈길을 보냈다. 마침내 영옥이 입을 열었다.

"사령관님, 방금 질문은 답을 모르겠습니다. 즉시 조사해 보고드리겠습니다."

그러자 하우즈 사령관은 미소를 띠며 영옥의 말을 받았다.

"그럴 필요 없다. 그 질문에는 원래 답이 없다. 멋진 브리핑에 다시 한 번 감사한다."

하우즈 사령관의 마지막 질문은 브리핑 전체의 진실성 여부를 가늠하기 위한 테스트였다. 하우즈 사령관이 자리를 뜨자 군사고문으로 나와 있던 준장 한 명이 영옥에게 다가왔다.

"김 중령, 내가 사과해야 할 일이 있다. 아까 하우즈 사령관께 털어놓을 수도 있었을 텐데 말하지 않더군. 브리핑 중에 나왔던 잘못된 차트 말인데, 그거 내 부하들이 김 중령한테 자료를 잘못 넘겼기 때문 아닌가? 사실 오늘 아침 부하들 말이 김 중령이 이번 브리핑 때문에 이것저것 너무 많은 자료를 요구한다며 불평이 대단하던데 지금 보니 그들이 일을 제대로 안 했군그래. 이 순간부터는 김 중령 말은 무조건 들어주라고 지시하겠다."

하우즈 사령관은 영옥이 제시한 개선책을 한국군에 전했고, 한국군은 이를 대부분 그대로 받아들여 한국에서 다시 전쟁이 터질 경우에 대비한 한국군 전시동원계획을 대폭 개편했다.

이 과정에서 영옥은 한국군의 영공 방어 태세가 너무 취약하므로 한국군도 미사일 부대를 가져야 한다고 강조했는데, 하우즈 사령관은 영옥의 주장을 받아들여 한국군에 미사일 부대를 만들도록 했다. 한국군은 즉시 미사일 부대를 만들어서는 미국으로 보내 훈련을 받도록 했다. 한국군 최초의 미사일 부대는 이렇게 태어났다. 1964년 창설된 호크 미사일 부대인 111방공포병대대가 바로 그것이다.

박정희의 자존심

브리핑이 있고 나서 얼마 지나지 않아 하우즈 사령관이 다시 앤시 소장을 찾았다.

"지금 내 집무실로 오라. 이유는 알 것 없으니 다른 사람은 놔두고 지난번에 한국군 전시동원계획을 개편했던 김 중령만 데려오되 내가 불렀다는 사실은 비밀에 부쳐라."

앤시 소장은 자신의 참모장에게조차 행방을 알리지 않고 영옥만을 대동하고 하우즈 사령관을 찾아갔다.

"앤시 장군, 내가 김 중령에게 부여할 특수임무가 있다. 자세한 내용은 밝힐 수 없으나 지금부터 김 중령이 나의 특사라는 것만 알아두라. 이 일에 대해 김 중령은 나의 지시를 직접 받는다. 그러니 김 중령이 무슨 일을 하는지에 대해서도 알려고 하지 마라."

"……."

"이 일과 관련해 김 중령이 필요하다고 판단할 경우에는 언제라도 자기 사무실을 떠날 수 있다. 다시 말하지만 이 일은 누구에게도 발설하면 안 된다. 그렇게 알고 앤시 장군은 그만 나가 보라."

앤시 장군이 나가자 하우즈 사령관은 영옥에게 말했다.

"지난번 한국군 전시동원계획 개편은 참 잘 처리해 줬다. 지금 생각해도 그때 브리핑은 일품이었다. 알고 보니 2차대전 때 이탈리아에서도 명성을 날렸더군."

자신도 2차대전 때 이탈리아에서 싸웠던 하우즈 사령관은 이탈리아 전선 얘기를 잠시 화제로 올리더니 곧 본론으로 들어갔다.

"채명신 장군 잘 알지?"

"……?"

하우즈 사령관은 그 사이 영옥에 대해 자세히 알아본 듯 영옥과 명신이 한국전쟁 때부터 인연을 맺어 서로 잘 알고 있다는 것까지 파악하고 있었다. 당시 채명신은 소장으로 진급해 있었다. 하우즈 사령관은 느닷없이 채명신 장군을 만나라고 지시하는 이유를 자세히 설명했다.

당시 한국군에 대한 군수지원은 미국이 전적으로 맡고 있었다. 그런데 얼마 전 미군은 한국군 2개 보병대대가 이중으로 군수지원을 받고 있다는 것을 알게 됐다. 미군은 조사에 착수했고 곧 진상이 드러났다.

5·16 당시 박정희 소장이 동원한 병력 가운데는 육군 30사단과 33사단이 있었다. 박 소장은 거사 후 두 사단을 원대복귀시키면서 30사단 소속 1개 대대와 33사단 소속 1개 대대를 서울에 남겨 청와대 경호 병력으로 사용했다. 원위치로 돌아간 30사단과 33사단은 서울에 2개 대대를 남겼기 때문에 병력이 모자라자 2개 대대를 다시 만들었다. 그런데 한국군은 새로 만든 2개 대대와 서울에 남긴 원래 2개 대대에 대해 같은 부대 이름을 사용하면서 계속 군수지원을 받고 있었다.

5·16을 성공시킨 박 소장은 국가재건최고회의 의장을 거쳐 1963년

12월 대통령에 취임하면서 제3공화국을 출범시켰다. 박 대통령은 같은 날 수도경비사령부도 발족시켰다. 수경사는 국가재건최고회의법에 따라 창설된 수도방위사령부의 후신이었다. 수경사는 육군 보병대대 2개, 제1공수특전단, 헌병부대, 포병부대로 구성됐는데 이 보병대대 2개가 원래 30사단과 33사단 소속 대대였다.

당시 한국군에 대한 작전권은 유엔군 사령관이 갖고 있어 한국군 부대의 창설이나 폐지는 유엔군 사령관의 허가를 받아야 했다. 하우즈 사령관은 5·16이 일어나던 날, 미군 군사고문단장으로 있다가 곧 미국으로 돌아갔다. 그는 미국식으로 군에 대한 문민 통제를 믿는 인물로 군을 동원해 정권을 잡은 박 대통령을 못마땅하게 생각했다. 1공수특전단이 서울에 남아 있는 것도 서울에 군대가 과도하게 집중돼 있다고 여겼다.

5·16이 일어나던 날 밤, 박 대통령과 하우즈 사령관은 둘 다 육군 소장으로 한국군 육군참모총장실에서 만나 묘한 상면을 했다. 그런데 2년 후 박정희는 한국 대통령이 됐고 하우즈는 유엔군 사령관이 돼 다시 만났으니 두 사람의 인연도 보통은 아니었다.

새뮤얼 버거 주한미국대사 역시 5·16 이후 박 소장이 군으로 복귀하겠다던 공언을 깨고 대통령에 취임하면서 청와대 경호 병력으로 사용하는 부대에 대해 미국을 속이고 이중으로 군수지원을 받는 것을 아주 못 마땅해했다.

미국은 30사단과 33사단에 새로 만들어진 2개 대대 또는 서울에 남아 청와대 경비를 맡고 있는 2개 대대 중 한쪽을 해체하라고 요구했다. 말은 한쪽이라고 했지만 하우즈 사령관이 전투사단 병력을 감축하지 않으려 했기 때문에 사실상 청와대 경호부대를 해체하라는 것이었다. 군을 동원해 정권을 잡은 박 대통령으로서는 청와대를 지키는 두 대대를 해체하라는 것은 방패를 내려놓으라는 얘기였기 때문에 절대로 그럴 수 없다며 거부했다.

버거 대사와 하우즈 사령관은 두 대대를 해체하지 않으면 한국군에 대한 군수지원을 끊겠다고 으름장을 놨고, 박 대통령은 할 테면 해보라며 끝까지 버텼다. 두 대대의 해체 요구와 거부를 둘러싼 양측의 갈등은 급기야 한·미 두 나라 외교 문제로까지 비화됐다.

김영옥과 채명신의 막후 협상

국가적 차원에서 보면 별것 아닌 것처럼 보이지만 이 문제는 당시로서는 아주 골치 아픈 현안이었다. 한국 대통령, 주한미국대사, 유엔군사령관이 직접 개입된 자존심 싸움으로 번진 이 문제는 쉽게 해결되지 않고 있었다.

양측은 이 문제를 해결하기 위해 비밀협상을 벌였다. 박 대통령은 5·16 실세로 깊이 신임하던 채명신을 협상 대표로 내세웠고, 하우즈 사령관은 한국군 전시동원계획 개편으로 깊이 신임하게 된 영옥을 협상 대표로 내세웠다. 물론 한국전쟁에서 맺은 영옥과 명신의 깊은 전우애가 협상의 촉매제가 될 것을 기대한 조치였다.

영옥이 명신을 찾아 하우즈 사령관의 명령에 따라 그를 만나야 한다고 하자, 명신도 왜 영옥이 자기를 찾는지 이미 알고 있었다.

그러나 둘의 협상이 결코 순탄할 수만은 없었다. 박 대통령이 청와대와 서울 방어를 위해 2개 대대와 1공수특전단이 있어야 한다는 군사적 필요성을 명분으로 내세웠기 때문에 영옥은 청와대와 서울의 군사적 방어 문제를 철저히 분석해야 했다. 영옥은 이를 위해 청와대 옥상에 올라 청와대 진입로를 연구하기도 하고 헬기를 타고 서울 상공을 둘러보기도 했다.

하나같이 강한 개성을 지닌 박 대통령, 버거 대사, 하우즈 사령관이 한 치도 양보하지 않아 협상하는 데 애를 먹었으나, 두 사람은 한국전쟁에서 맺은 전우애를 바탕으로 협상을 계속해 나갔다. 둘이 만나 어느 정도 입장을 조율하면 다시 각각 박 대통령과 하우즈 사령관에게 보고하고 그들의 지시를 받아 다시 만나곤 했다.

그러던 중 1964년 여름 버거 대사의 후임으로 윈드롭 브라운 대사가 부임했다. 브라운 대사는 양국이 서로 체면치레하는 수준에서 빨리 이 문제의 타협안을 찾길 원했다.

영옥과 명신은 최종 타협안을 브라운 대사와 박 대통령에게 각각 보고했다. 타협안은 1공수특전단은 원대복귀하고 2개 보병대대는 수경사 소속에서 5·16 전 원래 소속됐던 30사단과 33사단으로 예속을 변경시킴과 동시에 수경사에 행정 배속시키는 것이었다. 이 말은 30대대와 33대대가 형식적으로는 각각 30사단과 33사단 소속이 되지만 현실적으로는 서울에 남아 수경사의 지휘를 받는다는 의미였다.

박 대통령도 브라운 대사도 둘 다 썩 만족하지는 않았지만 양자 모두 이를 수용했다. 브라운 대사가 결심한 이상 하우즈 사령관도 더 이상 버틸 수 없었다.

당시 하우즈 사령관은 유엔군 사령관, 주한미군 사령관, 미 육군 8군 사령관이라는 3개 직함을 지니고 있었다. 군사적으로 볼 때 유엔군 사령관은 미 합참의장의 지휘를 받고, 주한미군 사령관은 미 태평양사령관의 지휘를, 8군 사령관은 미 육군참모총장의 지휘를 받도록 돼 있었다. 유엔군 사령관은 주한미국대사와 긴밀히 협의하는데 당시 하우즈 사령관은 매주 한 번씩 주한미국대사관에 들어가 두세 시간 가량 협의했다. 당시 주한미국대사와 유엔군 사령관의 업무상 서열 관계가 엿보이는 대목이다.

박 대통령, 브라운 대사, 하우즈 사령관이 모두 수용함에 따라 이 문제는 영옥과 명신의 합의대로 종지부를 찍게 됐다. 이에 따라 1공수특전단은 서울을 떠났고 서울에 남은 2개 보병대대는 30대대와 33대대라는 이름을 공식화했다. 영옥과 명신이 막후 협상을 시작한 지 반 년이 넘고 브라운 대사가 부임한 지 한 달 만이었다.

훗날 30대대는 30경비단으로, 33대대는 33경비단으로 확대됐다가 1996년 1경비단으로 통폐합돼 오늘도 청와대를 지키고 있고, 수도경비사령부는 원래 이름인 수도방어사령부로 다시 바뀌어 서울을 지키고 있다.

제7부

꺼지지 않는 촛불

사회적 약자의 수호자

영옥은 불세출의 전쟁 영웅이라는 신화를 뒤로하고 1972년 대령으로 예편했다. 군사고문으로 있다가 한국을 떠난 직후 대령으로 진급한 지 7년 만이었다.

그를 잘 아는 미군들은 영옥이 장군이 되지 못한 이유에 대해, 그가 한국전쟁에서 입은 부상이 너무 심했고 그로 인해 후유증도 너무 심각했기 때문이라고 한다. 이에 대한 그들의 표현을 그대로 빌리면 "인사기록 카드에 두꺼운 진료 기록이 붙어 다니기 시작하면 장군 진급은 물 건너가는 것"이라는 것.

그가 아시아계, 다시 말해 유색인이라는 점 역시 중요한 장애물이었을 것이라고 한다. 오늘날 미국은 흑인이 합참의장도 하고 아시아계가 참모총장도 하지만 그때까지만 해도 뿌리 깊은 인종차별 사회였다. 미국이 시민법을 제정, 모든 시민의 평등을 법적으로나마 보장한 것은 1964년이었다. 법적 평등의 보장과 현실적 평등의 실현은 엄연히 다른 것이었다.

그 시절 미국에서 영옥이 대령까지 진급한 것은 오늘날 한국으로 비유하자면 아프리카 어느 약소국에서 태어난 흑인이 나라가 망한 후 한국에 와 살면서 아들을 낳았는데 그 아들이 한국군 사병으로 입대했다가 장교로 선발돼 대령까지 된 셈이었다. 사실 한국에서는 아직도 이런 일이 불가능할 것이다.

부상의 후유증으로 인한 통증과의 또 다른 전쟁

막상 군복을 벗은 영옥을 기다리던 것은 처절한 육체적 고통과의 계속되는 싸움이었다. 한국전쟁에서 입은 중상과 이로 인한 후유증으로 영옥은 비교적 큰 수술만 40번 정도 받아야 했다. 척추 두 곳을 포함해 온몸에 11군데나 신경이 절단돼 한쪽 다리를 절며 살았지만, 예편 직후 당장 발등의 불은 인내의 한계를 넘어서는 통증이었다.

그때까지 영옥을 돌보던 의사들의 태도도 모르핀을 투입해 그 순간의 고통만 줄여 주는 식으로 변해 있었다. 다른 처방 없이 지속적으로 모르핀만 투입한다는 것은 근본적 치료를 포기했다는 의미임을 영옥은 알았다. 군복을 벗고도 1년을 넘긴 시점이었으니 영옥은 예편 후의 인생 설계 같은 것은 꿈도 꾸지 못한 채 기약 없는 통증과의 또 다른 전쟁에 지칠 대로 지쳐 있었다.

한국전쟁에서의 중상은 절묘한 시점에 발생해 중령 진급을 8년이나 지체시키고 급기야 장군 진급까지 막더니 결국 군복을 벗기고는 제대 후에도 실로 견디기 어려운 육체적·정신적 시련으로 이어졌다.

이처럼 고통과 실의에 빠져 있던 영옥에게 새로운 의학적 가능성을 열어 준 곳이 있었다. 명문 UCLA(Univ. of California, Los Angeles) 의과

대학이었다. 당시 UCLA 의대는 한의학도 연구하고 있었는데, 미국의 대표적 의과대학이 한의학을 연구한다는 소문을 우려해서인지 연구실을 지하에 두고 있었다. 연구진은 정식 UCLA 의대 의료진이었다.

영옥이 이곳을 찾아가자 의료진은 처음에는 침술을 권했다. 그런데 침을 꽂고 있을 때는 통증이 사라졌다가 침을 빼면 통증이 다시 오곤 했다. 그러자 의료진은 자기 최면술을 권했는데 신비하게도 이 방법이 주효했다. 물론 자기 최면술은 말처럼 간단한 것이 아니어서 식생활에서 운동에 이르기까지 모든 생활 패턴의 완전한 변화를 수반하는 것이었다. 그러나 그렇게도 끔찍했던 통증에서 벗어나는 것에 비한다면 기꺼이 치를 수 있는 대가였다. 이렇게 몇 달이 지나자 영옥은 지긋지긋한 통증으로부터 벗어나면서 새 삶을 설계할 수 있었다.

시련을 딛고 사회적 약자의 수호자로

영옥이 다시 정상적인 생활을 시작하자 전설적 전쟁 영웅이자 뛰어난 작전장교로서 그의 명성을 알고 있던 미국의 정계나 재계가 영옥을 영입하려고 끊임없이 유혹했다.

그러나 영옥은 사회봉사 활동에 일생을 바쳤다. 이탈리아 몬테 카시노 전투에서 다케바, 이튼 등 많은 전우들이 산화했을 때 '만일 내가 이 전쟁에서 살아남는다면 내가 속한 사회를 보다 나은 곳으로 만드는 일에 평생을 바칠 것이다'라고 했던 자신과의 약속을 지킨 것이다. 군복을 벗기 이미 오래전부터 '일단 군을 떠나면 지난날의 영광을 되돌아보지 않겠다'고 단단히 마음먹은 터이기도 했다.

영옥의 봉사활동은 여성·아동·청소년·노인·장애인·빈민·소수계 등 사회적 약자의 편에서 이들의 권익을 지키고 신장시키는 일에 맞춰졌다.

군복을 입었을 때는 직접 무기를 들고 세상을 지키는 방패가 됐고, 군복을 벗었을 때는 사랑과 봉사로 세상을 밝히는 촛불이 된 것이다.

30년 넘게 계속된 봉사활동을 여기서 하나하나 밝힐 수는 없지만, 재미한인사회를 위한 것, 재미일본인사회를 위한 것, 소수계 전체를 위한 것, 여성과 아동을 위한 것으로 크게 나눌 수 있다.

재미한인사회를 위한 봉사

재미한인사회를 위한 봉사활동으로는 먼저 한인건강정보센터(KHEIR : Korean Health Education Information & Research)를 설립, 육성한 것을 꼽을 수 있다. 한인건강정보센터는 언어나 문화 장벽으로 미국의 사회보장제도를 잘 이해하지 못하는 저소득층 이민 1세대와 노인들에게 유용한 정보를 제공하고, 18세 이상 장애인이나 병약자들에게 재활 서비스를 제공하는 등 건강한 한인 사회 유지를 목표로 다른 인종도 혜택을 볼 수 있도록 한 비영리 보건기구이다. 이곳은 이제 미국 주류 사회에서도 높이 인정받는 곳으로 발전했다.

이곳은 1980년대 중반 영옥이 자신의 오랜 친구이자 로스앤젤레스 카운티 정부의 실세 정치인인 케네스 한(작고, 지미 한 전 로스앤젤레스 시장의 아버지)을 설득, 한인사회가 가장 필요로 하는 것이 무엇인지를 알기 위한 연구 예산을 배정하도록 했다. 당시 미국은 불경기로 인해 각급 정부가 그때까지 시행하던 사업도 줄이거나 없애는 형편이라 신규 사업에 예산을 배정하는 것은 불가능에 가까웠다.

하지만 영옥은 케네스 한의 집무실로 찾아가 담판을 해 로스앤젤레스 카운티 정부가 한인사회를 위해 약 6만 달러의 연구 예산을 배정하도록 했다. 연구 결과, 한인사회에 가장 필요한 것은 보건기관으로 나타났다. 이에 따라 1986년 설립한 곳이 바로 한인건강정보센터다.

당시 경제 여건상 모두 영옥의 계획이 미친 짓이라고 했으나 영옥은 의지를 굽히지 않았다.

"좋은 계획이 있다. 우리 계획대로 하면 원래 정부가 해야 하지만 예산과 노하우가 없어 하지 못하는 일을 훌륭히 할 수 있다. 그것도 정부가 직접 할 경우 들어갈 예산의 반 정도만으로도 할 수 있다. 우리가 그렇게 효율적으로 할 수 있다는 것을 보여주면 정부가 도와줄 것이다."

영옥은 연구 예산 확보뿐 아니라 조직의 기초에서 향후 주류 사회를 대상으로 한 기금 모금 노하우까지 전수했다. 이를 바탕으로 이곳은 이제 연간 500만 달러가 넘는 예산을 집행하는 봉사기관으로 발전했다.

그러나 남가주 한인사회조차 영옥의 이런 역할을 아는 사람은 몇 안 된다. 그의 침묵과 겸손, 한인사회의 무관심과 이기심이 어우러진 때문이다. 이와 관련해 정작 영옥이 남긴 말은 깊이 음미해 볼 만하다.

"언제나 어떤 일을 할 때는 자기는 일을 하고 뒷자리로 물러앉아, 다른 사람들이 스스로 그 일을 얼마나 잘 하고 있는지 자부심을 갖고 자랑하도록 만드는 일이 중요하다."

"누구도 혼자서는 아무것도 이룰 수 없다. 누구나 팀의 일원으로 힘을 보태는 것이다. 어떤 아이디어가 누구 머리에서 나왔건 그것을 실현하려면 팀이 있어야 한다. 나는 어떤 일이건 그것이 나 혼자만의 것이라고 생각해 본 적이 없다."

로스앤젤레스에 있는 한인청소년회관(KYCC : Koreatown Youth and Community Center)은 영옥이 미국의 최대 구호기관인 '유나이티드 웨이(United Way)' 로스앤젤레스 지부 이사로 있으면서 예산을 배정하고 막후 후건인 역할을 함으로써 도약의 발판을 얻은 곳이다. 이곳은 재미동포 2세 청소년들을 위한 대표적 기구인데, 이제는 다른 인종 청소년들도 수혜 대상으로 확대하면서 이름도 한인타운청소년회관으로 바뀌었다.

미국에서 가장 조직화된 한인들의 정치적 목소리라 할 수 있는 한미연합회(KAC : Korean American Coalition)도 태동기에 그의 헌신과 리더십에 힘입은 바 크다. 현재 전국 조직을 갖춘 기구로 발전한 한미연합회는 미국 주류 사회에 대한 한인들의 활발한 정치참여를 주도하고 있다.

1992년 로스앤젤레스 흑인 폭동으로 한인사회가 참담한 제물이 된 후 한인들의 자각의 산물로 태어난 한미박물관(KAM : Korean American Museum)에도 영옥의 발자취가 깊이 남아 있다. 한미박물관은 재미동포 이민사 박물관 정도로 이해하면 되는 곳인데, 몇 가지 이유로 이곳의 발전이 주춤하자 영옥은 83세라는 고령에도 불구하고 이사장을 다시 맡아 구조 개편을 위해 땀을 흘렸다.

이들 4개 봉사단체는 한미가정상담소와 함께 남가주 한인사회에 있는 대표적인 5개 봉사단체로 꼽히므로, 재미동포 사회를 위해 조용히 한 영옥의 봉사가 어느 정도인지 쉽게 가늠할 수 있다.

재미일본인사회를 위한 봉사

재미일본인사회를 위한 봉사의 가장 대표적인 예는 일본계 미군 장병 2차대전 참전용사회 회장을 맡아 일본계, 나아가 소수계의 권익을 옹호한 것이다. 퇴역 군인들의 단순한 친목단체가 아닌 이 참전용사회는 재미일본인사회나 일본이 미국을 어떻게 움직이는지 볼 수 있다는 점에서 한국도 재미한인사회도 눈여겨볼 만하다.

재미일본인사회의 규모는 미국 전체 인구의 0.3퍼센트 정도로 재미한인사회와 비슷하다. 그러나 예를 들어 2005년 현재 미국 연방장관 15명 중 1명, 연방상원의원 100중 1명, 연방하원의원 435명 중 2명이 일본계 2세였다. 미국 내 어느 소수계도 이렇게 높은 비율로 고위급 정치지도자를 배출한 집단은 없다. 미국 최초의 아시아계 참모총장으로 기록된 에릭 신세키 전 육군참모총장도 일본계다.

이 같은 정치력을 통해 재미일본계는 미국 주류 사회에 막강한 영향력을 행사하고 있다. 이 영향력은 미국의 일본에 대한 외교정책이나 재미일본인사회에 대한 대내 정책에도 엄청나게 긍정적인 요소로 작용한다. 이 같은 효과 때문에 일본이 정부 차원에서 재미일본인사회를 적극 지원하는 것은 말할 것도 없다.

2차대전 당시 일본이 미국의 주적이었음에도 불구하고, 종전 후 미국에서 일본계의 영향력이 이처럼 커진 이유는 일본 자체의 국력 신장과 일본의 적극적인 재미일본인사회 지원도 중요한 요인이나 무엇보다 2차대전 중에 있었던 일본계 부대의 희생과 업적 때문이다. 이 때문에 이 참전용사회의 영향력은 겉으로 드러난 것보다 훨씬 막강하다.

영옥은 한국계지만 이 일본계 참전용사회를 이끌면서 일본계를 위해, 궁극적으로는 소수계 전체를 위해 많은 업적을 남겼다. 이 가운데 가장 상징적인 업적은 로스앤젤레스 다운타운에 세워진 일본계 미군 장병 2차대전 참전기념비다.

언뜻 보면 같은 전쟁기념비처럼 보여도 워싱턴에 있는 한국전쟁 참전기념비는 문자 그대로 전쟁기념비인 반면, 로스앤젤레스에 있는 일본계 미군 장병 2차대전 참전기념비는 민권운동기념비다.

2차대전 당시 일본의 진주만 기습이 있은 후 미국이 일본계의 충성심을 의심해 일본계 이민자 12만 명을 격리 수용한 상태에서 일본계 2세들은 유럽과 태평양에서 용감히 싸워 미국에 대한 충성심을 증명했다. 이에 미국 연방정부는 1988년 레이건 행정부 때 2차대전 당시 일본계 이민자 탄압이라는 인종차별에 대해 공식 사과하고 배상까지 했다.

이 같은 역사로 인해 일본계 미군 장병 2차대전 참전기념비는 인종차별과 싸워 이긴 민권운동기념비가 됐고 이로 인해 일본계, 나아가 아시아계, 더 나아가 소수계 전체의 권익을 옹호하는 상징적 기념물이 됐다.

영옥은 이 참전기념비 건립위원장을 맡아 기념비 건립을 성공적으로 이끌었다.

"미국의 역사책, 심지어 학교 교과서를 봐도 미국의 발전에 대한 아시아계의 공헌은 제대로 쓰여 있지 않다. 나는 이 기념비를 미국의 발전을 위해 일본계뿐 아니라 모든 아시아계가 끼친 공헌을 보여주는 증거로 남기고 싶었다."

자기 스스로 뼈아픈 인종차별의 희생자였던 영옥에게는 이 기념비 건립 자체가 인종차별과의 싸움이었으며, 인종차별적 시각에서 비롯된 역사왜곡과의 싸움이었다. 재미일본인사회는 이 기념비 앞에 별도로 세운 건축물에 작은 동판을 붙이고 '건립위원장 김영옥 대령'이라고 새겨 넣어 그의 업적을 영원히 기리고 있다. 프랑스 비퐁텐 성당 외벽에 붙어 있는 동판을 연상시킨다고 할 수 있다. 두 동판은 한국식으로 말하면 송덕비 같은 것인데, 김영옥은 아마도 다른 민족에 의해 유럽 대륙과 북미 대륙에 송덕비가 세워진 유일한 한국인일 것이다.

재미일본인사회를 위한 영옥의 또 다른 대표적 봉사활동은 재미일본계의 이민박물관인 일미박물관의 이사로서, 이 박물관의 건립과 발전을 도운 것이다. 이 박물관은 일본 정부의 적극적 지원을 바탕으로 재미일본인사회와 일본 대기업들이 활발히 참여해 약 4500만 달러의 기금을 모금해 몇 해 전 멋진 별관을 세우기도 했다.

일본계는 한국계인 영옥을 자신들의 지도자로 흔쾌히 받아들이고 그의 절대적 권위를 인정했다. 2차대전에 참전했던 일본계 미군 장병이 약 2만 명인데, 영옥은 이 일본계 부대에서 사실상 유일한 한국계였다. 만일 입장이 바뀌어 한국계 참전자가 2만 명이고 일본계 참전자가 사실상 단 한 명일 경우, 아무리 그 일본계가 신화적 영웅이라 해도 과연 전쟁이 끝난 후 수십 년 동안 한국계가 그를 최고지도자로 인정하고 받아들였을지는 모르겠다. 하지만 일본계는 열린 마음으로 타인의 업적과 리더십을 깨끗이 인정하고 명예롭게 대우하는 미덕을 보였다.

여성·아동·청소년·빈민들을 위한 봉사

전쟁 중에도 민간인 여성이나 포로로 잡은 여군 또는 전쟁고아들을 보호하기 위해 남다른 애착을 보였던 영옥은 예편 후에도 여성과 아동을 위해 뚜렷한 업적을 남겼다.

가장 대표적인 것은 아시아·태평양계 가정폭력 피해여성과 그 자녀들을 위해 가정폭력 피해여성보호소를 발전시킨 것이다. 로스앤젤레스 일원에 있는 이 보호소는 말이 보호소지 가정폭력의 피해로 인생이 피폐해진 여성과 그 자녀들이 제2의 인생을 설계하는 보금자리다. 적지 않은 수의 한인 여성들이 이곳을 통해 새 삶을 일궜다. 영옥은 1980년대 중반을 전후로 약 10년 동안 이곳 이사장을 맡았는데, 그가 사회봉사 활동을 하면서 가장 힘들었던 때가 이때였다.

"어느 인종 집단이나 가정폭력 문제가 있으며 이것이 근본적으로 아주 심각한 사회문제라는 것을 인정했다. 그렇지만 어느 인종 집단이 공개적으로 이런 곳을 후원하면 그 인종 집단에 가정폭력 문제가 많다는 것을 자인하는 꼴이라고 생각해 기부금을 줄 때도 비밀스럽게 하는 등 사회적 지지를 확산하기가 참으로 어려웠다."

그러나 이번에도 영옥은 포기하지 않았다. 당시 남가주에는 미국 주류 사회가 세운 가정폭력 피해여성보호소가 있긴 했으나 아시아·태평양계 피해자들에게는 커다란 도움이 되지 못했다. 아시아·태평양계 피해자들이 이곳에 수용되면 언어나 음식 때문에 보호소 생활에 쉽게 적응하지 못하고 곧 보호소를 떠나곤 했다. 그런 상황에서 아시아·태평양계 피해자들을 위한 보호소가 생기자 주류 사회 보호소들도 이곳을 적극 지지했다. 자기들의 골치 아픈 문제를 덜어 주기 때문이었다.

이 보호소는 영옥의 리더십 아래, 특히 재미필리핀사회의 협조에 힘입어 결국 남가주 최대의 가정폭력 피해여성보호소로 발전했다. 1990년대 들어 미국 연방정부와 캘리포니아 주정부는 가정폭력 피해여성보호소의 중요성을 새삼 인식하고 재정지원을 확대하기 시작했으며, 캘리포니아 주 카운티 정부들은 혼인증명서 발급 수수료를 인상, 인상분으로 가정폭력 피해여성 보호소를 위해 썼다.

소수계 전반이 대상이자 빈민을 위한 봉사활동으로는 소수계 저소득층 가정을 위한 '케이로 홈의 가족과 친구들', 소수계 빈민 청소년들을 돕는 '케이로 홈의 가족과 친구들', 소수계 빈민 청소년들을 돕는 '특별한 봉사를 위한 특별한 그룹'을 위한 활동 같은 것을 꼽을 수 있다.

영옥의 갖가지 사회봉사활동이 예외 없이 찬란한 열매를 맺고 아름다운 빛을 발하는 이유는 뛰어난 지도자로서 그가 가진 강력한 리더십 때문이다. 이에 대해 영옥은 명쾌한 정의를 갖고 있다.

"리더십의 본질은 비전과 의지다."

"인생은 결국 자기가 정한 목표를 향해 끝없이 나아가는 것이다."

일본군 위안부 결의안을 지지하다

인도주의자로서 영옥은 한없이 따뜻하고 자비로운 인물이다. 하지만 일제강점기 일본군 위안부 문제나 한국전쟁 당시 양민학살 같은 전쟁범죄 또는 반인도 범죄 관련 사안에 대해서는 한 순간의 망설임도, 한

치의 물러섬도 없다.

1999년 캘리포니아 주의회가 일본군 위안부 문제에 대해 일본 정부의 사과와 배상을 촉구하는 요지의 결의안을 통과시킨 이면에도 영옥이 있었다.

이 결의안은 마이클 혼다 당시 캘리포니아 주의원(현재 미국 연방하원의원)이 제안해 세칭 '혼다 결의안'으로도 불리는 것으로 일본계 3세인 혼다 의원이 결의안을 내놓자, 영향력 있는 재미일본계 지도자들은 혼다 의원에게 결의안을 철회하라며 압력을 가했다. 이들의 계속되는 압력에 결의안 표결을 연기할 수밖에 없었던 혼다 의원은 영옥에게 구원 요청을 보냈다.

영옥은 혼다 의원의 설명을 들은 즉시 2차대전에 참전했던 일본계 미군 장병 지도자들에게 일일이 전화를 걸어 무엇 때문에 전쟁터에서 같이 피를 흘렸는지 되새기며 '혼다 결의안' 지지에 동참할 것을 호소했다.

이들 다수의 지지를 확인한 영옥은 스스로 '혼다 결의안' 지지서 초안을 작성하고 글솜씨가 뛰어난 변호사에게 의뢰해 초안을 다듬게 한 후, 자신이 먼저 서명하고 2차대전 참전 일본계 미군 장병 지도자들의 연기명 서명을 받아 혼다 의원에게 보냈다.

혼다 의원은 자기에게 결의안 철회를 종용하기 위해 재미일본인사회 지도자들이 모인 자리에 갈 때 이 지지서를 품에 넣고 가서 회의가 시작되자 서한을 꺼냈고, 이를 본 일본계 지도자들은 그 자리에서 반대 의사를 접었다. 앞서 밝혔듯, 일본계 미군 장병 2차대전 참전용사회는 재미일본인사회의 자부심이고 정신적 지주다.

이렇게 해서 '혼다 결의안'은 본회의에 상정됐고 만장일치로 상·하원을 통과했다. 일제강점기에 일본이 자행한 '일본군 위안부' 문제와 관련해 일본 정부의 사과와 배상을 촉구하며 미국 정계를 통과한 최초의 결의안이었다.

같은 해 AP통신은 한국전쟁 초기 노근리에서 미군이 한국인 피난민을 대량 학살했다는 요지의 기사를 터뜨려 세계를 흔들었다.

그 후 클린턴 대통령의 지시에 따라 미국 국방부가 노근리 사건 진상조사에 착수했다. 이때 미국 국방부는 실무적 진상조사단을 보완 또는 감독한다고 볼 수 있는 고위급 진상조사단을 구성하면서 영옥을 이 고위급 진상조사단에 포함시켰다. 신망 높은 한국계가 포함돼야 미국 정부의 진상조사에 대한 신뢰도가 높아질 것이라는 이유에서였다. 이 고위급 진상조사단은 명칭이 오해를 불러일으킬 소지가 있다는 우려에 따라 '외부전문가위원회'라는 이름으로 바뀜에 따라 영옥은 외부전문위원이 됐다.

이후 영옥은 실무적 진상조사단의 보고를 챙기며 조사에 대해 협의하고 다른 외부전문위원들과 함께 사건 현장을 답사하기도 하면서 사건의 진상을 밝히기 위해 노력했다.

꺼지지 않는 촛불

전시에 또 평시에 그와 함께 한 많은 사람들은 영옥에게 무한히 감사하는 마음을 갖고 있다. 이 같은 마음은 감미로운 미사여구로 들리기도 했고 소박한 일상용어로 들리기도 했다.

2차대전 때 그의 소대원으로 출발해 영옥 아래서 줄곧 함께 싸웠던 일본계 더글러스 일병은 군에서는 상병으로도 진급하지 못한 보통 사람이다. 그러나 그는 아주 성실하고 정직한 사람으로, 전쟁이 끝나고 수십 년이 지난 어느 날 영옥에게 말했다.

"내가 몸 성히 집에 올 수 있던 것은 오로지 당신 덕분이오. 돌아와 결혼도 하고 아들 셋을 낳았는데 이제는 그들 모두 장성했지요. 애들은 당신 덕택에 세상에 태어날 수 있었습니다. 그들도 그것을 잘 알고 있습니다."

몇 년 전 라스베이거스 외곽으로 옮겨 살던 영옥이 로스앤젤레스를 찾았을 때 영옥을 만난 재미동포들은 소액이 담긴 깨끗한 봉투 한 장을 건넸다. "감나무를 보면 어머니와 한국이 생각난다. 언젠가 감나무를 다시 심을 것"이라는 영옥의 말을 기억하고 뒤뜰에 감나무를 심으라는 것이었다.

영옥이 감을 좋아할 뿐 아니라 감에 독특한 향수를 갖고 있다는 것을 아는 듯 캘리포니아 남부나 중부에 사는 영옥의 일본계 친구들도 해마다 때가 되면 잊지 않고 홍시나 곶감을 한 상자나 두 상자씩 꼬박꼬박 챙겨 보내줬다.

한국·프랑스·이탈리아, 최고무공훈장 수여

2005년 2월 프랑스는 로스앤젤레스 다운타운에 있는 일본계 미군 장병 2차대전 참전기념비 앞에서 근사한 훈장 수여식을 가졌다. 영옥에게 프랑스 최고무공훈장인 레지옹 도뇌르 훈장을 주기 위해서였다.

"프랑스는 김영옥을 잊지 않았으며 앞으로도 영원히 기억할 것입니다."

필립 라리외 주LA 프랑스 총영사는 영옥의 가슴에 훈장을 달아 주며 소리 높여 외쳤다.

프랑스는 2차대전이 끝난 후 십자무공훈장(2등 훈장)을 수여했다가 반세기도 더 지난 후 공적 심사를 다시 해 최고무공훈장을 수여했다. 프랑스는 수여식을 앞두고 "세계 어디서든 원하는 곳에서 수여식을 할 수 있다"며 영옥이 훈장 수여식 장소를 선택해 줄 것을 요청했다. 영옥은 "당시 프랑스에서 함께 싸웠던 모든 전우들의 이름으로 받을 것"이라며 일본계 미군 장병 2차대전 참전기념비를 수여식 장소로 택했다.

이날 수여식에는 한민족 최초로 올림픽 2연패(다이빙)의 위업을 달성한 재미동포 새미 리 박사가 재미한인사회를 대표해 축사를 했다.

"영옥이 없었다면 나의 올림픽 금메달도 없었을 것입니다."

영옥의 죽마고우이기도 한 새미는 다이빙 선수가 되고 싶었지만 유색인이라 낮에는 풀장 출입을 못하고 코치의 허락 아래 남의 눈을 피해 밤에만 풀장으로 갔다. 그래도 아시아계라 올림픽 대표선수가 될 수 없었으나 영옥과 일본계 부대가 2차대전에서 치른 희생과 활약 덕택에 아시아계라는 족쇄를 풀고 대표선수로 나설 수 있었고, 결국 올림픽 2연패라는 위업을 달성할 수 있었다는 것이다.

이탈리아는 전쟁 직후인 1945년 이미 최고무공훈장을 수여한 터였다.

프랑스가 레지옹도뇌르를 수여하던 2005년, 그해 9월 마침내 한국도 움직였다. 한국도 영옥이 한국전쟁에서 세웠던 불멸의 업적을 인정해 한국 최고무공훈장인 태극무공훈장을 주기로 한 것이다. 한국전쟁이 끝난 지 53년째였다. 이런저런 이유로 영옥에게 무공훈장을 거부하던 한국은 그의 사회봉사 활동을 인정해 2003년 국민훈장 모란장을 수여했었다.

이로써 영옥은 2차대전과 한국전쟁이라는 두 개의 전쟁에서 한국·프랑스·이탈리아 3개국으로부터 최고무공훈장을 받은 신화의 주인공으로 역사에 남게 됐다.

한국의 태극무공훈장 서훈 소식은 그가 한국전쟁 때 수백 명의 전쟁고아까지 돌봤으며 전역 후에도 사회봉사 활동에 일생을 바친 위대한 인도주의자라는 얘기와 함께 10월 21일 AP통신을 타고 전세계로 타전됐다. 로마 해방전에서의 활약상이 당시 UPI통신을 타고 전세계로 알려진지 62년 만이었다.

한국의 태극무공훈장 서훈이 확정되던 날은 영옥이 3차 암수술을 받은 바로 다음 날로 아직 수술에서 깨어나지 못하고 있을 때였다. 며칠 후 서훈 소식을 들은 영옥은 수술에서 회복되지 못해 한국 정부와 국민에게 감사할 기회가 영원히 없을지도 모른다고 생각해 한국 대통령에게 감사편지를 썼다. 기회가 있을 때마다 "나는 100퍼센트 한국인이며 100퍼센트 미국인" 이라고 강조하던 영옥으로서는 한국인 모두에게 보내는 감사 편지였다.

…… 이번에 저에게 한국 최고무공훈장인 태극무공훈장을 수여하심

을 무한히 영광스럽게 생각합니다. 이 훈장은 당시 한국의 최전선에서 함께 피흘려 싸웠던 모든 한국군 및 미군 장병의 이름으로, 특히 당시 한국을 지키기 위해 귀한 생명을 바친 전몰 장병들을 생각하며 감사히 받겠습니다.

저는 일제강점기에 미국으로 와 조선의 독립만을 염원하며 살았던 부모 덕분에 평생 한국인이라는 자부심을 갖고 살아왔으며, 군인으로서 가장 자랑스럽게 생각하는 부분도 한국에 전쟁이 났을 때 재입대를 자원해 부모의 나라를 위해 싸웠던 것입니다. 이 때문에 이번에 주시는 훈장은 다른 여러 나라의 훈장들과 달리 제게는 실로 특별한 의미가 있습니다.

이 훈장은 개인적으로는 최고의 영예일 뿐 아니라, 나아가 위기에 처한 조국을 구하는 데 미력이나마 보태고 조국의 발전을 위해 기꺼이 동참했으며, 또 앞으로도 그럴 것이 분명한 모든 해외 한민족에게 조국이 주는 치하와 격려의 상징임도 잘 알고 있습니다.

한국전쟁 당시 한국에 도착할 때 어둠에 묻혀 다가오는 부산항의 모습을 비롯해 전쟁으로 잿더미가 된 한국의 참상은 아직도 잊을 수 없으나, 군사고문으로 다시 한국에 갔을 때는 재기의 의지를 불태우던 한국인들의 모습을 봤으며, 이후 오늘에 이르기까지 한국이 눈부신 경제 및 정치 발전을 거듭하고 있음도 기쁜 마음으로 지켜보고 있습니다.

…(중략)…

고령으로 제가 다시 한국을 볼 수 있을지는 모르겠으나, 조국이 베풀어 준 모든 은혜에 무한히 감사하며 한국의 평화통일과 대통령님의 건승을 마음속으로부터 기원합니다.

| 후기 |

이 책을 쓰는 과정에서 참으로 많은 분들의 도움을 받았으며, 초판이 나온 다음에도 많은 분들이 뜻을 함께했다. 이들 덕택에 한국·미국·프랑스를 중심으로 김영옥 대령에 대한 재평가가 성공적으로 이뤄지고 있다.

프랑스 최고무공훈장 서훈(2003), 한국 국민훈장 모란장 서훈(2003), 한국 최고무공훈장 추서(2006), 미국 '김영옥 중학교' 탄생(2009), 미국 '김영옥재미동포연구소' 설립(2010), 한국 초등학교 5학년 국어교과서 채택(2011), 미국 역사상 최고의 전쟁영웅 16인 선정(2011), 한국 육군리더십센터 교육과정 채택(2012)…….

하나하나가 모두 은혜로운 진전이었으며 앞으로 오랜 세월을 두고 시간이 갈수록 영향력이 커지게 될 그런 조치들인데 조금만 자세히 들여다보면 다음과 같다.

2003년 프랑스 정부는 제2차 세계대전 당시 프랑스 전선에서 김영옥 대령의 희생과 헌신에 대한 재심사를 통해 프랑스 최고무공훈장인 레지옹도뇌르(Legion d'Honeur) 훈장을 서훈했다. 이에 대해서는 프랑스 외교관 조세프 첸과 당시 주미프랑스대사 및 국방무관에게 특히 감사한다.

같은 해 한국 정부는 30년 넘게 계속된 김영옥 대령의 사회봉사활동을 치하하며 국민훈장 모란장을 수여했다. 이는 이인호 전 러시아대사와 김병호 덴마크대사의 진솔한 관심 덕택이었다.

2006년 한국 정부는 6.25전쟁 당시 김영옥 대령의 무훈을 재평가해 한국 최고무공훈장인 태극무공훈장을 추서했다. 6.25전쟁 이후 지금까지 이 전쟁과 관련해서는 어떠한 무공이 있더라도 훈장을 새로 발급하지 않는다는 것이 반세기 넘게 이어온 한국 정부의 정책이다. 이 정책에 예외가 2개 있는데 하나가 김영옥 대령에게 주어진 태극무공훈장이다.

이 일은 원칙적 정의와 국가적 이익을 추구한 이미경 국회의원과 이기우 당시 국무총리 비서실장, 태극무공훈장 서훈 지지서를 내었던 유재건·황우여 등 여·야 국회의원 100명, 뜻있는 국방부 및 국군 관계자들, 김우영 은평구청장(현재) 등의 비전과 리더십이 있음으로써 가능할 수 있었다.

2009년 로스엔젤레스 교육청은 로스엔젤레스 한인타운에 공립중학교를 신설하고 그 이름을 '김영옥 중학교'(Young Oak Kim Academy)로 지었다. 미국 역사상 최초로 한인 이름을 딴 중학교로서, 학생들이 김영옥 같은 인물로 자라나 미래의 미국을 이끌어 달라는 염원의 표시이다. 민병수 변호사와 쟈니 박 사장(Café MAK 대표)을 포함한 재미한인들과 재미일본인들의 지지 덕택이었다.

2010년 미국 리버사이드 캘리포니아주립대학(University of California, Riverside)은 한국정부 및 재미한인사회와 협력해 재미한인연구소를 설립하면서 그 이름을 '김영옥재미동포연구소'(Young Oak Kim Center for

Korean American Studies)라고 지었다. 미국 역사상 최초로 한인의 이름을 딴 대학기구이며, 한국으로서는 1948년 정부수립 이래 국제무대에 세운 최초의 해외동포연구소이기도 하다. 이 일은 당시 유명환(외교장관)·신각수(외교차관)·최병효(LA총영사)·이정관(재외동포영사국장) 등 외교부 지도자들, 이미경·남경필·정진석·이정현·구상찬 국회의원, 이구홍 재외동포재단이사장, 기획재정부 관계자들, 티모시 화이트 UCR총장, 홍명기(DuraCoat Products 대표)·김영준(Tekmar 대표)·김주연(Costar 대표) 등의 리더십과 헌신이 있음으로써 가능했다.

이 무렵 미국 국방대학재단은 로마해방전에서 김영옥 대령의 활약상을 미군이 사례연구(case study) 대상으로 삼아 지속적으로 연구하고 교훈을 얻도록 했다. 한인 최초로 미국 국방대학재단 이사가 된 체스터 장 박사의 역할에 힘입은 바 크다.

2011년 한국은 초등학교 5학년 1학기 국어교과서에 김영옥 대령의 삶을 수록해 모든 초등학생들에게 가르치기 시작했다. 미래의 한국인들 사이에 김영옥 같은 인물이 많이 배출될 것을 바라기 때문이다. 한국 교육과학기술부 관계자들, 권혁준(공주교대)·이범웅(공주교대) 교수 같은 학자들, 심은석(중곡초등학교장)·한성각(청운초등학교장) 등 교육자들이 가진 비전의 결과물이다.

한국과 미국 모두 김영옥 대령을 차세대 교육을 위한 역할모형(role model)로 적극적으로 활용하기 시작한 셈이다.

같은 해 세계 최대 포털사이트인 미국 'msn.com'은 미국 역사상 최고의 전쟁영웅 16명을 선정했다. 유색인으로는 김영옥 대령 한 명만 선정하면서 한국계라고 밝혔는데 나머지 15명은 워싱턴 대통령, 그란트 대통령, 아이젠아워 대통령, 맥아더 장군 등 모두 백인이었다. 재미동포를 포함한 한국인과 한국에 대해 미국 주류사회가 갖는 이미지에 어떤 변화를 김영옥 대령이 주고 있는지 더 설명이 필요 없을 것이다.

2012년 한국 육군 리더십센터는 불패신화의 주인공인 김영옥의 리더십을 정규 교육과정으로 채택, 매년 신임 소위 전원이 그의 리더십을 배우도록 하고 있다. 황인무(육군중장)·노양규(육군준장) 장군을 비롯한 한국 육군 지휘부의 미래를 내다보는 안목 덕택이다.

김영옥 대령은 떠났으나 그의 삶은 우리 곁에 남아 한국이나 미국의 미래에, 또 한미관계와 한일관계의 미래에 커다란 영향을 주기 시작했다.

이 모든 것들은 김영옥 대령이 남겨준 위대한 유산을 적극적으로 계승하고 확대함으로써 사회가 좀 더 나은 방향으로 발전할 수 있다고 믿는 분들이 꿈을 같이 함으로써 가능할 수 있었다.

이 분 모두를 여기서 밝히기는 어려우나 다음 인물만이라도 그동안 헌신과 기여에 감사를 표하는 것이 도리 같다(가나다순).

▲한국: 강희각(해군대령), 공기만(월드코맥스 대표), 구안숙(전 산업은행 부행장), 권세원(해군중령), 김덕용(KMW 사장), 김민영(군산대 교수), 김영일(외환은행 지점장), 김용홍(공군중장(예)), 김용환(해양군사대학장, 해군준장(예)), 김창수(국제교류증진협회 대표), 김충국(부산에어 기장, 공군중령(예)), 노재탁(Jade인터내셔널 대표), 문애란(웰콤 대표), 문태호(경감), 박경

서(유엔인권정책센터 이사장), 박경종(한국인력진흥원 이사장, 공군준장(예)), 박상진(주UAE공사), 박이철(자필닷컴 대표), 박혜숙(불문학자), 배긍찬(외교안보연구원 교수), 배일환(이화여대 교수), 신재민(전 문광차관), 신혜수(유엔인권정책센터 상임대표), 안병태(전 해군참모총장, 해군대장(예)), 안병호(벽산엔지니어링 부사장), 안영일(한국장애인야구·소프트볼협회 이사), 우보환(시인, 육군중령(예)), 유인식(태성산업 대표), 음종환(국회 보좌관), 이규송(온누리 씨엔아이 대표), 이기언(연세대 교수), 이성주(감독), 이승렬(진로 전무), 이승률(평양과학기술대학 기획단장), 이용일(세바토이 대표), 이정학(한림대 교수), 이진우(주원시스 대표), 이환준(해군대령), 장완익(변호사, 법무법인 해마루), 정관식(스파시스 대표), 정장영(대영오앤이 대표), 정진성(서울대 교수, 유엔인권위원), 정해상(감독), 조문형(징글벨커뮤니케이션 대표), 조현정(KAIST 강사), 최규백(Innowave 대표), 최길수(대전발전연구원 도시경영연구실장), 최대규(공주영상대 겸임교수), 최준재(금오공대 교수), 최현숙(상지대 교수), 추병완(춘천교대 교수), 정관식(스파시스 대표), 하미정(참나무포토콤 대표), 한민구(전 합참의장, 육군대장(예)), 한혜정(드림빌 대표), 현창수(태양산업 대표), 혜진(스님), 홍덕률(대구대 총장), 홍상민(전 E&Tech 대표)

▲미국: 김기준(변호사), 김대근(BNX 대표), 김유경(Campwww 대표), 김정현(USC 한국전통문화도서관장), 김 크리스토퍼(변호사), 방선주(박사, 미국정부기록보존소 전문가), 노명호(리&노 대표), 박 알렉스(변호사), 박선욱(디자이너), 배인환(검안전문의), 서동성(변호사), 손국락(보잉항공사 수석시스템엔지니어), 송상기(한의사), 신용남(목사), 심현식(JC Sales 대표), 양지혜(변호

사), 유대항(CPA), 이상영(태평양은행 이사장), 이 새미(의사, 올림픽 금메달리스트), 이영종(Creative Future Systems 대표), 임 존(변호사), 장태한(UCR 교수), 장봉진(International Distributors 대표), 장 체스터(미국 국방대학재단 이사), 전광범(Glidewell Laboratory 매니저), 조경현(목사), 진철희(CAL-KOR Insurance 대표), 차 알렉스(변호사), 차한열(Ace Hardware 대표), 최형조(변호사), 채윤석(Prime Business Credit 대표), 한태호(변호사), 홍연아(LA시 공무원), 홍종화(약사), 도널드 그렉(전 주한미국대사), 마이클 혼다(연방하원의원), 에드워드 로이스(연방하원의원), 로버트 존슨(예비역 공군중령), 루이스 칼데라(전 육군 장관), 다이앤 다나카(Go For Broke National Education Center), 메리 그레이빌 여사, 모니카 가시아(LA교육청 교육위원장), 에드워드 콜라시온(김영옥 중학교장), 팻 걸러거(수리사), 케네스 클라인(USC 동아시아도서관장), 크리스틴 야마자키(Go For Broke National Education Center)

▲중국: 김설송(Touch Power 대표), 이호석(East Dragon Seeds 대표), 한명성(Ming & Sure Intellectual Property 대표)

▲캐나다: 백태웅(UBC 교수).

그리고 특히 제2차 세계대전과 한국전쟁에서 김영옥과 함께 싸웠고 나이 들어 불편한 몸에도 불구하고 애써 시간을 내 기억을 더듬으며 인터뷰에 응해줬던 참전용사들 전원에게 다시 한 번 깊이 감사드린다.

지금까지 김영옥의 이야기를 놓고 한국·미국·이탈리아의 많은 기자·PD·방송작가와 고뇌를 함께했지만, 언론인은 아름다운 이야기를 세상에 전하는 것이 본업이므로 일일이 이름을 밝히지 않는다. 같은 맥락에서 정치인, 차관급 이상 현직 공무원, 현역 장성도 생략하며, 앞서 언급된 인물도 생략한다.

그렇지만 김영옥 대령이 한국에서 전혀 이름이 알려져 있지 않았던 10~15년전 무렵에도 한국전쟁 당시 그의 활약을 정확히 취재할 수 있었던 것은 육군의 이서영(현재 육군소장)·박성우(현재 육군소장) 장군과 김광수 교수(육군사관학교)의 도움이 있었기에 가능할 수 있었다는 사실만은 밝혀야 도리인 것 같다.

나누고 싶은 이야기가 하나 더 있다.

미국은 제2차 세계대전과 한국전쟁이라는 두 전쟁에 걸쳐 3개국에서 싸웠고 그 3개국에서 모두 최고무공훈장을 받은 자국 군인에게 2등 훈장 1개, 3등 훈장 2개, 4등 훈장 2개 등 10개의 무공훈장을 줬지만 아직도 최고무공훈장은 주지 않고 있다.

나는 내가 아는 모든 나라 중에서 가장 인종차별이 적은 나라가 미국이라고 믿는다. 이제는 그만큼 좋아졌다는 얘기인데, 그럼에도 불구하고 인종차별이라는 면에서도 아직 개선의 여지가 많은 나라다.

인종차별 외에 또 다른 중요한 이유가 있다면 그의 헌신과 공헌에 대해 한국과 재미동포사회가 그동안 충분한 관심을 보이지 않았기 때문이다. 보다 직접적으로는 아직 미국에서 재미한인사회의 정치력이 그만큼 약하기 때문이기도 하다.

프랑스 최고무공훈장에 이은 한국 최고무공훈장은 언젠가 미국 최고무공훈장으로 이어질 것으로 믿으며, 반드시 그렇게 돼야 한다. 이것은 크리스마스 트리처럼 이미 훈장을 많이 받은 어느 군인에게 훈장이 하나 더 주어지느냐 아니냐 하는 문제가 아니라 인종차별 시정과 재발 방지라는 면에서 중요한 진전이기 때문이다.

2012년 8월

한우성

아름다운 영웅 김영옥의 생애

1910~1916	아버지 김순권 미국 망명, 어머니 노라 고 미국 유학
1919.1.29	김영옥 출생 (아버지는 동지회원으로 독립운동)
1924~1938	교육 (초·중·고등학교, LACC 중퇴)
	Cal. State Univ. Dominguez Hills 졸업 (사학, 1974)
1941	미 육군 사병으로 징집
1942	육군 장교후보생으로 선발
1943	소위 임관
1943~1945	2차대전 참전
	이탈리아·프랑스 전선에서 전설적 전쟁 영웅
	로마, 피사 해방의 주역
1946~1950	제대, 자영업 (성공적 비즈니스맨으로 변신)
1950	한국전쟁 발발, 자원 재입대
1951~1952	한국전쟁 참전
	유엔군 3차 반격의 견인차 (중부전선 60킬로미터 북상의 주역)
	중상
	대대장 (전장에서 대대장을 지낸 미군 최초의 유색인 장교)
	고아원 '경천애인사' 지원
1963~1965	한국군 군사고문
	(한국군 전시동원계획 개편, 국군 최초 미사일부대 창설)

1972	대령 예편, 이후 평생을 사회봉사에 바침
1973~1979	Special Services for Groups 이사
	(소수계 청소년을 돕는 비영리단체)
1978~1988	United Way LA 지부 이사
	(이때 한인청소년회관 출범을 가능케 함)
1986~1988	Family & Friends of the Keiro Homes 창립 이사장
	(빈민구제기관)
1980~90년대	Center for the Pacific Asian Family 이사장
	(가정폭력 피해여성과 그 자녀들을 위한 보호소 : 김영옥의 리더십 아래 남가주 최대 보호소로 발전)
	일미박물관 창립 부이사장
	한미연합회 창립이사
	(재미동포사회의 정치적 목소리)
	한인건강정보센터 창립 공동이사장
	(미국 최대의 소수계 비영리 보건기관)
1999~2001	미국 국방부 노근리 사건 진상조사 위원
1990~2003	한미박물관 창립이사, 이사장
1989~2004	일본계 미군 장병 2차대전 참전용사회 회장
2005.12.29	미국 로스앤젤레스에서 서거

아름다운 영웅 김영옥

초 판 1쇄 2005년 12월 25일
개정판 1쇄 2012년 10월 11일
      7쇄 2020년 12월 25일

지 은 이 한우성
발 행 인 주정관
발 행 처 북스토리(주)

주　　소 서울특별시 마포구 양화로 7길 6-16 서교제일빌딩 201호
대표전화 02-332-5281
팩시밀리 02-332-5283
출판등록 1999년 8월 18일 (제22-1610호)

홈페이지 www.ebookstory.co.kr
이 메 일 bookstory@naver.com

ISBN 978-89-93480-89-4　03990

※잘못된 책은 바꾸어드립니다.

이 도서의 국립중앙도서관 출판시도서목록(CIP)은 e-CIP 홈페이지
(http://www.nl.go.kr/ecip)에서 이용하실 수 있습니다.
(CIP제어번호 : CIP2012003765)